Nun sei bedankt, mein lieber Schwan!

Marcel Prawy

»Nun sei bedankt ...!«

Marcel Prawy

»Nun sei bedankt...!«

Mein Richard-Wagner-Buch

Bilddokumentation in Zusammenarbeit mit
Dr. Karin Werner-Jensen

Wilhelm Goldmann Verlag

Redaktion: Dr. Helga Zoglmann, Wien

1. Auflage · Januar 1983 · 1.–60. Tsd.

Made in Germany · 1/83

Umschlaggestaltung: Atelier Adolf und
Angelika Bachmann, München

Satz: IBV Lichtsatz KG, Berlin/Partnersatz, Ingolstadt

Repro Farbe: Artilitho S.n.c., Trento
Repro S/W: RMO, München

Druck: Mohndruck Graphische Betriebe GmbH, Gütersloh

Verlagsnummer: 10191

Lektorat: Gerda Weiss

Herstellungsleitung: Peter Sturm

Layout Bildteile: Peter Wilhelm

Herstellung: Martin Strohkendl

ISBN: 3-442-10191-3

Inhaltsverzeichnis

7 Ein offenes Wort als Ouvertüre
9 Glanz und Elend heutiger Wagner-Regie
23 Mein Freund Richard Wagner
26 Mein Leben mit Wagner
33 Keine Angst vor Wagner!
38 Ist Wagner ein Nazi?
61 Der schlummernde Genius
62 Leben im Bild: Leipzig – Dresden – Würzburg – Magdeburg 1813–1836
69 „Die Feen" 1833/34 – Richard Wagner erzählt seine erste Oper
70 „Das Liebesverbot" 1836 – Richard Wagner erzählt seine zweite Oper
73 Von „Rienzi" zur Revolution
74 Leben im Bild: Königsberg – Riga 1837–1839
75 Die stürmische Seefahrt
78 Leben im Bild: Paris 1839–1842
82 „Nach meiner Minna verlangt mich's sehr!"
84 „Rienzi" – vom „großen Roman" zur „großen Oper"
85 Leben im Bild: Dresden 1842–1849
86 „Der Fliegende Holländer" – von Heinrich Heine zu Richard Wagner
88 Richard Wagners „Tannhäuser", erläutert von Franz Liszt
90 Richard Wagner als Dichter
98 Leben im Bild: Dresden – Wien – Dresden 1848–1849
99 Brief an Bakunin und Röckel
103 Schmerz und Schöpfertum
104 Richard Wagners „Lohengrin", erläutert von Franz Liszt
106 Brief an Franz Liszt
108 Leben im Bild: Zürich 1849–1858
110 Brief an Mathilde Wesendonck
112 Leben im Bild: Zürich – Venedig – Paris – Wien 1849–1864
114 Richard Wagner als Schriftsteller
124 Leben im Bild: Paris 1859–1861
126 Wagner besucht Rossini – Zwei Unsterbliche in einem denkwürdigen Gespräch
132 Leben im Bild: Paris 1859–1861
134 Ich erlebte den Tannhäuserskandal in Paris
138 Leben im Bild: Wien 1861–1864
143 Wagners Briefe an eine Putzmacherin
145 „Tristan und Isolde." Richard Wagners Erinnerungen an Ludwig Schnorr von Carolsfeld
147 Freundschaft zweier Könige
148 Ludwig II.
150 Richard Wagner und das Geld
171 Richard Wagner und die Philosophen
179 Leben im Bild: München 1864–1865
184 Eduard Hanslick über „Die Meistersinger von Nürnberg"
194 Was verraten die Handschriften von Richard und Cosima Wagner sowie Ludwig II.
199 Leben im Bild: Tribschen 1866–1872
200 „Der Ring des Nibelungen", erzählt von Richard Wagner
207 Am Ziel
208 Leben im Bild: Bayreuth 1872–1876
211 Wagners großes Welttheater
212 Richard Wagner als Regisseur
218 Richard Wagner wird Fernsehstar
233 Richard Wagners „Parsifal", dreimal erzählt
243 „Zum Raum wird hier die Zeit"
244 Ein Tag während der Bayreuther Schreckenszeit 1876
247 Leben im Bild: Wien 1875
248 Aus den Briefen Wagners an Judith Gautier
292 Wagner und seine Künstler
295 Verdi über Wagner – Wagner über Verdi
300 Ist das auch von Wagner?
305 Kein Tod in Venedig
306 Wahnfried in Neapel
312 Leben im Bild: Venedig 1882–1883
313 Und nachher...
318 Nun seid bedankt...
319 Daten zu Leben und Schaffen
330 Werkverzeichnis
332 Bibliographie
334 Personenregister
336 Bildnachweis

Bildteile

49 Damals in Bayreuth
153 Ludwig II. – Richard I.
186 Richard Wagner und die Frauen
225 Wagners Opern in der Phantasie seiner Zeitgenossen
249 Wagner-Inszenierungen
273 Die ersten Verkünder
275 Sie machten meine Eltern zu Wagnerianern
276 Meine frühen Wagner-Erlebnisse
281 Sie machten mich zum Wagnerianer
284 Sie machten uns alle zu Wagnerianern
287 Brünnhilde im Wandel der Zeiten
289 Vor und nach der Vorstellung – Schnappschüsse aus Bayreuth

Ein offenes Wort als Ouvertüre

Deutschlands
unbewältigte
Gegenwart

Glanz und Elend heutiger Wagner-Regie

Unter dem Publikum kann ich nie die Einzelnen verstehen, die vom abstrakten Kunstverständnisse aus sich mit Erscheinungen befreunden, die auf der Bühne nicht verwirklicht werden. Unter dem Publikum verstehe ich nur die Gesammtheit der Zuschauer, denen ohne spezifisch gebildeten Kunstverstand das vorgeführte Drama zum vollständigen, gänzlich mühelosen Gefühlsverständnis kommen soll, die in ihrer Theilnahme daher nie auf die Verwendung der Kunstmittel, sondern einzig auf den durch sie verwirklichten Gegenstand der Kunst, das Drama, als vorgeführte allverständlichte Handlung, gelenkt werden sollen. Das Publikum, das demnach ohne alle Kunstverstandesanstrengung genießen soll, wird in seinen Ansprüchen durchaus beeinträchtigt, wenn die Darstellung die dramatische Absicht nicht verwirklicht, und es ist vollkommen in seinem Rechte, wenn es einer solchen Darstellung den Rücken wendet. Dem Kunstverständigen dagegen, der die unverwirklichte dramatische Absicht aus dem Textbuche und aus der kritischen Deutung der Musik – wie sie ihm von unseren Orchestern gewöhnlich gut ausgeführt zu Ohren kommt – sich, der Darstellung zum Trotze, als verwirklicht zu denken bemüht, ist eine geistige Anstrengung zugemuthet, die ihm allen Genuß des Kunstwerkes rauben, und Das zur abspannenden Arbeit machen muß, was ihn unwillkürlich erfreuen und erheben sollte.

(Richard Wagner, „Oper und Drama", 1851)

Heute müssen wir uns vor dem Besuch jeder neuen Wagner-Inszenierung fragen: Was wird uns statt der vorgeschriebenen Schauplätze gezeigt werden? Wieviel geheimnistuerische Symbolik wird Wagners klaren Handlungsablauf umnebeln? Wo müssen wir die Augen schließen, um von der Diskrepanz des Gezeigten zur Aussage der Musik nicht irritiert zu werden?

Die Aufgabe des Regisseurs ist die visuelle Gestaltung des Geschehens auf der Bühne. Das bezieht sich zunächst auf die Führung der Sänger zur Gestaltung der durch Wort und Musik vorgeschriebenen Charaktere. Der Regisseur hat die Musik im kleinsten Detail zu kennen und sich von ihrem Geiste und ihren deutlichen Vorschriften leiten zu lassen. Bei Wagner sind beinahe jeder Gang, jeder Blick, jede Geste in der Musik vorgeschrieben. Der Regisseur muß die Motivstruktur des Werkes genau kennen, denn oft deutet sie auf die Gedanken des Sängers während der Takte, in welchen er nicht zu singen hat. Da die Auftritte meist in der Musik genau angegeben sind, dürfen sie an keiner anderen Stelle erfolgen.

Das wird oft zum Problem, wenn Schauspiel-Regisseure Opern inszenieren!

Gewisse ewige Gesetze des Musiktheaters muß der Regisseur verstehen. Wenn die musikalische Struktur einer Stelle den Blick des Sängers auf den Dirigenten notwendig macht, dann darf der Regisseur das nicht als eine „Unart" verbieten, sondern muß diesen Blick schon in sein Anfangskonzept mit einbeziehen. Hier gelten andere Gesetze als beim gesprochenen Theater, und diese Verschiedenheit soll geliebt und nicht gehaßt werden.

Der Regisseur ist verantwortlich für das Bühnenbild und für die Kostüme, die ihm seine Mitarbeiter entwerfen. Auch sie müssen dem Geist der Musik und den Notwendigkeiten der Aktion entsprechen, denn das Bühnenbild ist ein Teil der Dramaturgie des Werkes. Ein schönes Nürnberger Straßenbild ist noch keine Dekoration für den zweiten Akt der „Meistersinger": Es muß neben anderen Erfordernissen so gehalten sein, daß für das Liebespaar Eva und Walther kein Fluchtweg bleibt außer durch die eine Gasse mit den einander prügelnden Nürnberger

Bürgern; wenn die beiden, wie man es so oft sieht, einfach durch eine andere Gasse davonlaufen könnten, wird die Szene sinnlos.
Das Bühnenbild hat der Musik auch durch die Gestaltung des Klangraumes zu dienen. Die Sänger müssen ihre bedeutendsten Momente dort singen, wo das Bühnenbild den besten Klang der Stimme ermöglicht. Zu große, weite, stimmentötende Bühnenräume sind Fehler, denen wir heute so häufig begegnen.
Es ist die Mission des Regisseurs, das *Stück* dem *Publikum klar* und *gut* zu erzählen. Jedes Wort dieses Satzes beinhaltet eine Pflicht des Regisseurs. Das *Stück* – wir sprechen hier über die Regie von Meisterwerken – hat das Stück des Autors zu bleiben, und jede werkverfremdende Änderung der geistigen Struktur des Werkes ist unstatthaft. Wenn ein Stück vom Autor real konzipiert ist, darf es nicht zu einer nicht-komponierten Traumvision verfälscht werden, zu der die Musik nicht stimmt. Das Stück ist vom Autor, nicht vom Regisseur. Wenn es ihm nicht gefällt, soll er es nicht inszenieren. Wenn er es doch tut, darf vor dem Namen des Autors das Wörtchen „von" nicht irreführend verwendet werden.
Das Stück muß *dem Publikum* erzählt werden. Da es sich immer um ein Publikum und einen Erzähler von heute, meist aber um ein Stück von gestern handelt, das oft in einem imaginären Vorgestern spielt, ergeben sich von selbst drei zeitlich verschiedene Ebenen. Das schafft ein unendlich reizvolles Spannungsfeld mit erstaunlich viel Freiheit für die Phantasie des Regisseurs innerhalb der unveränderten Struktur des Stückes. Natürlich wird ein Regisseur von heute einem Publikum von heute das Stück aus heutiger Sicht erzählen, ohne deshalb in die Banalität zu verfallen, das Stück heute spielen zu lassen. Natürlich muß der Regisseur die kulturelle Welt der Entstehungszeit des Stückes verstehen, ohne in die Banalität zu verfallen, das Stück in der Entstehungszeit spielen zu lassen. Selbstverständlich muß der Regisseur die geistige Welt, in der das Stück spielt, verstehen und diese aus einem durch die Entstehungszeit des Werkes und unsere eigene Zeit gebrochenen Blickwinkel darstellen.
Das Stück muß *klar* erzählt werden. Alle musikdramatischen Autoren, Wagner an der Spitze, waren immer Fanatiker der klarsten und verständlichsten Darstellung des Geschehens. Wo die Inszenierung unverständlicher ist als das Stück, ist sie *falsch*. Wo sie zur Erklärung das Programmheft benötigt, gibt sie ihren Schiffbruch zu. Der Regisseur gewinnt volle Sympathie für Freiheiten, die er sich im Dienste einer verständlicheren Erzählung des Stückes gestattet, und verliert sie, wenn er klare Dinge vernebelt.
Eine Inszenierung kann *schön* sein oder *richtig* – wenn sie beides zugleich ist, dann ist sie *gut*. Wieland Wagner hatte ein ganz seltenes malerisches Talent, und es war also von den Farben her zunächst alles sehr „schön". Als sich der Vorhang über seiner Wiener „Lohengrin"-Inszenierung des Jahres 1965 hob, ging ein Atemholen des Entzückens durch das Publikum über das zauberhafte Lichtblau des ersten Aktes, der unter einer Art Plastikdach spielte, das an Kirchenfenster gemahnte. Aber was haben Kirchenfenster mit der „Aue am Ufer der Schelde" zu tun, wo der Akt spielt? „Schön", aber nicht „richtig"! Ich habe unzählige Opernvorstellungen in den Provinzen zahlloser Länder gesehen. Darunter waren primitiv gemalte Stierkampfarenen für „Carmen" im südlichen Alabama und beinahe kindische Wasserdekorationen für „Rheingold" in italienischen Provinzen. Das war alles „richtig", aber wahrhaftig nicht „schön". Eine klassische Anekdote zu diesem Thema ist das Gespräch zwischen dem Wiener Bühnenbildner Alfred Roller und Staatsoperndirektor Franz Schalk im Jahre 1927, in welchem Roller seinem Direktor sagte: „Der Baum im dritten Akt Tannhäuser ist schon sehr

Schönheit gilt als unmodern. Daß Elsa, Elisabeth, Eva ‚schön' aussehen, ist aber eine Hauptaufgabe des Regisseurs.

Nur bei musikdramatisch schwächeren Werken können dramaturgische Eingriffe durch den Regisseur dem Stück zugute kommen.

schäbig!", worauf ihm Direktor Schalk antwortete: „Stellen Sie die Jeritza davor!" Die Kombination von *schön* und *richtig* ergibt *gut* – und das ist das viel zu trockene Wort für all die unvergeßlichen Sternstunden des Theaters, für welche man ein Leben lang dankbar bleibt – Otto Schenks „Meistersinger" an der Wiener Staatsoper, Götz Friedrichs „Meistersinger" in Stockholm und Wolfgang Wagners in Bayreuth, Herbert von Karajans „Parsifal" bei den Salzburger Osterfestspielen, Jean-Pierre Ponnelles zweiter Akt „Tristan" in Bayreuth und viele herrliche andere Inszenierungen.

Gerade unsere Dankbarkeit für solche Herrlichkeiten macht einen Frontalangriff gegen so viele Schauerlichkeiten des Regietheaters, die uns in den letzten Jahren gepeinigt haben, zur Pflicht.

Unser Buch handelt nun einmal von Wagner, gegen den die Hauptattacken der Regie gerichtet werden. Trotzdem wäre es unfair, das „Aida"-Jahr 1981 zu vergessen: An der Frankfurter Oper sehen wir als Radames einen jungen Mann unseres Jahrhunderts, der im Parkettboden seiner Luxusvilla mit der Schaufel eine ägyptische Büste ausgräbt und zu ihr „Celeste Aida" singt. In Freiburg wird statt des Triumphmarsches eine Filmcollage mit Hitler und Mussolini gezeigt, begleitet von einer Tonbandaufnahme unter Toscanini. Beide Inszenierungen fanden neben der ihnen gebührenden Empörung auch durchaus positive Bewertungen in der Presse. Einige Rezensenten hatten durch die Bezeichnung der „Aida" als „Prachtschinken" und der Opernhäuser als „Mottenkisten" ihre prinzipielle Einstellung deklariert. Amusischer Lokalpatriotismus glaubte sogar, nur so könne sich die Stadt künstlerisch profilieren. Da sich die Arroganz solcher Regisseure lediglich an Werken allergrößter Beliebtheit austobt, bei denen „nichts passieren" kann und sie unabhängig von jeder szenischen Mißdeutung volle Häuser machen, wäre man versucht, über diesen Unfug lächelnd zur Tagesordnung überzugehen. Ich wollte diesem Kapitel ursprünglich den Titel „Die Mörder sind unter uns" geben, habe aber davon Abstand genommen, weil die zu Ermordenden unzerstörbar weiterleben. Der Unfug bewirkt keinen Weltuntergang auf dem Gebiet der Oper, wie wir befürchtet haben. Man darf ihn aber auch nicht bagatellisieren. Hier spielen Fragen der Zeitgeschichte, der Operngeschichte, der Psychologie von Einzelpersonen und von Völkern, sogar Fragen des Urheberrechts, des Strafrechts und der Jugenderziehung eine so bedeutende Rolle, daß man sich mit diesen Problemen auseinandersetzen muß. Wagner ist das Hauptopfer. Beginnen wir mit einer Bestandsaufnahme.

Als Dramaturg der Wiener Volksoper empfahl ich einem Regisseur ein Musical. „Kann man daran etwas ändern?" war seine erste Frage, ohne das Stück zu kennen.

In den ersten Jahrzehnten des Siegeszuges der Wagner-Werke über die Bühnen der Welt haben die Probleme ihrer szenischen Wiedergabe keine bedeutendere Rolle gespielt als bei anderen Opern. Nicht so in Bayreuth. Wagner war mit der visuellen Gestaltung des ersten „Ring des Nibelungen" nicht zufrieden, und die auf Wagners Tod folgenden Jahrzehnte standen im Zeichen des Kampfes zwischen dem Festhalten an der Urgestalt und neuen Ideen, die schon Siegfried Wagner durchsetzen wollte. Das betraf nicht den „Parsifal", der bei der Uraufführung in den wesentlichen Teilen als szenisch gelungen galt. Außerhalb von Bayreuth sahen die Dinge anders aus. Die Probleme bei Wagner waren technischer und nicht stilistischer Natur: Wie sollen die Rheintöchter schwimmen? Wie sollen die Flammen den Walkürenfelsen umlodern? Wie verbrennt Walhall? Wie kommt der Schwan? Die Massenszenen waren in den Meyerbeer-Opern viel komplizierter, und vom stilistischen Standpunkt galten „Die Zauberflöte" und „Don Giovanni" als problematischer. In den frühen Wagner-Jahren gab es viel Widerstand gegen die Werke, über viele Inszenierungen haben jedoch auch wagnerfeindliche Kritiker sehr positiv gesprochen. Angelo Neumanns „Wanderndes Richard-Wagner-Theater" führte in den Jahren 1882 und 1883 auf einer Tournee den „Ring" in große, mittlere und kleine Städte, und es gab trotz der Tourneebedingungen überwiegend Lob für die Inszenierungen. Die Wiener Inszenierungen des „Tannhäuser" und des „Lohengrin" durch Wagner selbst (beide 1875) fand sogar Wagners Feind Eduard Hanslick brillant. Als Hofoperndirektor Gustav Mahler in Wien zum ersten Male die Gleichberechtigung des Sehens mit dem Hören auf der Opernbühne durchsetzen wollte, machten sein „Fidelio" (1904) mit dem Realismus der Gefangenen und „Don Giovanni" (1906) mit der neuartigen Einheitsbühne der sogenannten „Roller-Türme" ebensoviel Aufsehen wie seine „modernen" Wagner-Inszenierungen. Es war Mahlers Idee, die alten Bühnenräume vor naturalistisch gemalten Kulissen durch moderne dreidimensionale Bühnengestaltungen zu ersetzen. Dazu verpflichtete er den Maler Alfred Roller, einen Freund Gustav Klimts und Präsident der Wiener Künstlervereinigung Sezession, die den Jugendstil mitbegründet hat. Mahler wollte mit Hilfe von Roller die von dem Schweizer Adolphe Appia in seinem Buch „Die Musik und die Inszenierung" (1899) für Wagner gegebenen Anregungen zu einer nur angedeuteten Szene unter Einsatz einer detaillierten Lichtregie dem gesamten Opernrepertoire zugute kommen lassen. Mahlers „Tristan" zur 20. Wiederkehr des Todestages von Wagner (1903) hat mit der auf das Wesentliche reduzierten Dekoration, in Licht und Farbe aufgelöst, viel von Neu-Bayreuth vorweggenommen. Der erste Akt war eine Symphonie in wildem Orangerot, der zweite Akt eine Nachtsymphonie in Veilchenblau, die „traurige Weise" des dritten Aktes wurde durch eine Symphonie in Grau angedeutet. Trotz alldem gab es immer konkret erkennbare Schauplätze: das Schiff im ersten Akt, den Garten im zweiten, die Burg im dritten Akt. Man erkannte aber in Rollers Lichtmalerei und Mahlers Lichtmusik einen neuen Stil, der von dem Bühnenbildner Roller und dem Dirigenten und Regisseur Mahler in „Rheingold" (1905) und in „Walküre" (1907) weiterentwickelt wurde.

Erst seit Wagners Enkel Wieland die ersten Nachkriegs-Festspiele in Bayreuth mit seiner Inszenierung des „Parsifal" (1951) eröffnete, begann Wagner ein von allen anderen Werken der Opernliteratur gesondertes Inszenierungsproblem darzustellen. Hier spielt ein Stück Weltgeschichte mit. Wagner war durch Hitlers Wagner-Fanatismus zu einem Politikum geworden. Es galt, ihn vom Makel des Dritten Reiches zu erlösen. Ein neuer Darstellungsstil sollte die Bewältigung der historischen Vergangenheit und der Vergangenheit der Wagner-Darstellung symbolisieren. Wieland hat den „Parsifal" in Bayreuth nur einmal inszeniert, aber an dieser Inszenierung, die über seinen Tod hinaus gezeigt wurde, ständig weitergearbeitet. Sie bedeutete mit ihrer „Entrümpelung der Szene", dem leeren Rund der Szenerie, dem Kreis der Gralsrunde, dem rembrandtartigen Hell-Dunkel, den Lichtsäulen und Farbflächen eine Revolution des Theaters.

Was die vielzitierte „Entrümpelung" betrifft, so hat Winifred Wagner anfangs geglaubt, ihr Sohn habe einen Weg gefunden, Material zu sparen – es entstand aber ein Stil, der wohl eine geschichtliche Notwendigkeit war, jedoch Gefahren in sich barg, an deren Folgen wir noch heute leiden.

Der Schauplatz des ersten ‚Tristan'-Aktes muß es ermöglichen, daß gewisse Personen zeitweilig von anderen gesehen werden müssen, zeitweilig nicht gesehen werden dürfen.

Die Schauplatzlosigkeit der Wieland-Wagner-Inszenierungen wurde zum Freibrief für die Unverständlichkeit der Handlung. In der Bayreuther „Tristan"-Inszenierung des Jahres 1962 waren der überdimensionale Einzelteil des Schiffes im ersten Akt, der von Henry Moore inspirierte Kultstein im zweiten Akt und der zahnartige Stein im dritten Akt Wunder an Farbtönen und herrlich anzusehen.

Wäre mir nicht das Wagner-Werk eine Herzensangelegenheit, müßte ich dankbar sein für die Verundeutlichung des Geschehens, denn sie hat ermöglicht, daß Fernsehsendungen wie mein „Opernführer" mit Erklärungen des Inhalts plötzlich überhaupt Interesse fanden. Manches an der Entrümpelungsphilosphie war mir immer ein wenig suspekt. Warum ließ Wieland Wagner in seiner „Aida" (1963, Deutsche Oper Berlin – die er am Kongo statt am Nil spielen ließ!) zwischen dem vorletzten und dem letzten Bild vor den Augen des Zuschauers eine Mauer um das Grab des Radames mühselig aufbauen – da hatte doch Verdi selbst viel besser „entrümpelt", indem er die Schlußszene schon in einem fertigen Kerker spielen läßt. Allerdings war Wieland Wagner eine große Persönlichkeit, ein Künstler und ein Denker – aber in vielen Städten erhoben sich nun unbedeutende Möchte-gern-Wielande, die seinen Freibrief für die totale Nichtbeachtung der szenischen Vorschriften Wagners aufgriffen. Selbstverständlich war es jedem Denkenden klar, daß im Zeitalter des Fernsehens, wo jeder Winkel des Erdballs in seiner wahren Gestalt für jedermann erschaubar ist, wo kein noch so komplizierter Trick der Technik mehr das Erstaunen der scheinbaren Undurchführbarkeit weckt, nicht alle szenischen Vorschriften Wagners für ewig tabu bleiben können. Aber das Stück selbst, seine Dramaturgie, die Spielbarkeit seiner Szenen, die Entwicklung der Handlung und der Emotionen, darf nicht auf der Strecke bleiben. Das war die mit lärmender Propaganda in die Welt hinausposaunte Ouvertüre zu der Wagner-Hölle von heute. Wagners Opern sind zum Freiwild der Regisseure geworden. Hemmungslos ist ihr Herumwüten und Herumwildern in Wagners Werk – es bewährte sich als leichter Weg zu einer fetten Zeitungsüberschrift über die Regie. Gefährlich ist das nur in den Händen bedeutender Regisseure, die bei geänderter Grundeinstellung der Wagner-Welt viel zu geben hätten. Aber auch sie fallen der Versuchung zur überdimensionalen Sich-selbst-zur-Schau-Stellung zum Opfer. Auf Kosten Wagners, aber auf dem Rücken Wagners. Nur Wagners Musik und Wagners Wort liefern diesen Akrobaten das Netz, das sie vor dem Todessturz in die Tiefe schützt.

„Doch war's vielleicht auch – Eitelkeit?" *(„Meistersinger")*

Die Erlöser des Wagner-Werkes, das keine Erlösung braucht, haben sich noch nie bei „Oberon" und „Euryanthe" oder ähnlichen erlösungsbedürftigen Perlen bewährt. Wie viele Regisseure erzählen in Kantinengesprächen freimütig, wie sehr sie Wagners Werke langweilen. Da so viele von ihnen nicht in der Oper aufgewachsen sind, kennen sie überhaupt nicht die Geheimnisse der wirksamen Höhepunkte. Und eine erschreckende Unmusikalität macht oft jedes Gespräch über die Gebote der Musik an die szenische Darstellung illusorisch. Die Attacken, die Wagners Werke heute auf der Bühne erdulden müssen, kommen in Begleitung von intellektuell verbrämter Sekundär-Parade: Regisseure geben Interviews, die unsagbar gescheit klingen und in dem Leser oder Zuhörer die Lähmung seines Denkens durch den gewünschten Minderwertigkeitskomplex hervorrufen, daß er im Grunde selbst gar nichts versteht. Oft sind Programmhefte voll von pseudowissenschaftlichen Auseinandersetzungen, die ein Leser mittlerer Bildung nicht versteht, obwohl er die Oper selbst versteht. Diese Attacken haben fast ausnahmslos eines gemeinsam: Sie sind aus tiefer Nicht-Liebe geboren. Sie versuchen das Interesse von dem belächelten, verachteten, ironisierten Wagner-Werk auf die profunde „Aussage" ihrer selbst umzulenken. Wenn dann noch dazu den Regisseuren das Talent zur Menschenführung fehlt, ergibt sich die bekannte kuriose Mischung aus absurdem Bühnenbild und altmodischer Routine-Operngestik „wie gehabt".

In Amerika fragte ein intellektueller Interviewer den „Bohème"-Regisseur:
„Wie fassen Sie die Mimi auf?"
Nach perplexem Schweigen
antwortete er: „Lungenkrank."

Die Strategie der Angriffe auf das Wagner-Werk ist theoretisch und philosophisch untermauert wie die Strategie von Clausewitz. Sie folgt bestimmten Axiomen. Eines davon lautet: Der „Zeitbezug" muß gefunden werden. Dies führte von Wielands oft zitiertem Ausspruch „Walhall ist Wall Street" (was in seinen Inszenierungen nicht zum Ausdruck kam) bis zur großen Mode von 1982: „Parsifal" im Atomzeitalter... Prinzipiell finde ich, daß die Reduzierung der Güter des Geistes auf die Tagesprobleme unser spirituelles Leben geradezu negiert. Unsere Phantasie wäre also nur auf den Tagesbedarf einer Art von geistigem Essen und Trinken reduziert? Wagner hat im „Ring" den Bezug zu seiner eigenen Zeit wohl gefühlt, sich aber gehütet, auch nur eine Idee davon durch Zeigen auf der Bühne zu banalisieren. Ein Zeitbezug ist dann brennend, wenn wir ihn aus der Vergangenheit ahnend herausempfinden. Je historisch genauer eine Biographie von Alexander dem Großen ist, um so mehr wird unser Geist zu Parallelen in die Jetztzeit geführt werden. Im scheinbar Alten muß die Gegenwart heimlich schwelen. Jeder will sie für sich selbst entdecken, will sein eigener Kolumbus sein. Nimmt man ihm diese Freude, merkt er die Absicht und wird verstimmt. Brecht hat seine brennend aktuellen Stoffe, gerade um ihre Aktualität wirken zu lassen, in die Welt der Vergangenheit verfremdet.

„Ein altes Buch, vom Ahn vermacht, gab das mir oft zu lesen..." („Meistersinger")

Oft sind die Wegbereiter gar keine jugendlichen Bilderstürmer. Meist sind es Erwachsene, die auf diesem künstlerischen Pfad ihre eigene Verjüngungskur (eine Aslan-Kur mit Wagner) zu machen hoffen. Ich glaube, Rolf Liebermann hat mit seiner „Parsifal"-Inszenierung am Grand Théâtre von Genf (1982) die Atom-Mode begonnen. Der glänzende Komponist und hochbedeutende Theatermann, der als Intendant der Opernhäuser von Hamburg und Paris Theatergeschichte gemacht hat, führte bei seinem Regie-Debüt seine Idee nicht mit voller Konsequenz durch: „Parsifal" nach Hiroshima, Montsalvat durch eine Atombombe zerstört, die Lanze ist die Bombe, verkohlte und geschwärzte Felsen im ersten Akt – so schreibt Liebermann in „Opernwelt" (August 1982). Aber kann dabei Amfortas von „Waldesmorgenpracht" singen? Wenn man an so ein Konzept wirklich glaubt, muß man noch einen Schritt weitergehen und Text und Musik ändern, denn sonst paßt überhaupt nichts mehr. Dann muß man den Mut haben, sich nicht auf Wagners so un-atomzerstörerische Klangpracht zu verlassen, sondern das Stück von einem Wagner gleichwertigen Komponisten von heute umkomponieren lassen. Los! Auf die Suche! Dann würden wir eben ein Atommüll-Motiv statt des Abendmahl-Motivs, ein Atom-Reaktor-Motiv statt des Glaubensmotivs hören. Meine physikalischen Kenntnisse sind nicht groß genug, um zu verstehen, was das Gralsmotiv ersetzen müßte. Ein entsetzlicher Gedanke, aber ein unerläßlicher zweiter Schritt, wenn man den fragwürdigen ersten einmal getan hat.

Wenn die musikalische Verfremdung nicht unter dem Motto „von Wagner" segelt, wäre sie als Experiment akzeptabel. Wagner wird überleben.

Dann kam Hans Jürgen Syberbergs „Parsifal"-Film (Cannes, 1982): Wir sehen vor dem Vorspiel (ich verwende die Worte des Autors) zu „kaum hörbarer Musik" Dinge wie „Montagebilder der untergegangenen Welt nach dem letzten Zusammenbruch... Dresden 1945... die Freiheitsstatue mit Chéreaus Walküre-Felsen, im Meer von New York untergegangen." Folgte Götz Friedrich in seinem Bayreuther „Parsifal" (1982) der Atom-Welle? Er schreibt, daß der dritte Akt am ehesten „heute" spiele – „Zerstörung kam über die Welt, Krisen und Kriege..." Warum ließ der Regisseur, der 1974 bis 1976 an der Londoner Covent Garden einen der interessantesten „Ringe" inszeniert hat und mit „Moses und Aron" (Wien, 1973) wie mit „Lulu" (Berlin, 1982) wahre Sternstunden modernen Theaters geschaffen hat, seinen „Parsifal" in einem horizontal statt vertikal liegenden Dom mit dem Dach als Rückfläche und den liegenden Fenstern als

Spielfläche ablaufen? Darin der Karfreitagszauber? Ereignet sich die Atomkatastrophe zwischen dem zweiten und dritten Akt? Eigentlich ist die Frage müßig. Denn gerade Götz Friedrich mit seiner ungeheuren Begabung könnte uns dort die Antwort geben, wo sie Richard Wagner in dem dieses Kapitel einleitenden Zitat aus „Oper und Drama" verlangt – auf der Bühne, als „vorgeführte allverständlichte Handlung".

Ich sehe in der „Parsifal nach Hiroshima"-Mode keine Schändung von Wagner, sondern eine Schändung von Hiroshima. Dort sind nicht Hunderttausende Menschen gestorben, damit später Abonnenten oder Festspielbesucher bei Wagners luxuriöser Klangkulisse das Gedenken an deren Schicksal „genießen" (Wagners Wort!). Außerdem war Wagner, entgegen einer im Jahre 1982 verkündeten absurden Theorie, taktvoll genug, weder im „Parsifal" noch in einem anderen Bühnenwerk auch nur einen Funken seines Antisemitismus anklingen zu lassen. Und jetzt wird er posthum ohne sein Zutun zum Komponisten von Begleitmusik für Atomkraft-Visionen abkommandiert? Das hat er nicht verdient.

Jeder Eingriff in ein Meisterwerk rächt sich. Dieter Dorn läßt seine interessante „Ariadne auf Naxos" (Salzburger Festspiele) 1916 spielen. Dann müßte aber Zerbinetta mit ihrer Gruppe Lehár singen!

Noch ein Gedanke zur Forderung nach Zeitbezug. Warum gilt sie nicht für die bildende Kunst? Welchen Zeitbezug hat die Mona Lisa? Ihr Zeitbezug ist die Ewigkeit ihres Lächelns, das sie seit Jahrhunderten zur erträumten Geliebten jedes Mannes gemacht hat. Würde sie mit Hippie-Look übermalt werden, wäre nicht nur Leonardos Meisterwerk, sondern auch ihr Zeitbezug zu Ende.

Eine beliebte modische Spielerei ist die Verlegung der Zeit der Handlung in die Entstehungszeit des Werkes. Beim Festival von Spoleto (1982) gab es viel Beifall für eine Inszenierung des „Fliegenden Holländer": Da hielt König Ludwig II., in einen Hermelin gehüllt, die Partitur in der Hand, und Richard Wagner erschien als Leiter eines Wachsfigurenkabinetts auf dem Gespensterschiff, außerdem gab es Piraten, Gladiatoren usw.... Viele der Zeitperioden von Wagners Opern sind nicht genau definierbar: Trotzdem wollte Harry Kupfer in seinem nie zustande gekommenen, für die Wiener Staatsoper geplanten „Ring" eine Wasserleitung mit Fließwasser für die Walküren des dritten Aktes (zum Waschen der Hände nach dem Waschen blutiger Leichen!) – und das zur Musik des Walkürenritts!

Gewisse Kernszenen der Wagner-Werke sind bei den meisten Regisseuren so verhaßt, daß sie einfach nicht mehr gezeigt werden. Ich glaube, daß die Ankunft Lohengrins in einem vom Schwan gezogenen Nachen vielleicht die populärste Opernszene überhaupt ist. Man kann sie heute kaum noch auf der Bühne sehen. Dabei erinnere ich mich sehr gut aus meiner Kindheit, daß wir manche der Wagner-Szenen auf der Bühne bedenklich fanden, in schlechten Vorstellungen an der Grenze der Lächerlichkeit – zum Beispiel: symmetrisch die Speere schwingende Walküren. Nicht einen Funken von Lächerlichkeit hatte die Schwanenankunft, die wie keine andere Szene seiner Werke zum Weltruhm von Wagner beigetragen hat. Heute bedankt sich Lohengrin meist bei riesigen Projektionen, sich drehenden mondartigen Leuchtscheiben, „Chromosomen", oder bei irgendwie angedeuteten Schwänen, die ihn nicht hergeführt haben, zu den Worten „... dahin, woher mich trug sein Kahn...". In Giorgio Strehlers Inszenierung an der Mailänder Scala (1981) mußte René Kollo von der Vorderbühne aus einem Mittelding von Bäumen und Säulen nach hinten zu einer Leinwand mit Schwanenprojektion laufen. Im Wiener „Lohengrin" von Joachim Herz (1975), dessen Leipziger „Ring" der wahre geistige Vorläufer von Chéreaus Bayreuther „Jahrhundertring" war, kommt Lohengrin vorne aus einer Versenkung, weit hinten steht der Schwan hinter einem Schleier. Bei Wieland Wagner (1965) kam er sogar an einer ganz falschen Stelle der Partitur viel zu früh und mußte sich auf der Bühne ge-

---

„Wann geht der nächste Schwan?" Unmöglich wäre in heutigen Inszenierungen dieser Stoßseufzer des Tenors Leo Slezak, dem der Schwan samt Nachen davongefahren war, bevor er einsteigen konnte...

langweilt den Chor anhören, der seine Ankunft schildert. Zwei der berühmtesten Lohengrin-Darsteller unserer Tage, James King und René Kollo, haben mir erzählt, daß sie noch niemals in einer Inszenierung mitgewirkt haben, wo Lohengrin in einem vom Schwan gezogenen Nachen auftrat.
Für mich ist all das auch ein Symptom der generellen Tendenz zur Betonung des Negativen, zur Angst vor dem Schönen. Auf Chéreaus „Jahrhundertring" gehe ich in einem anderen Kapitel dieses Buches ein, aber hier finde ich auch, daß seine Liebe Alberich gehört und nicht Wotan. Man hat eine gewisse radikale politische Ideologie dahinter gesehen, und das mag zum Teil stimmen, es besteht aber das grundsätzliche Mißverstehen von Wagners Werk einfach im Negieren des Ästhetisch-Schönen, das ihn berühmt gemacht hat. So wie er ohne Glanz und Luxus nicht leben konnte, so hat er komponiert.
Unabsehbar sind die Konsequenzen, wenn der Nichtglaube des Regisseurs an ein Stück und die merkbare Langeweile, die er selbst bei dem Original empfindet, zu einer völligen Entstellung des gesamten Werkes in seinem Handlungsablauf, seiner Dramaturgie und seiner szenischen Gestaltung führt. In München hat der begabte Bühnenbildner Herbert Wernicke von sich als Regisseur nach einer interessanten szenischen Fassung von Händels „Judas Maccabäus" durch eine Inszenierung des „Fliegenden Holländer" (1981) reden gemacht, in der das gesamte Stück (ohne Meer) in einem Zimmer spielt – von ihm mysteriös als „archetypischer Wohnraum" bezeichnet; der Holländer besteigt den Raum durch ein Fenster, hier bringt sich Senta mit dem Messer Eriks um, der Holländer bleibt am Ende, anscheinend zum „Bürger" geworden, unerlöst (aber rauchend!) in einem Sessel zurück. Daß kein Ton der Musik hierzu paßt, kann nur der fühlen, der Ohren hat – aber der Regisseur hätte doch verstehen müssen, daß die Worte des Textes so nur noch zum Lachen reizen: „An Bord bei euch, wie steht's?", „Mich dünkt, ich seh' den Kapitän!", „Sandwike ist's, genau kenn' ich die Bucht" (im Zimmer!). Welche Inhaltsangabe schreibt man bei so einer Vorstellung im Programmheft? Wagners Inhalt oder den vom Regisseur erfundenen? Das ist wichtig – denn ein uninformierter Besucher so einer Vorstellung könnte glauben, die Technik habe gestreikt und den Aufbau der richtigen Dekoration der Meeresbucht nicht geliefert.

Wollte der Regisseur hier „provozieren"? Provokation auf der Opernbühne bedeutet fünf Minuten Schock und drei Stunden Langeweile.

Sehr beliebt ist die Stücke tötende Masche der Visionen und Träume. Ich finde die Umdeutung des realen Geschehens auf Visionen und Träume überhaupt uninteressant, weil man am realen Erlebnis viel tieferen Anteil nimmt. In Jean-Pierre Ponnelles New Yorker „Fliegendem Holländer" (Met, 1979) ist alles ein Traum des Steuermanns – ich bin kein Traumspezialist, aber gibt es eigentlich Träume, in denen man selbst nicht vorkommt? Der Steuermann ist doch nur eine Randfigur. In Ponnelles sonst so herrlichem Bayreuther „Tristan" (1981) stirbt Tristan nicht an der vorgeschriebenen Stelle, sondern erst am Schluß der Oper; Isolde kommt nicht, ihr Liebestod ist nur eine Vision des sterbenden Tristan. Frage: wenn Isolde nicht kommt, was tut sie dann? Lebt sie vergnügt weiter mit Marke? Oder entschließt sie sich für Melot als Boyfriend? Wie konnte dieser Meisterregisseur seine prachtvolle Inszenierung durch diesen Schluß ruinieren?
Die Krone von allem ist und bleibt wahrscheinlich „Der Fliegende Holländer" in der Inszenierung von Harry Kupfer, „Bayreuther Festpiele" (1978), der sein bedeutendes Regietalent in vielen ganz „normalen", ausgezeichneten Inszenierungen bewiesen hat. Hier ist die entstellte Handlung eine Vision der Senta. Ich saß in der Vorstellung, den Kopf etwas gesenkt, und hörte der Ouvertüre zu. Plötzlich störte ein unglaublicher Krach meine inneren Visionen des Holländer-See-

Hört man eine Oper zum ersten Mal, dann kann eine Fehlinszenierung die Bedeutung der Musik vernebeln.

sturms. Ich dachte: Da ärgern wir uns an der Wiener Oper so oft über Lärm hinter der Bühne, in Bayreuth ist es noch ärger. Dann aber blickte ich auf. Und zu meinem Entsetzen sah ich den Vorhang schon offen. Er zeigte musikwidrig Sentas Zimmer, in welchem eben das Bild des Holländers bei der schönsten Pianostelle der Ouvertüre zu Sentas Erlösungsmotiv krachend zu Boden gefallen war, Senta nahm es in die Hand, störte mit einiger „Spielastik" weiter die Ouvertüre und blieb sodann den ganzen ersten Akt hindurch links oben als Zuschauerin des Geschehens sitzen. Wenn man das Stück nicht kennt und nicht weiß, daß Senta im ersten Akt nicht vorkommt, dann hält man zunächst Wagner für einen sehr schlechten Komponisten: Da trägt jede Figur ihre Musik um sich, der Holländer, Daland, sogar der Steuermann – nur für Senta ist Wagner nichts eingefallen? Ich glaube, daß eine für die Rolle der Senta engagierte Sängerin hier das Recht hat, ihre Rolle zurückzulegen – sie ist nicht verpflichtet, von Wagner nicht vorgesehene Statisterie im ersten Akt zu spielen. Freunde haben die Reprise des Jahres 1982 gesehen und mir erzählt, daß das Bild noch immer mit demselben die Musik störenden Krach zu Boden fällt – jetzt allerdings beim Forteteil zu Anfang der Ouvertüre. Die makabre Angelegenheit endet mit Sentas Selbstmord ohne die Erlösung des Holländers – dabei spielt es überhaupt keine Rolle, daß Kupfer ein so guter Regisseur ist, daß man kaum jemals den Chor der Spinnerinnen so ausgezeichnet gestaltet gesehen hat.

Es ergeben sich sogar rechtliche Erwägungen. Hat nicht ein Theater, das von Wagner verschiedene Handlungsabläufe unter dem Namen „von Richard Wagner" präsentiert, einen strafrechtlichen Tatbestand gesetzt? Ist es nicht Betrug? Überdenken Sie folgende Analogie: Sie haben einen zehnjährigen Sohn und wollen ihn mit den Klassikern bekannt machen – in einem Buchladen sehen Sie „Wilhelm Tell" von Friedrich Schiller, Sie kaufen das Buch um 20 Mark und geben es Ihrem Sohn; er beginnt zu lesen. Sie fordern ihn auf, den Inhalt nachzuerzählen, und er beginnt: „Also, der Schauplatz ist Hiroshima nach der Atombombe ...". Was werden Sie tun? Sie gehen in das Geschäft und verlangen Ihre 20 Mark zurück. Wenn Ihnen jetzt der Buchhändler zu erklären versucht, daß aus heutiger Sicht dieses Werk nur durch den Bezug zur Atomkatastrophe erträglich gemacht werden kann, dann ist es Zeit, zum Rechtsanwalt zu gehen. Sie wurden betrogen. Und wenn Sie den „Faust" kaufen, und in dieser Druckausgabe ist alles eine Vision Gretchens, die bereits stumm im Vorspiel auf dem Theater, dem Prolog im Himmel und der Studierstubenszene herumsitzt, dann wurden Sie wieder betrogen. Es müßte hier heißen „inspiriert von Schillers Wilhelm Tell" oder „nach Goethes Faust", genauso wie der besagte „Fliegende Holländer" unter keinen Umständen als „von Richard Wagner" bezeichnet werden darf. Dazu gehört natürlich einiger Mut, denn es würden die Besucher ausbleiben. Ist hier auch durch die „gewinnbringende Absicht" die strafrechtliche Grenze überschritten?

Die Situation ist aber heute so verfahren, und der allgemeine Respekt vor der Größe des Meisterwerkes ist in der Öffentlichkeit so sehr gesunken, daß ich Wolfgang Wagner völlig recht gebe, wenn er die „Werkstatt Bayreuth" auch den gewagtesten Experimenten öffnet – einfach aus dem Grunde, daß diese Welle bedeutende Fürsprecher hat (meist in Kreisen, die sich an diesen Werken in der Originalgestalt langweilen) und man Wolfgang Wagner im gegenteiligen Falle in der Öffentlichkeit als „Reaktionär" heftig kritisieren würde. Außerdem: Festspielinszenierungen kommen und gehen. Unvereinbar ist dies jedoch mit dem Bildungsauftrag der von der öffentlichen Hand subventionierten Repertoire-

---

Manchmal soll man auch verrückte Fehlinszenierungen zeigen,
um unter den Regisseuren
keine Märtyrer zu schaffen.

Theater, bei denen eine Generation mit derselben verfremdeten Inszenierung heranwächst, die ihnen irreführenderweise als das Originalwerk vorgetäuscht wird.

Damit erringen aber auch Herbert von Karajans ganz aus dem Geiste der Musik entstandenen Wagner-Inszenierungen bei den Salzburger Osterfestspielen schon als Gegenpol erhöhte Bedeutung. Er setzt die Tradition der großen Dirigenten, die auch Regisseure waren, fort: Arturo Toscanini etwa oder Gustav Mahler. Eine Inszenierung muß „gut" sein, aber nicht in jeder Sekunde „Weltgeschichte des Theaters" anstreben.

Eine weitere Überlegung betrifft die Frage des Urheberschutzes, des Copyright. Sosehr jedem Kunstfreund der Gedanke eines Eingriffes der Rechtsmaschine in die künstlerische Freiheit – selbst bei schamlosestem Mißbrauch – verhaßt ist, sosehr glaube ich, wir sollten zumindest wissen, welche Möglichkeiten eines Schutzes bestehen. Bekanntlich ist der urheberrechtliche Schutz heute in den meisten Kulturländern auf 70 Jahre nach dem Ableben des Autors beschränkt. Er beinhaltet alle mit dem Werk verbundenen Rechte wie Aufführungsrechte, Nachdruckrechte und das Recht zu jeder das Werk ändernden Bearbeitung. Zu Wagners Zeiten waren es 30 Jahre; der deutsche Reichstag hat im Urhebergesetz von 1901 nach langwierigen Beratungen eine Verlängerung der Schutzfrist auf 50 Jahre abgelehnt. Da Frau Cosima die bedeutendste Nutznießerin einer Verlängerung gewesen wäre und sie sich außerdem in Zuschriften an jeden einzelnen Abgeordneten gewandt hatte, nannte man das abgelehnte Gesetz im Volksmund der Fachkreise „Lex Cosima". Da war die Witwe von Johann Strauß (in Wien hieß sie „Die Cosima im Dreivierteltakt") erfolgreicher: Ihr gelang in Österreich 1931 die Durchsetzung der „Lex Johann Strauß" mit einer Verlängerung von 30 auf 32 Jahre. Der Urheberschutz begann überhaupt erst mit der durch die Erfindung der Buchdruckerkunst zu einem Problem gewordenen leichten Möglichkeit der Verbreitung durch Nachdruck.

Noch immer ist der Autor der schlechtestgestellte Mann des Operntheaters. Der Sänger bezieht seine Gage unabhängig von den Eintrittspreisen, der Autor bekommt einen Prozentsatz der Einnahmen.

Die theoretische Untermauerung dieser Gesetzgebung kam aus Frankreich: Wir dürfen durchaus nicht glauben, daß die Entwicklung immer in die Richtung eines verstärkten Urheberschutzes gegangen wäre. Ursprünglich begründete man ihn nämlich mit der Theorie vom „geistigen Eigentum" – das heißt, daß ein Autor an einem geistigen Produkt Eigentum besäße, welches dem Eigentum an einem Sachwert (etwa an einem Haus) gleichzustellen sei. Die Theorie „Eigentum bleibt Eigentum" ist durchaus kein Endprodukt, sondern ein Anfangsstadium des Urheberschutzes, erscheint aber dem gesunden Rechtsempfinden des Laien durchaus einleuchtend. Wieso erlischt das Eigentum an Grund und Boden niemals, es vererbt sich von Generation zu Generation, und das geistige Eigentum an der Schöpfung eines literarischen oder musikalischen Werkes erlischt nach einer bestimmten Frist? Ein fürsorglicher Familienvater müßte sich also davor hüten, Romane zu schreiben oder Opern zu komponieren, weil er damit seine Erben schlecht bedenken würde. Im Königreich Sachsen hat ein auf diesem Prinzip basierendes „ewiges Verlagsrecht" bis 1844 bestanden – es hätte also fraglos noch Wagners „Rienzi" (1842) und „Der Fliegende Holländer" (1843) auf ewig geschützt. Es wäre zu studieren, ob für diese Werke der Rechtsschutz des Uraufführungsjahres noch heute gilt! Aus Gründen der praktischen Undurchführbarkeit und nicht aus geistigen Erwägungen hat man die Theorie vom „geistigen Eigentum" nicht konsequent weiterverfolgt, denn sonst müßten wir ja heute die Erben von Homer oder Ovid suchen. Alle gegenwärtig gültigen Gesetze, die eine urheberrechtliche Schutzfrist zwischen Null und Ewigkeit vermeiden, sind aber unbe-

friedigend. Wie steht es eigentlich mit Werken der bildenden Kunst? Hier gibt es einen Denkmalschutz, der vor Vandalismus bewahren soll. Aber: Wenn Dramen oder Opern nach 70 Jahren vogelfrei werden, wieso erlischt dann nicht auch das Privateigentum an einem Gemälde? Absurd, sicher, wie alles, was mit dem Urheberrecht zusammenhängt. Die Verfechter einer möglichst kurzen Schutzfrist betonen, daß kein Autor in Wirklichkeit Allein-Autor ist, sondern indirekt aus Quellen anderer Autoren und aus Volksgut schöpft und deshalb auch nicht zu lange den Allein-Schutz genießen soll. Mein Denken basiert auf musikdramatischen Werken, und ich glaube, daß wir bei einer Verlängerung dieser Frist auf mindestens 100 Jahre einen Akt der Gerechtigkeit setzen würden. Wenn ein Werk sofort populär wird und die Welt erobert, dann ist es ja klar, daß ein längerer Schutz durchaus verdient ist. Um so mehr aber, wenn ein Werk – wie etwa „Boris Godunow" von Mussorgski – zu Lebzeiten des Autors völlig verkannt bleibt und erst Jahrzehnte nach seinem Tod zu einem Kassenmagneten wird; das ist auch gerecht für die Verleger und alle diejenigen, die sich in manchmal prophetischer Voraussicht für dieses Werk eingesetzt und eventuell in Unkosten gestürzt haben. Und wenn ein Werk sich als Eintagsfliege entpuppt und seine Zugkraft bald verliert, dann spielt die Frage des Urheberschutzes sowieso keine Rolle.
Noch eine Erwägung klingt absurd – es wäre auch denkbar, den 100jährigen Urheberschutz nicht allen Werken zukommen zu lassen, sondern nur gewissen Werken von besonderer Bedeutung. Wer entscheidet darüber ? – so lautet der berechtigte erste Einwand. Aber – wer entscheidet darüber, welches Bauwerk unter Denkmalschutz gestellt wird und welches nicht? In all diesen Fällen muß das Risiko einer Fehlentscheidung mit einkalkuliert werden. Übrigens wurde mir berichtet, daß die uralte Theorie „Eigentum bleibt Eigentum" in völlig anderem Zusammenhang kürzlich wieder aufgetaucht ist: nämlich in dem Vorschlag einer durch den Verleger zugunsten einer Künstler-Sozialversicherung zu zahlenden Tantieme für nach heutiger Gesetzgebung nicht mehr urheberrechtlich geschützte Werke. Eines steht jedenfalls fest: Wo immer Urheberschutz besteht, gibt es eine Waffe gegen monströse Fehlinszenierungen: Der Urheberschutz umfaßt das gesamte Werk, also keinesfalls bloß Text und Musik, sondern auch die szenischen Anweisungen des Autors.

Warum schützt der Denkmalschutz nur die Werke der bildenden Kunst vor Vandalismus?

Natürlich ist eine praktische Durchführung auf dem Gebiet des Theaters sehr schwer, denn: wo kein Kläger, da kein Richter. Als Kläger könnten nur die Rechtsträger (also Autoren oder Erben) auftreten. Und auf Grund welcher Sachverständigen-Gutachten sollte das Gericht entscheiden?
Bevor wir zu den Argumenten der Gegenseite kommen, noch ein Wort über die szenisch ausgedeuteten Vorspiele. Ich lehne sie prinzipiell ab – nicht nur im konkreten Fall jenes Bayreuther „Holländer", wo die Ausdeutung in krassem Gegensatz zur Musik steht. Die langen Vorspiele Wagners haben einen tiefen Sinn: Sie sind das Signal für den Zuhörer, daß an diesem Abend ein bedeutender Teil der Suggestion durch die Ohren gehen wird. Sie sind der Befehl: Ohren auf! Wenn nun dabei auch schon das Auge in Aktion tritt, wird der Rezeptionswille der Ohren für den gesamten Abend geschwächt – es liegt darin auch ein Teil des allgemeinen strategischen Planes mancher Regisseure, die Diskrepanz zwischen der Aussage der Musik und dem szenisch Gezeigten zu umnebeln. Mir haben die szenisch ausgedeuteten Vorspiele viel Freude an den sehr interessanten Götz-Friedrich-Inszenierungen in Bayreuth genommen, wobei der mit seiner Harfe irrende Tannhäuser weit weniger gegen die Musik war als die zu Sphärenklängen vor dem Ende des „Lohengrin"-Vorspiels zwischen Bretterwänden auftretende Elsa,

die sich auf die holzartig dekorierte Überdachung des mystischen Orchester-Abgrunds außerhalb des Bühnenraums warf und dort bis zu ihrem musikalisch so klar vorgeschriebenen späteren Auftritt sichtbar blieb. Ich empfand die szenische Ausdeutung auch als Ballast für Götz Friedrichs schönen Berliner „Tristan" und freue mich, daß er in Bayreuth bei „Parsifal" nichts Ähnliches versucht hat. Das Musiktheater ist nun einmal zum großen Teil auch eine Apotheose des Hörens, die dort durch kein Sehen gestört werden soll, wo der Komponist ihr – wie in den Vorspielen – Alleinherrschaft gegeben hat.

Von Verfechtern einer hemmungslosen Freiheit der Regie werden gewöhnlich zwei Hauptargumente ins Treffen geführt: Erstens – wenn man diese Freiheit unterbände, wäre das Musiktheater starr museal, und man würde überall das gleiche sehen. Dieses Argument entbehrt jeder Grundlage, denn auch bei völliger Beibehaltung der Original-Dramaturgie des Werkes bleibt der Phantasie des Regisseurs unendlicher Spielraum; innerhalb dieses Rahmens ist ja gerade die Verschiedenheit dieser Vorstellungen, deren keine der anderen gleicht, ein besonderer Reiz. Waren nicht August Everdings „Tristan" in New York und Wien (1967 mit der Abdunkelung in der Liebestrank-Szene) und Jean Pierre Ponnelles Bayreuther „Tristan" (1981) mit dem herrlichen Baum im Garten völlig verschieden? Oder Otto Schenks festliche und menschliche „Meistersinger" in Wien (1975), Wolfgang Wagners Bayreuther „Meistersinger" (1981) mit der rührenden Schluß-Versöhnung von Sachs und Beckmesser, Herbert von Karajans „Meistersinger" bei den Salzburger Osterfestspielen (1974), die von Peter Beauvais an der Deutschen Oper Berlin (1976), die von Nathaniel Merrill an der Met (1963) – sogar Harry Kupfers „Meistersinger" an der Komischen Oper in Ost-Berlin (1981) blieben trotz der problematischen Einheitsdekoration (ein Baum!) noch innerhalb der Werkgrenze.

Walther: „Wie fang' ich nach der Regel an?"
Sachs: „Ihr stellt sie selbst und folgt ihr dann."
(„Meistersinger")

Eine reizende, sehr typische Geschichte, ob wahr oder erfunden, wird von den prachtvollen „Meistersingern" erzählt, die Götz Friedrich in Stockholm inszeniert hat. Ein Journalist fragte ihn, wieso er hier eine so absolut traditionelle Inszenierung geschaffen habe, worauf er geantwortet haben soll: „Man muß immer wissen, wo man inszeniert!"

Ein anderes Argument, das man oft hört, ist die Notwendigkeit neuer Deutungen. Sogar solcher, an die selbst der Autor nicht gedacht hat. Wagner hat ja gesagt, daß ihn erst Schopenhauer seinen Wotan verstehen lehrte. Hier muß ich aus eigener Erfahrung sagen, daß ich einen Teil solcher Deutungen entweder nicht überzeugend gefunden habe – oder ich habe auch ohne ihre derbe Verwirklichung auf der Szene sie schon als Kind aus den Werken herausgehört. Und zwar aus kleinen Andeutungen mehr als aus Interpretationen, die mit dem Knüppel auf den Kopf schlagen – das berühmte Aufspringen der großen Tür vor Siegmunds Liebeslied in der „Walküre" habe ich immer als einen letzten Rest des Sturmes empfunden, durch den die Frühlingsnacht in den vom Vollmond erleuchteten Saal dringt – das war viel eindrucksvoller als der ungeheure Theaterzauber, das Verschwinden der ganzen Wand, der völlige Dekorationswechsel, den man jetzt so oft sieht.

In allen großen Perioden des Musiktheaters hatte die Regie eine von der heutigen durchaus verschiedene Funktion. Sie war ein Teil des Schöpfungsaktes des Werkes. Die Tätigkeit der großen Italiener von Rossini bis Verdi und Puccini bei der Überwachung ihrer Uraufführungen wurde als „mettere in scena" bezeichnet, das ist das italienische Wort für „inszenieren". In dieser vom Autor geschaffenen Gestalt gingen die Werke in mehr oder weniger gleicher Form über viele Bühnen.

Dort war dann meist der Kapellmeister zugleich der Regisseur. Es gab nicht den Stolz auf vom Original abweichende Inszenierungen, weil die allgemeine Aufmerksamkeit viel zu sehr auf den heute fehlenden ununterbrochenen Nachschub an neuen Opern gerichtet war. Bei der einzigen Form des lebendigen schöpferischen Musiktheaters, das heute existiert, beim amerikanischen Musical, gilt der Erst-Regisseur als Mitautor, und seine Inszenierung ist ein Teil des Stückes. Bei all den europäischen Erstaufführungen amerikanischer Musicals, die ich geleitet habe, mußten wir eiserne Verträge unterzeichnen, das Werk ohne die geringste Änderung in der Originalgestalt zu geben. Das kam der Auflage einer Übernahme der Originalregie gleich – undurchführbar, weil der Erst-Regisseur meist nicht zur Verfügung stand. Mit amerikanischen Assistenten wollte man sich nicht behelfen. Wir waren mit dieser Klausel nicht einverstanden – sie hat aber letztlich „My Fair Lady" und „West Side Story" vor dem Schicksal der Wagner-Opern abgeschirmt.

Geht das vertragliche Verbot jeder schöpferischen Uminszenierung bei amerikanischen Musicals zu weit?

Es klingt so schrecklich banal, aber wir haben eine Verpflichtung gegenüber der heranwachsenden Jugend. Nach der Fernsehübertragung des „Rheingold" in Chéreaus Bayreuther Inszenierung ließ ich in meiner Klasse an der Wiener Hochschule für Musik einen ausländischen Studenten, der das Werk nicht kannte, die Handlung erzählen; er begann (ganz begeistert von der Übertragung): „Drei Nutten hocken auf einem Stauwerk..." Wollen wir das wirklich? Unsere Generation kann ja noch doppelschichtig sehen und das Gesehene mit dem Original vergleichen – aber wie wird es in zehn Jahren sein? Die Werke der bildenden Kunst sind durch die Denkmalschutz-Gesetzgebung vor solchem Vandalismus geschützt. Schließlich gibt es eine sehr einfache Rechnung: Diese wundervolle, geliebte, absurde, irrsinnige Kunstgattung Oper, in welcher gesungen statt gesprochen wird, hat in den 400 Jahren ihrer Geschichte eine ganz kleine Anzahl von noch gültigen Werken hervorgebracht – 40, wenn wir sehr streng sind, 70, wenn wir toleranter sind, aber mehr auf keinen Fall. Diese sind Sternstunden der Menschheit, und es gehört schon eine große Portion von Selbstüberschätzung dazu, sie in ihrer Substanz ändern zu wollen. Wen sie langweilen, der soll doch selbst ein Stück schreiben – wenn er es zustande bringt.

In meiner Jugendzeit, also etwa in den zwanziger Jahren, war niemand konservativ, und es gab ein ständiges Angebot von neuen Stücken, die unsere Aufmerksamkeit und unsere Liebe absorbierten. Man fragte: „Was schreibt der Strauss? Der Berg? Der Puccini?" – und sie schrieben Großartiges.

In schöpferischen Perioden des Musiktheaters steht das Werk im Zentrum des Interesses, nicht die Inszenierung.

Die Zeiten, wo die Erstaufführungen „Turandot", „Wozzeck", „Arabella" usw. hießen, habe ich noch erlebt. Meine Großmutter schwärmte von der Periode 1888 bis 1896, in welcher die Premieren der Wiener Hofoper lauteten: „Otello", „Falstaff", „Cavalleria Rusticana", „Bajazzo", „Hänsel und Gretel", „Die verkaufte Braut", „Manon", „Werther", „Der Evangelimann", „Die Puppenfee" usw. Niemand hatte damals Zeit zu diskutieren, wie eine Inszenierung den „Lohengrin" „auffaßt". Heute ist die Armut an uns berührenden neuen Werken so groß, daß die ganze Aufmerksamkeit auf die Wiedergabe gerichtet ist.

Man spricht über die „Walküre" „von" Friedrich, „von" Herz, „von" Chéreau, „von" Ronconi, „von" Ponnelle nicht wie über verschiedene Inszenierungen, sondern wie über verschiedene Opern.

Gerade bei Wagners Opern mit ihren für heutige Begriffe oft so schwer erfüllbaren szenischen Ansprüchen, mit ihren Stürmen und Gewittern, lodernden Feuern, wilden und zahmen Tieren, muß aber der Regisseur immer die Phantasie des Zuhörers mitarbeiten lassen. Wo diese Phantasie durch die Diktatur einer intellektuell noch so begründbaren szenischen Konzeption in eine Richtung gezwängt, in Fesseln gelegt wird, hat der Regisseur sich selbst seinen wertvollsten Bundesgenossen genommen. Sogar aus einer in einem Provinztheater primitiv gemalten Rhein-Tiefe kann in unserer Phantasie das tönende Fließen des Wagalaweia erstehen. Niemals aus einem Stauwerk wie in Chéreaus Bayreuther „Rheingold".

„Nur eine Hoffnung soll mir bleiben", singt der Fliegende Holländer. Jeder Gag, jeder aktuelle Bezug, jede Parodie ist nur gut für ein einziges Mal. Einmal „Parsifal" mit Atomkatastrophe ist (vielleicht) tragbar, das zweite Mal versandet in einem rettungslosen „déjà vu" (schon gesehen). Es erinnert mich an die Geschichte von dem Abonnenten in dem kleinen Sommertheater in Böhmen, wo es jeden Freitag eine Premiere gab, der beim Aufgehen des Vorhangs hörbar seufzte: „Großer Gott, schon wieder ein Zimmer." In diesem Sinne also: „Schon wieder Atom!..."

Durch die selbst herausgeforderte Notwendigkeit der Regisseure, ununterbrochen neue Ideen oder Ideechen zu erfinden, werden sich diese bald totgelaufen haben. Dem Regisseur des Jahres 2000 wird hoffentlich nichts mehr übrig bleiben, als das Werk des Autors zu inszenieren. Das wird als kühne Avantgarde gelten.

„Interessant inszenieren ist leicht,
gut inszenieren schwer."
(Gustav Mahler)

Mein Freund Richard Wagner

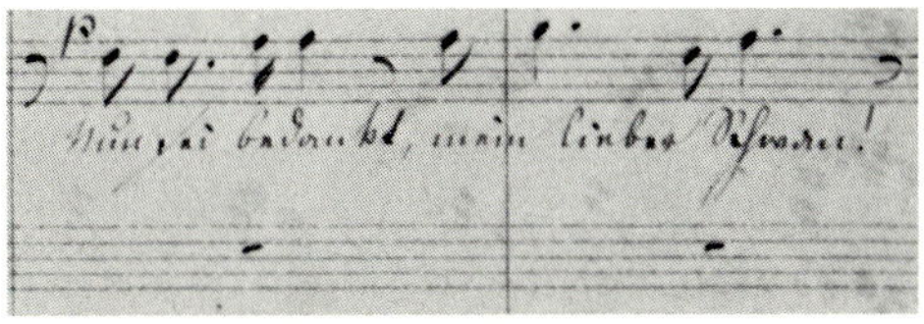

In den heiligen Hallen der Wiener Staatsoper hatte ich meine ersten Wagner-Erlebnisse. Mein Stammplatz war das sogenannte „linke Kipferl", der exklusivste Punkt im Stehparterre, nämlich die durch die Vorderbrüstung und die schiefe Rückwand gebildete Winkelecke. Seit dort ab Mitte der zwanziger Jahre durch tägliche Opernbesuche mein „Zuhause" war, stand oft eine schmächtige alte Dame neben mir. Sie hatte noch im Jahre 1875 die persönlichen Inszenierungen Richard Wagners erlebt. Die zarten Falten ihres Gesichtes erröteten noch immer, wenn sie versuchte, die frivol-realistischen Szenen des Venusbergs im „Tannhäuser" zu schildern, und ihre verträumten Augen bekamen einen an die Courths-Mahler erinnernden nostalgischen Glanz, wenn sie von den romantischen Zärtlichkeiten Lohengrins für Elsa schwärmte. Einmal fiel ihr ein weißbärtiger Nachbar ins Wort, als sie behauptete, niemand habe je „Lohengrin" hinreißender dirigiert als Wagner selbst in Wien am 2. März 1876, seiner einzigen Vorstellung am Dirigentenpult der Hofoper. „Ihre Erinnerung trügt", sagte der Opernveteran, „alles war schwungvoll, aber vieles unpräzis, denn Wagner hat ohne jede Orchesterprobe dirigiert!"

Die Wagner-Tradition der Wiener Hofoper war immer ein Gegensatz zu Bayreuth. Während der Direktionszeit von Gustav Mahler (1897–1907) war Wien Avantgarde und Cosimas Bayreuth Hüter der Tradition. In der Ära der künstlerischen Leitung Herbert von Karajans war Wien Hüter der Tradition im Gegensatz zu den Experimenten Wieland Wagners in Neu-Bayreuth.

Mein Leben mit Wagner

„Mein Freund! In holder Jugendzeit...“ („Meistersinger“)

Nun sei bedankt für diese wundervolle Freundschaft. Kein noch so wohlmeinender Schminker kann bei meinen Fernsehsendungen verheimlichen, daß ihre Dauer ein halbes Jahrhundert bereits um einige Jahre überschritten hat. Lange Zeit war ich ausschließlich der nehmende Teil. Ich lebte in der Schönheit dieser Musik, dem Glanz der Worte, den Anregungen für das Denken. Unsere Freundschaft hat einige Krisen überdauert. An manchem war ich schuld. Da war die Zeit, wo ich mich fragte, ob ich nicht einer falschen Wertung verfallen sei. War es richtig, wenn man nach einer Wagner-Oper nachts dreimal um die Ringstraße lief, dem Rausch verfallen, nachsingend, diskutierend, denkend, jede Spur eines anderen Lebens vergessend? War das nicht eine Ungerechtigkeit gegen Herrlichkeiten wie die der Barockmusik, die neuerdings ein Lieblingsprogramm des Rundfunks zur Begleitung des Frühstücks darstellt? Die Krise war bald überwunden, ich lief weiter um die Ringstraße. Dann kamen die Krisen, an denen *er* nicht unschuldig war. Niemals hatte ich bei Wagner an Politik gedacht, aber da kam das Dritte Reich. Hitler liebte Wagner, trotzdem spielte man weniger Wagner als früher, und in der Partei galt die heimliche Parole: „Lassen wir unserem Führer seinen Wagner-Spleen!“ Aber da waren eben die Schriften, weitesten Kreisen unbekannt, kaum gelesen, selten ernst genommen, doch es gab sie einfach. Da gehörte schon viel Liebe dazu und vielleicht eine große Portion von Erfahrung und Studium, um auch diese Krise zu überwinden.

Unsere Freundschaft besteht wieder ebenso fest wie eh und je. Die Krisen brachten auch Gutes. Ich habe nun das Gefühl, daß ich nicht mehr ausschließlich der nehmende Teil bin. Vielleicht kann ich aus langer Liebe und langer Erfahrung heraus dazu beitragen, Mißverständnisse auszuräumen. Vielleicht habe ich, in der Hölle sogenannt „moderner“ Wagner-Inszenierung schmorend, das Hirn voll von unglaublich gescheit klingenden Fehldeutungen seiner Person, trotz der Überfülle bedeutender Wagner-Literatur, doch ein Wort zu sagen. Wie riskant das ist, weiß ich genau. Heute ist nichts suspekter als Liebe.

Mein Wagner-Bild ist im Theater entstanden. Die Basis waren jene ungefähr 3000 Wagner-Vorstellungen, die ich in aller Welt gehört habe. In Wien, in Bayreuth, in den zahllosen Ländern, die ich als Privatsekretär von Kammersänger Jan Kiepura bereist habe, während meiner Amerikajahre, auf Studienreisen und in all den Ländern Europas und in Übersee, wo ich an Universitäten vorgetragen habe. Sie haben mich zu dem gemacht, was heute eher verachtet wird, wozu ich mich aber aus vollem Herzen bekenne: zum Wagnerianer.

„Wie ich's begänne, wüßt' ich kaum.“ („Meistersinger“)

Da ich mich aber gleichzeitig auch sehr mit der modernsten Theaterform beschäftigt habe und so intensiv an der Einführung des amerikanischen Musicals in Europa beteiligt war, glaube ich doch, mir eine moderne Sicht geschaffen zu haben. Deshalb lasse ich mich gerne, was Wagner betrifft, als einen „Genießer“ belächeln und habe dabei Wagner auf meiner Seite (siehe Zitat aus „Oper und Drama“, Seite 9). Ich lehne aber die unvermeidliche Beifügung „simpler“ Genießer ab. Ich weiß ja nur zu gut, wie die Phrasen all derer lauten, denen die Oper an und für sich ein unbekanntes Land geblieben ist: kulinarisches Empfinden, Sich-Einlullen-Lassen usw.

Das stört mich gar nicht. Im Gegenteil, ein Hauptzweck meines Buches ist der Versuch, die Freude, die ich an Wagner habe, auf andere zu übertragen.

Ich erinnere mich noch sehr gut an meine erste Bekanntschaft mit Wagner. In unserer Wohnung am Möllwaldplatz in Wien gab es ein schon damals altes Trichter-Grammophon. Ich war ungefähr zwölf Jahre alt, als mich das daraus kratzend ertönende, niemals berühmt gewordene Lied des Friedensboten aus

„Rienzi" begeisterte. Und bei meiner Großmutter väterlicherseits gab es auch so ein Monstrum, und da war diese Platte mit dem Preislied aus den „Meistersingern", auf der vor der Musik angesagt wurde: „Leo Slezak, Hofopernsänger, mit Klavier". Mit vierzehn hörte ich dann meine erste Wagner-Oper, die „Meistersinger" an der Staatsoper – da sang Leo Slezak den Stolzing. Der Stimmriese war damals schon übermäßig beleibt, und es ging immer fast ein Lachen durch das Haus, wenn er sich im ersten Akt in den eher engen Singstuhl setzen sollte und mit dem Ausdruck des Entsetzens fragte: „Hier in den Stuhl?", worauf Viktor Madin als Kothner ihm mit etwas Zynismus antwortete: „Wie's Brauch der Schul."

Und dann das Radio. Es war damals noch neu. Wir hatten einen der üblichen Detektor-Apparate, wo man mit Kopfhörern lauschen konnte, wenn es einem gelungen war, mühsam mit der Nadel auf einem Kristall den Sender zu finden. Jeden Sonntag um 11 Uhr gab es Morgenkonzerte. Wie gut sie waren, kann ich nicht mehr nachprüfen. Es spielten nicht die Wiener Philharmoniker, der Dirigent stand nicht dreimal so groß wie der Komponist auf dem Programm – aber wir liebten Dr. Ludwig Kaiser und warteten mit fiebernder Ungeduld auf die Wunder des Feuerzaubers, des Walkürenritts und der Wagner-Vorspiele. Meine Familie stellte mit Stolz fest, daß ich mich für die sogenannte „schwere" Musik begeisterte. Wie so vielen meiner Altersgenossen war mir Wagner gleich verständlich. „Was ist daran schwer?" fragten wir uns. Wir taten uns mit Mozart und den Italienern viel schwerer.

„Der diese Liebe mir ins Herz gehaucht..." („Walküre")

Meine Großmutter väterlicherseits erzählte mir mit Andacht und allen Details von der ersten Generation der Wagner-Sänger, die sie alle gehört und gekannt hat: Amalie Materna, Hermann Winkelmann, Theodor Reichmann. Einmal schenkte sie mir zu Weihnachten zwei Alben für Klavier: Rossini-Ouvertüren und Wagner-Vorspiele. Rossini blätterte ich durch, Wagner verschlang ich. Ich entsinne mich meiner verzweifelten Versuche, das erste Crescendo-A der Revolutions-Trompete von „Rienzi" auf dem Klavier zu imitieren – ich spielte schlecht und tröstete mich damit, daß sich bei diesem Ton auch Franz Liszt schwer getan hätte. Anders war es bei „Tannhäuser" – da brachte mein Klimpern des Pilgerchores mit einem Finger der rechten Hand, begleitet von falschen Akkorden der linken, Wagner in die Nähe der Impressionisten und, als es zur Venusberg-Musik überging, sogar an die Schwelle von Arnold Schönberg.

Das allererste Konzert meines Lebens, am 8. Dezember 1924, stand unter der Leitung von Siegfried Wagner. Meine Liebe für Richard hatte sich auch auf seinen komponierenden Sohn übertragen. Ich hatte ein leichtes Klavier-Arrangement seiner Oper „Der Bärenhäuter" zu Hause und kann noch heute das Vorspiel singen. Bei dem Konzert dirigierte er Wagner-Fragmente und eigene Kompositionen, die er vom Pult aus dem Publikum erläuterte. Ich glaubte, dies gehöre dazu. Mein zweites Konzert war ein „Philharmonisches" unter Felix von Weingartner; er redete nicht, und ich gab meinem hellen Erstaunen darüber Ausdruck.

Ab dem Jahre 1926 ging ich dann fast täglich in die Oper – Wagner und Richard Strauss waren meine ersten großen Erlebnisse. Mein hochmusikalischer Vater erzählte mir von den großen Wagner-Abenden in der Direktionszeit von Gustav Mahler, hielt mich zum Studium der Textbücher an und erklärte mir die Leitmotive. Wir verwendeten die alten Klavierauszüge, in denen beim „Ring" und beim „Parsifal" noch die Leitmotivtafeln mit den Motivnamen abgedruckt waren. Bald begann ich viel über Wagner zu lesen. Manche der großen Biographien habe ich verschlungen und durch Randbemerkungen auf allen Seiten für jedes Antiqua-

riat endgültig entwertet. Wagner-Literatur war immer um mich, auch Wagners Schriften – ich las, blätterte durch, hatte sie auf dem Nachttischchen und auf meinen weiten Reisen mit im Flugzeug. Wann und wo immer etwas über Wagner geschrieben wurde, versuchte ich, es ganz oder teilweise zu lesen. Ich kann nicht mehr sagen, was ich in den langen, langen Jahren alles gelesen und mit meinen eigenen Gedanken verarbeitet habe. Daß mir und meinen Opern-Stehplatz-Kollegen Wagner leicht verständlich war, erscheint mir besonders aktuell, weil uns ja heute durch Regisseure und Wagner-Deuter oft eingeredet wird, von welchen undurchdringlichen Geheimnissen das Wagner-Werk erfüllt wäre und daß wir, gerade weil wir Wagner lieben, davon nichts verstünden. Ich erinnere mich an ein langes Gespräch mit einem Wagner kühl und distanziert kritisierenden Schriftsteller, der mich in stundenlangem Kultur-Chinesisch durch mein angebliches Nichtbegreifen der „sozialkritischen Aussage" von „Tannhäuser" demoralisieren wollte; kurz vor meiner Totalniederlage rettete mich ein Genieblitz – ich fragte den Herrn, ob er die Anfangstakte des Liedes an den Abendstern singen könne. Verlegen erklärte er, heiser zu sein. Das war das Ende seiner Sozialkritik.
Gegen die selbstgefällige Mode, sich durch die angeblich schwere Deutbarkeit von Wagner selbst in Szene zu setzen, glaube ich in diesem Buch ein wirksames Mittel gefunden zu haben: Ich bringe einige der wundervoll einfachen und klaren Inhaltsangaben von Wagner selbst und von Franz Liszt, die für jeden Volksschüler faßlich sind. Aber manchmal will man uns ja sogar einreden, daß Wagner selbst und seine Kreise die Werke gar nicht verstanden hätten.

Wagner war für Wagner

Mein Wagner-Bild ist seit jeher klar und eindeutig. Wagner war für Wagner. Er war ein Theatermensch und hatte ein einziges Lebensziel: seine Werke in idealer Form auf der Bühne zu sehen. Konsequent und kompromißlos hat er dieses Ziel verfolgt. Ohne jeden Opportunismus, ohne jede Liebedienerei, ohne es sich leicht zu machen. Wie jeder andere junge Komponist wollte er seine Opern an viele bestehende Theater bringen, was ihm zunächst nicht gelang. Noch gab es keine Spuren von aktivem politischen Engagement, von Interesse an Philosophie, von Antisemitismus. Als er während seiner Dresdner Kapellmeisterjahre die Enttäuschung erleben mußte, daß weder der triumphal erfolgreiche „Rienzi" noch die bescheideneren Erfolge des „Holländer" und des „Tannhäuser" zu vielen anderen Aufführungen in Deutschland führten, da wurde er Revolutionär, Philosoph, Antisemit und ging daran, durch aktive politische Tätigkeit und Weltuntergangs-Visionen eine neue Welt reif für Wagner zu machen. Die Größe seiner nunmehr entstehenden theatralischen Projekte führte ihn dazu, die Welt so verändern zu wollen, daß sie eine Theaterwelt für Wagner beinhalten konnte. Nun rannte er mit dem Kopf gegen die Wand – in allem sah er Hindernisse für seine Pläne, in Regierungen, in sozialen Zuständen, in philosophischen Ideen – und in den Juden. Wild wütete er aber auch gegen die Franzosen und unablässig, bis an sein Lebensende, gegen die Deutschen.
An all dem ist nichts ungewöhnlich, außer der Größe und der Dimension. Ich habe ähnliches in meinen langen Jahren als Chefdramaturg der Wiener Staatsoper (und auch schon vorher) erlebt. Komponisten, die sich benachteiligt fühlen, werden immer zu Politikern und zu Philosophen. Sie drohen „Warten Sie nur auf die nächsten Wahlen!" oder „Der Unterrichtsminister muß gehen!" oder mit Vergleichen zu Ländern anderer ideologischer Struktur oder mit Prophezeiungen unausweichlicher sozialer Umwälzungen. Nur, sie haben eben keinen „Tristan" geschrieben, und daher ist auch das Format ihres politischen und philosophischen Wütens entsprechend reduziert.

Auch der Mensch Richard Wagner ist mir eine klare, durchaus eindeutige Figur. Es ging eine unglaubliche Faszination von ihm aus. Wir lesen so oft von seiner etwas zweifelhaften Moral, was seine finanziellen Angelegenheiten anging. Wahrscheinlich trifft das in gewissem Grade zu – denn: Wagner war für Wagner. Zur Erreichung dieses Zieles war ihm alles recht. Andererseits drängten ihm die Leute, auf die seine Faszination wirkte, das Geld oft förmlich auf. Da war Julie Ritter in Dresden. Und da war Jessie Laussot aus Bordeaux, deren Hilfe er ebenso verspielte wie seine fixe Dresdner Stellung. Und es hat lange gebraucht, bis Otto Wesendonck nach Wagners Affäre mit seiner Frau die finanziellen Unterstützungen einstellte. Wagner hat niemals König Ludwig II. um Hilfe gebeten – überraschend, aus eigenem Entschluß, berief dieser ihn nach München und nahm ihm alle Sorgen ab. Und Wagner war durchaus bereit, in kompromißloser Verfolgung seiner eigenen künstlerischen und privaten Ziele durch übermäßiges Ausbeuten der bayerischen Staatskasse und durch den Skandal seiner Beziehung zu Cosima, der Gattin seines Freundes Hans von Bülow, auch diese Quelle aufs Spiel zu setzen. Er hat es sich immer schwer gemacht – wenn es um seine Werke auf der Bühne ging und wenn er eine Frau besitzen wollte, was bei ihm oft vorkam. Dabei war er trotz seiner zahllosen Abenteuer und Liebschaften im Grunde ein Familienmensch. Es sollte immer ein Rudel von Familie um ihn sein. Noch während der leidenschaftlichsten Monate mit Mathilde Wesendonck in Zürich wollte er eigentlich immer seine Frau Minna um sich. Er liebte seine drei Kinder mit Cosima und behandelte die beiden Cosima-Töchter aus ihrer Ehe mit dem Dirigenten Hans von Bülow wie seine eigenen. Und zur Familie gehörten auch seine Tiere – im Privatleben die Hunde, auf der Bühne Drache und Riesenwurm, Waldvogel und Schwan.

Ich glaube, wir vergessen manchmal, wie die einmalige Popularität Richard Wagners entstanden ist. Bayreuth wurde die Krönung seines Lebenswerkes, als es ihm gelang, ein Theater neuartigster Struktur nach seinen eigenen Ideen zu bauen und seine späten Werke fern vom Repertoirebetrieb dort zur Uraufführung zu bringen. Bayreuth ist bis heute das Zentrum des Wagner-Geistes in der Welt, aber berühmt wurde er nicht durch Bayreuth. Berühmt wurde er vielmehr durch all die zahllosen kleinen Städte, die seine Werke als ihre Bestseller betrachteten, von Würzburg bis Olmütz, von Lyon bis Cagliari. Überall galten sie als populär, und keine der heute so viel diskutierten Inszenierungsprobleme spielten eine wesentliche Rolle; außer in Bayreuth, wo der Kampf zwischen dem traditionsverpflichteten Stil von Witwe Cosima und modernen Ideen, wie sie zum Beispiel von dem Schweizer Bühnenbildner Adolph Appia kamen, im Zentrum stand. Auf allen anderen Bühnen hatte man seinerzeit viel mehr Probleme mit einem gültigen Aufführungsstil für Mozarts „Don Giovanni“ als für Wagner.

In Wien war der Aufstieg von Wagner besonders klar zu verfolgen, denn hier wurde er auf dem Umweg über das berühmt, was man heute Pop nennen würde: durch die Unterhaltungskonzerte von Johann Strauß. Schon 1848 soll Johann Strauß den „Tannhäuser“-Marsch dirigiert haben. Jedenfalls war die erste Wagner-Musik, die nachweisbar in Wien gespielt wurde, der „Tannhäuser“-Marsch und das Vorspiel zum dritten Akt „Lohengrin“ in einem Johann Strauß-Freilichtkonzert im k. k. Volksgarten (1853 neben der Uraufführung des neuesten Johann Strauß-Marsches!). Als Strauß im Januar 1854 im Sofienbadsaal zwischen seinen Walzern zum ersten Male die „Tannhäuser“-Ouvertüre spielte, mußte er „einen Teil der Ouvertüre wiederholen(!)“, und die Zeitung verglich die Großartigkeit der Instrumentation mit Meyerbeer und mit Mendelssohn – ob sich Wag-

K. K. Volksgarten.

Morgen Montag:
Musikal. Nachmittags - Unterhaltung.
Herr Kapellmeister
Johann Strauss
wird die Musik dirigiren, und nebst seinen neuesten Compositionen den von ihm jüngst komponirten
Kaiser-Rettungs-Jubel-Marsch,
ferner zum ersten Male (hier noch nicht zur Aufführung gebracht):
1. Chor des 2. Aktes aus der Oper: Der Tannhäuser oder der Sängerkrieg auf Wartburg, von Rich. Wagner.
2. Entree-Akt aus der Oper: Lohengrin, von Rich. Wagner.
3. Ouverture zur Cantate: Die vier Menschenalter, von Lachner, vorzutragen die Ehre haben.
Anfang 4 Uhr.
Eintritt 12 kr. CM. J. P. Corti.

„Ein wahrer künstlerischer Triumph.“ Erstmals in Wien: Musik aus „Tannhäuser“ und „Lohengrin“. Aus: Fremdenblatt, 27. März 1853.

ner darüber gefreut hätte? Als der „Tristan" an der Hofoper zur Uraufführung kommen sollte, was dann scheiterte, da verschaffte sich Josef Strauß, der Bruder des Walzerkönigs, das Notenmaterial und dirigierte (1860) zwischen seinen Walzern „Fragmente aus der Oper Tristan und Isolde (neu)". Und die erste Wagner-Vorstellung in Wien fand nicht an der Hofoper statt, sondern im Jahre 1857 in der Sommerspielzeit des vorstädtischen „Thalia"-Theaters in Neu-Lerchenfeld zwischen der Posse „Der Riese und der daumenlange Hansel", dem „Troubadour" von Verdi, „Othello" von Shakespeare und der Posse „Alles in der schönsten Ordnung und doch sind alle Teufel los". Der Erfolg war fabelhaft – es gab auch Gegenstimmen, aber niemand fand irgend etwas schwer verständlich oder mit besonderen Problemen der Wiedergabe belastet. Zwei Jahre zuvor hatte man „Tannhäuser" in der kleinen Oper in Graz gespielt – und erst 1858 kam die erste Wagner-Oper an die Hofoper („Lohengrin" 1858). Und als die geplante Wiener Uraufführung des „Tristan", der den damaligen Kräften wirklich unaufführbar schien, endgültig nicht zustande kam, bestellte die Wiener Hofoper als Ersatz eine Auftragsoper bei dem Operettenkomponisten Jacques Offenbach, was Wagners besonderen Haß auf den jüdischen Pariser aus Köln auslöste. Das waren die Wege, auf denen Wagner ein Volkskomponist wurde.

Wagners Musik galt von Anfang an als volkstümlich.

Wagner hat sein Ziel erreicht. Triumphaler und vollständiger, als er es je zu träumen wagte. Seine Werke beherrschen die Bühnen der Welt. Seine Schriften sind vergessen – das hätte ihn nicht gestört, denn sie waren ihm nur ein Mittel zu dem einzigen Zweck seines Lebens: der Bühne. Aber vielleicht wäre er erstaunt über die totale Integration, die ihm gelungen ist. Seine Werke sind überall, neben Bayreuth und anderen Festspielen, Bestandteil des normalen Opernrepertoires geworden. Sie bieten bedeutende Probleme ihrer Realisierung, aber keine größeren als viele andere des Repertoires. Der Gedanke, alternierend mit „Rigoletto" und „Margarethe" auf den Spielplänen der Welt zu erscheinen, ist Triumph und Zusammenbruch von Wagners Idee zugleich. Er würde sich auch daran gewöhnen müssen, daß man nur noch von „Wagner-Opern" spricht, obwohl Wagner im Zuge der Erschaffung seines musikdramatischen Weltbildes nach dem „Lohengrin" keines seiner Werke mehr als „Oper" bezeichnet hat. Heute spricht niemand mehr von „Handlung" oder „Bühnenfestspiel" oder gar „Bühnenweihefestspiel". Wagner hat die Entwicklung der Kunstgattung „Oper" so sehr beeinflußt, daß sie eben heute auch diese Werke umfaßt. Mehr noch – welchen Sinn hätte die Kunstform der „Oper" überhaupt, wenn wir Wagner ausschließlich wollten? Dann müßten wir noch weiter gehen und auch die bedeutendsten musikdramatischen Werke nach Wagner, wie „Elektra", nicht „Opern" nennen – ja nicht einmal die aus dem Wagner-Erlebnis resultierende eigenständige Spätperiode Verdis mit „Otello" und „Falstaff".

Posthumer Triumph als Repertoirekomponist – wider Willen.

Mit dem bedingungslosen Sieg von Wagner auf den Bühnen ist das musikdramatische Weltbild, seine dogmatischen Kunstrevolutionären Schriften (an die er sich gottlob als Bühnenautor nicht gehalten hat), zusammengebrochen. Der von Wagner in unendlich langen, kaum lesbaren Schachtelsätzen krampfhaft propagierte Gegensatz zwischen der italienischen Oper alten Stils mit dem Primat der Musik und seiner Vorstellung der deutschen Oper mit dem Primat des Dramas ist längst in die tiefste Versenkung verschwunden. Wir verstehen heute das italienische „Dramma per musica" oder „Dramma lirico" ebenfalls als musikalisches Drama. Der Bannfluch, den die linientreuen Alt-Wagnerianer im Sinne des Meisters über die Werke der Belcanto-Literatur geworfen haben, hat längst keine Gültigkeit mehr. Wir lesen heute immer von der meiner Meinung nach lächerlichen These, daß jedes heute gespielte Werk einen in der Inszenierung zu betonenden „Zeitbezug" haben müsse (welchen hat eigentlich das „Abendmahl" von Leonardo da Vinci?) – wenn das stimmt, dann hat wahrhaftig Bellinis „Norma" einen stärkeren Zeitbezug als das gesamte Lebenswerk von Richard Wagner: daß nämlich ein Besatzungsoffizier mit einem einheimischen Mädchen ein Kind hat und sie dann sitzen läßt, ereignet sich häufiger, als daß ein Göttervater seine Tochter mit Feuer umgibt und in tiefen Schlaf legt.

Meine Gedanken sind noch voll von den außermusikalischen Wagner-Erlebnissen dieses Jahres der letzten Vorbereitung auf dieses Buch. Da war mein „Fürsten-Appartement" (ein Kabinett von circa 16 m^2) im „Bayerischen Hof" von Bayreuth und der ungewohnte Zauber der Wagner-Stadt im tiefen Dezember-Schnee. Meine Reise nach Neapel und die Freude, in einem geistlichen Gymnasium die Wagner-Villa zu entdecken (und zu fotografieren), in der im Jahre 1880 zum ersten Male Fragmente aus „Parsifal" erklangen. Oder die lange Suche in Paris nach Wagners Wohnungen und das Erschrecken der jungen französischen Schriftstellerin, als ich in ihr rührend bescheidenes Kabinett Rue Jacob 14 eindrang, in dem Wagner 1841 den „Fliegenden Holländer" vollendet hat. Die Besuche in Tribschen und Luzern. Die ganz verrückte Nacht nach der um 2 Uhr zu Ende gegangenen Freilicht-„Carmen" im mittelitalienischen Macerata, in der ich diese Einleitung geschrieben habe – und die unvergeßlichen fünf Stunden der Unterbrechung auf dem Heimflug, während der ich in Zürich im Park der Wesendonck-Villa nach einem Baum gesucht habe, der wohl Jean-Pierre Ponnelle zu dem unbeschreiblichen Baum seines zweiten Bayreuther „Tristan"-Aktes inspiriert haben könnte. Und mein ununterbrochenes Schreiben auf dem traurigen Flug nach New York am 13. Juli 1982 zum Begräbnis von Maria Jeritza, der unvergeßlichsten meiner frühen Elsas, Sieglinden, Brünnhilden und Sentas.

Der Nachtportier im italienischen Hotel summte „O tu bell'astro incantator.." („O du, mein holder Abendstern")

Jetzt sitze ich also am „Vollererhof" bei Salzburg in einem wunderbaren telefonlosen dreizimmrigen Holzhäuschen mit Blick auf den Untersberg, höre schöne Wagner-Aufnahmen, fühle mich als König Ludwig III; bin umgeben von einem Teil der unzähligen Wagner-Schriften meiner Bibliothek und... jetzt stocke ich. Was tue ich eigentlich? Schreibe ich? Ich habe vielmehr das Gefühl, daß ich mich mit jemandem über Dinge ausspreche, die mich seit so vielen Jahren bewegen und über die ich mit mir selbst ins reine kommen möchte. Dieses merkwürdige Leben, in dem jede Phase der Zeitgeschichte ihre Spuren hinterlassen hat – die Völkerschlacht von Leipzig wie die Revolution von 1848, die Kriege in Oberitalien wie der Deutsch-Französische Krieg.

Dieses merkwürdige Leben, das einen Mann, der nur wenig musikalischen Unterricht genommen hat, über die konventionellsten Anfänge zum Schöpfer einer neuen Musiksprache gemacht hat. Dieses merkwürdige Leben, das den Zeitungen und Witzblättern unendlichen Stoff gegeben hat, bevor noch die Werke wirklich populär geworden waren.

Dieser merkwürdige Mensch – Komponist, Dramatiker, Lyriker, Dirigent und Regisseur, Philosoph und Polemiker, Revolutionär und Reformator, Theaterunternehmer und Theaterbauer, Kritiker und Feuilletonist, Abenteurer und Bourgeois, sächselnder Aischylos-Rezitator –, ein Liebhaber, der jede Elisabeth zur Venus und jede Venus zur Elisabeth machen konnte.

Dieser merkwürdige Mensch, in dem äußerlich so viele Widersprüche sich zu streiten scheinen. Ein Vegetarier, der Fleisch ißt. Ein Antisemit, umgeben von jüdischen Freunden. Ein Egozentriker, ein schwieriger Verhandlungspartner, für viele ein Schrecken – angebetet, geliebt, vergöttert von seinen Künstlern. Nur mit ihnen ist er „er selbst". Denn wenn er unter ihnen ist, dann, und nur dann, ist er in seiner Welt – der Welt des Theaters. Zu ihnen ist er zärtlich, liebevoll, von unerhörter Einfühlungskraft in ihre Wünsche. Konzessionslos gegenüber Theaterdirektoren, macht er jede ihm gefallene Änderung, wenn sie ein Sänger vorschlägt. Seine zahlreichen Frauen sind Stationen seines Lebens und Werkes – er ist natürlich mit Minna, romantisch mit Mathilde, gespreizt mit Cosima. Er betrügt sie alle und hat doch zu jeder eine echte Beziehung – solange sie versteht, daß Wagner für Wagner ist.

Walther: „So wär's nicht Traum, doch Dichterei?" Sachs: „'s sind Freunde beid', stehn gern sich bei." („Meistersinger")

In diesem Augenblick weiß ich noch nicht, wohin unsere Unterhaltung führen wird. Natürlich dürfen wir an der Politik nicht vorübergehen. Wir müssen in seine banalen, als Nazi-Vorläufer verschrienen Pamphlete hineinleuchten – aber auch lesen, wie er reizend über Pariser Maitressen schreiben konnte. Wir setzen uns mit der Pest mancher heutiger Wagner-Inszenierungen auseinander – aber versuchen auch, die historischen Umstände dieser traurigen Gewaltakte zu begreifen. Ich glaube, daß es interessant ist, Wagners Zeitgenossen zu Wort kommen zu lassen. Sie beschreiben, wie er selbst Regie geführt hat. Nicht, um heute Imitation zu verlangen, sondern um ein Licht auf Wagner als Regisseur zu werfen – hier war er, wie auch als Dirigent, Pionier eines damals noch nicht ernst genommenen Berufes. Wir wollen den Mann beobachten, der in Seide, Samt und Luxus gelebt, aber die Abschaffung des Eigentums (außer des seinigen?) gepredigt hat. Beides lebt in seiner Musik, denn auch sein musikalischer Sozialismus im „Ring" ist in Samt, Seide und Luxus gekleidet. Und wir wollen den Dichter Wagner nicht vergessen, der den „Parsifal" geschrieben hat und Possen wie die „Glückliche Bärenfamilie" – der in seiner Lyrik sowohl den Expressionismus wie den Dadaismus vorausgeahnt hat – und in seinen Opern Zeilen geschaffen hat, die ihren Ehrenplatz neben Goethe, Eichendorff und Heine einnehmen.
Folgen Sie mir, bitte, zu Wagner, wie ich ihn sehe. Zu Wagner, wie ich ihn liebe. Zu Wagner, meinem Freund.
Nun sei bedankt.

Keine Angst vor Wagner!

Leitfaden zum Wagner-Erlebnis

Wagner zählt noch immer zu den größten Kassenmagneten der internationalen Opernhäuser. Durch nichts kann ein Kind leichter zum Opernfreund werden als durch eine Wagner-Oper. Trotzdem gilt seine Musik manchem noch immer als „schwer". Zu Recht?

Wagner-Opern sind ideal für den ersten Opernbesuch eines jungen Menschen. Der erste Opernbesuch soll sehr früh stattfinden, etwa im zehnten oder elften Lebensjahr – keinesfalls aber nach dem 16. Jahr. Vor 50 Jahren hätte ich diese Zeitspanne vom 14. zum 20. Jahr gelegt, aber heute sind eben die jungen Menschen viel kürzer jung. Die frühe Jugend ist deshalb wichtig, weil die Oper uns nur dann als Freund durch unser Leben begleitet, wenn wir ihre Gestalten als Freunde betrachten – wenn Lohengrin und Mimi, Siegfried und Tamino, Tannhäuser und Elektra Mitglieder unserer Familie geworden sind. Und dazu braucht man eine gewisse von den Realitäten des Alltags unverbrauchte Naivität, die man sich nicht über die früheste Jugend hinaus bewahren kann. In meinem Buch über die Wiener Oper habe ich geschrieben, daß der weltweite Opern-Fan-Club niemanden mehr nach dem 17. Lebensjahr aufnimmt...

Warum zuerst Wagner? Meiner Meinung nach soll der erste Opernbesuch den jungen Menschen „umwerfen". Er soll ihm das Bewußtsein geben, daß es sich hier um etwas sehr Bedeutendes handelt, um ein tiefes Erlebnis für Auge, Ohr, Herz, Seele und Gedanken. Es darf kein freundlich-unbedeutender Abend sein, der keine Spuren hinterläßt. Ich habe die Erfahrung gemacht, daß sich junge Leute bei den sogenannten „für die Jugend geeigneten Opern" sehr langweilen. Das gilt insbesondere für die deutsche Spieloper, für „Zar und Zimmermann" und „Die Lustigen Weiber von Windsor" oder wie sie alle heißen – deren Reize versteht man erst, wenn man älter ist. Die einzige Ausnahme ist „Hänsel und Gretel", aber dieses Meisterwerk des Wagner-Mitarbeiters Engelbert Humperdinck ist ja mit seinem schweren Orchesterpanzer sowieso eine halbe Wagner-Oper. Ich habe die „Zauberflöte" später verstanden als den „Tristan".

Welche Wagner-Oper als erste? Nicht „Ring", „Parsifal", „Tristan" – sonst ist es wirklich beinahe egal. Wichtiger ist die Frage der Vorbereitung. Bei mir war es der traditionelle Weg: Lektüre des Textbuchs und eine gewisse Vorbereitung auf die Musik. Ich könnte mir aber heute, nach so langen Jahren der Erfahrung mit jungen Menschen als Lehrer und Dramaturg, auch einen ganz anderen Weg vorstellen: die völlig unvorbereitete Konfrontation mit dem Meisterwerk. Also eine Art Schocktherapie. Natürlich ist das an zwei Bedingungen gebunden – es muß sich um einen begabten Hörer handeln, und man muß das seltene Glück einer werktreuen Vorstellung erleben. Vielleicht sind Auge und Ohr konzentrierter, wenn sie Pfadfinder in unbekanntem Terrain werden? Wenn man wirklich davon überrascht wird, daß ein Gespensterschiff landet, daß ein Schwan seinen Ritter im Nachen an Land zieht, daß Wotans Tochter, von Feuer umbrandet, in Schlaf versenkt wird? Wenn man darauf wartet, ob das Werk im Fortissimo des vollen Orchesters oder im Pianissimo der Geigen in höchster Tonhöhe beginnt? Es ist erstaunlich, wieviel man bei konzentriertem Zuhören von der Handlung, in guten Vorstellungen sogar vom Text, versteht und wie leicht sich auch ohne Vorbereitung die musikalischen Motive einprägen.

Wenn wir das Drama der Seele, eingebettet in einen Rausch von Musik und Theater, unvorbereitet erlebt haben, dann muß die Periode des Studiums beginnen: zunächst das Textbuch. Sie werden überrascht sein, wie leicht verständlich Wagners Textbücher sind – sonst hätten die Wagner-Opern nicht auch als „story" die Welt erobert. Das beweisen auch Wagners eigene so überraschend einfache Inhaltsangaben in diesem Buch, wo Richard Wagner als Dichter ein eigenes Kapitel gewidmet ist. Gewisse Wagner-Zitate wie „Nie sollst Du mich befragen" und „Nun sei bedankt, mein lieber Schwan" sind die populärsten Opernzeilen überhaupt; das erstere ist fast zum Sprichwort geworden. Und noch etwas:

Sie: Schlaf' nicht bei Wagner!
Er: Ich habe Zeit, das ist doch „Zukunftsmusik".

Was man zum Verständnis der Stücke braucht, steht bei Wagner alles im Textbuch. Um aber „Tosca" wirklich zu verstehen, muß man sehr viel von der Geschichte der Napoleonischen Feldzüge und dem Königreich Neapel wissen, was im Libretto nicht erklärt, sondern einfach vorausgesetzt wird. Und die meisten Operetten Offenbachs sind beinahe unspielbar geworden, weil unsere Generation die Kenntnis griechischer Mythologie nicht mitbringt.
Auf das Studium des Textbuchs soll die Einführung in die Musik folgen, auch biographische Schriften, Quellenstudium, Zeitgeschichte, Schallplatten – und natürlich ein zweiter, dritter, vierter Opernbesuch... willkommen, Wagnerianer!
Wagners ureigenste Erfindung sind die Leitmotive, eine absolute Novität in der Operngeschichte. Leitmotive sind die Oper durchziehende Tonsymbole für Personen, Empfindungen, Orte oder Ereignisse. Das Wort „Leitmotiv" stammt übrigens nicht von Wagner, sondern von dem Kritiker August Wilhelm Ambros, der Wagner als „modernen Monteverdi" pries. Hans von Wolzogen (Redakteur von Wagners „Bayreuther Blättern") hat die heute noch gebräuchlichen Motivtafeln aufgestellt.
Etwas macht Wagner uns dabei leicht. Seine Opern haben lange Vorspiele, die (außer „Rienzi" und „Ring") mit dem wichtigsten Hauptmotiv beginnen.
Das klingt so selbstverständlich, aber wo sind die Vorbilder bei älteren Opern? Ouvertüren? Es gibt keine. Glucks „Iphigenie in Aulis" beginnt mit einem kurzen, in der Oper einmal wiederkehrenden Motiv. Die Sarastro-Akkorde am Beginn der „Zauberflöte" spielen in der Oper kaum eine Rolle. Mozarts „Don Giovanni" beginnt mit dem Motiv des steinernen Gastes, das erst am Ende der Oper wiederkehrt. Nichts Vergleichbares gibt es bei „Fidelio". Weber beginnt seinen „Freischütz" mit einem in der Oper nicht wiederkehrenden Thema, „Oberon" mit dem in der weiteren Partitur nicht mehr bedeutenden Hornruf – aber „Der Fliegende Holländer" mit dem das ganze Werk durchziehenden Thema des Verdammten der Meere.
Ich würde zum Beispiel vor dem ersten Besuch des „Fliegenden Holländer" den Beginn des Vorspiels mit dem Holländer-Motiv und das bald darauf folgende Erlösungsmotiv der Senta erklären und darauf aufmerksam machen, daß diese beiden Motive die Bausteine für das Herzstück der Oper, für Sentas Ballade, bilden. Ich würde es aber der Entdeckerfreude des Besuchers überlassen, das Holländermotiv auch beim Erscheinen des Schiffes und Sentas Erlösungsmotiv nach dem Selbstmord Sentas wiederzufinden. Erklären wir an Hand der „Tannhäuser"-Ouvertüre Pilgerchor und Venusbergmusik, aber überlassen wir es der Phantasie, der Venusbergmusik während des Sängerkriegs auf der Wartburg nachzuspüren. Erklären wir das Gralsmotiv in den hohen Geigen des „Lohengrin"-Vorspiels und verweisen wir auf seine hymnische Wiederkehr bei der Rückverwandlung des Schwans in Herzog Gottfried – führen wir unseren Jünger zu „Nie sollst Du mich befragen", aber lassen wir ihn selbst dieses Motiv durch den zweiten und dritten Akt verfolgen. Erklären wir den Anfang des „Tristan"-Vorspiels und lassen wir unseren Freund die Wiederkehr beim Liebestrank selbst entdecken. Erklären wir ihm das „Meistersinger"-Motiv am Anfang des Vorspiels, verweisen wir auf dessen Wiederkehr beim Aufzug der Meister in der Schluß-Szene: unser junger (hoffentlich!) Wagnerianer möge selbst darauf kommen, daß der Anklang bei Magdalenas Worten „Fürwahr ist Evchen Pogner Braut" auf das Gebot ihrer Heirat mit einem Meistersinger hinweist. Erklären wir ihm das erste Erklingen des Schwertmotivs bei Wotans „großem Gedanken" in „Rheingold" und lassen

„Sie haben Ihre Karte zum Wagnerkonzert nicht bezahlt!"
„Das ist Zukunftsmusik, und ich bin Zukunftszahler."

wir es ihn selbst in der „Walküre“ wiederfinden, wenn Siegmund von der Verheißung des Schwerts durch den Vater spricht. Wenn man Wotans Walhall-Motiv in „Rheingold“ behalten hat, wird man verstehen, warum es in der „Walküre“ bei Sieglindes Worten „Ein Fremder trat da herein“ ertönt.
Wir werden die „Siegfried“-Musik besser verstehen, wenn wir Siegfrieds Motiv bei Brünnhildens Worten in der „Walküre“ kennengelernt haben: „Den hehrsten Helden der Welt...“. Erklären wir die drei Motive des „Parsifal“-Vorspiels: Abendmahl, Gral, Glaube, und lassen wir unseren musikalischen Schützling auf Entdeckungsreise sie bei den beiden Gralszeremonien des ersten und dritten Akts suchen.
Wagners Leitmotive sind kurz, prägnant, knapp, oft fanfarenhaft und leicht einprägsam (wie bei Beethoven). Die vieldiskutierte „unendliche Melodie“ entsteht aus ihrer Weiterentwicklung, ist nicht ihre Urgestalt. Auf das Verständnis von Wagners Kompositionsprinzip paßt das Goethe-Wort: „Willst du ins Unendliche schreiten, geh' erst im Endlichen nach allen Seiten!“
Außerdem merkt man sich die großen Wagner-Motive so leicht, weil sie oft zum ersten Mal nach einer Generalpause erscheinen: so das Erlösungsmotiv in der „Holländer“-Ouvertüre, das Gralsmotiv und das Glaubensmotiv im „Parsifal“-Vorspiel, das Preislied in den „Meistersingern“, die Venushymne in „Tannhäuser“. Und wenn schon nicht nach einer Generalpause, dann zumindest über einem Piano-Tremolo im Orchester wie Alberichs Fluch in „Rheingold“.

Freundin: Warum weinst du an der Wiege deines Kindes?
Mutter: Ich habe gestern Wagners Zukunftsmusik gehört und denke an die Musik, die mein armes Kind in der Zukunft hören wird.

Der beste Platz im Theater für das Erleben einer Wagner-Oper ist die Galerie oder eine Loge in höheren Rängen, damit man das Orchester auch sehen kann. Es ist zu früh für einen Wagner-Anfänger – aber wenn man einen Platz in der Proszeniumsloge erwischt, gibt es nichts Faszinierenderes als einen Wagner-Abend, bei dem man überhaupt nicht auf die Bühne, sondern nur in das Orchester blickt. Es muß aufhören, „das Orchester“ zu sein. Es muß eine Welt von tönenden Einzelpersönlichkeiten werden, die einander ablösen, sich miteinander verbinden, oft im leisesten Pianissimo den Sänger übertönen und manchmal im höchsten Fortissimo nur seiner Stimme dienen. Das Wagner-Orchester ist ein Hauptträger des Geschehens, schafft Welten und Überwelten, baut Burgen und Dome – und öffnet den Wagner-Himmel.
Ich habe mir den Klang der einzelnen Orchesterinstrumente an Wagner-Motiven gemerkt: Siegfrieds Horn – das Englisch-Horn der klagenden Weise in „Tristan“; die Tuba des „Schlangenwurms“ Fafner – Beckmessers Fagott; die Oboe des Karfreitagszaubers in „Parsifal“ – die sogenannten Wagner-Tuben, von Wagner erfunden, um den mystischen Klang des Walhall-Motivs in „Rheingold“ zu schaffen. Manchmal dienen besondere Instrumentalfarben statt der Motive zur Charakterisierung der Personen: Lohengrin – Streicher, Elsa – Holzbläser.
Wie wundervoll ist es, wenn aus Wagners Riesenorchester plötzlich Episoden reiner Kammermusik erklingen: zwischen den Phrasen des Kirchenchors im ersten Akt der „Meistersinger“, wenn Walther mit Eva kokettiert; das Streichquartett und Solocello beim Erwachen der Empfindungen zwischen Siegmund und Sieglinde zu Anfang der „Walküre“.
Wagner war der Schöpfer des deutschen Belcanto. Mozart blieb noch stark dem italienischen Gesang verhaftet, Beethoven hat nicht sehr stimmenfreundlich geschrieben – vielleicht war Weber hier Wagners einziger Vorläufer. Der Wagner-Belcanto hat langsam eine Art von Sprechgesang abgelöst, die durchaus gegen Wagners Intentionen war.
Auch darin liegt ein Schlüssel zur Popularität Wagners.

Karikaturen von Cham anläßlich der Wagnerkonzerte im Théâtre Italien von Paris, Charivari, 4. März und 8. April 1860.

In Italien begrüßten immer laute Rufe „Cigno, cigno" den Schwanen-Auftritt in „Lohengrin", in Frankreich dankte man stürmisch nach der „Gralserzählung": „Et Lohengrin, son chevalier, c'est moi!"

Was immer man über Wagner sagt und denkt – man entdeckt immer wieder, daß auch das Gegenteil stimmt. Er hat Musikdramen geschaffen, die auf der Basis des Wortes bestehen – und hat trotzdem in seiner Beliebtheit die Sprachgrenzen überwunden. Seine früher oft verlachte „Zukunftsmusik" hat der alten Nummernoper ein Ende gesetzt – und doch bestehen seine Bühnenwerke aus einer ununterbrochenen Folge von versteckten Nummern (Arien, Duetten, Ensembles), bei denen höchstens der den Applaus provozierende Schlußakkord fehlt. (Im Ausland gibt es noch heute bei Wagner Szenenapplaus; bei der Wiener „Tannhäuser"-Premiere 1857 wurde das Septett im ersten Akt wiederholt.) Wagner hat in der Chromatik des „Tristan" die ganze nachfolgende Entwicklung der Musik grundlegend in andere Bahnen gelenkt – und wie unchromatisch singen oft Isolde und Tristan. Durch und durch davon besessen, Reformator zu sein, alles Bestehende über Bord zu werfen, hat Wagner durch seine Reformen des Musiktheaters einen unverrückbaren Platz in der Musikgeschichte.

Aber seinen Platz in den Herzen der Menschen hat er nicht durch seine Reformen, sondern trotz seiner Reformen. Große Reformatoren des Theaters hatten es immer schwer mit dem Publikum. War nicht Christoph Willibald Ritter von Gluck einer der bedeutendsten Reformatoren? Wie viele von Wagners Ideen hat er vorausgeahnt! Wie imponierend war sein Kampf gegen die Konventionen des barocken Musiktheaters, für Wahrheit und Ehrlichkeit der dramatischen Aktion! Wie Wagner hat auch er das griechische Drama als das unerreichbare Ideal empfunden. Aber Gluck lebt nicht auf den Bühnen, denn sein melodisches Talent war gering. Eigentlich ist von ihm nur eine einzige große Melodie geblieben: „Ach ich habe sie verloren" aus „Orpheus und Eurydike". Aber Wagner... seine melodische Erfindungsgabe kennt keine Grenzen. Durch sie hat er die Welt erobert.

Neben allem war Wagner auch ein phänomenaler Unterhaltungskomponist – Salonkomponist, wenn Sie wollen. Viel rascher als sein Siegeszug auf den Bühnen war sein Siegeszug in den Salons, in den Klavieralben für höhere Töchter, bei den Kurmusiken. In den Konzertcafés des 19. Jahrhunderts konnte man das Preislied für vier Instrumente hören und Isoldens Liebestod für sechs. Sollen wir darüber lächeln? Ist es Kitsch der Vergangenheit? Nein. So lebendig war der Kunstbetrieb einer Zeit, in der man zu „Lohengrin" und „Walküre" in allen möglichen Bearbeitungen Kaffee trinken konnte! Im „Tettuccio" von Montecatini, bei den Trinkkuren, kann man noch heute die „Tannhäuser"-Ouvertüre mit elf Spielern (inklusive Klavier) hören. Wagner ist nämlich überraschend leicht auf dem Klavier zu spielen. Ein schwacher Pianist ist bei der „Figaro"-Ouvertüre verloren – bei Wagner kann man sich mit ein paar Tremolos in der linken Hand und einem Leitmotiv in der rechten immer irgendwie durchschwindeln.

Ich habe in einem Konzertprogramm leichter Muse aus dem Jahre 1876 bei der Ausstellung zur 100-Jahr-Feier der USA in Philadelphia „Wotans Farewell and Magic Fire Music" gefunden – noch vor den ersten Bayreuther Festspielen. Es gibt kaum eine Hochzeit in den USA ohne „Here comes the Bride" – die englische Version von „Treulich geführt", dem Brautlied aus „Lohengrin". Man hält das dort für ein altes irisches Volkslied. Wagner war auch ein Vorläufer der Filmmusik; alte Tonfilme, bei denen jede Geste von Musik begleitet wird, sind eine Übersetzung von Wagner auf die Trivialebene.

Gehen wir weiter in der Blasphemie. Natürlich kann man, so wie alles, auch Wagner „verjazzen". Viel interessanter ist es aber, daß Wagner, auch ohne nur eine Note zu ändern, von Schlagersängern gesungen werden kann. Das „Parsi-

---

„Er will uns die Tränen weinen lassen, die er weint."
(Franz Liszt)

fal"-Vorspiel beginnt mit dem Abendmahl-Motiv, das in der Schluß-Szene des ersten Akts von Kinderstimmen gesungen wird: „Nehmet hin meinen Leib, nehmet hin mein Blut, um uns'rer Liebe Willen". Ohne auch nur eine Note zu ändern, könnte das Frank Sinatra singen. Ein Schreckensgedanke, sicher – aber es paßt genau.

Nehmet hin mein Blut, nehmet hin meinen Leib um unsrer Liebe willen.
Faksimile aus „Parsifal", dessen Dichtung 1877, dessen Partitur 1882 (13. Januar) in Palermo vollendet wurde.
Der englische Text stammt nicht von Richard Wagner...

Niemals vorher und niemals nachher sind Avantgarde und Pop eine kühnere Ehe eingegangen.
Es klingt vielleicht banal, aber Wagners Opern sind die unvergleichlichsten Schlageralben, die je geschrieben wurden. Wir mögen uns dafür genieren oder es nicht zugeben, aber selbstverständlich warten wir alle beim Hören der Wagner-Opern auf diese Schlager, die in unglaublicher Fülle über uns hereinbrechen: das Steuermannslied, der Spinnerinnenchor, der Matrosenchor, der Pilgerchor, der Einzugsmarsch, das Lied an den Abendstern, Nie sollst Du mich befragen, das Preislied, Isoldens Liebestod, das Lied der Rheintöchter, Siegmunds Liebeslied, Wotans Abschied, der Feuerzauber, das Waldweben, Siegfrieds Rheinfahrt, die Trauermusik, der Karfreitagszauber – ich glaube, das ist nicht einmal ein Zehntel. Bei den einzigen beiden Wagner-Akten, auf die das weniger zutrifft, dem zweiten Akt der „Walküre" und dem zweiten Akt des „Parsifal", spricht man immer wieder von „Längen".
Je mehr wir Wagners „unendliche Melodie" analysieren, desto mehr lieben wir seine „endliche".

Ist Wagner ein Nazi?

Neue

Zeitschrift für Musik.

Verantwortlicher Redacteur: Franz Brendel.

Verleger: Robert Friese in Leipzig.

Dreiunddreißigster Band. № 19. Den 3. September 1850.

Von dieser Zeitsch. erscheinen wöchentlich 2 Nummern von 1 oder $1^1/_2$ Bogen.	Preis des Bandes von 52 Nrn. $2^1/_3$ Thlr. Insertionsgebühren die Petitzeile 2 Ngr.	Abonnement nehmen alle Postämter, Buch-, Musik- und Kunsthandlungen an.

Inhalt: Das Judenthum in der Musik. — Drei Tage in Weimar. — Intelligenzblatt.

Das Judenthum in der Musik. *)

Von

K. Freigedank.

Kürzlich kam in dieser Zeitschrift ein „hebräischer Kunstgeschmack" zur Sprache: eine Anfechtung dieses Ausdruckes konnte, eine Vertheidigung durfte nicht ausbleiben. Es dünkt mich nun nicht unwichtig, den hier zu Grunde liegenden, von der Kritik immer nur noch versteckt oder im Ausbruche einer gewissen Leidenschaftlichkeit berührten Gegenstand endlich zu erörtern. Dabei wird es sich nicht darum handeln, etwas Neues zu sagen, sondern die unbewußte Empfindung, die sich im Volke als innerlichste Abneigung gegen jüdisches Wesen kundgiebt, zu erklären, somit etwas wirklich Vorhandenes deutlich auszusprechen, keineswegs aber etwas Unwirkliches durch die Kraft irgend welcher Einbildung künstlich beleben zu wollen. Die Kritik verfährt gegen ihre Natur, wenn sie in Angriff oder Abwehr etwas anderes will.

*) Bei mangelhafter äußerer Gestaltung haben wir immer als einen Vorzug Deutschlands, als ein Resultat seiner großen Wissenschaft, die geistige Freiheit desselben wenigstens auf wissenschaftlichem Gebiet betrachtet. Wir nehmen diese Freiheit in Anspruch, wir stützen uns auf dieselbe, indem wir obigen Aufsatz drucken, wünschend, daß man ihn in diesem Sinne aufnehmen möge. Mag man die darin ausgesprochenen Ansichten theilen, oder nicht, Genialität der Anschauung wird man dem Verf. nicht abstreiten können.
D. Red.

Da wir den Grund der volksthümlichen Abneigung auch unserer Zeit gegen jüdisches Wesen uns hier lediglich in Bezug auf die Kunst, und namentlich der Musik erklären wollen, haben wir der Erläuterung derselben Erscheinung auf dem Felde der Religion und Politik gänzlich vorüber zu gehen. In der Religion sind uns die Juden längst keine hassenswürdigen Feinde mehr, — Dank unsern Frömmlern und Jesuiten, die allen religiösen Volkshaß auf sich allein nur noch gelenkt haben, so daß mit ihrem dereinstigen Falle die Religion nach ihrer jetzigen Bedeutung (welche vielmehr die des Hasses als der Liebe war) vermuthlich ebenfalls untergegangen sein wird! In der reinen Politik sind wir mit den Juden nie in wirklichen Conflict gerathen; wir gönnten ihnen selbst die Errichtung eines jerusalemischen Reiches, und hatten in diesem Bezuge eher zu bedauern, daß Hr. v. Rothschild zu geistreich war, um König der Juden werden zu wollen, wogegen er bekanntlich vorzog, der Jude der Könige zu bleiben. Anders verhält es sich da, wo die Politik zur Frage der Gesellschaft wird: hier hat uns die Sonderstellung der Juden unter anderen Staatsangehörigen seit eben so lange als Aufforderung zu menschlicher Gerechtigkeitsübung gegolten, als in uns selbst der Drang nach socialer Befreiung zu deutlicherem Bewußtsein erwachte. Als wir für Emancipation der Juden stritten, waren wir aber doch eigentlich mehr Kämpfer für ein abstractes Princip als für den concreten Fall: wie all unser Liberalismus ein luxuriöses Geistesspiel war, in dem wir für die Freiheit des Volkes disputirten ohne Kenntniß dieses Volkes,

Bei den assimilierten Familien jüdischen Glaubens im deutschen Kulturbereich gab es vor dem Zweiten Weltkrieg gewisse unbedingt einzuhaltende Gebote: Man mußte den größten Christbaum haben und der größte Wagnerianer sein. Man sollte mit mehr oder weniger schamvollem Taktgefühl darüber hinwegsehen, daß der vergötterte Meister unter dem Titel „Das Judenthum in der Musik" eines der schamlosesten Pamphlete aller Zeiten geschrieben hatte. Es erschien in der von Robert Schumann gegründeten „Neuen Zeitschrift für Musik" in zwei Fortsetzungen am 3. und 6. September 1850 und steht somit zeitlich zwischen „Lohengrin" und „Rheingold". Der Autor verwendete das Pseudonym K. Freigedank, und die Redaktion veröffentlichte die erste Folge mit einer Glosse, die sich auf „die geistige Freiheit auf wissenschaftlichem Gebiet" beruft und hinzufügt: „Man mag die darin ausgesprochenen Ansichten teilen, oder nicht, Genialität der Anschauung wird man dem Verfasser nicht abstreiten können." Die Identität des Autors blieb nicht lange verborgen. 19 Jahre später – im März 1869, nachdem die deutschen Staaten Baden, Württemberg und Preußen die volle Emanzipation der Juden gesetzlich verankert hatten – veröffentlichte Wagner die „Juden-Broschüre", wie Cosima das Machwerk zu nennen pflegte, unter seinem vollen Namen. Marie Muchanoff-Kalergis, die seinerzeit durch eine Spende von 10000 Franken das Defizit der drei Pariser Wagner-Konzerte des Jahres 1860 gedeckt hatte, wurde durch einen Einleitungsbrief („Aufklärungen über das Judenthum in der Musik") bedankt, in dem die Möglichkeit „einer gewaltsamen Auswerfung des zersetzenden Elementes" zum Einhalt des Verfalles unserer Kultur erwogen wird.

Der Ausgangspunkt des Artikels ist das „unwillkürlich Abstoßende, welches die Persönlichkeit und das Wesen der Juden für uns hat", aber Wagner betont, man sei in der reinen Politik mit den Juden nie in wirklichen Konflikt geraten, denn „wir gönnten ihnen selbst die Errichtung eines jerusalemischen Reiches" – Wagner als Vorläufer des Zionismus aus antisemitischer Sicht? Herr von Rothschild wäre zu geistreich gewesen, um sich zum „König der Juden" (in diesem Reiche?) zu machen, und habe es vorgezogen, „der Jude der Könige" zu bleiben. Der Jude werde so lange herrschen, als das Geld an der Macht bleibt, aber das „geschichtliche Elend der Juden und die räuberische Roheit der christlich-germanischen Gewalthaber habe den Söhnen Israels diese Macht selbst in die Hände geführt". An den berüchtigten Stil von Julius Streichers „Stürmer" erinnern die Darlegungen, der Jude falle im gemeinen Leben durch seine äußere Erscheinung auf, man wünsche unwillkürlich mit einem so aussehenden Menschen nichts gemein zu haben, aber bei diesem Unglücke fühle sich der Jude „ganz wohl". „Wir können uns auf der Bühne keinen antiken oder modernen Charakter von einem Juden dargestellt denken, ohne unwillkürlich das bis zur Lächerlichkeit Ungeeignete einer solchen Vorstellung zu empfinden" – eine Fußnote bemerkt, dies mache den Eindruck, als ob „aus einem Gemälde der Kreuzigung der Heiland ausgeschnitten, und dafür ein demagogischer Jude hineingesteckt sei". Ein „zischender, schrillender, summsender und murksender Lautausdruck der jüdischen Sprachweise" ließe die Aufmerksamkeit unwillkürlich mehr „bei diesem widerlichen WIE, als bei dem darin enthaltenen WAS der jüdischen Rede" verweilen. Nach weiteren Pseudophilosophien ähnlicher Art gelangt Wagner über die Behauptung, der Jude wirke „in seinem Gesange auf uns davonjagend", zu seinem Hauptthema: die „Beherrschung des öffentlichen Geschmackes" in der Musik durch die Juden.

Zu Beginn eine groteske These: „Dem jüdischen Tonsetzer bietet sich als einziger musikalischer Ausdruck seines Volkes die musikalische Feier eines Jehovadienstes dar; diese Synagoge ist der einzige Quell, aus welchem der Jude ihm verständliche volksthümliche Motive für seine Kunst schöpfen kann." Jüdische Musikwerke machten den Eindruck, als ob „ein Goethe'sches Gedicht im jüdischen Jargon uns vorgetragen würde".

„Mendelssohn sei es gegangen wie den Affen, welche in der Jugend so begabt seien, dann mit wachsender Kraft dumm würden..." (Cosimas Tagebücher, 3. Januar 1879)

Der Schlußteil befaßt sich zunächst mit Felix Mendelssohn-Bartholdy, dem Wagner es niemals vergeben hat, daß er als Leiter der Leipziger Gewandhauskonzerte so wenig Anteil am Schaffen des jungen Wagner genommen hat. Zähneknirschender Haß ergießt sich auf einen (namentlich nicht genannten) „weit und breit berühmten jüdischen Tonsetzer unserer Tage", der die Verwirrung allen musikalischen Geschmackes ausgebeutet habe. Gemeint ist natürlich Giacomo Meyerbeer – Wagner hatte im Jahre 1849 eine Vorstellung von Meyerbeers damals neuem „Prophet" vor Ende mit Entsetzen verlassen und die nicht

---

„Richard träumte von Mendelssohn, daß er ihm Du sagte..."
(Cosimas Tagebücher, 19. April 1879)

Sowohl Richard Wagner als auch Felix Mendelssohn-Bartholdy dirigierten in diesem Konzert, das die Sängerin Wilhelmine Schröder-Devrient am 26. November 1842 im Gewandhaus zu Leipzig für ihre Mutter, die Schauspielerin Sophie Schröder, veranstaltete. Wagner dirigierte „Rienzi"-Fragmente, Mendelssohn leitete seine Ouvertüre „Ruy blas" und spielte ein eigenes Klavierkonzert.

Sonnabend, den 26. November 1842.

CONCERT

im Saale des Gewandhauses zu Leipzig

gegeben von

Madame

SOPHIE SCHRÖDER,

K. Hofschauspielerin aus München.

Erster Theil.

Ouverture von Felix Mendelssohn-Bartholdy.

„*Frühlingsfeier*," Gedicht von Klopstock, vorgetragen von Madame Sophie Schröder.

Arie aus der Oper: „Rienzi" von Richard Wagner, vorgetragen von Madame Schröder-Devrient.

„*Leonore*," Gedicht von Bürger, vorgetragen von Madame Sophie Schröder.

Duett, aus der Oper: Die Puritaner von Bellini, vorgetragen von Madame Schröder-Devrient und Herrn Tichatschek.

Zweiter Theil.

Concert für Pianoforte, componirt und vorgetragen von Herrn Kapellmeister Dr. Felix Mendelssohn-Bartholdy.

unbedeutende Hilfe Meyerbeers in Paris und später als Generalmusikdirektor in Berlin als unzureichend empfunden. Außerdem hatte Meyerbeer, was bei Wagner immer als unverzeihliches Delikt galt, eine Bitte um ein Darlehen abgeschlagen. Nun also rächt sich Wagner: „Wer die freche Zerstreutheit und Gleichgültigkeit einer jüdischen Gemeinde während ihres musikalisch ausgeführten Gottesdienstes in der Synagoge beobachtet hat, kann begreifen, warum ein jüdischer Opernkomponist durch das Antreffen derselben Erscheinung bei einem Theaterpublikum sich gar nicht verletzt fühlt, und unverdrossen für dasselbe zu arbeiten vermag, da sie ihn hier sogar minder unanständig dünken muß als im ‚Gotteshause'." Der enttäuschte Wagner wütet darüber, daß Meyerbeer für Paris Opern schreibt und diese in der übrigen Welt aufführen läßt.

„In der Meyerbeer'schen Musik giebt sich eine so erschreckende künstlerische Nichtigkeit kund, daß wir seine musikalische Befähigung vollkommen auf Null zu setzen versucht sind." („Oper und Drama", 1851)

Bis auf die Zeiten Mozarts und Beethovens habe sich nirgends ein jüdischer Komponist gefunden: „Erst wenn der innere Tod eines Körpers offenbar ist, gewinnen die außerhalb liegenden Elemente die Kraft, sich seiner zu bemächtigen, aber nur um ihn zu zersetzen; dann löst sich sowohl das Fleisch dieses Körpers in wimmelnde Viellebigkeit von Würmern auf: wer möchte aber bei ihrem Anblicke den Körper selbst noch für lebendig halten?"
Und Wagner beendet das kuriose Traktat mit einer „Götterdämmerung"-Vision: „Bedenkt, daß nur Eines Eure Erlösung von dem auf Euch lastenden Fluche sein kann: die Erlösung Ahasvers – der *Untergang*!"
Rückblickend auf die tragischen Ereignisse, die unser grausames Jahrhundert gebracht hat, kann man es wahrscheinlich kaum verstehen, daß wir als junge Men-

schen all dem kaum Beachtung schenkten und Wagner weiter liebten. Zunächst einmal steht es noch heute für mich ohne jeden Zweifel fest, daß Wagners musikdramatische Werke keinen Funken dieser Ideen enthalten. Alle Versuche, Beckmesser, Loge, Mime als Produkte des Wagnerschen Antisemitismus zu sehen, sind einfach lächerlich. Und wenn jemand am Mißbrauch des Goldes zugrunde geht und die ganze Welt mit sich in den Abgrund stürzt, dann ist es Wotan. Ist also Wotan bei Wagner Jude? Außerdem, und das kann man vielleicht noch schwerer begreifen, waren wir eben gewöhnt, mit dem Antisemitismus zu leben. Manche Tageszeitungen führten damals eine ähnliche Sprache, und je mächtiger Hitlers Bewegung wurde, um so unverhüllter hörte man sie im täglichen Gespräch. Da bei Wagner alles größer und gigantischer ist, so gilt das auch für seinen Antisemitismus. Ich kann es heute nicht begründen, aber für uns spielte das eben keine Rolle.

Nach Judenkrawallen in der Zwischenkriegszeit in Österreich haben sich abends oft Prügler und Verprügelte am Stehplatz bei Wagner-Vorstellungen getroffen.

Die Juden wurden auf der Universität von randalierenden rechtsradikalen Gruppen blutiggeschlagen und versäumten, selbst wenn sie nur humpeln konnten, trotzdem kaum eine Vorlesung. Wir liebten, was wir liebten, und hörten kaum zu, wenn man uns erzählte, daß auch andere geliebte Große der Vergangenheit Antisemiten waren. Wir bewunderten Kaiserin Maria Theresia, obwohl man uns vorwies, daß sie in einem Schreiben an die Hofkanzlei im Jahre 1777 über die Juden bemerkte: „Ich kenne keine ärgere Pest für den Staat."
Man begeisterte sich für Voltaire, obwohl er im „Dictionnaire Philosophique" schrieb: „Die Juden sind nichts als ein unwissendes und barbarisches Volk." Wir ließen uns in unserer Freude an „Torquato Tasso" nicht dadurch stören, daß es bei Goethe im „Jahrmarktsfest zu Plundersweilern" heißt:

„Der Jude liebt das Geld und fürchtet die Gefahr.
Er weiß mit leichter Müh' und ohne viel zu wagen,
durch Handel und durch Zins Geld aus dem Land zu tragen..."

Sogar der Urtext des Walzers „An der schönen blauen Donau" (1867) von Johann Strauß hat ironisch-antisemitischen Einschlag: er bezieht sich auf die zwei Jahre zuvor eröffnete Ringstraße:

„Der Ring ist ein Juwel,
dort wohnt ganz Israel.
In zehn Jahren bauen's bequem,
sich dort ein neues Jerusalem!"

Jüdische Wagner-Fans in Bayreuth

– Könnten wir nicht haben Freikarten, Herr Festordner, wir sind gute Bekannte von Herrn Richard Wagner?
– Wie heißen die Herren?
– Die Namen thun nichts zur Sache, aber der Herr Richard Wagner hat geschrieben ä ganze Broschüre über uns.
(aus „Kikeriki", Wien, 1876)

Ein Pamphletist namens Theodor Fritsch zerstörte in seinem „Handbuch der Judenfrage" unsere Illusionen über Seneca („das verruchteste Volk"). Schiller, Schopenhauer – wir waren schon in der Lateinstunde entschlossen, ohne Seneca zu leben, nie aber ohne Richard Wagner. Natürlich war es falsch, all das so wenig zu beachten – die Weltgeschichte hat es blutig genug bewiesen. Aber so war es eben. Der Antisemitismus, der uns ständig umgab, war für uns so etwas wie die Moskitos, ohne die man eben den sommerlichen Adriastrand nicht genießen konnte. Außerdem hatte ich über Wagners Antisemitismus meine persönlichen Ansichten. Wagner war für Wagner und gegen alles, was dem im Wege stand. An seinen Freund Theodor Uhlig, der den Klavierauszug von „Lohengrin" hergestellt hat, schrieb er am 22. Oktober 1850: „... daß ich an keine Revolution mehr glaube, als an die, die mit dem Niederbrande von Paris beginnt...". Als nach den

„Meyerbeer schrieb Weltgeschichte, Geschichte der Herzen
und Empfindungen.
Meyerbeer ist ein Deutscher."
(Aufsatz 1842)

Jüdischer Wagner-Enthusiasmus
Frau Porges sitzt im Tempel. Während des Gottesdienstes kommt der Tempeldiener zu ihr: „Gnädige Frau, Ihren Mann hat der Schlag getroffen!“ Darauf Frau Porges: „Wigalaweia! Lieber Gott, laß mich sterben vor Schmerz, aber erst morgen, denn heute hab' ich eine Karte zu Walküre!“ *(Dieser Witz kursierte in Wien in meinen Kindertagen).*

Bayreuther Festspielen von 1876 Kaiser Wilhelm I. und Bismarck kein Interesse an einer aktiven Hilfe für das Unternehmen zeigten, mehrten sich krasse antideutsche Gedanken in seinen Gesprächen mit Cosima, ebenso wie seine Auswanderungspläne nach den USA. Und als die von dem Juden Angelo Neumann 1881 im Berliner Victoria-Theater zu produzierenden ersten Vorstellungen des Nibelungen-Ringes am Widerstand der jüdischen Kreise Berlins zu scheitern drohten, schrieb Wagner am 25. Februar 1881: „Der gegenwärtigen antisemitischen Bewegung stehe ich vollständig fern.“

Nein, Wagner war für Wagner, wir waren für Wagner, daher besuchten wir weiter mit unveränderter Liebe jede Wagner-Vorstellung. Außerdem wuchs ich in Wien auf, wo der Jude Gustav Mahler als Direktor der Hofoper von 1897 bis 1907 ein unermüdlicher Pionier szenisch und musikalisch neu gedeuteter strichloser Wagner-Vorstellungen gewesen war (sein Nachfolger, der „Arier“ Felix von Weingartner, führte die Striche wieder ein!).

Es ist meine Überzeugung: Wagner hat Meyerbeer für einen hochbedeutenden Komponisten gehalten. Als Kapellmeister der Dresdner Oper bereitete ihm die unzureichende Orchesterbesetzung Sorge, weil in den Sommermonaten gleichzeitig auch in einem nahen Badeort Oper gespielt werden mußte. In einem Brief vom 19. Juni 1847 an den Intendanten August Freiherrn von Lüttichau verlangt er kategorisch, daß dies bei Meyerbeers „Robert der Teufel“ zu unterbleiben habe, um eine genügend große Orchesterbesetzung zu sichern. In einem Bericht über seine Inspektionsfahrt durch Deutschland im Jahre 1872 zur Anwerbung von Künstlern für die ersten Bayreuther Festspiele („ein Einblick in das heutige deutsche Opernwesen“) kritisiert Wagner eine schlechte Darstellung der – wie er sagt „berühmten“ – Kirchenszene aus dem „Prophet“ und beschreibt dabei, wie sie gespielt werden müßte, mit einer solchen Intensität, daß daraus echte Bewunderung für das Werk spricht. Meine Theorie einer Fast-Überschätzung Meyerbeers durch Wagner beruht auf meiner langen Theaterpraxis. Ein guter Tenor regt sich nicht über einen schlechten, sondern nur über einen anderen guten auf. Ebenso ist es mit Komponisten. Wagner war mit Recht darüber verzweifelt, wie schwer er es hatte, sich mit den Werken seines Genies durchzusetzen. Und da war dieser viel unbedeutendere, aber doch hochinteressante Meyerbeer, dem die Welt zu Füßen lag. Ein Komponist, dem in bescheideneren Grenzen sogar etwas Ähnliches vorschwebte: ein totales Theater menschlicher Leidenschaften vor dem Hintergrund der Historie, wie es bei Wagner Legende und Mythos waren. Das durch die Wagnerianer versteinerte falsche Bild vom „seichten, hohlen Meyerbeer“ hat bis zum heutigen Tage keine Wiedergutmachung erfahren.

Viele Juden gehörten zu Wagners engstem Kreis – auch solche, von denen er überhaupt nichts verlangte. Und zwar vor und nach jenem Stichjahr 1849, mit welchem – aus fehlgeleiteter Enttäuschung über den Mißerfolg der Dresdner Revolution und der damit verbundenen Utopien – Wagners antisemitische Zeit beginnt. Mit Samuel Lehrs, einem jungen Philologen aus Königsberg, der Kinderbücher schrieb und sein ganzes Leben bettelarm blieb, verband ihn während der Pariser Elendsjahre „eines der schönsten Freundschaftsverhältnisse“. („Mein Leben“.) Lehrs arbeitete bei einem Buchhändler und verschaffte Wagner französische Gedichte, die er in Paris vertonte, und jenes Jahresheft der Königsberger Deutschen Gesellschaft, in dem er zum ersten Male den Wartburgkrieg und das „Lohengrin“-Gedicht studierte. Und Lehrs kannte immer Quellen für billigen Schnaps. „Lehrs-chen“, wie Wagner ihn zärtlich nannte, starb im Jahre 1843 im 38. Lebensjahre an Schwindsucht.

„Kolossaler Erfolg des LOHENGRIN – alle Juden versöhnt", telegrafierte Karl Tausig am 7. April 1869 an Wagner nach Tribschen. Der berühmte polnisch-jüdische Pianist und Komponist böhmischer Herkunft war mit 16 Jahren (1857) durch einen Empfehlungsbrief seines Lehrers Franz Liszt in der Schweiz in Wagners Freundeskreis getreten und wurde sein Jünger und engster Vertrauter.
Der sensationell erfolgreiche Virtuose, den mit Wagner auch das Interesse für Schopenhauer verband, schrieb Paraphrasen über Wagners Werke und warb später durch den Verkauf von Patronatsscheinen für das Bayreuther Projekt.
Die beiden haben in Wien sogar gemeinsam konzertiert. Karl Tausig starb, nur 30 Jahre alt, 1871 in Leipzig an Typhus. Wagners Grabschrift für Karl Tausig ist eine Perle deutscher Lyrik.

Grabschrift für Karl Tausig.

„Reif sein zum Sterben,
des Lebens zögernd sprießende Frucht,
früh reif sie erwerben
in Lenzes jäh erblühender Flucht,
war es Dein Loos, war es Dein Wagen, –
wir müssen Dein Loos wie Dein Wagen beklagen."

Richard Wagner (1871)

Den Weihnachtsabend des Jahres 1863 verbrachte Wagner in seiner Wiener Villa mit den Komponisten Peter Cornelius, Karl Tausig und dem jüdischen Musikschriftsteller Heinrich Porges, dem er sehr zugetan war. Wagner hatte Porges 1865 König Ludwig II. als Chefredakteur einer neu zu gründenden politischen Zeitung empfohlen. Später machte er ihn zum Assistenten und Mitglied der „Nibelungenkanzlei" in Bayreuth, wo er 1876 gemeinsam mit Felix Mottl Wagners Probenarbeit am „Ring" und 1882 mit Chorleiter Julius Kniese dessen Probenarbeit am „Parsifal" protokollarisch festhielt. Als der gebürtige Prager 1900 im 63. Lebensjahr in München starb, zitierte Siegfried Wagner am Grabe einen Ausspruch von Franz Liszt: „Dieser Porges war Wagnerianer zu einer Zeit, da noch keine Geschäfte damit zu machen waren!"

Wagner verkauft den Juden im Caféhaus Patronatsscheine zur Unterstützung von Bayreuth.

Und Du, mein schöner Porges, du Zier des Schreiberthums,
Sei weiterhin Verkünder Baireuther Festspielruhms!
Begeuss' mit schärfster Tinte die Krägen von Papier
Und schone nicht die Juden, das rath' ich, mein Bester, dir!
(Fingiertes Gedicht von Richard Wagner aus „Die Bombe" 13. 8. 1876)

„Ich bin ein Jude – hiermit ist für Sie alles gesagt", so begann der Brief, mit dem der russische Pianist Josef Rubinstein um einen Besuch in Tribschen bat. Später ging er wie ein Familienmitglied in Wagners Villa Wahnfried aus und ein, mußte Wagner Beethoven vorspielen, wurde Mitglied der „Nibelungenkanzlei" (welche in Bayreuth das Material für die Uraufführung des Nibelungenrings herstellte) und schrieb den Klavierauszug zu „Parsifal". Noch am 12. Oktober 1882 sang der todkranke Richard Wagner in einem heiteren Augenblick im Palazzo Vendramin zu Venedig „Hagens Wacht" zu Rubinsteins Begleitung. Aus Verzweiflung über den Tod des geliebten Meisters erschoß sich Rubinstein am 23. August 1884 in

„Mein lieber Heinrich! Mit mir sollst du im Paradiese sein!"
(Brief an den jüdischen
Freund Heinrich Porges,
Luzern, 15. Mai 1867)

Luzern. Dorthin war er am 22. April 1872 zum ersten Male zu Wagner gepilgert. Am 18. Februar 1883 befanden sich unter den zwölf Sargträgern bei Wagners Begräbnis in Bayreuth zwei Juden, also viel mehr als der prozentuale Anteil der Juden an der Bevölkerung des Deutschen Reiches: Heinrich Porges und Hermann Levi (1839–1900), der Dirigent der „Parsifal"-Uraufführung. Levi, Sohn des Oberrabbiners von Gießen, wurde hierzu berufen, weil der betont philosemitisch eingestellte König Ludwig II. die Berufung seines Münchner Hofkapellmeisters zur Bedingung der Freigabe des Münchner Orchesters für Bayreuth gemacht hatte. Wagner hat ihn besonders geschätzt und als Freund behandelt. Die Freundschaft hat manche Krisen überdauert – auch jenen 29. Juni 1881, an dem Wagner durch einen anonymen Brief auf ein angebliches Verhältnis Levis mit Cosima (!) aufmerksam gemacht wurde. Ob Levi wohl davon erfahren hat, daß Wagner am 24. Juli 1882 während der letzten „Parsifal"-Proben zu Cosima gesagt hat, „er möchte nicht als Orchestermitglied von einem Juden dirigiert werden"? Mit Bezug auf den treu ergebenen Levi notierte Cosima am 19. Januar 1881: „Und so ist den guten Juden unter uns immer ein wehmütiges Los beschieden." Levi gehörte zu den letzten Besuchern Wagners vor seinem Tod in Venedig. Levi erwies dem Meister einen letzten Liebesdienst durch die Uraufführung seiner Jugendoper „Die Feen" 1888 in München.
Die unglaublichste Figur unter Wagners jüdischen Freunden war unzweifelhaft der Wiener Sänger Angelo Neumann. Er sang einen brabantischen Edlen in Wagners Inszenierung des „Lohengrin" am Wiener Hofoperntheater (1875) und war von Wagners Regiearbeit so fasziniert, daß er jedes Detail in seinen „Erinnerungen an Richard Wagner" festgehalten hat. Neumann wurde 1876 Operndirektor in Leipzig und führte dort 1878 den „Ring" zum ersten Male außerhalb von Bayreuth auf, produzierte mit seinem Ensemble das Werk 1881 als Gastspiel im Berliner Victoria-Theater und brachte es 1882 an das Londoner „Her Majesty's Theatre". Seine für uns heute unvorstellbare Leistung war das „Wandernde Richard-Wagner-Theater": Von September 1882 bis zum Juni 1883 reiste er mit dem ganzen Ensemble unter der Leitung des hervorragenden Anton Seidl und gab den „Ring" (sowie Konzerte) in Breslau, Königsberg, Danzig, Hamburg, Lübeck, Bremen, Barmen, Frankfurt, Berlin, Brüssel, Amsterdam, Mannheim, Heidelberg, Baden-Baden, Freiburg usw. und fügte noch Italien, Ungarn und Österreich dazu. In den meisten Vorstellungen galoppierte Brünnhilde hoch zu Roß in den brennenden Scheiterhaufen. Wagner war schon tot, als das Theater 1889 unter Dr. Karl Muck nach St. Petersburg und Moskau ging. Angelo Neumann, der 1885 Direktor des Deutschen Landestheaters in Prag wurde, wo er 1910 starb, war ein „Producer" im modernsten Sinn des Wortes. Seine Leistungen für die Popularisierung des Werkes von Richard Wagner, mit dem er Freundschaft geschlossen hatte, gehören der Geschichte an.
Wagner „war" kein Nazi, aber „ist" Wagner ein Nazi?
Eine Fernsehdiskussion unter Leitung von Karl Löbl am 11. November 1981 im ORF betonte durch die Gegenwartsform der Fragestellung die Zeitlosigkeit von Wagner. Für viele ist die Antwort noch immer „ja". Haben sie recht?
Wie grausam es auch klingen mag, man muß bei der Untersuchung dieses Problems die Judenfrage völlig ausklammern. Denn wenn wir Wagner auf Grund seiner mehr als peinlichen antisemitischen Ausfälle den Strick drehen wollen, dann müßten wir sofort auch Luther aus unserem Gesichtsfeld streichen. Leider haben nur wenige Martin Luthers Pamphlet „Von den Jüden und ihren Lügen" (1543) gelesen oder etwa seine „Tischreden": „Wie es unmöglich ist, daß die

---

„Daß 416 Israeliten bei dem Brand umkamen, steigert Richards Teilnahme für das Unglück nicht."
(Cosimas Tagebücher,
17. Dezember 1881 – zum Brand
des Ringtheaters in Wien)

Schlange ihr Stechen läßt, so wenig läßt der Jüde von seinem Sinn, Christen umzubringen, wo er nur kann." Oder die klare Aufforderung zur Kristallnacht: „Ich will meinen treuen Rat geben. Erstlich, daß man ihre Synagoge oder Schule mit Feuer anstecke, und was nicht verbrennen will, mit Erde überhäufe und beschütte, daß kein Mensch einen Stein oder Schlacke davon sehe ewiglich... zum anderen, daß man auch ihre Häuser desgleichen zerbreche und zerstöre." Da wir aber die überragende Bedeutung Luthers für das abendländische Geistesleben kennen, wollen wir sagen: Was für Luther gilt, gilt auch für Wagner oder für keinen von beiden. Halten wir uns an die zweite Variante. Es ist sehr typisch, daß wir uns für Wagners Charakter nur deshalb so sehr interessieren, weil ein so großer Teil der Menschheit ihn so abgöttisch liebt. Hand aufs Herz, wenn Sie im Museum ein Gemälde bewundern, interessieren Sie sich wirklich für den Charakter des Malers? Würde Ihnen das Bild weniger gefallen, wenn Sie erführen, daß der Maler ein Verbrecher war?

„Er vermische sich männlich oder weiblich mit den ihm fremdartigsten Rassen, immer kommt ein Jude wieder zutage." (Richard Wagner, „Erkenne dich selbst", 1881)

Nun war Wagner der Abgott von Adolf Hitler. Hitler liebte Wagner, aber auch die jüdischen Marx-Brothers und die von Juden gedichtete und von einem mit einer Jüdin verheirateten Komponisten geschriebene „Lustige Witwe". All das wäre nicht einmal erwähnenswert, ergäbe sich nicht die Frage, ob Wagner eine Mitschuld an der geistigen Entwicklung Hitlers trägt, die soviel Unheil über sein eigenes Volk und andere Völker gebracht hat. Es ist merkwürdig, daß Hitlers erstes Wagner-Erlebnis ausgerechnet eine Freilichtaufführung des „Rienzi" war, die er als Schuljunge auf dem Freinberg bei Linz gehört hat. Sein Schulfreund August Kubizek berichtet, Adolf habe gleich danach „in großartig mitreißenden Bildern"... „seine Zukunft und die seines Volkes entwickelt" und auch gesagt, er werde einst von seinem Volk beauftragt werden, „es aus der Knechtschaft emporzuführen zu den Höhen der Freiheit". „In jener Stunde begann es", sagte Hitler 1939 in Bayreuth zu Kubizek.

Hat der von „Heil"-Rufen volle „Rienzi" Hitlers zukünftige Sprache beeinflußt? Was waren Hitlers Gedanken beim ersten Finale: „Ein neues Volk erstehe Dir, wie seine Ahnen groß und hehr"? Sah er sich selbst in diesem Volkstribunen von demagogischer Beredsamkeit, dessen Temperament sich zur Selbstüberhebung bis an die Grenze des Größenwahns steigert? „Rienzi" ist die Geschichte von einem gescheiterten Volkstribunen, der unter den einstürzenden Trümmern des brennenden Kapitols von Rom begraben wird – nicht weit von Hitlers Untergangsvisionen, die ihn jede „Götterdämmerung" so lieben ließen, daß er sie dann in der Todesstunde seines Regimes der Welt vorgelebt hat. Kubizek berichtet von Hitler, daß Wagner bald „ein Teil seines eigenen Wesens wurde". Hitlers Sehnsucht, mit Bayreuth in Verbindung zu treten, erfüllte am 1. Oktober 1923 ein früher Anhänger von Hitler, Wagners Schwiegersohn und Biograph, der Engländer Houston Stewart Chamberlain. Hitler kam nach Wahnfried, lernte Winifred und Siegfried Wagner kennen und versprach, wenn er an die Macht kommen würde, die Alleinrechte für „Parsifal" wieder an Bayreuth zu binden (was höchstens für Deutschland hätte gelingen können). In Winifred fand Hitler eine leidenschaftliche Bewunderin. Nach dem mißlungenen Münchner Putsch vom 9. November 1923 veröffentlichte sie in der Bayreuther „Oberfränkischen Zeitung" einen offenen Brief, in dem sie ihre freundschaftlichen Beziehungen zu Hitler betonte und zugab, „im Banne dieser Persönlichkeit" zu stehen und erklärte, ihm „in den Tagen der Not die Treue halten" zu wollen. Sie organisierte Sammlungen, als er im Zuchthaus von Landsberg saß, und sandte ihm auch Schreibpapier. Es hieß, er habe darauf „Mein Kampf" geschrieben.

Im Dritten Reich wurde wenig Wagner gespielt. Das gesamte Opernwerk von Wagner, Verdi, Puccini, Lortzing und Mozart in Aufführungsziffern der 13 Spielzeiten von 1929 bis 1942

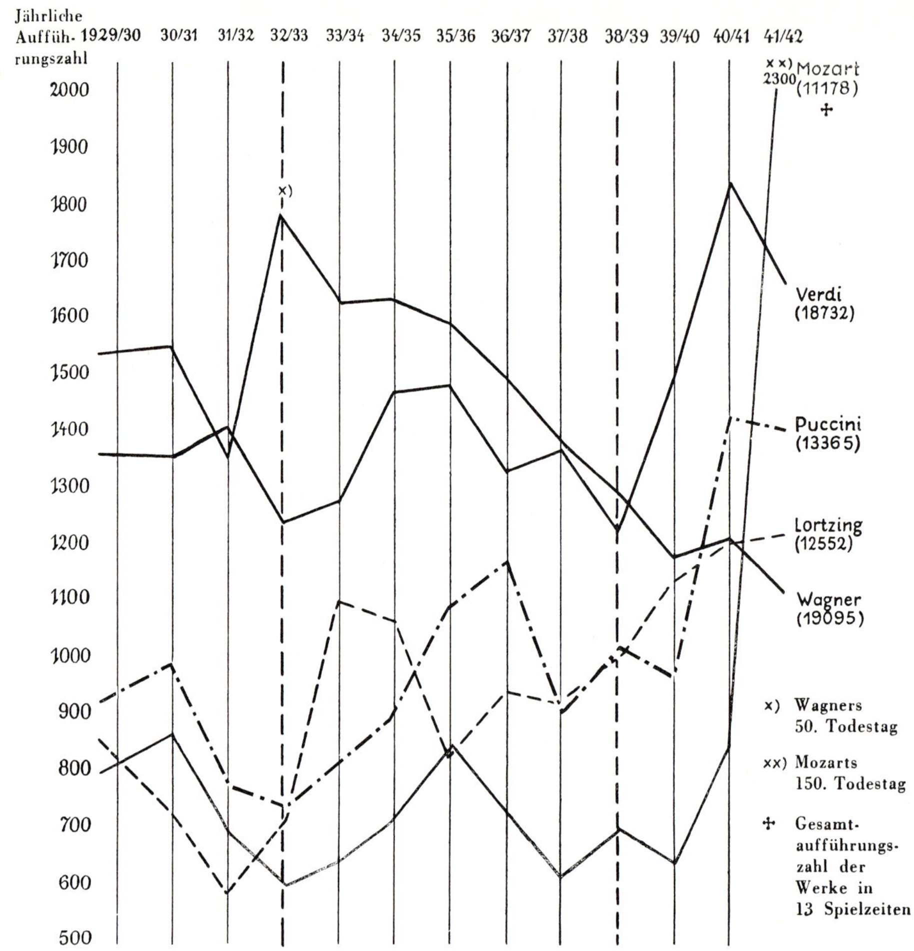

1. In den zehn letzten Vorkriegsjahren (1930—1939) ist nur bei Wagner eine Abwärtstendenz festzustellen, wenn man von dem Jubiläumsjahr 1933 absieht.

Bemerkenswerterweise tritt sie am stärksten im Dritten Reich zutage, trotz der besonderen Förderung Wagners. Das absinkende Interesse wendet sich den anderen Hauptrepertoire-Komponisten zu.

2. Aus den Schwank ıngen bei Verdi, Puccini und Mozart läßt sich nichts Symptomatisches ablesen; nur für die leicht aufführbaren Werke von Lortzing beginnt im Dritten Reich ein Aufstieg.

3. Auffallend ist der Aufstieg der Kurven in den ersten Kriegsjahren, besonders für Verdi und Puccini, aber auch für Lortzing und Mozart (für letzteren auch unter Außerachtlassung des Jubiläumsjahres). Nur für Wagner hält die Abwärtstendenz an.

4. In dem Absinken der Kurve der anderen dargestellten Komponisten in den Jahren 1930 bis 1933 kommt die wirtschaftliche Depression dieser Jahre zum Ausdruck, wie in dem plötzlichen Aufstieg in den ersten Kriegsjahren der beginnende Geldüberfluß; selbst wenn man berücksichtigt, daß der Aufstieg der anderen Komponisten z. T. auf Kosten von Wagner geschieht.

Aus Ludwig Strecker „Richard Wagner als Verlagsgefährte" B. Schott's Söhne, Mainz, 1951

Als Hitler dann an die Macht kam, wurde er ein regelmäßiger Besucher von Bayreuth und hielt seine schützende Hand über die Festspiele. In dem Film, den Hans Jürgen Syberberg 1975 mit der 78jährigen Winifred gemacht hat, beschreibt sie Hitlers genaue Kenntnis der Wagner-Opern: Als bei „Lohengrin" (1936) der übliche Strich im dritten Akt für den Tenor Franz Völker geöffnet wurde, da merkte das Hitler beim ersten Takt. Bei den Diskussionen um den Wagner-Boykott in Israel habe ich festgestellt, daß dort sogar ein angesehener Universitätsprofessor für deutsche Literatur der Meinung war, erst seit Hitler sei Wagner in Deutschland so viel gespielt worden. Hat nicht Thomas Mann schon viele Jahre vorher gesagt, wenn das deutsche Volk zwischen Goethe und Wagner zu wählen hätte, würde es Wagner wählen? Außerdem ist es in weiten Kreisen unbekannt, daß niemals so wenig Wagner in Deutschland gespielt wurde wie unter Hitler. Das „Neue Deutsche Theateradreßbuch 1911/12" berichtet von 1815

Wagner-Vorstellungen in Deutschland (Puccini: 850, Lehàr 3100), eine Statistik der Spielzeit 1940/41 nennt nur 1003 Wagner-Abende. Die meistgespielten Opern unter Hitler waren „Freischütz“ und – „Tosca“, darauf folgte Verdi.
Hier zeigten sich die Grenzen von Hitlers Macht. Wie stark war die praktische Auswirkung der Liebe Hitlers für Wagner? Überlebende aus Konzentrationslagern berichten, daß zu Wagner-Musik getötet wurde – und zu Strauß-Walzern. Bei Staatsbegräbnissen spielte man Siegfrieds Trauermusik, wie noch heute oft in der Wiener Staatsoper bei Aufbahrungen von Ehrenmitgliedern im Stiegenhaus. Zahllos waren die Äußerlichkeiten: Wagner-Musik begleitete die Wochenschau, ebenso auch Rundfunkmeldungen (neben Liszt!). Provinztheater, die dazu überhaupt keine künstlerischen Möglichkeiten hatten, glaubten, sich durch Wagner hohe Gunst zu erkaufen („Tristan“ in Stralsund!). Reichsparteitage in Nürnberg wurden mit den „Meistersingern“ eröffnet – Wagner-Musik begleitete Parteikongresse (ebenso wie Beethovens Neunte!). Gleich nach der Machtübernahme im Jahre 1933 machte Hitler München zur „Hauptstadt der Bewegung“ und zur „Richard Wagner-Stadt“. Am 6. März 1934 sprach Hitler in Leipzig sein „Gelöbnis an Richard Wagner“ und legte den Grundstein zu einem Richard-Wagner-Denkmal.
Der Verlag Karl Hochstein in Heidelberg veröffentlichte „Deutschland erwacht!“, eine Hymne nach Wagner-Musik, „vom Reichspropaganda-Ministerium nachdrücklich empfohlen“. Wagners Kaisermarsch erhielt einen Text „Hymne auf den Führer“, Wagner-Musik begleitete die Geburtstagsfeiern für Hitler. Obskure Parteipoeten machten Gedichte auf Wagner. Parteiredner priesen Wagner als Erfüllung „germanisch-deutschen Musikempfindens“. Die „nationalsozialistische Stadt Wien“ gab den Ehrenring der Stadt Wien 1938 an den Komponisten Josef Reiter für seinen auf Wagner-Motiven beruhenden „Festgesang an den Führer des Deutschen Volkes“. In der Zeitschrift „Die Musik“ las man 1942, daß die Rüstungsarbeiter und die Soldaten, die das Bayreuther Werk an Ort und Stelle erlebt haben, schlagartig für Wagners Welt gewonnen wurden und somit „die biologischen Voraussetzungen einer völkischen Musikpflege“ gegeben wären. Am 22. Mai 1938, dem 125. Geburtstag Wagners, ordnete Hitler an, daß „zur Erforschung seines Lebens und Werkes eine Richard Wagner-Forschungsstätte in Bayreuth zu errichten ist“. Zu den musikalischen Kuriositäten jener Jahre gehört ein Traktat gegen den „weichlichen, qualligen, ungesunden, schwülen Klang“ des Saxophons, das von „Wagner nicht verwertet wurde“. Das Kulturamt der Reichsjugendführung verbot Bearbeitungen von Wagner für Handharmonika.
Adolf Hitler hat gesagt, man müsse Wagner lesen, um zu verstehen, was Nationalsozialismus sei. Hat er mit dem Wort „lesen“ zugegeben, daß sich in Wagners musikdramatischen Werken keine Beziehungen zu nationalsozialistischem Gedankengut fänden? Gäbe es nicht die von den Nazis völlig falsch verstandene Schlußansprache des Hans Sachs, wären die „Meistersinger“ nie zur Paradeoper der Hitler-Welt geworden. „In falscher welscher Majestät“, „welscher Dunst und welscher Tand“ – das war nicht nur das Empfinden des 16. Jahrhunderts gegenüber der romanischen Kulturwelt, sondern auch die Sprache der deutschen Romantik, die national betont war wie die französische, die italienische und die spanische. Bei den Schlußworten „Zerging' in Dunst das Heil'ge Röm'sche Reich, uns bliebe gleich die heil'ge deutsche Kunst!“ da brandete in jenen Jahren manchmal zu der mit Hakenkreuzen gefüllten Bühne der Beifall auf. Gemeint ist aber, daß die Kunst auch den Zerfall des Reiches überleben werde, was sich nur zu

Richard Wagner – ein Jude

Und Richard fühlte einen neuen Gott in sich und er setzte sich hin und schrieb sein geniales Erstlingswerk, um die Nation zu strafen, welche so unverschämt gewesen war, einen Mendelssohn und Meyerbeer hervorgebracht zu haben. Der Stoff war selbstverständlich ein mittelalterlicher. Der Titel: „Das geschlachtete Christenkind am Osterabend“. Tharadäu, dürüdüm, tharadäu – diese wenigen Tacte sind uns noch von jenem gewiß charakteristischen Liede erhalten. Seit jener Zeit hat Wagner nie wieder etwas so Gemeinverständliches componirt.

(Zeitgenössische Glosse)

bald als wahr erweisen sollte! Und der „Ring" ist eine einzige Apotheose der Verlierer ohne eine Spur nationalsozialistischer Siegesideologie. Wagners Intimsphäre wurde der Öffentlichkeit enthüllt, wie die Richard Nixons nach Watergate. Bei Nixon waren es nur Gegner, bei Wagner seine Freunde und Feinde. Zunächst waren es die von der Wagner-Familie in Bayreuth autorisierten Hofbiographen Carl Friedrich Glasenapp und Houston Stewart Chamberlain, dann die Spürnasen detailhungriger Wagnerianer und Antiwagnerianer, zuletzt die Tagebücher Cosimas. Sie haben Dinge zutage gefördert, über die man natürlich nicht hinwegsehen darf – aber Ähnliches hätte bei Leuten geringeren Interesses nie das Licht des Tages erblickt.

„Wenn unsere Kultur zu Grunde geht, ist es kein Schaden, wenn sie aber durch die Juden zu Grunde geht, ist es eine Schmach!" (Cosimas Tagebücher, 14. Februar 1881)

Fraglos bestand Kontakt von Wagner zu führenden Köpfen antisemitischer Bewegungen. Die Erziehung seines zehnjährigen Sohnes Siegfried wurde 1879 Heinrich von Stein anvertraut, einem Professor für Ästhetik, der nicht nur Nietzsche nahestand, sondern auch dem Volkswirt Eugen Dühring. In „Die Judenfrage als Rassenschädlichkeit" (1881) bekannte sich Dühring zur Rassentheorie und erklärte, daß „der unter dem kühlen Himmel gereifte nordische Mensch die Pflicht hat, die parasitären Rassen auszurotten, wie man eben Giftschlangen und wilde Raubtiere ausrotten muß". Da Dühring auch ein Feind des Christentums war, gab Cosima am 20. Oktober 1879 zu, daß sie und Richard darüber erschrocken waren. Trotzdem plante Wagner noch im Jahr 1879, Dühring führend bei den „Bayreuther Blättern" einzusetzen.
Wagner äußerte sich im engen Kreis äußerst anerkennend über die Arbeiten des Publizisten Wilhelm Marr, der die politische „Antisemiten-Liga" gegründet hatte. In seiner Schrift „Der Sieg des Judentums über das Germanentum" (1879) gibt er alle Schuld – dem römischen Kaiser Titus! Dieser habe nach der Zerstörung Jerusalems die Juden gewaltsam künstlich zerstreut, so daß sie aus Deutschland ein Neu-Palästina gemacht hätten. Marr verschaffte Wagner auch Artikel seines Gesinnungskollegen, des „Gartenlaube"-Mitarbeiters Otto Glogau („Seht einen Trödeljuden nur schief an, und sofort erschallt der Ruf: Israel ist in Gefahr!"). Cosima notiert am 11. Oktober 1879, daß Richard nach der Lektüre einer „sehr guten" Rede des Berliner Hofpredigers und evangelischen Theologen Adolf Stöcker sich für die völlige Ausweisung der Juden ausgesprochen habe. Wagner fühlte Empörung, als Bismarck die Entlassung von Stöcker betreiben wollte; Stöcker war von 1881 bis 1893 Reichstagsabgeordneter der Konservativen Partei, die zu der von ihm gegründeten „Christlich-Sozialen Arbeiterpartei" – der späteren „Christlich-Sozialen Partei" – enge Beziehungen unterhielt. Richard Wagner lobte die „Schlichtheit und Wahrhaftigkeit" von Stöckers Wahlrede und bedauerte dessen Versöhnung mit Bismarck, obwohl dieser ein Gegner der Antisemitenbewegung war. Bernhard Förster, ein Charlottenburger Oberlehrer (später der Mann von Nietzsches Schwester), ging Wagner mit seiner hektischen Aktivität und seiner Unterschriftensammlerei eher auf die Nerven. Er hat 1881 vergeblich versucht, Wagner zur Unterschrift für eine neue antisemitische Zeitung zu bewegen. Förster hatte schon 1880 Wagner nicht zur Unterschrift einer Petition an Fürst Bismarck bringen können, welche den Ausschluß der Juden von gehobenen Staatsstellungen und jeder Lehrtätigkeit bezweckte. Er hatte bereits 250 000 Unterschriften gesammelt, aber Wagner hatte keine Beziehung zu Förster und keine zu Bismarck. Försters Worte „aus Walhall sei nun der Gralstempel geworden" gefielen ihm – aber als Förster 1881 von Juden verprügelt wurde, da sagte Wagner ironisch: „Wir Deutschen haben die Rezensenten nie geprügelt, die Juden aber prügeln die Deutschen!"

Damals in Bayreuth

Auffahrt zum Festspielhaus
Gemälde von G. Láska, 1890

Pause in Bayreuth 1892 Bayreuther Pausen dauern eine Stunde. Bei schönem Wetter sind sie der vierte und der fünfte Akt der Oper.

↑ Eva Wagner, Richards und Cosimas Tochter

↑ Cosima Wagner, rechts daneben
↑ Hans Richter, Dirigent
↑ Hermann Levi, Diriger

G. Láska, †
Maler dieses Bildes

Das war Bayreuth

als Wagner 1835 auf Talentsuche für das Magdeburger Theater den Ort (oben) zum ersten Mal sah („vom Abendsonnenschein lieblich beleuchtet").

Am 2. August 1873 fand die „Hebefeier" in Bayreuth statt, bei der Franz Liszt von einem „Theater für eine Idee und ein Werk" sprach.

Nach diesem Modell von Gottfried Semper wollte Ludwig II. in München das Theater der Zukunft bauen. Der Plan wurde nie verwirklicht.

Eine Akropolis auf dem Grünen Hügel schwebte Hitler vor. Er beauftragte den künstlerischen Leiter der Volkswagen-Planung (!), eine Marmorhalle um das Festspielhaus zu entwerfen. Sie wurde nie gebaut.

Bei „Angermann“ (oben) trafen einander die Künstler. Auch Wagner war manchmal Gast und ließ Villa Wahnfried von „Angermann“ beliefern.

Villa Wahnfried (darunter) bezog Wagner am 28. April 1874. Ursprünglich wollte er das von Ludwig II. finanzierte Haus „Zum letzten Glück“ nennen, doch einen Monat später meldete er dem König, daß er den Spruch einmeißeln werde: Hier wo mein Wähnen Frieden fand – Wahnfried sei dieses Haus von mir benannt!

Im Markgräflichen Opernhaus – dem barocken Prunksaal, von Giuseppe Galli-Bibiena erbaut – dirigierte Wagner an seinem 59. Geburtstag, am 22. Mai 1872, dem Tag der Grundsteinlegung zum Bayreuther Festspielhaus, den Kaisermarsch und Beethovens Neunte Symphonie. Die vier Solisten standen in der Proszeniumsloge rechts. Louis Sauter zeichnete aus der Phantasie und läßt Solisten in beiden Proszeniumslogen singen – er war also kein Beethoven-Kenner.

„Skizzen aus Bayreuth" – Allgemeine Illustrierte, 1876, Originalzeichnung von Ludwig Bechstein. Festspielhaus noch ohne Vorbau (1882 angefügt) – versenktes Orchester – Hans Richter als Dirigent des „Ring" – Wagner als Regisseur mit Franz Betz (Wotan).

„Skizzen aus Bayreuth" – Allgemeine Illustrierte, 1882, Originalzeichnung von Ludwig Bechstein. Aus den Tagen der „Parsifal"-Aufführung in Bayreuth im Juli 1882.

Trauer in Bayreuth

17. Februar 1883, 23.30 Uhr. Cosima steigt aus dem Salonwagen, der am 16. Februar um 14 Uhr Venedig verlassen hatte. Der von unzähligen Kränzen geschmückte vergoldete Bronzesarg war auf einer schwarzen Trauergondel vom Palazzo Vendramin zur Stazione gebracht worden (Bild oben).

18. Februar 1883, 17.30 Uhr, öffentliche Leichenfeier vor dem Bahnhof: Alle Glocken läuten, die Kapelle spielt Siegfrieds Trauermusik. Das Bild (unten) zeigt den Trauerzug auf dem Weg zur Villa Wahnfried.

Die einzige Figur von Format in Wagners radikalem Freundeskreis war der französische Diplomat Graf Joseph Arthur de Gobineau. Seine Gedanken waren denen Hitlers nicht unähnlich. Er bewunderte die germanische Götterwelt und leitete seinen Stammbaum von – Odin ab! Blonde Recken mit blauen Augen waren sein Ideal. Seine Schrift über die „Ungleichheit der menschlichen Rassen" wurde zur Bibel späterer Rassentheoretiker. Gobineau war ein talentierter Schriftsteller. Wagner las seine „Asiatischen Novellen" und insbesondere sein Hauptwerk „Die Renaissance". Im Jahre 1882 entwickelte sich in Bayreuth eine echte „persönliche Bindung" zwischen den beiden, und Gobineaus Einfluß auf Wagner wurde sehr stark. Er war ein Mann mit vielseitigen Interessen, hatte sich mit Brahmanismus und Buddhismus ebenso beschäftigt wie mit persischer Philosophie. Besonders imponierte es Wagner, daß Gobineau die persische Sprache erlernt hatte. Kurz vor „Parsifal" kam es zu einer großen Diskussion zwischen den beiden in Venedig, bei der Wagner Gobineau vorwarf, das „eine ganz außer acht gelassen zu haben, was einmal der Menschheit gegeben wurde, einen Heiland, der für sie litt und sich kreuzigen ließ" (Cosimas Tagebücher, 23. April 1882). Als Gobineau starb, schrieb Wagner einen Nachruf. Am 4. Dezember 1882 sprach er zu Cosima von „bedeutenden Geistern, wie Schopenhauer, Goethe, Gobineau". Am 17. Oktober 1882 ließ er sich von seinem geliebten jüdischen Hauspianisten Josef Rubinstein in Venedig aus „Siegfried" vorspielen und belehrte ihn dabei: „Das ist Gobineau-Musik! Das ist Rasse!"

Österreich zögerte nicht mit Beiträgen zur Vermarktung des Wagnerschen Denkens auf dem Weg zum Hitlerismus. Da fand am 6. März 1883 im Wiener Sophienbadsaal – wo einmal Johann Strauß dirigiert hatte – ein sogenannter „Trauercommers der deutschen Studentenschaft Wien" zum Gedächtnis des eben verschiedenen Meisters statt. Man müßte den politischen Talmiweisheiten eines Abgeordneten von Zwettl, den Schmähungen gegen die semitische Presse und französische „Afterkunst" keine Aufmerksamkeit schenken, hätte es nicht die Rede des jungen Hermann Bahr gegeben. Der später so berühmt gewordene Schriftsteller, Kritiker und Gatte der (vorher mit Gustav Mahler befreundeten) Wagner-Sängerin Anna Bahr-Mildenburg, nahm darin Besitz von Wagner für die sogenannte großdeutsche Idee.

„Bei Tisch über die Deutschen, ihre Bier-Angewohnheiten, Kneipen und Tabak-Qualm-Gespräche: ‚In der Kneipe, da werden sie geistreich!'" (Cosimas Tagebücher, 4. Juli 1880)

Wagner sei ein „großdeutscher Politiker" gewesen, Österreich nannte er – eine Glanzrolle seiner späteren Gattin vorwegnehmend – „eine schwerbüßende Kundry, die sehnsüchtig des Erlösers harre". Bahr forderte den Studenten-Commers zum Eide auf, „Richard Wagners heiliges Vermächtnis, den großdeutschen Gedanken" zu erfüllen. An der darauffolgenden antisemitischen Demonstration beteiligte sich auch die Burschenschaft „Albia", aus der deswegen ein glühender Wagnerianer austrat: Theodor Herzl, der spätere Gründer des Zionismus. 20 Jahre später erschoß sich in Beethovens Sterbehaus der jüdische Philosoph Otto Weininger, der in seinem Buch „Geschlecht und Charakter" Wagner als den größten Menschen seit Christus bezeichnet hatte. Die zukünftige Hitler-Ausdrucksweise brachte der Indologe Leopold von Schröder zum ersten Male prägnant mit Bayreuth in Verbindung, als er in seinem Buch „Die Vollendung des arischen Mysteriums in Bayreuth" (1911) erklärte, durch Wagner sei Bayreuth zum idealen Mittelpunkt aller vor mehr als 5000 Jahren getrennten arischen Völker geworden. Der Wissenschaftler J. M. Keynes gibt auf dem Umweg über die Wagner-Begeisterung Kaiser Wilhelms II., von dessen Hand der Entwurf für ein Wagner-Denkmal stammt, Richard Wagner sogar die Schuld am Ersten Weltkrieg.

Propagandakarte (1903) des österreichischen Reichstagsabgeordneten Georg Ritter von Schönerer, der 1882 den radikal-antisemitischen „Deutsch-Nationalen Verein“ gegründet hatte. Im gleichen Jahr brachte der Jude Gustav Mahler in der Hofoper seine aufsehenerregende neue „Tristan“-Inszenierung.

„Der Ritter Lohengrin ist so recht das Idealbild der arischen Rasse in seiner höchsten Vollendung der männlichen Form. In Elsa ist noch nicht arisches Blut, denn der Zweifel zerspaltet ihren sicheren Glauben.“ (Die Bühne, 15. November 1936)

Hitler war einer der wenigen, die Wagners Schriften wirklich gelesen haben, deren merkwürdige Pseudowissenschaftlichkeit ihn wahrscheinlich beeindruckt hat. Sicher war er von der Überschrift „Was ist Deutsch?“ (1865) begeistert. Gibt es aber eine merkwürdigere Erklärung des Deutschtums als die Wagners?: „Das Wort DEUTSCH findet sich in dem Zeitwort DEUTEN wieder – DEUTSCH ist demnach, was uns DEUTLICH ist, somit das Vertraute, das Gewohnte, das von den Vätern Ererbte, unserem Boden Entsprossene.“ Hitler sah vielleicht den Stil seiner späteren Reden in Zeilen wie diesen aus „Deutsche Kunst und Deutsche Politik“ (1867): „Heil Dir, Schiller, der Du dem wiedergebornen Geiste die Gestalt des deutschen Jünglings gabest, der sich mit Verachtung dem Stolze Britanniens, der Pariser Sinnenverlockung, gegenüberstellt!“ Es mag verschiedene Deutungen der folgenden Worte aus „Das Kunstwerk der Zukunft“ (1849) geben, die Wagner unmittelbar nach seiner Flucht aus Dresden geschrieben hat – vielleicht blieben sie in Hitlers Sinn haften: „Das Volk ist der Inbegriff derjenigen, welche eine gemeinschaftliche Noth empfinden. Zu ihm gehören daher alle Diejenigen, welche ihre eigene Noth als eine gemeinschaftliche erkennen, oder sie in einer gemeinschaftlichen begründet finden; somit alle Diejenigen, welche die Stillung ihrer Noth nur in der Stillung einer gemeinsamen Noth verhoffen dürfen.“ Oder eine Zeile wie diese aus dem von Gobineau beeinflußten „Heldenthum und Christenthum“ (1881): „Von welchem Werthe dürfte nun das Blut, die Qualität der Race, für die Befähigung zur Ausübung solches heiligsten Heldenthumes sein?“

Thomas Mann bemerkt in seinem in New York 1940 – also nach dem Kriegsausbruch in Europa – geschriebenen Artikel „Zu Wagners Verteidigung“, daß viele Schriften Wagners rein als Prosa, vom Inhalt ganz abgesehen, nationalsozialistisch klingen. Sie sind aber außerdem langweilig, niveaulos und wurden niemals populär. Ist es wirklich der Dichter der „Meistersinger“, der 1881 in dem Artikel „Religion und Kunst“ anläßlich einer Überlegung über das abzuschaffende Eigentum in der banalsten Weise fragt, „woher die Juden denn das Geld nehmen", und doziert, der Jude habe keine Religion außer den „Verheißungen seines Gottes", nach denen „seinem Stamm die Herrschaft über alles Lebende und Leblose zugesichert bleibt"? Und der Dichter des „Lohengrin" philosophiert in „Modern" (1878) über den schlechten Einfluß der Juden auf die deutsche Sprache – das Wort „Schiboleth" wäre von den alten Juden in der Schlacht als Erkennungszeichen für die Angehörigen eines Stammes, welchen sie „gewohnter Maassen" auszurotten im Sinne hatten, benutzt worden: wer nämlich das „Sch" ohne Zischlaut, also wie ein weiches „S" aussprach, wurde niedergemacht... Es ist mir nicht bekannt, nach welchem Lautsystem die alten Germanen, Kelten, Gallier, Indianer, Amerika-Einwanderer etc. Stämme ausrotteten...

Geradezu grotesk sind die Ausführungen Alfred Rosenbergs, des Chef-Ideologen der Partei, über Richard Wagner in seinem „Mythos des zwanzigsten Jahrhunderts". Da gibt es zunächst von Sachunkenntnis strotzende Werkanalysen. Kostprobe zum dritten Akt „Tristan": „... einige Töne einer Hirtenflöte in einem eigenwillig weltabgeschiedenen Rhythmus". Was ein „eigenwillig weltabgeschiedener Rhythmus" ist, weiß ich nicht – wohl aber, daß keine Flöte, sondern ein Englisch-Horn spielt. Rosenberg wagt aber sogar Kritik an Wagners Werk. Solange das Wort einen menschlichen Konflikt schildere, werde es durch die Musik nicht gefördert, sondern gestört! Die „begleitende" (?) Musik vernichte das Medium der Willens- und Gedankenübertragung! Wo bei Wagner Gedankengebilde vermittelt werden sollen, trete das Orchester hindernd in den Weg, wie bei der Nornenszene in der „Götterdämmerung" (!). Man würde es nicht für möglich halten, aber Rosenberg wünscht sich Wagner-Opern mit gesprochenen Dialogen. Wagners „Zwangslehrsatz", es dürfe während des Musikdramas die Musik keinen Augenblick aussetzen, stehe dem Wort im Wege: „Beethovens Musik zu Egmont ist das allertiefste Musikdrama. Diese Musik würde aber nicht in dieser Weise ergreifen, wenn auch die Auseinandersetzung zwischen Egmont und Alba vom Orchester begleitet würde..."

Es mag grotesk klingen, aber in mancher Hinsicht galt uns Wagner sogar als Symbol der Völkerversöhnung. Niemand applaudierte begeisterter als die amerikanischen Soldaten während des Zweiten Weltkrieges im Stehparterre der Metropolitan Opera von New York während der Wagner-Vorstellungen mit dem phantastischen Tenor Lauritz Melchior. Und Theodor Herzl erhielt seine Eingebung zur Idee des Zionismus bei Wagner-Musik. Cosima erklärte in ihrer Petition an jeden Abgeordneten des Deutschen Reichstages anläßlich der Debatte über die Verlängerung des Urheberschutzes (9. Mai 1901): „Seine Kunst ist ein Bildungsmittel, ein Friedensbote zwischen Deutschland und dem Ausland geworden." Und ein anonymer ausländischer Bayreuther Stammgast, der noch den ersten „Parsifal" (1882) gesehen hatte, schrieb voll Enthusiasmus über die Vorstellungen des Jahres 1925: „Wagners Genius allein wäre fähig, den Weltfrieden zu orchestrieren."

Völlig anachronistisch erscheint mir der noch immer existierende Bann über Wagners Musik in Israel. Er basiert auf dem 1938 beschlossenen Bann gegenüber allen deutschen materiellen und geistigen Gütern, von dem aber nur noch der „Wagner-Bann" beim Israel Philharmonic Orchestra übriggeblieben ist, denn fast jeder Haushalt in Israel hat deutsche Waren, und die Israeli fahren Mercedes und Volkswagen. Man hört Wagners Musik (manchmal unangesagt) im Rundfunk, man unterrichtet über seine Werke (und seinen Antisemitismus) an Universitäten, aber trotzdem... Arturo Toscanini, der Nazi-Bayreuth 1933 den Rücken gekehrt hatte, spielte mit diesem Orchester (das seiner Inspiration die

Das Judenthum in der Musik, wie es Richard Wagner gefällt – wenn es nämlich 25 Gulden für einen Fauteuil bezahlt. (Aus: Kikeriki, Wien 1872.)

Gründung verdankt) am 24. April 1938 demonstrativ Wagners beide „Lohengrin"-Vorspiele. Und das letzte Konzert seines Lebens am 4. April 1954 in New York – war ein Wagner-Konzert.

Wie lange soll Israel noch ohne Wagner leben?

Im Oktober 1981 wollte der gegenwärtige Chefdirigent Zubin Mehta den Bann brechen und ein Wagner-Konzert in Tel Aviv ansetzen. Er fragte bei mir an, ob ich einen Einführungsvortrag halten wolle. Ich sagte voll Begeisterung zu. Mehta konnte sein Wagner-Konzert nicht durchsetzen, und damit entfiel mein Vortrag. Zubin Mehta aber hatte eine kühne Pioniertat gewagt. Ohne Ankündigung im Programm spielte er am Schluß eines Abonnement-Konzertes Vorspiel und Isoldens Liebestod aus „Tristan" – nach einer kurzen Rede, wer bleiben wolle, sei herzlich willkommen. 113 der 115 Mitglieder des Orchesters hatten dem vorher zugestimmt. Ein ungarischer Cellist, der fünf Jahre im Konzentrationslager gelitten hatte, stellte sich mit vollem Herzen hinter Mehtas Plan. Es blieben fast alle Zuhörer sitzen, am Schluß gab es großen Enthusiasmus mit einigen Buh-Rufen. Aber dann schlugen die Wellen hoch. Zu unmittelbar war noch immer bei vielen die Assoziation von Wagner mit den Nazi-Greueln. Viele hatten nichts gegen das Anhören einer Platte im engen Kreise einzuwenden, aber ein großer Teil der kunstliebenden Bevölkerung wollte Wagner nicht mit dem wundervollen Israel Philharmonic Orchestra, dem Stolz des Landes, verbunden wissen. Bei der Wiederholung des Konzerts wurde durch laute Demonstration einer Minorität während des Spielens der Abbruch der Wagner-Musik erzwungen. Zubin Mehta erklärte später, solange auch nur ein einziger Zuhörer sich verwundet fühle, wolle er dessen Gefühle respektieren. Er hatte die Größe des Traumas, das bei Überlebenden des Holocaust, denen noch die Nummern aus den Konzentrationslagern auf den Körpern brannten, unauslöschlich war, verstehen gelernt und hofft nun auf eine Zeit, in der das „Parsifal"-Wort gelten wird: „Die Wunde schließt der Speer nur, der sie schlug."

Als Mehta im November 1981 während seiner Proben zu einer neuen „Walküre" an der Wiener Staatsoper wissen wollte, was ich in meinem Vortrag gesagt hätte, war meine Antwort: „Meine Damen und Herren! Haben Sie nicht schon genug Sorgen, führen Sie nicht einen harten Kampf um Ihr eigenes Überleben? Wollen Sie noch dazu ohne die wundervollste Musik auskommen?"

Allerdings bilden die Juden mittel- und westeuropäischer Herkunft, in denen die Wagner-Tradition noch lebendig war, in Israel heute eine Minderheit gegenüber den Juden osteuropäischer und asiatischer Ahnen.

Nein, Wagner ist kein Nazi. Den jahrhunderteweiten Weg, den der „Ring" des Abendlandes vom „Rheingold", das nie existiert hat, über grollende Gewitterzauber, Einzüge falscher Götter in falsche Walhalls, blutige Walkürenritte, lodernde Feuerzauber und blitzende Schmiedelieder zur grausamen „Götterdämmerung" gegangen ist, ging er mit.

In ihrem grausigen Film spricht Winifred Wagner über Hitler einen Satz von gespenstischer Größe: „Alles, was ins Dunkel geht bei ihm – ich weiß, daß es existiert –, aber für mich existiert es nicht."

Denken wir an „Tristan" und die „Meistersinger", und sagen wir dasselbe schöner, wärmer, kürzer, mit einem Satz aus Maxim Gorkis „Nachtasyl": „Woran du glaubst, das gibt es auch." Richard Wagner.

Zu einem originellen Kommentar kommt der Schriftsteller Gustav Freytag in einem Artikel in der Zeitschrift „Der Grenzbote" (1850). Er meint, Wagner habe selbst jene abstoßenden Eigentümlichkeiten an den Tag gelegt, die er an den Juden tadle; ergo: „Im Sinne seiner Broschüre erscheint er selbst als der größte Jude!"

Der schlummernde Genius

Sonate
Für das Pianoforte
componirt und
Herrn Theodor Weinlig
Cantor und Musikdirector an der Thomasschule zu Leipzig
hochachtungsvoll gewidmet
von
RICHARD WAGNER.
Eigenthum der Verleger.
Bei Breitkopf & Härtel in Leipzig
Pr. 20 Gr.
W. 55

Titelblatt des ersten gedruckten Musikstückes von Wagner, seinem Lehrer Theodor Weinlig gewidmet (1832)

Zur Erinnerung an Richard Wagner.

Geburtshaus.
Der Rothe und Weiße Löwe in Leipzig.

Wohnhaus.
Villa Wahnfried in Baireuth.

Sterbehaus.
Palazzo Vendramin in Venedig.

Richard Wagner wurde
am 22. Mai 1813 geboren
und ist niemals gestorben.

„Auf dem Brühl", in dem Hause ganz links, „zum Roten und Weißen Löwen", kam Richard Wagner zur Welt. Der „Brühl" in Leipzig lag damals im Viertel der jüdischen Bevölkerung, die sich in mehr oder weniger tolerantem Zusammenleben mit den christlichen Branchenkollegen am Pelzhandel beteiligte.

Richard Wagner gratuliert sich zum Geburtstag

Im wunderschönen Monat Mai
kroch Richard Wagner aus dem Ei;
es wünschten viele, die ihn lieben,
er wäre lieber drin geblieben.

(Aus einem Brief an Minna, 19. Mai 1855)

Johanna Rosine Wagner, 1774–1848. Ölbild von Ludwig Geyer, 1813. Die Mutter. Sie war eine sächsische Bäckerstochter. Obwohl sie in einem vornehmen Leipziger Internat erzogen wurde, ließ ihre Bildung zeitlebens viel zu wünchen übrig. Man munkelte, sie sei die uneheliche Tochter eines Prinzen von Weimar gewesen, der die Spesen ihrer Erziehung getragen habe. Richard war das achte ihrer neun Kinder und hatte eine starke Bindung an seine Mutter. Sie vergab ihm, wenn er in jungen Jahren seine verschiedenen Schulen vernachlässigte, trank und spielte. Ein geregeltes Zuhause konnte sie ihm nicht schaffen, noch hätte er es akzeptiert. Wie mit vielen anderen Menschen kam es in späteren Jahren auch zu Reibereien mit seiner Mutter. Ihr Grab auf dem Leipziger Friedhof wird noch heute von Wagner-Freunden mit Blumen geschmückt.

Es gibt kein Bild von…

Polizei-Aktuar Friedrich Wagner, 1770–1813. Der Vater?

Rosalie Wagner (seit 1836 verheiratet mit dem Philosophen Dr. Oswald Marbach), 1803–1837. Schwester des Komponisten. Sie war eine hochbegabte Schauspielerin und hatte ihren größten Erfolg 1828 als Gretchen in Leipzig. Wagners Lieblingsschwester war aus ihrer Theaterpraxis heraus eine unerbittliche Kritikerin der ersten, noch ganz schülerhaften Versuche Richards als Dichter und Komponist. Wenn es bei Bruder Richard in einer Schauertragödie einmal mehr als vierzig Tote gab, dann war ihr das zuviel. Noch 1832 vernichtete er Text und Musik seines Opernversuchs „Die Hochzeit", den er selbst als ein „Nachtstück" bezeichnete, weil Rosalie das Stück nur komisch fand. Sie nahm regen Anteil an seiner musikalischen Entwicklung. Ihr früher Tod traf ihn schwer.

Ludwig Geyer, 1779–1821, Selbstporträt, um 1806. Der Stiefvater (der Vater?). Er war ein künstlerischer Tausendsassa: Maler, Schauspieler, Schriftsteller – und intimer Freund von Polizei-Aktuar Friedrich Wagner (1770–1813) und dessen Gattin Johanna Rosine. Da er nach dem Tode von Vater Wagner (23. November 1813 – es gibt kein Bild von ihm!) schon am 28. August 1814 die Witwe heiratete und die am 26. Februar 1815 geborene Cäcilie bereits eine Geyer-Tochter war, begann bald die „Geyer-Legende" von der Vaterschaft.

Die pikante Frage, auf die es natürlich keine Antwort geben kann, war nur so lange interessant, als man den späteren Antisemiten Richard Wagner gerne durch eine jüdische Abstammung Geyers blamiert hätte. Selbst Cosima fiel die Ähnlichkeit auf, und Wagner selbst hielt eine Vaterschaft Geyers für nicht ausgeschlossen: „Meine Mutter hat ihn damals geliebt", sagte er am 26. Dezember 1878 zu ihr. Zum Kummer der Wagner-Feinde aber war Geyer kein Jude. Nach der Hochzeit zog die ganze Familie nach Dresden, wo Geyer am Theater spielte. Er starb schon 1821, und der Junge wohnte dann abwechselnd bei verschiedenen Verwandten und ging 1827 zurück nach Leipzig. Ludwig Geyer hat als erster das musikalische Talent des kleinen Richard, der sich bis 1827 Richard Geyer nannte, erkannt.

Nach dem Tod Ludwig Geyers verbrachte Richard ab Oktober 1821 einige Zeit bei dessen jüngerem Bruder, einem Goldschmied in Eisleben. Dort imponierte ihm die Blechmusik des Husarenregimentes, das aus „Freischütz" spielte – die Oper war „der Schlager" des Jahres 1821! –, und ein Seiltänzer, der auf einem von Turm zu Turm gespannten Seil balancierte. Wagner versuchte es ihm nachzumachen und konnte sich auf im Hof ausgespannten zusammengedrehten Stricken mit einer Balancierstange geschickt bewegen.

Diese um die Jahrhundertwende publizierte Kartenserie (rechts) diente als Reklame für „Liebigs Fleischextrakt" und begleitete fast das ganze Leben Richard Wagners. Auf dem Bild spielt der achtjährige Richard für den sterbenden Ludwig Geyer Melodien aus Webers „Freischütz".

Manches an Wagners früher musikalischer Entwicklung ist erstaunlich. Zunächst, wie wenig systematischen Unterricht er erhalten hat. Ein bißchen Selbstunterricht nach einem Buch der Kompositionslehre, etwas Harmonielehre bei einem Mitglied des Gewandhausorchesters in Leipzig, erfolgloser Violinunterricht und erst ab Sommer 1831 ein ganz kurzes, aber sehr erfolgreiches Studium der Kompositionslehre bei Theodor Weinlig, dem Kantor an der Leipziger Thomasschule – also einem Nachfolger von Johann Sebastian Bach. Ebenso erstaunlich ist der durchaus konventionelle Charakter der frühen Kompositionen des späteren Schöpfers von so neuartigen musikalischen Visionen. Immerhin – sie wurden ohne Protektion und Mäzenatentum bald aufgeführt. Man lachte allerdings, als am Weihnachtstag 1830 seine Ouvertüre in B-Dur unter Heinrich Dorn in einem Leipziger Theater gespielt wurde, weil sich ein Paukenschlag in kurzen regelmäßigen Abständen so monoton wiederholte. Aber zwei frühe Orchesterwerke Wagners fanden Beifall in Konzerten des Gewandhausorchesters – am 30. April 1832 eine Konzertouvertüre in C-Dur und am 30. Januar 1833 die Symphonie in C-Dur. Seine ersten musikalischen Eindrücke galten Beethoven: „Fidelio" mit der großen Wilhelmine Schröder-Devrient (1829) und die Neunte Symphonie, von der er einen Klavierauszug anfertigte. Noch schlummerte der Genius.

Bei der „Völkerschlacht bei Leipzig" (16.–19. Oktober 1813) war Richard knapp 5 Monate alt. 255000 russische, preußische und englische Verbündete siegten über 160000 Soldaten der Armee Napoleons im Königreich Sachsen, das mit ihm verbündet war. Vater Friedrich Wagner erlag kurz darauf einer Typhus-Epidemie in der durch verwesende Tiere und nicht geborgene Leichen verseuchten Stadt. Wie Wagner wurde auch Verdi 1813 geboren, und zwar in einem von den Franzosen besetzten Ort (Le Roncole bei Busseto).

Richard Wagner, Scherenschnitt von einem unbekannten Künstler. Magdeburg 1835. Burrell Collection, Philadelphia. Wagner fand seine erste Anstellung 1833 als Chordirektor beim Theater in Würzburg, wo er seine bei Lebzeiten niemals gespielte erste Oper „Die Feen" schrieb. Dann wirkte er als Musikdirektor in Magdeburg vom Oktober 1834 bis zum Bankrott der Truppe im März 1836. Eine einzige schon im Chaos des Zerfalls des Ensembles unzureichend vorbereitete Aufführung seiner zweiten Oper „das Liebesverbot" war das Ende. Wagner hat in diesen beiden Spielzeiten das gesamte, hauptsächlich aus italienischen und französischen Opern bestehende Repertoire einstudiert, dirigiert, inszeniert und sich viel praktische Erfahrung erworben. Er war der erste große Theaterkomponist, der als Repertoiredirigent begonnen hat. Daß es Provinztheater waren, hat ihn davor bewahrt, in seinen späteren kühnsten Schöpfungen ein theaterfremder Utopist zu werden. Herbert von Karajan hat 1982 bei den Salzburger Festspielen aus eigener Erfahrung gesagt: „Jeder bedeutende Dirigent soll in der Provinz beginnen. Am besten mit dem ‚Weißen Rößl'. . ." Ein ganz wichtiges Ereignis fällt in die Magdeburger Zeit: Wagner erwarb einen braunen Pudel, den ersten seiner vielen immer so zärtlich geliebten Hunde, und nannte ihn „Rüpel". In den Wirren der Abreise von Magdeburg verschwand der Pudel.
Noch war nichts Ungewöhnliches an der Karriere Richard Wagners.

Wilhelmine Schröder-Devrient in der Hosenrolle des Romeo in Bellinis Oper „I Capuleti ed i Montecchi". Zeichnung von Carl Heideloff, Nürnberg 1835. Auch in dieser Rolle begeisterte die bedeutende Sing-Schauspielerin Wilhelmine Schröder-Devrient den jungen Komponisten, der sogar noch in späteren Jahren unter allen italienischen Komponisten nur Bellini gelten ließ.

Minna Planer, (1809–1866). Fotografie nach dem Gemälde von Otterstadt, 1835. Burrell Collection, Philadelphia.

„Ihre Erscheinung und Haltung stand in dem auffallendsten Gegensatze zu all den unangenehmen Eindrücken des Theaters, welche ich soeben an diesem verhängnisvollen Morgen empfangen: von sehr anmutigem und frischem Äußern, zeichnete die junge Schauspielerin sich durch eine große Gemessenheit und ernste Sicherheit der Bewegung und des Benehmens aus, . . . die sorgsam saubre und dezente Kleidung vollendete den überraschenden Eindruck der sehr unerwarteten Begegnung."
(Richard Wagner „Mein Leben", über seine erste Begegnung mit seiner zukünftigen Frau im Juli 1834)

Richard Wagner erzählt seine erste Oper

Die Feen

1833/34

Die Vorlage ist die Komödie „La Donna Serpente" („Die Frau als Schlange") des venezianischen Dramatikers Carlo Gozzi (1720–1806), eines Hauptvertreters der Commedia dell'arte. Die Verwandlung in eine Schlange wird bei Wagner zu einer Verwandlung in Stein – eine Vorahnung der „Frau ohne Schatten" von Hugo von Hofmannsthal und Richard Strauss (1919). Wagner hat keine Aufführung der „Feen" erlebt (Uraufführung München 1888)

Mein Sujet hatte ich einem dramatischen Märchen von Gozzi: La Donna Serpente entnommen und unter dem Titel „Die Feen" ausgeführt. Die Namen meiner Helden wählte ich mir nach allerhand ossianischen und ähnlichen Gedichten: mein Prinz hieß Arindal; er war von einer Fee Ada geliebt, welche ihn, seinem Reiche entrückt, in ihrem Zauberlande festhielt, bis er von seinen Getreuen aufgesucht und endlich gefunden ward, um durch die Kunde von dem Verfall seines Landes, welches bis auf die Hauptstadt in Feindeshände geraten war, zur Rückkehr vermocht zu werden. Die liebende Fee sendet ihn selbst in die Heimat zurück, da sie durch einen Schicksalsspruch genötigt ist, dem Geliebten die härtesten Proben aufzuerlegen, durch deren siegreiche Bestehung allein er ihr die Möglichkeit zu bereiten hat, aus der unsterblichen Feennatur auszuscheiden, um als liebendes Weib das Los des Sterblichen teilen zu können. Dem bereits durch die Wiederkehr in sein zerrüttetes Land entmutigten Königssohne erscheint in der Stunde der größten Bedrängnis die Gattin, um durch Handlungen der unbegreiflichsten Grausamkeit seinen Glauben an sie absichtlich zu erschüttern. Unter dem Zusammenwirken aller Schrecken gerät Arindal in den Wahn, bisher von einer bösen Zauberin verführt worden zu sein, und sucht der verderblichen Macht dieses Zaubers durch Ausstoßung seines Fluches über Ada sich zu entziehen. Wütend vor Schmerz stürzt die unglückliche Fee zusammen und enthüllt nun dem ewig Verlornen ihr gemeinsames Schicksal, und daß sie zur Strafe für den dem Feenspruch gebotenen Trotz verurteilt sei, ewig in einen Stein verwandelt zu werden (so nämlich hatte ich die Gozzische Verwandlung in eine Schlange umgeändert). Sofort bewährt sich, daß alle durch die Fee heraufbeschwornen Schrecknisse nur Täuschung waren: Sieg über die Feinde, Blühen und Gedeihen des Reiches stellt sich in zauberischer Schnelligkeit ein; nur Ada wird von den Vollzieherinnen des Schicksalsspruches davongeführt, und Arindal bleibt im vollen Wahnsinn zurück. Diese Leiden des Wahnsinns genügten jedoch den grausamen Vollstreckerinnen des Feenspruches nicht: um seine gänzliche Vernichtung zu erlangen, erscheinen sie dem büßenden Frevler und fordern ihn auf zum Weg in die Unterwelt mit dem heuchlerischen Vorgehen, ihm die Mittel zu Adas Entzauberung zeigen zu wollen. Wirklich erreichte diese feindlich gemeinte Kunde, daß Arindals Wahnsinn sich zu erhabenster Begeisterung wendet; ein dem Königshause treuer Zauberer hat ihn außerdem mit Wunderwaffen und Werkzeugen ausgerüstet, mit denen er nun den verräterischen Feen folgt. Diese geraten in Staunen und Entsetzen, als sie Arindal einen Kampf nach dem andern mit den Ungeheuern der Unterwelt siegreich bestehen sehen; nur als sie ihn zu der Gruft geleitet haben, in welcher sie auf einen menschlich gestalteten Stein deuten, fassen sie Mut, den kühnen Eindringling erliegen zu sehen: denn diesen Stein, welcher Ada selbst berge, habe er zu entzaubern, wenn er nicht selbst gleich ihr auf ewig in gleicher Weise verwandelt sein solle. Arindal, der bisher Schwert und Schild, die Geschenke des befreundeten Zauberers, gebraucht, bedient sich nun des zuvor ihm unverständlichen Werkzeuges, der ebenfalls ihm mitgegebenen Leier, zu deren Klang er seine Klagen um die verzauberte Geliebte, seine Reue und übermächtige Sehnsucht ausströmen läßt. Diesem Zauber erweicht sich der Stein; die Geliebte ist erlöst, die Pracht der Feenwelt tut sich auf, und dem gewaltigen Sterblichen wird eröffnet, daß Ada durch seinen früheren Wankelmut zwar das Recht, der Unsterblichkeit zu entsagen, verloren habe, dagegen dem aller höchsten Zauber mächtigen Geliebten das Reich der Feen selbst zu seinem ewigen Wohnsitze an Adas Seite offenstehe.

(Aus: Richard Wagner, „Mein Leben", S. 79f.)

Richard Wagner erzählt seine zweite Oper

Das Liebesverbot

1836

Die Vorlage ist William Shakespeares „Maß für Maß". Sie erfährt durch Wagner eine freie Umdeutung im Sinne der Ideen der Bewegung des „Jungen Deutschland". Die Charaktere und der Ablauf der Handlung sind gegenüber dem Original stark verändert. Wagner hat eine einzige Vorstellung dieses Werkes erlebt – 1836 in Magdeburg.

Das in seinem Grunde sehr ernst gehaltene Stück Shakespeares war in meinem Sujet zu folgender Fassung gelangt.

„Ein König von Sizilien verläßt sein Land und übergibt dem von ihm eingesetzten Statthalter – Friedrich genannt – die Vollmacht, alle Mittel der königlichen Gewalt zum Versuch einer gründlichen Reform des Sittenzustandes anzuwenden. Beim Beginn sieht man die Diener der öffentlichen Gewalt in voller Arbeit, Volksbelustigungshäuser in einer Vorstadt Palermos teils zu schließen, teils ganz niederzureißen. Das Volk tut diesem Beginnen Einhalt; große Schlägerei: der Chef der Sbirren, Brighella, verliest die Verordnung, nach welcher, zur Sicherung eines besseren Sittenzustandes, in geschehener Weise gehandelt worden sei. Luzio, junger Edelmann und jovialer Wüstling, scheint sich zum Volksführer aufwerfen zu wollen und findet sofort Veranlassung, der Sache der Verfolgten sich eingehender anzunehmen, als er seinen Freund Claudio auf dem Weg nach dem Gefängnis dahergeführt sieht und von diesem erfährt, daß er, einem von Friedrich hervorgesuchten uralten Gesetze gemäß, wegen eines Liebesvergehens mit dem Tod bestraft werden soll. Seine Geliebte, mit der eine Vereinigung bisher ihm durch die feindseligen Eltern derselben verwehrt ist, ward von ihm Mutter; er fürchtet das Schlimmste und hofft einzig durch Fürbitte seiner Schwester Isabella auf Rettung. Luzio gelobt dem Freunde, Isabella sofort im Kloster der ‚Elisabethinerinnen', in welchem sie vor kurzem als Novize eingetreten, aufzusuchen. – Im Kloster lernen wir nun diese Schwester im traulichen Gespräch mit ihrer Freundin, der ebenfalls als Novize eingetretenen Marianne, näher kennen. Marianne entdeckt der Freundin ihr trauriges Schicksal. Sie ward von einem hochstehenden Manne unter der Versicherung ewiger Treue zu geheimer Liebesverbindung vermocht; endlich aber fand sie sich, in höchster Not, von ihm verlassen und sogar verfolgt, denn der Verräter erwies sich ihr zugleich als der mächtigste Mann im Staate, kein Geringerer als der jetzige Statthalter des Königs selbst. – Als Isabella nun Luzio die Kunde vom Schicksal ihres eigenen Bruders bringt, geht ihr Abscheu in helle Entrüstung über die Schändlichkeit des heuchlerischen Statthalters über. Ihre heftige Aufwallung zeigt sie unvorsichtigerweise Luzio in verführerischstem Lichte; dieser dringt in sie, für immer das Kloster zu verlassen und seine Hand anzunehmen. Den Kecken weiß sie sogleich würdevoll in Schranken zu halten, beschließt aber, sein Geleit nach dem Gerichtshaus zum Statthalter anzunehmen. – Hier bereitet sich nun die Gerichtsszene vor, durch ein burleskes Verhör des Sbirrenchefs Brighella eingeleitet. Die finstre Gestalt Friedrichs gebietet dem tobend eingebrochenen Volk Ruh, und das Verhör Claudios wird durch ihn selbst in strenger Form vorgenommen. Schon will der Unerbittliche das Urteil aussprechen, als Isabella hinzukommt und vor allem eine einsame Unterredung mit dem Statthalter verlangt. Sie wendet sich zunächst nur an seine Milde und Gnade. Seine Einwürfe steigern ihren Affekt: sie stellt das Vergehen des Bruders in rührendem Lichte dar und bittet um Verzeihung für den so menschlichen und keineswegs unverzeihlichen Fehltritt. Da sie den Eindruck ihrer warmen Schilderung gewahrt, fährt sie immer feuriger fort. Friedrich, von der Schönheit Isabellas bis in das Tiefste erregt, fühlt sich seiner nicht mehr mächtig; er verspricht Isabella, was sie nur verlange, um den Preis ihrer eigenen Liebe. Kaum ist sie dieser unerwarteten Wirkung innegeworden, als sie, in höchster Empörung über solche unbegreifliche Schändlichkeit, das Volk herbeiruft, um vor aller Welt den Heuchler zu entlarven. Schon stürzt alles in Aufruhr in die Gerichtshalle herein, als es Friedrichs verzweifelter Energie gelingt, Isabella das unmögliche Gelingen ihres Vorhabens darzutun: er würde kühn ihre Anschuldigung leugnen. Isabella erkennt das Rasende ihres Beginnens. Als nun Friedrich dem Volke von neuem seine höchste Strenge und dem Verklagten sein Urteil angekündigt, gerät Isabella, durch die schmerzliche Erinnerung an Mariannes Schicksal geleitet, blitzschnell auf den rettenden Ausweg, durch List zu erreichen, was durch offene Gewalt unmöglich erscheint. Dem jammernden Bruder, dem bestürzten Freunde, dem ratlosen Volke wendet sie sich mit der Verheißung des lustigsten Abenteuers zu, das sie allen bereiten werde. Alles hält sie für wahnsinnig geworden, und namentlich Friedrich verweist ihr mit leidenschaftlicher Härte ihre unbegreifliche Torheit: wenige Worte ihrerseits genügen jedoch, den Statthalter selbst zum Taumel dahinzureißen; denn sie verspricht ihm die Erfüllung aller seiner Wünsche und die Zusendung einer Botschaft für die folgende Nacht. – Im zweiten Akt stellt sie sich im Gefängnis des Bruders ein, um diesen zunächst noch zu prüfen, ob er der Rettung wert sei. Sie entdeckt ihm die schmachvollen Anträge Friedrichs und fragt ihn, ob er um diesen Preis der Unehre seiner Schwester sein verwirktes Leben zu retten begehre? Der höchsten Entrüstung und Opferbereitwilligkeit Claudios folgt, da er nun Abschied für dieses Leben von der Schwester nimmt, endlich die weiche Stimmung, welche den Unglücklichen durch die Wehmut bis zur Schwäche führt. Isabella, die ihm bereits seine Rettung ankündigen wollte, hält bestürzt inne, da sie den Bruder von der Höhe der edelsten Begeisterung bis zum leisen Bekenntnis der ungebrochenen Lebenslust, zur schüchternen Frage, ob der Preis seiner Rettung ihr unerschwinglich schiene, ankommen sieht. Entsetzt fährt sie auf und kündigt ihm an, daß er nun zu der Schmach seines Todes auch noch ihre volle Verachtung hinnehmen solle. Nachdem sie ihn dem Schließer von neuem übergeben, zeigt sich ihre Haltung im schnellen Wechsel: sie beschließt zwar, den Wankelmütigen durch längere Ungewißheit zu bestrafen, bleibt aber nichtsdestoweniger bei ihrem Vorsatz. Sie hat Marianne davon benachrichtigt, daß diese bei der Friedrich für die Nacht zugesagten Zusammenkunft die Stelle der treulos begehrten Isabella einnehmen solle, und sendet nun Friedrich die Einladung zu dieser Zusammenkunft zu, welche in Maskenvermummung und an einem der von ihm selbst untersagten Belustigungsorte stattfinden soll. Luzio, welchen sie für den kecken Liebesantrag an die Novize ebenfalls zu strafen sich vorgenommen hat, teilt sie Friedrichs Begehren und ihren vorgeblichen notgedrungenen Entschluß, diesem Begehren zu willfahren, in so unbegreiflich leichtgefaßter Weise mit, daß der sonst so Leichtfertige hierüber in das ernstliche Erstaunen und verzweiflungsvolles Rasen gerät. – Wirklich veranstaltet er, daß alles, was ihm bekannt und befreundet ist, am Abend, wie zur Eröffnung der verbotenen großen Karnevals-Prozession, sich am Ausgang des Korso einfinden soll. Als es mit Einbruch der Nacht dort bereits wild und lustig hergeht, da nähert sich unter Brighellas Führung eine Bande von Sbirren, um die bunte Masse zu zerstreuen. Luzio verlangt für jetzt noch nachzugeben und sich in der Nähe zu zerstreuen. Dem Statthalter lauert nun Luzio auf: Er erkennt ihn, hält ihn im Wege auf, und will ihm nachfolgen, als er, auf der im Gebüsch versteckten Isabella Veranstaltung, selbst aufgehalten und irregeleitet wird. Isabella tritt hervor, und da sie soeben das versprochene Begnadigungspatent des Bruders in der Hand zu halten glaubt, ist sie im Begriff, gutmütig jeder weiteren Rache zu entsagen, als sie, beim Schein einer Fackel die Schrift erbrechend, zu ihrem Entsetzen den verschärften Hinrichtungsbefehl erkennt. Isabella erkennt in dieser Handlung nur eine neue Häufung der Schändlichkeiten des Heuchlers. Auf ihren Ruf zur sofortigen Empörung gegen den Tyrannen strömt alles Volk in bunter leidenschaftlicher Verwirrung herbei: Luzio, welcher

ebenfalls dazukommt, rät jedoch mit heftiger Bitterkeit dem Volk ab, dem Wüten des Weibes Gehör zu geben, das, wie ihn, gewiß auch sie alle täusche; denn er ist im Wahne ihrer schmachvollsten Untreue. Neue Verwirrung, gesteigerte Verzweiflung Isabellas: plötzlich vom Hintergrunde her burleske Hilferufe Brighellas, welcher, selbst in eine Situation der Eifersucht verwickelt, den verlarvten Statthalter aus Mißverständnis ergriffen hat und so nun dessen Entdeckung veranlaßt. Friedrich wird erkannt, die zitternd an seine Seite geschmiegte Marianne entlarvt; Staunen, Entrüstung, Jubel greifen um sich; die nötigen Erklärungen stellen sich rasch ein; Friedrich begehrt finster, vor das Gericht des zurückerwarteten Königs zum Empfang des Todesurteils gestellt zu werden. Der vom jauchzenden Volke aus dem Gefängnis befreite Claudio belehrt ihn, daß das Todesurteil nicht jederzeit für Liebesvergehen bestimmt sei: man beschließt, in voller Maskenprozession dem geliebten Fürsten huldigend entgegenzuziehen. Friedrich mit seiner neu ihm vermählten Gemahlin Marianne muß nun den Zug eröffnen, die dem Kloster für immer verlorene Novize folgt mit Luzio als zweites Paar."
(Aus: Richard Wagner, „Mein Leben", S. 123ff., gekürzt.)

Zum Epigonismus in Wagners Jugendopern.

Epigonismus? Wer, mit dem Blick auf das Gesamtwerk, Wagners massenhafte stilistische Anleihen in den Jugendopern „Die Feen", „Das Liebesverbot" und „Rienzi" rügt, der hat in Wagner selbst einen offenherzigen Sachwalter. „Man kann kaum glauben, daß man derselbe Mann sei!" sagt er 1879 über diese Schaffensphase. Aber Wagner versucht auch eine Erklärung: Goethe und Schiller z. B. seien in ihren Jugendwerken viel prägnanter zu erfassen als etwa Mozart oder Beethoven, weil „die Musik eine wahrhaft künstliche Kunst ist", die „erst durch volle Aneignung einer neuen Sprache zu gewinnen ist, während der Dichter, was er erschaut, sofort deutlich in der Muttersprache ausdrücken kann." Zu den „Feen" heißt es bündig: „Beethoven und Weber waren meine Vorbilder", und für „Das Liebesverbot" nennt er die Italiener und Franzosen. Ein Schritt weiter, und Wagner hätte scherzen können, die „Feen" seien von Weber, das „Liebesverbot" von Bellini – und „Rienzi"? In ihm tönt wohl manches von der verachteten (und bewunderten?) „großen Oper" Meyerbeers. Erst am Ende der Pariser Elendszeit war, nach einer Aufführung von Beethovens Neunter Symphonie, der Weg für Wagner frei zu sich selbst. Das in diesem Moment geschriebene Wort: „Ich glaube an Gott, Mozart und Beethoven" drückt nur noch ein Bekenntnis aus, das eigene Ich künftig in höherem Sinn zu transzendieren. Der Geist jedes der drei Glaubensgötter verblieb bis zum letzten Takt, künstlerisch absorbiert, in Wagners Lebenswerk.

Von „Rienzi“ zur Revolution

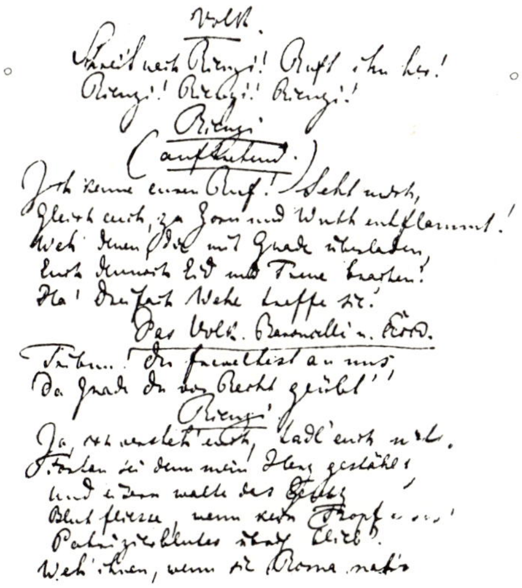

1313–1354

Die Gestalt des römischen Volkstribunen, der als Grundlage einer Einigung Italiens die Republik ausrief, rivalisierende Adelsparteien vertrieb und einem Aufstand zum Opfer fiel, hatte Wagner fasziniert, als er 1837 nach Minnas Verschwinden den historischen Roman von Lord Bulwer-Lytton (1803–1873) gelesen hatte. Nun gestaltete der Dichterkomponist den Stoff zu seiner dritten Oper und schuf damit das einzige deutsche Paradestück der „Grand Opéra", einer Kunstgattung, von der er noch kein Werk in einer repräsentativen Vorstellung gesehen hatte. Zwei Stücke der Oper, die Ouvertüre und das Gebet, wurden die ersten noch immer zum eisernen Bestandteil aller Wunschkonzerte gehörigen Wagner-Schlager.

Am Theater von Königsberg, einer echten Schmiere, arbeitete Wagner 1837 einige Monate lang. Aus Eifersucht war er Minna, die dort ein Engagement gefunden hatte, nachgereist. Bald nach der Hochzeit in Königsberg machte das Theater pleite; Minna verschwand mit einem wohlhabenden Kaufmann.

In diesem Zimmer des Hauses in der sogenannten Petersburger Vorstadt von Riga saß Wagner täglich neben zwei russischen Öfen, hinter großen Vorhängen, bekleidet mit einem Schlafrock, einen Fes auf dem Kopf, aus einer großen Porzellanpfeife qualmend, und schrieb seine Oper „Rienzi". Im August 1837 hatte er sein Engagement als Kapellmeister in dieser damals zu Rußland gehörigen schmutzigen Hafenstadt angetreten. Er vollbrachte erstaunliche Meisterleistungen beim Dirigieren von „Don Juan", „Figaros Hochzeit", „Norma", „Oberon" und „Die Stumme von Portici" von Auber (der einzigen französischen Oper, die er immer gelten ließ!) mit einem Orchester von 24 Mann. Alles schien gut zu gehen – der reuig zurückgekehrten Minna wurde verziehen. Aber Wagner hatte schon in Magdeburg und in Königsberg über seine Verhältnisse gelebt, und die Gläubiger, ohne Verständnis für seine Liebe zu eleganten Möbeln und teurer Kleidung, verfolgten ihn bis nach Riga. Da er noch dazu durch einen Direktionswechsel im März 1839 seine Stelle verlor, schien Flucht die einzige Rettung. Wieder war ein neuer Hund dabei; ein riesiger Neufundländer hatte so viele Nächte vor dem Haustor verbracht, daß Wagner ihn in die Familie aufnahm und Robber nannte. Ein Königsberger Freund verschaffte Wagner falsche Dokumente statt des beschlagnahmten Passes und brachte die drei bei Nacht und Nebel über die preußische Grenze bis zur Hafenstadt Pillau. Von hier sollte es auf dem kleinen Segelschiff „Thetis" nach London gehen – und weiter zum Gelobten Land für alle Komponisten jener Tage: PARIS!

Die stürmische Seefahrt

Von Kammersänger Gunnar Graarud

„Natürlich, Daland im ‚Fliegenden Holländer' hat gut reden – *er* kennt ja die norwegische Küste am Skagerrak so genau wie seine eigene Hosentasche und findet sich zurecht in dem Labyrinth von schmalen Sunden und unübersichtlichen Schlupfwinkeln zwischen den zahllosen Schären und Inseln! Aber wir, die wir auf der Suche sind nach jener Gegend, die Richard Wagner ‚einen der schönsten und wunderbarsten Eindrücke' seines Lebens schenkte ... – wer steuert denn *uns* nach dem richtigen Sandwike, wenn wir diesen Namen mindestens sechsmal auf der Karte aufstöbern innerhalb eines Umkreises von ‚einigen Meilen von dem größeren Ort Arendal', wie es in ‚Mein Leben' angegeben ist? ... *Sandvigen auf Hisöya* am Galtesund hinter Märdö ist seit Jahrhunderten berühmt als Nothafen für Schiffe, die auf der Fahrt zwischen Nord- und Ostsee in Bedrängnis geraten – und wahrscheinlich hat dieser Umstand dazu beigetragen, den Wettstreit der vielen kleinen Nester, die Sandvigen heißen, zugunsten von eben dieser ‚Sandbucht' – das ist die Bedeutung des Namens – auf His zu entscheiden. Von vornherein hätte freilich bezweifelt werden müssen, daß Wagner diesen Ort meinte, wenn er seine Entfernung von Arendal, die höchstens zwei Kilometer beträgt, mit ‚einigen Meilen' angibt. Außerdem ist eine sprachliche Kleinigkeit auffallend, nämlich daß Daland ‚Sandvike' ausspricht! Ich muß bekennen, daß dieses ‚k' mir in die Augen sticht, seitdem ich das erste Mal den Holländertext las, weil vor hundert Jahren die Schreibweise ‚Sandvigen' absolut zu erwarten gewesen wäre; ... während in Arendal Sandvigen mit ganz weichem g ausgesprochen wird, klingt der Name nur wenige Kilometer nördlicher mit hartem k. Allerdings ist Sandwike in keinem Fall richtig, und es bestand die Möglichkeit, in der Originalpartitur des ‚Fliegenden Holländers' ... die korrekte Form Sandviken oder noch besser Sandvika ... zu finden. ... im Manuskript von ‚Mein Leben' bemerkte Dr. Strobel, daß das ursprüngliche ‚Sandwige' eigenhändig durch den Meister verbessert worden ist in ‚Sandwike'; ... er muß sich also mit Bestimmtheit an die Aussprache mit hartem Konsonanten erinnert haben – aber dann kann er nicht in Sandvigen auf His gewesen sein! Es ist ... Legendenbildung, wenn ... das Wagnerhaus dort nachgewiesen wurde, das ‚von alters her' so heißen soll ... als Hauptschlager aber sogar eine ehrwürdige alte Dame namhaft gemacht wurde, die das Urbild der Senta gewesen sei!!

So sah der Schoner „Thetis" aus, mit dem Richard Wagner von Pillau nach London reiste.

Die Aussichten, an dem Reiseweg der ‚Thetis' irgendeine Spur von ihr zu entdekken, mußten natürlich sehr pessimistisch beurteilt werden; immerhin könnten die Wetterberichte von Interesse sein, denn Stürme, wie die in ‚Mein Leben' geschilderten, sind im Monat Juli im Skagerrak keine alltäglichen Erscheinungen; die Wettermeldungen verzeichnen denn auch keine apokalyptischen Ereignisse, sondern notieren für die Tage zwischen 22. und 29. Juli einfach ‚Regen und dicke Luft'. Diesen Widerspruch wird man verständlich finden, wenn man sich überlegt, daß die ‚Thetis' offenbar ein *kleiner* Schoner war, weil die Besatzung nur sieben Mann betrug, den Kapitän eingerechnet; zwar hatte dieser den charmanten, doch geheimnisvollen Reisenden seine eigene Kabine zur Verfügung gestellt, aber die war sicherlich nicht mehr als zwei Meter lang und breit und so niedrig, daß man kaum aufrecht stehen konnte! In solch fürchterlicher Enge seekrank zu liegen, wobei sich wilde Raufereien abspielten zwischen Wagners riesigem Neufundländer Robber und einem Matrosen ... – das kann wohl dem Widerstandsfähigsten den Rest geben!

Der Neufundländer Robber begleitete das Ehepaar Wagner auf der Reise.
Sah Robber vielleicht so aus?

Auf bessere Ausbeute einer Nachforschung durfte man in den Zollprotokollen hoffen; und tatsächlich fand ich in den Dokumenten der dänischen Zollbehörden ... unter dem 25. Juli 1839 die hier zum ersten Male veröffentlichte Notiz,

---

Gunnar Graarud (1886–1960) war ein beliebter Heldentenor der Zwischenkriegszeit.

Die Bucht von Sandwiken auf Boröya, im Hintergrund die Echowand.

... daß an diesem Tage die ‚Thetis' (Kapitän: R. Wulf) mit einer Ladung Erbsen und Hafer – unsere Passagiere sind leider nicht erwähnt! – durch den Oeresund bei Helsingör fuhr. Die Suche in den norwegischen Archiven war dagegen erfolglos, ... dafür aber entdeckte ich in einer in Arendal erscheinenden Lokalzeitung regelmäßige Handels- und Schiffsnachrichten, aus denen – laut der Nummer vom 9. August 1839 – hervorgeht, daß am 29. Juli viele Segler an der Boröya Schutz gesucht hatten und unter diesen sich auch der Schoner ‚Thetis' befand. Dieser Fund schließt jeden Zweifel und jede Unklarheit aus, denn *Sandwiken auf Boröya* ist ungefähr siebzehn Kilometer (was sehr wohl als ‚einige Meilen' bezeichnet werden kann) von Arendal entfernt, die Bevölkerung spricht das harte Norwegisch, also Sandwika mit hartem k, und außerdem stellen wir auch noch das von Wagner erwähnte Echo fest, da die gegenüberliegende Granitwand jeden Ruf deutlich zurückwirft! ...

Ziemlich hilflos stehen wir der Frage gegenüber, wo die von Glasenapp überlieferte ‚Champagnermühle' gelegen haben mag, in welcher Wagner und seine Frau, die sich ‚mit einem Teil der Schiffsmannschaft landeinwärts auf der nordischen Felsenküste ergehen', von dem Müller mit seiner einzigen Flasche Rum bewirtet werden; der Punsch tut seine Schuldigkeit, die Matrosen singen und ‚es entsteht ein begeistertes Freudenfest, das sich immer der Erinnerung einprägt.' Mühlen waren vor hundert Jahren nicht selten längs der norwegischen Küste, aber was

---

„Sandwike ist's, genau kenn' ich die Bucht!"
(„Der Fliegende Holländer")

hatten Angehörige der Schiffsbesatzung dort zu schaffen? Findet man die Erklärung natürlich, daß die Matrosen mit den jungen Künstlern auf der Insel herumgebummelt sind? ... Vielleicht hilft folgende Überlegung uns, die Frage nach der Champagnermühle zu lösen: jedesmal, wenn ein Segelschiff einen Hafen anlief, war eine der allerersten Arbeiten, die knappen und abscheulich schmeckenden Wasservorräte zu erneuern. ... Ganz bestimmt mußten auch die Matrosen der ‚Thetis' sich nach frischem Trinkwasser umschauen und sie brauchten nicht lange zu suchen, sondern nur wenige Kilometer tiefer in den Fjord hinein, also ‚landeinwärts' zu rudern nach der Mühle bei Nes... Dorthin werden wohl auch die Leute von der ‚Thetis' den Weg genommen haben, und der Meister ließ sich gewiß mit Vergnügen durch die reizvolle Landschaft rudern – und ist der Gedanke zu gewagt, daß der strudelnde, schäumende Sturzbach den Namen ‚Champagnermühle' anregte?

Richard Wagner reiste am 19. Juli 1839 von Pillau (westlich von Königsberg) durch Kattegat und Skagerrak nach London, wo er am 12. August 1839 eintraf.

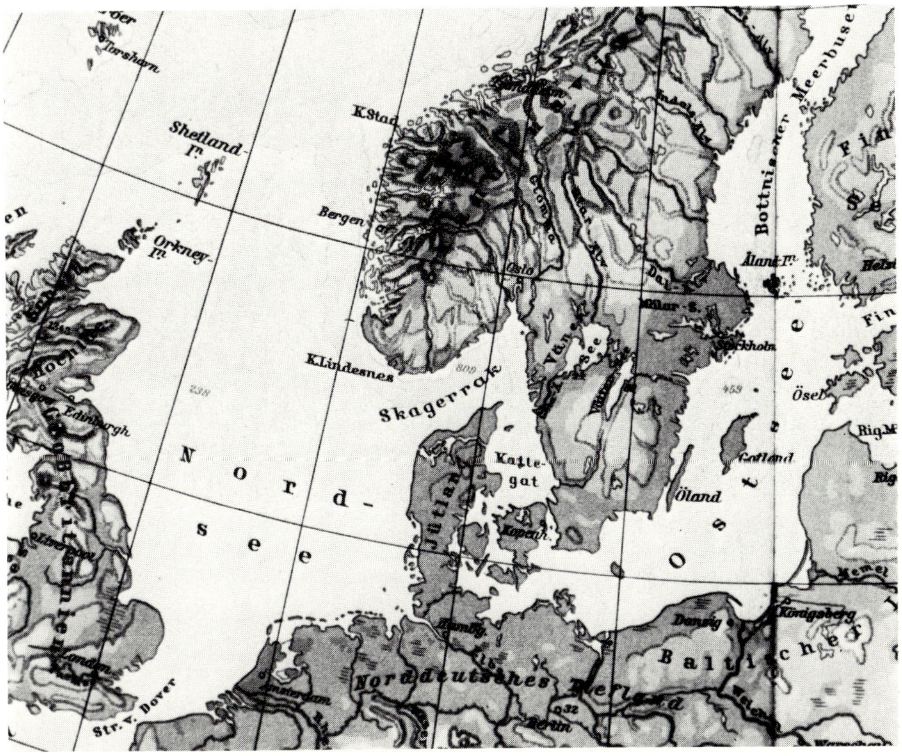

Mit wenigen Schritten gelangt man auf die Bergnase hinauf, die im Westen Sandwike umklammert; von dort oben gleitet der Blick in den hellen Sommernächten über den dunkel glänzenden Fjord, der zwischen tiefernsten Felsen und duftenden Nadelwäldern sachte atmet; weit draußen im Osten, hinter niederen und schmalen Riffen, leuchtet die Brandung weiß auf, und Wolken jagen über dem Meer – genau wie vor hundert Jahren, als hier an dieser Stelle ein junges Paar die milde Tröstung der nordischen, lichten Nacht genoß nach Todesängsten und Stürmen der vorangegangenen Tage... Da schuf Richard ‚in Not und Sorgen' das erste Musikdrama und setzte der kleinen Fischerhütte in Norwegen, die ihm und seiner Frau für kurze Tage ein Asyl geboten hatte, ein unvergängliches Denkmal, indem er die Handlung seines ‚Fliegenden Holländers' von der schottischen Küste dorthin verlegte – nach dem stillen, aber durch einen Genius geheiligten Sandviken auf Boröya."

Paris wie es Wagner sah

Paris war unter Louis Philippe das Zentrum Europas. Er hat den Triumphbogen auf der Place de l'Etoile eingeweiht, gab dem Obelisken aus Luxor seinen Platz auf der Place de la Concorde und ließ die Leiche Napoleons I. von St. Helena in den Invalidendom überführen. Der Bürgerkönig leitete sein Land wie eine Großbank. Was zählte, war das Geld – aber Musik, Literatur und Malerei erlebten ihre erste Blütezeit in der nachnapoleonischen Ära. Nur: Paris war kein Platz für Richard Wagner.

Aussicht vom Friedhof Père-Lachaise, Lithographie von William Wyld, 1838.

Giacomo Meyerbeer, 1791–1864. Lithographie von Rudolf Hoffmann nach einem Gemälde von Anton Einsle.
Der ungekrönte König der Pariser Opernwelt weilte zur Kur in Boulogne-sur-mer, wo Wagner im August 1839 seine Reise von London nach Paris unterbrach, um Meyerbeer kennenzulernen. Wagner las ihm „Rienzi" vor (Meyerbeer war gebürtiger Berliner!) und zeigte ihm die Partitur. Meyerbeer machte Komplimente, schrieb Empfehlungsschreiben an den Operndirektor, an Verleger und an einflußreiche Freunde. Sie halfen nicht viel, aber für Meyerbeer war es nicht nur kollegiale Höflichkeit, denn später war es sein Einfluß, der die Annahme des „Rienzi" in Dresden und des „Fliegenden Holländer" in Berlin durchsetzte. Die Welt Meyerbeers war nicht ganz die Welt Wagners: Er besprach die Komposition wirkungsvoller Finali und Arienschlüsse immer vorher mit dem Chef der Claque. Und Heinrich Heine hat über ihn gesagt, er werde so lange unsterblich sein, als er lebte, und vielleicht sogar noch ein wenig länger, weil er dafür vorausbezahlt hat...
Am 26. November 1846 beging Meyerbeer jedoch den Fehler, der zum entscheidenden Bruch mit Wagner führte: Er lehnte es ab, ihm 1200 Taler zu leihen.

Ernst Benedikt Kietz, 1816–1892. Der deutsche Maler gehörte zu dem kleinen Bohème-Kreis mittelloser deutscher Emigranten, die zu den engsten Freunden des mittel- und erfolglosen Richard Wagner in Paris gehörten.
Die anderen waren der Historienmaler Friedrich Pecht (1814–1903), der Bonner Musikhistoriker und Bibliothekar Gottfried Engelbert Anders (1795–1866) sowie Wagners besonderer Liebling, der jüdische Philosoph Samuel Lehrs (1806–1843), dessen Schicksal Wagner in der Novelle „Ein Ende in Paris" verewigt hat. Einer gab dem anderen Ratschläge, wie er in Paris Fuß fassen könnte, was keinem gelang. An Wagner banden sie Minnas kulinarische Künste und ihr fester Glaube an sein Genie. Wagner lebte von Gelegenheitsarbeiten wie Artikel für französische Zeitungen, Arrangements von fremden Opernmelodien für verschiedene Instrumente – und von allen möglichen Darlehen und Renten. Sein einziger Pariser Verdienst war entwürdigend: Die Oper kaufte ihm für 500 Franc das Textbuch zum „Fliegenden Holländer" ab und ließ es, sehr verändert, durch den Hauskapellmeister Pierre Dietsch vertonen, wo dieses „Le Vaisseau Fantôme" (Gespensterschiff) 1843 in der Pariser Oper kenterte. Aber Wagner konnte sich wenigstens ein Klavier mieten und (vielleicht vertragswidrig?) die Oper selbst komponieren.

Heinrich Heine, 1797–1856. Er war eigentlich der einzige Erfolgreiche unter den nach Paris emigrierten deutschen Schriftstellern. Außerdem bekam er eine Rente von seiner Familie und eine Unterstützung von der französischen Regierung aus einer Art von geheimem Propagandafonds.
Wenn irgendeiner aus der kleinen Runde der Ur-Wagnerianer ein paar Francs in der Tasche hatte, dann ging man zum Stammtisch Heinrich Heines im Restaurant Brocci gegenüber der Oper. Wagner und Heine kamen einander nahe, beide hatten Humor und bildschöne Frauen. Nach den modernen Prinzipien des Urheberrechts müßte Wagner an Heine für den „Fliegenden Holländer" nicht nur Tantiemen zahlen, sondern ihn sogar als Autor der Handlung nennen – der äußere Ablauf des Geschehens steht in Heines „Memoiren des Herrn von Schnabelewopski", der seelische Tiefgang stammt allerdings ganz von Wagner. Wann immer Wagner kein Geld für die Miete hatte, was in seiner ersten Pariser Zeit (September 1839 bis April 1842) ein permanenter Zustand war, dann wechselte er die Wohnung. Eine dieser zahllosen Pariser Wagner-Wohnungen liegt gegenüber von dem Haus, in welchem Heine 1856 starb.

Auf einer Pariser Reise 1982 habe ich versucht, den zahllosen Wohnungen Wagners in Paris nachzugehen. Manche Straßen gibt es nicht mehr, viele Häuser stehen nicht mehr; aber es gelang mir, auf halbem Weg zwischen der Oper und dem Montmartre das Haus Rue Jacob 14 zu finden, in welchem Wagner vom 30. Oktober 1841 bis zum Verlassen von Paris am 7. April 1842 gewohnt hat. Durch einen armseligen halbverfallenen Toreingang kommt man in einen trostlosen Hof, durch den man ein uraltes Haus mit ganz engen Stiegen betritt. Nur ganz alte Hausbewohner wissen noch von Wagners Wohnung. Sie wird heute von einer jungen Journalistin bewohnt, die mir erlaubt hat, darin ein paar andachtsvolle Minuten zu verbringen und dieses Photo zu machen. In diesem engen Raum hat Richard Wagner den „Fliegenden Holländer" vollendet. Hier ist ein Teil der ungeheuren Wandlung in seinem Schaffen vor sich gegangen, der Sprung vom „Rienzi" mit seinem effektvollen Grand-Opéra-Pomp, zu dem menschlich tief berührenden Seelendrama des „Fliegenden Holländer", von dem sich im Grunde eine logische Schaffenslinie bis zum „Parsifal" zieht. Aus diesem Zimmer reiste Wagner nach Dresden zur „Rienzi"-Uraufführung.
Wagner hatte Wagner entdeckt.

Wagner bei der Komposition von „Rienzi“. Zeichnung von Ernst Benedikt Kietz, Paris 1840/41. Wagner sitzt am Klavier und hat die Vision einer pompösen Instrumentation der bereits komponierten „Rienzi“-Melodien, die Minna als Hausfrau ihm hinhält und dazu singt. Im Hintergrund Rienzi auf der Bühne nach Wagners Vorstellungen. Rechts unten viele Geldsäcke, die sein „Minus-Vermögen“ beinhalten. Links unten eine imaginäre Übersetzung von Richard Wagners sämtlichen Werken, in „777 leblose Sprachen übersetzt“, von Lehrs und Anders, den Kumpanen von Wagners Pariser Bohème.

Brief an Minna

„Nach meiner Minna verlangt mich's sehr!"

Donnerstag, um 9 Uhr früh.
Mein bestes Weib, Dresden, 28. Juli 1842.

ich war gestern eben noch mit meinem Einzuge beschäftigt, als ich im neuen Logis Deinen Brief erhielt. Sehr traurig macht es mich, daß Du mich so lange noch allein lassen willst! Liebe Minna, wir dürfen uns durchaus nicht auf lange Zeit trennen, das fühle ich nun wieder von Neuem tief und innig. Was Du mir bist, kann mir eine ganze Residenz von 70 000 Einwohnern nicht ersetzen. Habe ich keine Geschäfte, so gräme ich mich um so mehr, allein zu sein: habe ich mich aber den ganzen Tag abgemüht, kommt der Abend und finde ich Dich nicht zu Hause, so widert mich alle Häuslichkeit, die mir sonst doch so wohlthätig ist, heftig an, und was ich außer dem Hause finde, ist wahrlich nicht im Stande, mich nur um eine Minute zu entschädigen. Eine Stelle in Deinem Briefe habe ich noch nicht ganz verstanden: Du sprichst von einer Nothwendigkeit, uns vielleicht noch auf länger zu trennen? – Wo ist die Nothwendigkeit? Als ich mich um meinen hochfliegenden Plänen und Hoffnungen (die Du nicht einmal mit mir theiltest) nachzustreben, unter Umständen, die wohl selbst den beherztesten Mann abschrecken konnten, zur Reise aus Rußland aufmachte; als ich mich unter Gefahren jeder Art zu Pillau einschiffte, um eine furchtbar ungewisse Reise anzutreten, die mich zu einem noch schwankenderem Ziele bringen sollte, – sprachst Du damals von Nothwendigkeit, Dich von mir zu trennen? Damals hätte ich Dir, bei Gott! Recht geben müssen! Es fiel Dir aber nicht ein. Als Sturm und Gefahr am Größten waren, als Du zum Lohne für alle mit mir verlebten Leiden einen gräßlichen Tod vor Dir sahst, da batest Du mich nur, Dich recht fest zu umarmen, damit wir nur nicht getrennt in die Tiefe hinabsinken! Als wir in Paris am Rande der Hungersnoth schwebten, bot sich Dir mehr als eine Gelegenheit, Dich zu retten: Ein Wort, und Frau v. Zech, die Dich so herzlich liebte, hätte Dich mit zu sich nach Gotha genommen, – die Leplay, die über Dir selbst ihren Geiz vergaß, hätte Dich als ihre Reisegefährtin Deiner Heimath wieder zugeführt: – Warum sprachest Du damals nichts von einer Nothwendigkeit uns zu trennen? Sieh, damals hätte ich Dir nichts erwidern können. Jetzt aber, da ich fühle, ich habe meine Zukunft immer mehr in meinen Händen, jetzt frage ich Dich, warum sprichst Du nun von dieser Nothwendigkeit? Sag' mir, was Dich so kleinmüthig macht? Sieh, Alles ist zum Besten geordnet. Logis und Klavier-Miethe habe ich auf Ende Oktober gestellt; – bis zur Aufführung meiner Oper handelt es sich nur um unser Leben, und das können wir zur Genüge damit bestreiten, was ich einmal noch zu erhalten habe. Somit werde ich Niemanden, am Allerwenigsten meiner Familie mehr lästig fallen. Dieser Sorge entschlage Dich also: denn sollte ich wirklich noch Geld nöthig haben, so weiß ich jetzt, daß ich unter Fremden hier nicht mehr fremd bin: ich habe mich überzeugt, daß ich jetzt hier neue Freunde erworben habe, die meinen alten nur noch darin nachstehen, daß sie noch keine Zeit hatten, sich bewähren zu können. Ist mir doch wirklich, gute Minna, als ob ich hier etwas gälte: so habe ich z.B. augenblicklich von der Devrient 200 Thaler für Kietz erlangt. Siehst Du, sie ist eine Künstlerin, und ich und Kietz sind auch Künstler, und nur Künstler müssen unter einander zu thun haben, kein Kaufmann darf sich da hineinmischen, sonst gibt es widerliche Konflikte.

Genug! Ich will Dir nicht viel mehr erzählen, trotzdem ich wirklich Stoff genug hätte. Endlich wirst Du doch wenigstens bald kommen, daher verspare ich mir Alles zur mündlichen Unterhaltung auf! –

Bis dahin aber nur noch dieß!

Recht froh bin ich, daß Du mir versicherst, der guten Mama Gesundheit sei bis auf die Schwäche ihrer Füße wieder hergestellt: – da diese Schwäche jedenfalls eine natürliche Folge ist, so muß man sich darüber beruhigen. Was ihr hiesiges Absteigequartier betrifft, so hat sich einiges geändert: es ist wohl sehr schön, das ist wahr, – allein sie muß wöchentlich 2 Rthr. ohne Bett zahlen; es ging nicht anders zu machen, auch wird die Mutter, wenn sie hier ist, es leicht begreifen – somit habe ich es nur auf eine Woche erst gemiethet, – denn etwas ängstlich bin ich in dieser Art Besorgungen wohl. Jedenfalls ist aber alles bereit, und somit rufe ich Euch nur zu: kommt! kommt! –

Nach Dir, mein liebes Kind, fragt mich Alles mit der herzlichsten Teilnahme. Man hat Dich sehr lieb, und ich werde meine Noth haben mit steten Entschuldigungen wenn Du sie nicht besuchen willst. Nun, das wird sich ja Alles finden, von mir sollst Du keinen Zwang erfahren. –

Ueber Ulrich sei ruhig: Du hast in Deiner Ängstlichkeit wohl mehr gesehen, als zu sehen war. Ich habe ihm ganz so geschrieben, wie wir es verabredet hatten.

– Leb' wohl! Vater und Mutter lassen grüßen! – Die Mutter macht mir immer zu große Schüsseln, ich erschrecke immer, wenn sie aufträgt! –

– Das Logis, wo ich bis jetzt wohnte, sollst Du bezahlen – Du wirst schon fertig werden, gegen mich machten sie zuviel Umstände! –

Kommt bald! Montag! Montag! Ach, wenn doch Montag wäre!
Mein lieber Südwind blas' noch mehr!
Nach meiner Minna verlangt mich's sehr!
Grüß herzlich! Ade, mein gutes Weib!

Dein Richard.

Wann werden sie denn den verfluchten Jungen, den Matz, vom Hofe jagen? –
Türk! Türk!

Salle des Concerts du Conservatoire in Paris
In diesem Saal hörte Wagner eine Aufführung der Neunten Symphonie von Beethoven und war von der Qualität des Orchesters und der Leistung des Dirigenten Fr. A. Habeneck beeindruckt, der Wagner sogar die Freundlichkeit erwies, seine Kolumbus-Ouvertüre bei einer Probe durchzuspielen. Auch Werke von Berlioz hat Wagner während seines ersten Pariser Aufenthaltes hier kennengelernt.

Rienzi

Vom „großen Roman" zur „großen Oper"

„Rienzi" – 1837 in Magdeburg begonnen, 1840 in Paris vollendet, 1842 in Dresden uraufgeführt – machte den bis dahin kaum beachteten 29jährigen Komponisten über Nacht berühmt. Als Vorlage diente der historische Roman „Rienzi, der Letzte der römischen Tribunen" des englischen Dichter-Diplomaten Edward Bulwer-Lytton (1803–1873), dessen Roman „Die letzten Tage von Pompeji" noch heute viel gelesen wird. „Rienzi" blieb viele Jahre lang beim Publikum außerordentlich beliebt, Wagner hat sich aber nach seinen späteren in Neuland vordringenden Opern von seinem „Schreihals" – wie er „Rienzi" nannte – distanziert. Diese Oper stellt große Anforderungen an die Sänger: Rienzi ist eine schwere Heldentenorrolle, Adriano ein virtuoser Mezzosopran.

Die berühmte Szene des Gebetes

Aus dieser im Geiste Meyerbeers und Spontinis komponierten Oper gehören die Ouvertüre und das Gebet des Rienzi im vierten Akt noch immer zum eisernen Bestand der Wunschkonzerte.

Edward Bulwer-Lytton
7. Kapitel

Am Vorabend der Revolution. Die Barone haben nach der vereitelten Entführung Irenes die Stadt verlassen. Das Volk fordert von Rienzi eine neue Verfassung. An diesem Tag „betet Rienzi ab Mitternacht in der Kirche von St. Angelo dreißig Messen bis zum Morgengrauen". Dann proklamiert er in strahlender Rüstung, die ihm der Bischof von Orvieto anlegt, die neue Verfassung.

Richard Wagner

Wagner dramatisiert die Situation um Rienzis Gebet. Rienzi, bereits mit dem Bann der Kirche belegt, hat den Zenit seiner Erfolge überschritten. Er ahnt sein bevorstehendes schicksalhaftes Ende. In dieser aussichtslosen Lage läßt Wagner ihn um das Wunder seiner Rettung flehen.

FÜNFTER AKT.
(Eine Halle im Capitol. Rienzi allein im Gebet.)
ERSTE SCENE.
RIENZI. Allmächt'ger Vater, blick' herab!
Hör' mich im Staube zu dir fleh'n!
Die Macht, die mir dein Wunder gab,
Lass' jetzt noch nicht zu Grunde geh'n!
Du stärktest mich, du gabst mir hohe Kraft,
Du liehest nur erhab'ne Eigenschaft,
Zu helfen den, der niedrig denkt,
Zu heben, was im Staub versenkt.
Du wandeltest des Volkes Schmach
Zu Hoheit, Glanz und Majestät:
O Gott, vernichte nicht das Werk.
Das dir zum Preis errichtet steht!
Ach löse, Herr, die tiefe Nacht,
Die noch der Menschen Seele deckt!
Schenk' uns den Abglanz deiner Macht,
Die sich in Ewigkeit erstreckt!
Mein Herr und Vater, o blicke herab
Senke dein Auge aus deinen Höh'n:
Mein Gott, der hohe Kraft mir gab,
Erhör' mein tief-inbrünstig Fleh'n!
(Er neigt sein Haupt wie zur feierlichsten Andacht.)

Dresden, Hoftheater. Lithographie, um 1841. Das Leben Richard Wagners diente einem einzigen Ziel: seine Opern auf der Bühne zu sehen. Daher bedeutete die Annahme des „Rienzi" am Dresdner Hoftheater seine Übersiedlung aus Paris nach Dresden und den Beginn einer siebenjährigen Tätigkeit (1842–1849) in der Stadt seiner ersten musikalischen Jugendeindrücke, in welcher die Wirksamkeit Carl Maria von Webers das Terrain für die deutsche Oper vorbereitet hatte. Am Dresdner Hoftheater begründete die triumphale Uraufführung des „Rienzi" (20. Oktober 1842) über Nacht den Ruhm des Dichterkomponisten beim breiten Publikum, während die äußerlich weniger erfolgreichen Uraufführungen des „Fliegenden Holländer" (2. Januar 1843) und des „Tannhäuser" (19. Oktober 1845) die Fachwelt zum ersten Male in „Wagnerianer" und „Anti-Wagnerianer" spaltete. Am 2. Februar 1843 wurde er Königlich Sächsischer Hofkapellmeister und hatte sich daher als Dirigent eines Theaterorchesters zu bewähren, das als Vorläufer der späteren Dresdner Staatskapelle den Weg zur Weltspitze ging. Hier profilierte sich Wagner als erster „Stardirigent" der Musikgeschichte, obwohl es bei seinen eigenwilligen Tempi in Verbindung mit einer ungewöhnlichen Schlagtechnik (und manchmal ungenügender Probenzeit) nicht immer volle Harmonie mit dem Orchester gab. Als Theaterdirigent betreute Wagner neben seinen Werken Gluck und Mozart, aber auch Meyerbeer. Seine Reformideen wurden in den Denkschriften „Die Königliche Kapelle betreffend" (1846) und „Entwurf zur Organisation eines Deutschen Nationaltheaters für das Königreich Sachsen" (1848) niedergelegt. Interessant sind Wagners Vorschläge zum Einsatz der Theaterkapelle als Konzertorchester (nach dem Vorbild der Wiener Philharmoniker), die zu den berühmten vier Palmsonntagskonzerten (1846–1849) führten, in welchen er Beethovens damals noch unpopuläre Neunte Symphonie gegen viele Widerstände durchsetzte. 1843 dirigierte er in der Frauenkirche mit 1200 Sängern und 100 Orchestermusikern sein Chorwerk „Liebesmahl der Apostel", eine Parsifal-Vorahnung, 1844 bewirkte er die Überführung der sterblichen Überreste Webers aus London und hielt eine vielbeachtete Trauerrede.

Der Fliegende Holländer

1ste Vorstellung im vierten Abonnement.

Königlich Sächsisches Hoftheater.

Montag, den 2. Januar 1843.

Zum ersten Male:

Der fliegende Holländer.

Romantische Oper in drei Akten, von Richard Wagner.

Personen:

Daland, norwegischer Seefahrer.	Herr Risse.
Senta, seine Tochter.	Mad. Schröder-Devrient.
Erik, ein Jäger.	Herr Reinhold
Mary, Haushälterin Dalands.	Mad. Wächter.
Der Steuermann Dalands.	Herr Bielczizky.
Der Holländer.	Herr Wächter.

Matrosen des Norwegers. Die Mannschaft des fliegenden Holländers. Mädchen.

Scene: Die norwegische Küste.

Textbücher sind an der Casse das Exemplar für 2½ Neugroschen zu haben.

Krank: Herr Dettmer.

Einlaß-Preise:

Ein Billet in die Logen des ersten Ranges und das Amphitheater	1	Thlr.	—	Ngr.
" " " " Fremdenlogen des zweiten Ranges Nr. 1. 14. und 29.	1	"	—	"
" " " " übrigen Logen des zweiten Ranges	—	"	20	"
" " " " Sperr-Sitze der Mittel- u. Seiten-Gallerie des dritten Ranges	—	"	12½	"
" " " " Mittel- und Seiten-Logen des dritten Ranges	—	"	10	"
" " " " Sperr-Sitze der Gallerie des vierten Ranges	—	"	8	"
" " " " Mittel-Gallerie des vierten Ranges	—	"	7½	"
" " " " Seiten-Gallerie-Logen daselbst	—	"	5	"
" " " " Sperr-Sitze im Cercle.	—	"	20	"
" " " " Parterre-Logen	—	"	15	"
" " " das Parterre	—	"	10	"

Die Billets sind nur am Tage der Vorstellung gültig, und zurückgebrachte Billets werden nur bis Mittag 12 Uhr an demselben Tage angenommen.

Der Verkauf der Billets gegen sofortige baare Bezahlung findet in der, in dem untern Theile des Rundbaues befindlichen Expedition, auf der rechten Seite, nach der Elbe zu, früh von 9 Uhr bis Mittags 12 Uhr, und Nachmittags von 3 bis 4 Uhr statt.

Alle zur heutigen Vorstellung bestellte und zugesagte Billets sind Vormittags von 9 Uhr bis längstens 11 Uhr abzuholen, außerdem darüber anders verfüget wird.

Der freie Einlaß beschränkt sich bei der heutigen Vorstellung blos auf die zum Hofstaate gehörigen Personen und die Mitglieder des Königl. Hoftheaters.

Einlaß um 5 Uhr. Anfang um 6 Uhr.

Ende gegen 9 Uhr.

W. 50.

Theaterzettel der Uraufführung des „Fliegenden Holländer".

Nach heutigem Urheberrecht würde Heinrich Heine als Mitautor der Oper gelten.

„Es ist die Geschichte von dem verwünschten Schiffe, das nie in den Hafen gelangen kann, und jetzt schon seit undenklicher Zeit auf dem Meere herumfährt. Jenes grauenhafte Schiff führt seinen Namen von seinem Kapitän, einem Holländer, der einst bei allen Teufeln geschworen, daß er ein Vorgebirge trotz des heftigsten Sturms, der eben wehte, umschiffen wolle, und sollte er auch bis zum Jüngsten Tag segeln müssen. Der Teufel hat ihn beim Wort gefaßt, er muß bis zum Jüngsten Tag auf dem Meer herumirren, es sei denn, daß er durch die Treue eines Weibes erlöst werde. Der Teufel erlaubte dem verwünschten Kapitän alle sieben Jahre einmal ans Land zu steigen, und zu heiraten, und bei dieser Gelegenheit seine Erlösung zu betreiben. Es sind wieder sieben Jahr verflossen, der arme Holländer steigt ans Land, schließt Freundschaft mit einem Kaufmann, dem er begegnet, verkauft ihm Diamanten, und als er hört, daß sein Kunde eine schöne Tochter besitzt, verlangt er sie zur Gemahlin. Auch dieser Handel wird abgeschlossen. Das Mädchen erwartet den Bräutigam. Sie schaut oft mit Wehmut nach einem großen verwitterten Gemälde, welches in der Stube hängt und einen schönen Mann in spanisch-niederländischer Tracht darstellt. Wenn nun der wirkliche Fliegende Holländer leibhaftig hereintritt, erschrickt das Mädchen, aber nicht aus Furcht. Auch jener ist betroffen. Sein Schmerz sei tief wie das Meer, worauf er herumschwimmt, sein Schiff sei ohne Anker und sein Herz ohne Hoffnung. Wenn er fragt: ‚Willst du mir treu sein?', antwortet sie entschlossen: ‚Treu bis in den Tod.' Er liebt sie und will sie verlassen, um sie nicht ins Verderben zu ziehen, und er gesteht ihr den schrecklichen Fluch, der auf ihm lastet. Sie aber ruft: ‚Ich weiß ein Mittel, wodurch ich dir meine Treu erhalte bis in den Tod!' Bei diesen Worten stürzt sich das treue Weib ins Meer, und nun ist auch die Verwünschung des Fliegenden Holländers zu Ende, er ist erlöst, und wir sehen, wie das gespenstische Schiff in den Abgrund des Meeres versinkt..."

Sie werden vielleicht annehmen, daß dies die Inhaltsangabe von Wagners Oper „Der Fliegende Holländer" ist. Irrtum. Diese Zeilen sind wörtlich – leicht gekürzt – dem VII. Kapitel von „Aus den Memoiren des Herrn von Schnabelewopski" (1833) von Heinrich Heine entnommen, die Wagner wahrscheinlich (1838) in Riga gelesen hat. Nach heutigem Urheberrecht würde Heinrich Heine als Mitautor der Oper gelten.

Richard Wagner: Programmatische Erläuterungen.

Ouvertüre zum „fliegenden Holländer".

Das furchtbare Schiff des „fliegenden Holländers" braust im Sturme daher; es naht der Küste und legt am Lande an, wo seinem Herren dereinst Heil und Erlösung zu finden verheißen ist; wir vernehmen die mitleidsvollen Klänge dieser Heilsverkündigung, die uns wie Gebet und Klage erfüllen: düster und hoffnungslos lauscht ihnen der Verdammte; müde und todessehnsüchtig beschreitet er den Strand, während die Mannschaft, matt und lebensübernächtig, in stummer Arbeit das Schiff zur Ruh' bringt. – Wie oft erlebte der Unglückliche schon ganz das Gleiche! Wie oft lenkte er sein Schiff aus den Meerfluthen nach dem Strande der Menschen, wo ihm nach jeder siebenjährigen Frist zu landen vergönnt war; wie oft wähnte er das Ende seiner Qual erreicht, und ach! – wie oft mußte er furchtbar enttäuscht sich wieder aufmachen zur wahnsinnig irren Meerfahrt! Seinen Untergang zu erzwingen, wüthete er hier mit Fluth und Sturm gemeinsam wider sich: in den gähnenden Wogenschlund stürzte er sein Schiff – doch der Schlund verschlang es nicht; zur Brandung trieb er es an die Felsenklippe – doch die Klippe zerschellte es nicht. All die schrecklichen Gefahren des Meeres, deren er einst in wilder Männerthaten-Gier lachte, jetzt lachen sie seiner – sie gefährden ihn nicht: er ist gefeit und verflucht, in alle Ewigkeit auf der Meereswüste nach Schätzen zu jagen, die ihn nicht erquicken, nie aber zu finden, was ihn einzig erlöste! – Rüstig und gemächlich streicht ein Schiff an ihm vorbei; er vernimmt den lustig traulichen Gesang der Mannschaft, die auf der Rückfahrt sich der nahen Heimath freut: Grimm faßt ihn bei diesem heiteren Behagen; wüthend jagt er im Sturm vorbei, schreckt und scheucht die Frohen, daß sie in Angst verstummen und fliehen. Aus furchtbarem Elend schreit er da auf nach Erlösung: in die grauenvolle Männeröde seines Daseins soll nur – ein Weib ihm das Heil bringen können! Wo, in welchem Lande weilt die Retterin? Wo schlägt seinen Leiden ein fühlendes Herz? Wo ist sie, die ihn nicht flieht in Grausen und Schreck, wie diese feigen Männer, die bang das Kreuz vor seiner Ankunft schlagen? – Da bricht ein Licht in die Nacht; wie ein Blitz zuckt es durch seine gequälte Seele. Es verlischt, und wieder strahlt es auf; der Seemann faßt den Leuchtstern fest in's Auge und steuert rüstig durch Fluth und Woge auf ihn zu. Was ihn so mächtig zieht, es ist der Blick eines Weibes, der voll erhabener Wehmuth und göttlichen Mitgefühles zu ihm dringt. Ein Herz erschloß seine unendlichste Tiefe dem ungeheuren Leiden des Verdammten: es muß sich ihm opfern, vor Mitgefühl brechen, um mit seinem Leiden sich zu vernichten. Vor dieser göttlichen Erscheinung bricht der Unselige zusammen, wie sein Schiff in Trümmer zerschellt; der Meeresschlund verschlingt dieß: doch den Fluthen entsteigt er, heilig und hehr, von der siegprangenden Erlöserin an rettender Hand der Morgenröthe erhabenster Liebe zugeleitet.

Richard Wagners Tannhäuser

erläutert von Franz Liszt

Königlich Sächsisches Hoftheater.

Sonntag, den 19. October 1845.

Zum ersten Male:

Tannhäuser

und

der Sängerkrieg auf Wartburg.

Große romantische Oper in 3 Akten, von Richard Wagner.

Personen:

Herrmann, Landgraf von Thüringen	— —	Herr Dettmer.
Tannhäuser,	Ritter und Sänger	Herr Tichatscheck.
Wolfram von Eschinbach,		Herr Mitterwurzer.
Walter von der Vogelweide,		Herr Schloß.
Biterolf,		Herr Wächter.
Heinrich der Schreiber,		Herr Curty.
Reimar von Zweter,		Herr Risse.
Elisabeth, Nichte des Landgrafen	— —	Dem. Wagner.
Venus.	— — — —	Mad. Schröder-Devrient.
Ein junger Hirt.	— — — —	Dem. Thiele.

Thüringische Ritter, Grafen und Edelleute.
Edelfrauen, Edelknaben.
Aeltere und jüngere Pilger
Sirenen, Najaden, Nymphen, Bachantinnen
Thüringen Wartburg
Im Anfange des 13. Jahrhunderts

Die neuen Costüme sind nach der Anordnung des Herrn Hofschauspieler Heine gefertigt.

Textbücher sind an der Casse das Exemplar für 3 Neugroschen zu haben.

Montag, den 20. October: Richard's Wanderleben. Lustspiel in 4 Akten, von Kettel.
Hierauf: Tanz-Divertissement.

Das Sonntags-Abonnement ist bei der heutigen Vorstellung aufgehoben.

Erhöhete Einlaß-Preise:

Ein Billet in die Logen des ersten Ranges und das Amphitheater	1	Thlr. 10	Ngr.
„ „ „ „ Fremdenlogen des zweiten Ranges Nr. 14 und 29	1	„ 10	„
„ „ „ „ übrigen Logen des zweiten Ranges	1	„ —	„
„ „ „ „ Sperr-Sitze der Mittel- u. Seiten-Gallerie des dritten Ranges	—	„ 20	„
„ „ „ „ Mittel- und Seiten-Logen des dritten Ranges	—	„ 12½	„
„ „ „ „ Sperr-Sitze der Gallerie des vierten Ranges	—	„ 10	„
„ „ „ „ Mittel-Gallerie des vierten Ranges	—	„ 8	„
„ „ „ „ Seiten-Gallerie-Logen daselbst	—	„ 5	„

Theaterzettel zur Uraufführung des „Tannhäuser". „Dem mir geneigten Willen der Direktion und vor Allem dem guten Eifer und dem glücklichen Talente der Darsteller gelang es, meiner Oper einen allmählichen Eingang zu verschaffen... Jedem Einsichtsvollen gebe ich aber zu beurteilen... ob mich eine zwanzigmalige Aufführung mit jedesmaligem ‚Herausruf' des Autors für das nagende Bewußtsein entschädigen konnte, einen großen Teil des empfangenen Beifalls doch nur einem mangelhaften Verständnisse meiner eigentlichen künstlerischen Arbeit verdanken zu müssen." (Aus: Wagners Anweisungen „Über die Aufführung des Tannhäuser".)

Franz Liszt, der eine große schriftstellerische Begabung besaß, schrieb seine Erläuterungen zu Wagners Werken auf Französisch. Wir geben die von Liszt autorisierte deutsche Übersetzung wieder.

Die Handlung des „Tannhäuser" spielt auf der Wartburg bei Eisenach. Berühmt war dies Schloß im Mittelalter. Die Landgrafen von Thüringen haben hier glänzenden Schutz den Sängern ihrer Zeit angedeihen lassen, und die wunderkräftigen Tugenden der heiligen Elisabeth, die dort herrschte, sind noch jüngst in der Erinnerung der Gläubigen. Der Stoff der Oper ist einer der alten Sagen der Gegend entlehnt. Einzelne Thatsachen aus verschiedenen Chroniken zusammenlesend und verbindend, hat der Verfasser aus denselben eine Episode zu bilden gewußt, voll poetischer, fantastischer und dramatischer Elemente. Im dreizehnten Jahrhunderte, als noch das nicht ganz verschwundene Heidenthum seine Spuren in dem Aberglauben durchblicken ließ, der sich bald an den christlichen Cultus schloß, bald an die Namen griechischer Mythologie, geschah es, daß eine Göttin Holda, die einst der Schönheit Typus gewesen und geherrscht hatte über den Frühling, die Blumen und die Wonne der Natur, sich allmälig in der Fantasie des Volkes mit der hellenischen Venus verschmolz, und zuletzt die Verlockungen der Wollust und die Reize der sinnlichen Vergnügen darstellte.

Wagner gibt in einem Vorworte zu seiner Oper folgende Andeutungen über die Sage: »Die altgermanische Göttin Holda, die freundliche, milde und gnädige, deren jährlicher Umzug durch das Land den Fluren Gedeihen und Fruchtbarkeit brachte, mußte mit der Einführung des Christenthumes das Schicksal Wodan's und aller übrigen Götter theilen, deren Dasein und Wunderkräfte, da der Glaube an sie im Volke zu tief wurzelte, zwar nicht gänzlich bestritten, deren frühere segenreiche Einwirkungen jedoch verdächtigt und zu bösartigen umgebildet wurden. Holda ward in unterirdische Höhlen, in das Innere von Bergen verwiesen; ihr Auszug ward ein unheilbringender, ihr Gefolge ähnlich dem wilden Heere. Später (während der Glaube an ihr mildes, naturbelebendes Walten bei dem niedern Volke jedoch unbewußt noch fortlebte), ging ihr Name sogar in den der Venus über, an welchen sich alle Vorstellungen eines unseligen, zu böser, sinnlicher Lust verlockenden zauberischen Wesens ungehinderter anknüpften. Als einer ihrer Hauptsitze ward in Thüringen das Innere des Hörselberges bei Eisenach bezeichnet: dort war der Frau Venus Hofhaltung und Üppigkeit und Wollust; oft konnte man selbst außen rauschende, jubelnde Musik vernehmen, die reizenden Klänge verlockten aber nur diejenigen, in deren Herzen bereits wilde sinnliche Sehnsucht keimte: sie geriethen, von den freudig verführerischen Klängen angezogen und geleitet, ohne zu wissen wie? in den Berg. – Es geht die Sage von einem Ritter und Sänger Tannhäuser (mythisch und selbst späteren Ansichten nach völlig gleich dem Heinrich von Ofterdingen im Wartburgkriege), nach welcher dieser in den Venusberg gerathen sei und dort an Frau Venus Hofe ein ganzes Jahr zugebracht habe." Die Ouverture dieser außergewöhnlichen Oper faßt den Gedanken des Drama's kurz zusammen. Der Gesang der Pilger und der Syrenen Lied sind in derselben, wie zwei Glieder, angebracht, die im Finale ihre Gleichung finden. Das religiöse Motiv erscheint zuerst ruhig, tief, mit langsamen Pulsschlägen, es wird jedoch nach und nach überfluthet durch die einschmeichelnden Modulationen der Stimmen, voll entkräftendem Schmachten, voll einschläfernden, wenn auch fieberischen und aufgeregten Genüssen: eine verlockende Mischung von Wollust und Unruhe! Tannhäuser's und der Venus Stimme erheben sich über diesen zischenden und schäumenden Wogenschwall. Die Stimmen der Syrenen und Bacchanten werden stets lauter und gebieterischer. Die Aufreizung erreicht den höchsten Punkt, bis daß das überwältigende Sehnen nach dem Unendlichen, das religiöse Thema nach und nach wieder eintritt, sich aller dieser Klänge bemächtigt, sie in eine erhabene Harmonie verschmilzt und die Fittiche einer Triumph-Hymne in ihrer ganzen Flügelweite entfaltet.

Franz Liszt leitete in Weimar (1849) die erste Produktion des „Tannhäuser" nach der Dresdner Uraufführung. Selbstverständlich bezieht sich diese Einführung auf die Dresdner Fassung des Werkes. In der Pariser Fassung (1861) geht die Ouvertüre in das Bacchanale über

Diese große Ouvertüre bildet für sich ein symphonisches Ganze, so daß man sie als ein von der Oper, der sie vorangeht, unabhängiges Tonstück betrachten kann. In der Handlung seines Dramas, wie in dem Drama seiner Ouvertüre, hat Wagner keineswegs das religiöse Prinzip wie eine starre Antithese des Bedürfnisses des Heils und der Hoffnung der Glückseligkeit dargestellt. Er hat dasselbe durchaus nicht als eine Autorität geschildert, die über leblose Körper herrschen will, um so leichter alle Wünsche, alles Sehnen unserer Natur zu zügeln, und um so gewisser das Beben der Furcht, die passive und entnervte Unterwürfigkeit einzuflößen. Er hat es wie den wahren Gegenstand des Flehens der Seele erscheinen lassen, wie die Quelle, an welcher jeder Durst sich stillen kann, wie der Schatz, der Mittel hat, aller Begierden zu stillen. Er hat es wie eine unermeßliche Synthese hingestellt, einen riesigen Akkord, der alle Dissonanzen auflöst, keine Saite der Seele stumm lassend, und sie alle berührend, nicht um sie zu zerreißen, sondern in einer ungeheuern Harmonie wiederklingen zu lassen. Wenn er dieses Prinzip wirkend einschreiten läßt, so geschieht es nicht, um es mit rächendem Fluche zu bewaffnen. Unter seiner Feder läßt es sich nie von dem Hasse und der Erbitterung des Kampfes anstecken. Das Prinzip wird siegreich, ohne Übel zu verbreiten, ohne seine Pracht durch den Hader des Zornes oder die Strenge eines unversöhnlichen Strafers zu verdunkeln.

Dieses religiöse Prinzip wird in der Ouvertüre durch ein Thema wiedergegeben, das sich in der Oper zum Gesange der Pilger bildet. Dieser Gesang klingt in der Seele wie die klagende, hoffende und sehnende Stimme der ganzen Menschheit auf ihrer Pilgerfahrt nach dem großen Rom, dem mystischen Rom, welches, seit seinem Entstehen, seine Oberpriester geheimnisvoll und prophetisch mit dem Namen Eros bezeichneten!

Wir vereinen alle, als Pilger, die wir auf der Schmerzensbahn nach diesem Rom wallen, unsere Seufzer mit diesem erhabenen Chore, der unverzüglich aufsteigt von der Erde zum Himmel!

Der Dichter,
Der aus eig'nem Fleisse
Zu Wort' und Reimen, die er erfand,
Aus Tönen auch fügt
Eine neue Weise:
Der wird als „Meistersinger" erkannt.

(Wagner über Wagner)

Richard Wagner als Dichter

Umstritten, belächelt, groß

Die Welt hat sehr wenige bedeutende Dichterkomponisten gekannt. In Hans Pfitzners „Palestrina" finden sich Passagen von großer dichterischer Schönheit, einige Opern von Gian Carlo Menotti sind von tiefer Menschlichkeit der Handlung, und Leoncavallos „Bajazzo" ergäbe auch ohne Musik einen guten Krimi für das Freitag-Abend-Programm des Fernsehens. Aber einzig Richard Wagner ist es gelungen, zehn Bühnenwerke zu schaffen, die zum eisernen Bestandteil des Opernrepertoires der Welt gehören und gleichzeitig Sternstunden der Poesie sind. Während Wagner als Komponist in seinen Anfängen angefeindet war, dann aber einen totalen Sieg errungen hat, ist er als Dichter noch immer umstritten. Witze um sein „Hojotoho" und „Wagalaweia" kursieren noch heute. In diesen Witzen heißt es aus unerfindlichen Gründen fast durchwegs „Wigalaweia", und das ist um kein Haar komischer. Ich kenne keine allgemein gültige Definition eines „großen Dichters". Für mich ist es jemand, der Werke schafft, die unsere Seele berühren und durch die Schönheit der Sprache entzücken. Wenn diese Definition auch nur einen Schatten von Gültigkeit hat, dann gehört Richard Wagner zu den bedeutendsten Dichtern aller Zeiten. Wagners Bühnenwerke sind für Musik gedacht, und Wagner hat selbst betont, daß er beim Schreiben der Worte die Musik bereits im Ohr hatte. Er war immer der Überzeugung, das Drama müsse den wesentlichen Kern bilden, und die Musik sei dazu bestimmt, ein überhöhtes Darstellungsmittel der Handlung zu sein. Er hat durch seinen eminenten Sinn für das Theater mit dem Auge des Malers und mit dem Ohr des Musikers gedichtet. Wagner wollte aber als Dichter unabhängig von der Musik gewertet werden. Die Dichtung des „Ring" erschien bereits 1853 im Druck, die „Parsifal"-Dichtung im Dezember 1877, lange vor Beendigung der Komposition. Berühmt waren auch Wagners öffentliche Lesungen seiner Texte. Vom 16. bis 19. Februar 1853 las er im Festsaal des Hotel Baur au Lac in Zürich an vier aufeinanderfolgenden Abenden seine Dichtung zum „Ring des Nibelungen" vor. Er berichtet in „Mein Leben", daß diese Lesungen, obwohl er an Heiserkeit litt, einen sehr großen Eindruck machten, daß sich die Besucherzahl von Abend zu Abend vergrößerte und daß er von dem seriösesten Teil des kleinen Publikums, Vertretern der Regierung, der Universität, die „anerkennendsten Beteuerungen" erhalten habe. Damals war noch nicht einmal die Kompositionsskizze des „Rheingold" beendet. Im Jahre 1862 veranstaltete er in kleinsten Kreisen, vor den Verlegern Schott in Mainz, bei der Gräfin de Pourtalès in Paris, vor dem Großherzog von Baden in Karlsruhe, Lesungen der „Meistersinger". Es sollen rhetorische Meisterleistungen gewesen sein.

Meiner Meinung nach kommt Richard Wagner zunächst eine besondere Bedeutung in der Geschichte der deutschen Lyrik zu. Er geht von der Spätromantik aus – Zeilen wie das 1811 geschriebene Schwanenlied des Clemens von Brentano „Süßer Tod zwischen dem Morgen- und Abendrot" führen ohne den Umweg von

---

„G'rad nehmt die Dichtkunst jetzt zur Hand,
mancher durch sie das Verlor'ne fand."
(Hans Sachs in
„Die Meistersinger
von Nürnberg")

Schopenhauer nicht nur zu „Tristan", sondern auch zu Brünnhildens „Leuchtende Liebe, lachender Tod!" in „Siegfried". Auch die Mystik der „Hymnen an die Nacht" von Novalis stehen an der Wiege des „Tristan".
In Wagners Opern gibt es echte Gedichte. Das Lied an den Abendstern (1843) aus „Tannhäuser" ist zugleich Lyrik und aufregendes Drama. Es besteht aus sechs Zeilen, von denen sich jeweils zwei reimen. Die ersten beiden Zeilen sind scheinbar nichts als die Schilderung einer lyrischen Grundstimmung:

„O du, mein holder Abendstern,
wohl grüßt' ich immer dich so gern"

In dieser Stimmung von Goethes „Über allen Wipfeln ist Ruh" oder Heines „Ich weiß nicht, was soll es bedeuten" wird die kommende Tragödie vorbereitet. Die beiden Mittelzeilen bringen in unglaublicher Konzentration zwei Kernpunkte der „Tannhäuser"-Tragödie: das erste Geständnis von Wolframs Liebe zu Elisabeth, die der Zuhörer bis dahin nur geahnt hatte, und in der Vision des „Vorbeiziehens" ihrer Seele am Abendstern die Vorahnung ihres unmittelbar bevorstehenden Todes:

„Vom Herzen, das sie nie verriet,
Grüße sie, wenn sie vorbei dir zieht –"

Eine Vorahnung, die in den beiden Schlußzeilen konkrete Gestalt annimmt:

„Wenn sie entschwebt dem Tal der Erden,
ein sel'ger Engel dort zu werden!"

Metrisch sind die ersten drei Zeilen untereinander identisch sowie die fünfte und sechste Zeile; die vierte Zeile ist, der Musik entsprechend, rhythmisch ganz anders gestaltet. Trotz seines rhythmisch so raffinierten Baues ist dieses Lied an den Abendstern ein wahres Volkslied.

„Nach wilder Schmerzensnacht nun Waldesmorgenpracht.." („Parsifal")

Wahrscheinlich ist vom Wort her „Parsifal" die reifste Dichtung Wagners. Die Wortmelodie hält hier zwischen Hymne und Volkston eine wundervolle Mischung.
Im festen Vertrauen auf die Kraft des Wagner-Worts habe ich als Chefdramaturg der Wiener Staatsoper eine Lesung des gesamten „Parsifal"-Textes geleitet, die in allererster Burgtheater-Besetzung nach längeren Proben am 25. März 1979 stattfand und einen tiefen Eindruck machte. Mit Freude erinnere ich mich noch an so viele Details.
Der Beginn war 11 Uhr, am Abend gab es die zweite Vorstellung der neuen „Parsifal"-Inszenierung von August Everding unter Horst Stein; Beginn: 17 Uhr. Manche Anrufer zeigten Bedenken, ob denn diese Lesung rechtzeitig vor der Abendvorstellung beendet sein werde? Wir haben eine überraschende Entdekkung gemacht: die Lesung des vollständigen Textes dauert – 40 Minuten! Karlheinz Hackl war Parsifal, Michael Heltau las Amfortas, Heinrich Schweiger den Klingsor – ich hatte es für höchste Zeit befunden, selbst in das „ältere Fach" umzusteigen, und las Titurel und die Szenenbemerkungen. Paul Hoffmann, ein profunder Wagner-Kenner, war Gurnemanz und hat mich bei den Proben darauf aufmerksam gemacht, daß die Reime bei Wagner oft nur zur Geltung kommen, wenn man sie in seiner sächsischen Mundart ausspricht. Wir haben Tränen gelacht, wenn er bei den Proben las:

„Ich wähne, ist dies Schoooden, (= Schaden)
so tät' er euch gut gerooooden". (= geraten)

Niemals habe ich die Worte der Kundry schöner gehört als von Erika Pluhar. Nur: Kundry hat den bekannten „gräßlichen Schrei" auszustoßen, und Erika wollte am Sonntagvormittag nicht schreien: „Ich schrei' nur, wenn der Hoffmann auch schreit!"... Nur leider hat Gurnemanz nicht zu schreien. Die fabelhafte Schauspielerin versprach mir, eine Lösung zu finden. Und als wir zu der Stelle kamen – schrie sie nicht, sondern sagte: „Hier hat der Prawy gesagt, ich soll schreien!" Ich erfaßte blitzschnell die Situation und schrie selbst. Richard Wagner hat in seiner einmaligen Größe sogar das überlebt! Ich konnte es nicht verhindern, daß einige unserer Künstler Wagners Musik gut kannten – aber eigentlich war es meine Absicht, das Wagner-Wort aus dem Geiste des Schauspielers ohne gesprochene Imitation der Gesangslinie erstehen zu lassen. Unbeschreiblich klangen die Worte des Karfreitagszaubers – jene unerhörte dichterische Vision, in der Wagner den „höchsten Schmerzenstag" zum Freudentag über die Erlösung des Menschen umdeutet: „da die entsündigte Natur heut ihren Unschuldstag erwirbt".

„Auch deine Träne wird zum Segenstaue: du weinest – sieh! es lacht die Aue."
(„Parsifal")

Wagner verwendet im Karfreitagszauber wie in allen gedichtartigen Teilen des Werks den Endreim, der seine frühen Werke vollständig und die Werke seiner mittleren Schaffensperiode teilweise durchzieht. Die eigentümliche Sprache des „Ring des Nibelungen" beruht aber auf dem Stabreim (Alliteration – „lettera" ist das lateinische Wort für Buchstabe). Die Alliteration war die älteste Form der Versbildung in den germanischen Sprachen, nämlich die regelmäßige Wiederkehr desselben Anfangsbuchstabens – das berühmteste Beispiel ist Siegmunds Liebeslied aus der „Walküre": „*W*interstürme *w*ichen dem *W*onnemond". Diese gleichen Anfangsbuchstaben nennt man „Stäbe" – der Stabreim hat schon im 9. Jahrhundert seine Bedeutung für die deutsche Literatur verloren, aber das deutsche Sprichwort und gewisse ständige Phrasen der Umgangssprache haben den Stabreim immer beibehalten: „Auf einen *g*roben *K*lotz gehört ein *g*rober *K*eil", „*W*ind und *W*etter", „*K*ind und *K*egel", „*St*ock und *St*ein." Es war Klopstock, der im 18. Jahrhundert die dichterischen Schönheiten der „Reimstäbe" wiederentdeckt hat. Sein „Messias" beginnt:

„*S*ing, unsterbliche *S*eele, des *s*ündigen Menschen Erlösung..."

Das könnte fast aus dem „Ring" sein – wie auch manche Zeilen in den Hymnen von Hölderlin.
Aber niemand schrieb schönere Stabreim-Lyrik als Richard Wagner – in „Siegfried" die Worte des Waldvogels: „Lustig im *L*eid sing' ich von *L*iebe", oder die Klangeffekte des doppelten Stabreims in der „Walküre" bei Wotans Abschied:

„Denn so – *k*ehrt der *G*ott sich dir ab: so *k*üßt er die *G*ottheit von Dir".

Das Reimsystem der Nibelungen-Sprache Wagners erschöpft sich aber nicht im Stabreim. Oft führt seine Phantasie zu freien Rhythmen, oft zu einer Verwendung klassischer griechischer Versformen. Die herrlichen Worte in Wotans Abschied: „Der Augen *l*euchtendes Paar, das oft ich *l*ächelnd gekost" sind Verbindungen zweier Jamben (Jambus: kurze Silbe, gefolgt von langer Silbe) mit einem Anapäst (Anapäst: zwei kurze Silben, gefolgt von einer langen), also:

„Der Augen leuchtendes Paar,
das oft ich lächelnd gekost"

Der Stabreim ermöglicht Wagner seine köstlichen Lautmalereien, etwa die Worte des in der Tiefe des Rheins über das Riff kletternden Alberich in „Rheingold":

Poetische Lautsymbolik

Psychische Wirkungen der Sprachlaute im Stabreime aus R. Wagners „Ring des Nibelungen"

„Garstig glatter glitschriger Glimmer!
Wie gleit' ich aus!
Mit Händen und Füßen nicht fasse noch halt' ich
Das schlecke* Geschlüpfer!"

* schleck (mhd. slach; engl. slack; agls. sleac; an. slakr) = schlaff, locker; verwandt mit: schleichen, gleiten (an. sleikja; ahd. slihhan) und schlecken, lecken = die Zunge gleiten lassen; Grundbegriff: gleitend, zum gleiten.

Hans von Wolzogen ernstgemeinte Analyse!

Nichts war Gegenstand so vieler vernichtender Kritiken und mehr oder weniger witziger Parodien wie die von Wagner entfernt nach altgermanischen Vorbildern geschaffenen Natur-Urlaute – etwa Brünnhildens Walkürenruf „Hojotoho" oder die Stabreime und Urlaute verbindenden Gesänge der Rheintöchter:

„*W*eia! *W*aga!
*W*oge, du *W*elle,
*W*alle zur *W*iege
*W*agala*w*eia!
*W*allala *w*eiala *w*eia!"

Jeder weiß, wie wundervoll diese Worte im Gesang von der Bühne her klingen. Im Grunde sind sie eine Vorwegnahme des „Dadaismus", einer literarischen Bewegung, die während des Ersten Weltkriegs die Rückkehr zur Kindstufe predigte. Ihr Mitbegründer, der Schweizer Hugo Ball, versuchte sich in vom Inhalt gelösten Gedichten, die er „Lautgedichte" nannte – ich zitiere aus seinem Gedicht „Karawane":

*b*lago *b*unk *b*lago *b*unk
*b*osso fataka

Wagners Geist lebt auch in der Literatur der Expressionisten, die ihn zum großen Teil verachtet haben. Klingt nicht diese Zeile des Expressionisten Georg Trakl aus seinem Gedicht „Grodek" (1914) ganz wagnerisch?

„Es *sch*wankt der *Sch*western *Sch*atten durch den *sch*weigenden Hain"

Auch diese Worte Kundrys im zweiten Akt von „Parsifal" sind reiner Expressionismus:

„Ach! Ach! Tiefe Nacht... Wahnsinn... Oh!... Wuth...
Ach! Jammer! Schlaf... Schlaf... tiefer Schlaf... Tod!"

Wigalawaja
Bum-Bum-Bum!
(Amtliche Nachrichten aus Bayreuth)

Bei der heutigen Hoftafel, die Se. Majestät Richard I. sich vom König von Baiern auf der Eremitage zu geben geruhen ließ, brachten Se. Majestät folgenden Trinkspruch aus:

„Wohliges Wehe,
Wigalawaja,
Wonniges Winseln
Wirbelt die Brust mir.
Süßes Gesäusel,
Zephyrs Gezirpe,
Jubelndes Jauchzen
Jagt durch die Brust mir,
Sehnender Sucht mein
Sterbende Stillung
Bringender Bruder,
Lindernder Ludwig,
Tönender Trinkspruch
Sei Dir gewidmet:
Wigalawaja!"

(Aus: „Der Floh", 13. August 1876.)

Wagner, dem das Verstehen des Dramas immer das Wichtigste war, schrieb vor der Uraufführung des „Rheingold“ in Bayreuth am 13. August 1876 seine berühmte Bitte um Wortdeutlichkeit an die Mitwirkenden.

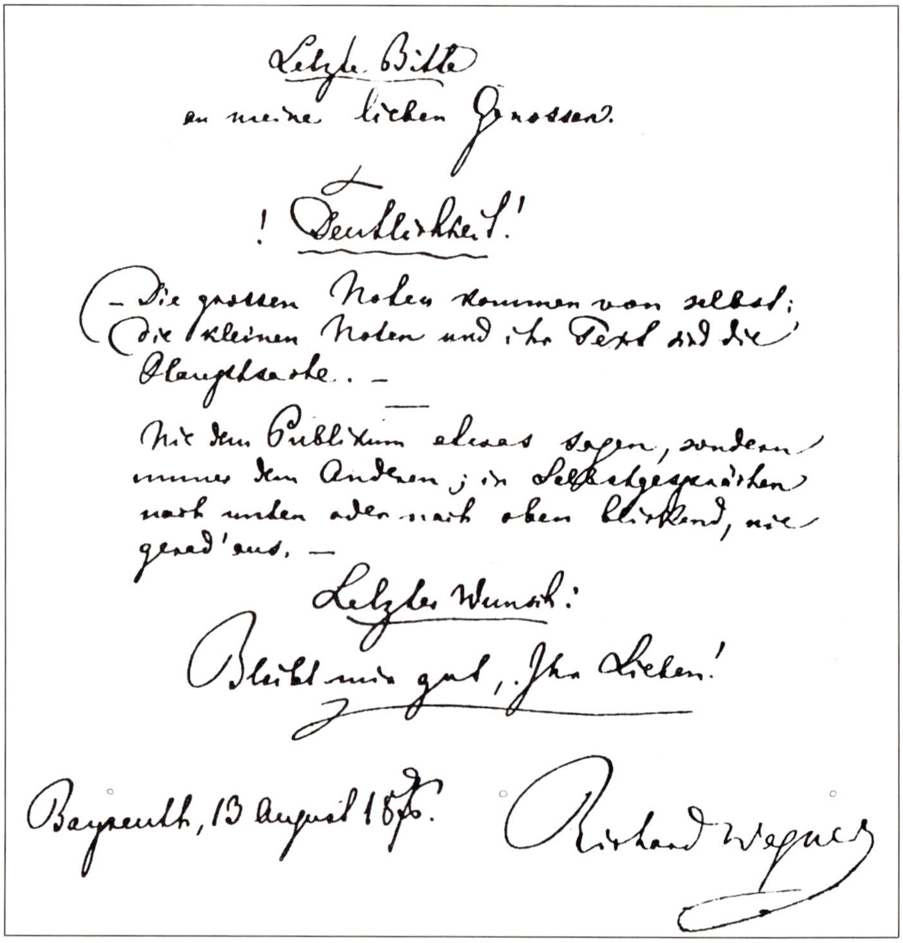
Letzte Bitte
an meine lieben Genossen.

! Deutlichkeit!

– Die grossen Noten kommen von selbst; die kleinen Noten und ihr Text sind die Hauptsache. –

Nie dem Publikum etwas sagen, sondern immer dem Andren; in Selbstgesprächen nach unten oder nach oben blickend, nie geradeaus. –

Letzter Wunsch:
Bleibt mir gut, Ihr Lieben!

Bayreuth, 13 August 1876. Richard Wagner

„Die großen Noten kommen von selbst, die kleinen Noten und ihr Text sind die Hauptsache.“

„Du teure Haaalle, sei mir gegrüßt!“ („Tannhäuser“)

Wagner verwendet einen besonderen kompositorischen Trick zur Erhöhung der Wortdeutlichkeit – nicht erst im „Ring“, sondern schon in seinen früheren Werken. Entgegen allen Regeln legt er oft eine kurze Silbe auf eine lange Note, was nicht nur erhöhte Deutlichkeit, sondern eine erregende Spannung hervorruft. Denken wir an berühmte Stellen wie Wotans „Wer meines Speeres Spitze fürchtet“ („Walküre“), König Heinrichs Gebet „Mein Herr und Gott...“ („Lohengrin“) oder „Unbewußt, höchste Lust“ (Isoldens Liebestod aus „Tristan“).
Es regt sehr zum Nachdenken an, wenn man Wagner in fremden Sprachen hört. Ich habe den „Ring“ auf italienisch gehört, da entfallen die Stabreime, vieles ist einfacher und leichter verständlich formuliert; man erlebt das Werk wie ein populäres Volksstück. Bei manchen Werken haben es sich die Übersetzer etwas zu leicht gemacht; natürlich lachen wir, wenn der Holländer statt „Die Frist ist um“ bei seinem Auftritt einfach sagt: „Eccomi qua!“... (hier bin ich). Im allgemeinen klingt dieser, wie immer behauptet wird, deutscheste aller Meister geradezu wundervoll in allen fremden Sprachen. Deshalb wurde Wagner so bald in den jeweiligen Landessprachen populär. Ich möchte hier zwei Beispiele geben – „Nie sollst Du mich befragen“ aus „Lohengrin“:

Deutsches Original:	Italienisch:	Französisch:
„Nie sollst Du mich befragen, noch Wissens Sorge tragen, woher ich kam der Fahrt, noch wie mein Nam' und Art!"	„Mai devi domandarmi, nè a palesar tentarmi, dond' io ne venni a te, nè il nome mio qual' è!"	„Jure que sans connaître, ni mon nom ni mon être, ni d'où je vins vers toi tu garderas ta foi!"

All das klingt herrlich. Am schwersten war immer die Übersetzung ins Englische, denn Englisch ist eine schnell gesprochene Sprache vieler kurzer Laute, die der Wagner-Melodie schwerer anzupassen sind. In den letzten Jahren hat Andrew Porter eine ganz hervorragende „Ring"-Übersetzung geschaffen. Ich bin noch mit „Morgenlicht leuchtend im rosigen Schein", dem Preislied aus den „Meistersingern", in Amerika als „Bathed in the sunlight at dawning of day", aufgewachsen, was mich immer an die amerikanischen Operetten-Tonfilme mit Jeanette MacDonald und Nelson Eddy erinnert hat.

„Meine Absicht ist demnach, das Publikum zu allererst an die dramatische Aktion zu fesseln, und zwar in der Weise, daß es diese keinen Augenblick aus dem Auge zu verlieren genötigt ist, im Gegentheil aller musikalische Schmuck ihm zunächst nur ein Darstellungsmittel dieser Handlung zu sein scheint." (Richard Wagner, „Zukunftsmusik", Paris, September 1860)

Die Bedeutung Wagners als dramatischer Dichter zeigt sich zunächst in seinen Umformungen uns nicht viel sagender Textvorlagen zu Dramen von profunder seelischer und geistiger Aussagekraft. Sein erster großer Opernheld war der Römer Rienzi (eigentlich Cola di Rienzo), der im 14. Jahrhundert als Volkstribun die adeligen Senatoren verjagte und schließlich in einem vom Adel entfachten Aufstand ermordet wurde. In der von Wagner verwendeten Textvorlage, dem Rienzi-Roman (1835) des englischen Politikers Edward Bulwer-Lytton, ist er eindimensionale Figur: Politiker und Liebhaber. Einen tiefen Blick in seine Seele tun wir erst bei Wagner, in seinen Opfermut, seine Großmut gegen die Feinde und seine unerbittliche Gerechtigkeit gegen sich selbst.

Die Fabel vom „Fliegenden Holländer", der auf seinem verwünschten Schiff seit Ewigkeiten auf dem Meer segelt und endlich durch die Liebe eines treuen Weibes erlöst wird, erzählt schon Heinrich Heine. Aber erst was Wagners Genie dazugedichtet hat, macht die alte Seemannsfabel menschlich, nämlich die innere Wandlung des Holländers: er empfindet wahre Liebe für Senta, will sie nicht der Versuchung zur Untreue aussetzen, ist bereit, auf seine Erlösung zu verzichten und auf dem verwünschten Schiff wieder in See zu stechen. Erst darin liegt echte Poesie.

In „Tannhäuser" hat Wagner aus der Verbindung zweier Sagen etwas vollkommen Neues gestaltet: die beiden Minnesänger Tannhäuser und Heinrich von Ofterdingen werden zu einer Person verschmolzen, und in den beiden Frauengestalten Elisabeth und Venus werden die Gegensätze von erfüllter und nicht erfüllter Liebe sowie von Christentum und Heidentum zu einem Seelendrama überhöht.

Was hat Wagner in „Lohengrin" aus dem primitiven uralten Märchen vom Schwanenritter gemacht! Da lesen wir in einem mittelalterlichen Gedicht, wie Lohengrin vom Roß steigt, seine Fahrt auf dem von einem Schwan gezogenen kleinen Schiff beginnt, wie auf der fünftägigen Reise der Schwan Fischlein fängt und seine Nahrung mit dem Ritter teilt, und wie Lohengrin auf der Fahrt einschläft. Was an der „Lohengrin-Story" groß ist, stammt ausschließlich von Wagner – die Tragödie des Lohengrin, der kein Märchenspielzeug in glitzernder Silberrüstung bleibt. Die Tragödie eines göttlichen Wesens, dessen Versuch, unerkannt unter Menschen ein Glück als Mensch zu finden, scheitert.

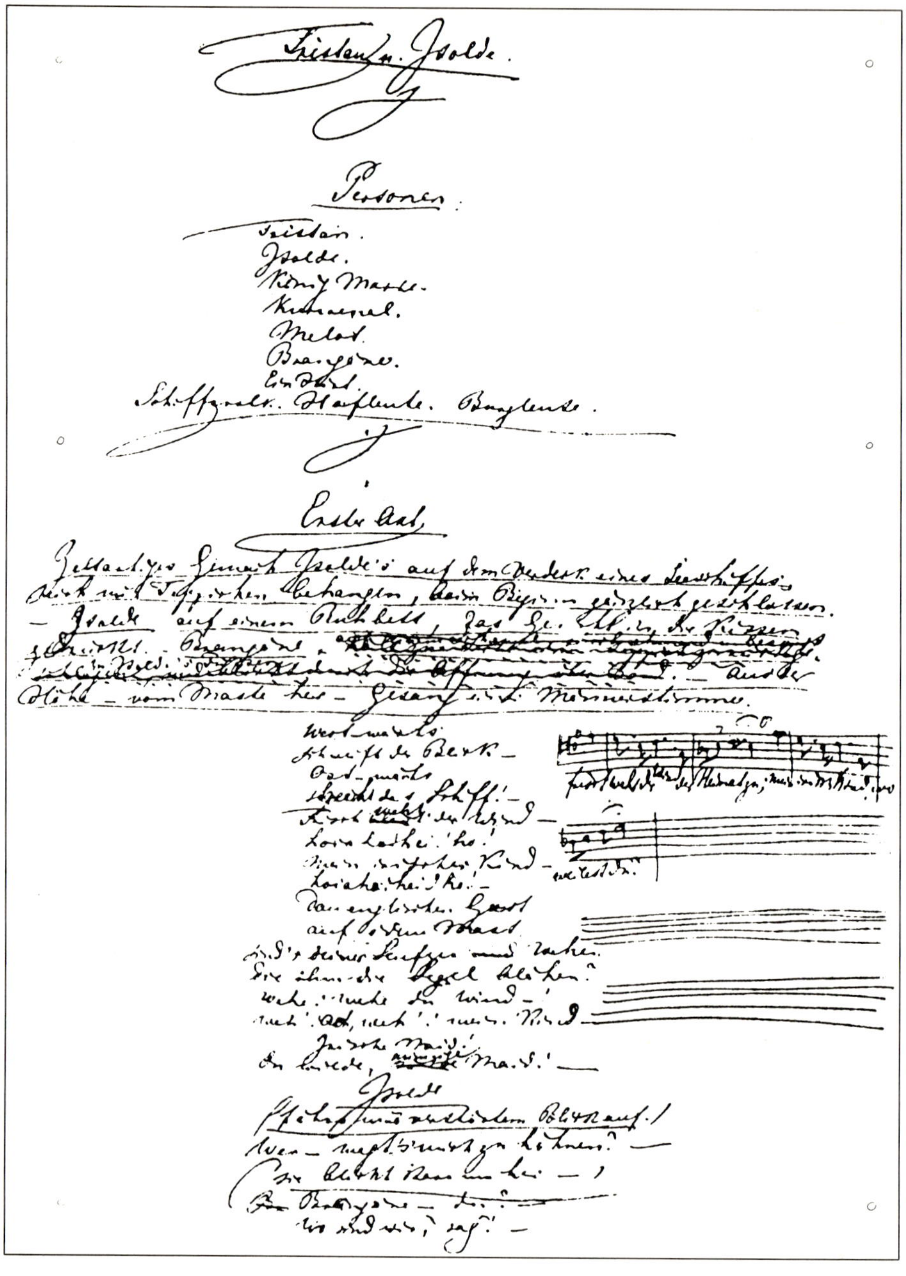

„Tristan-und-Isolde"-Urschrift der Dichtung mit Seemannslied (1857). Manche Zeilen sind noch verschieden von der Oper.

Die Mär von „Tristan und Isolde" ist bei allen bretonischen Sagenerzählern eine pikant-frivole Geschichte von Ehebruch und „ménage à trois". Im Epos des Gottfried von Straßburg aus dem 13. Jahrhundert geht es um den Kampf des Herzens gegen Satzung und Sitte der Welt. Aber erst Wagners Bekanntschaft mit der Philosophie Schopenhauers gab „Tristan und Isolde" menschliche Tiefe. Nicht mehr der banale Liebestrank, der Blick bewirkt die Liebe: „Er sah mir in die Augen" singt Isolde (und das Solo der Bratsche). Isolde will mit Tristan zusammen den Todestrank nehmen, um mit ihm das Wunderreich der Nacht zu betreten. Wenn Brangäne statt des Todestranks den Liebestrank in den Becher gießt, dann führt der Glaube an den Tod die längst bestehende Liebe statt in Schopenhauers Nacht zu Wagners Tag.

„Die Versifikation ist klangvoll und schön, der Stil edel und den Charakteren angemessen."
(Franz Liszt)

„Der Ring des Nibelungen" ist Wagners ureigenste geistige Schöpfung. Ein in Glanz und „luxuriöse" sinnliche Schönheit gekleidetes Drama vom Untergang der Welt durch die verheerende Macht des Goldes und den Verzicht auf alle menschlichen Werte. Zahllose Einzelheiten finden wir in den beiden altgermanischen Sagen, die Wagners Vorlage waren – was aber daran groß ist, hat er geschaffen. In der „Volsungasaga" hören wir (wie in der „Walküre") von dem Greis, der sein Schwert bis ans Heft in den Baumstamm stößt: „Wer dies Schwert aus dem Baum zieht, der soll es von mir zur Gabe haben!" Schon hier zeugen Geschwister einen Sohn – aber nur bei Wagner wissen beide, daß sie Geschwister sind; ihre bewußte Gesetzlosigkeit wird ein Grundpfeiler der Handlung. Und in der „Brünnhildsaga" fällt die Walküre einen Krieger, dem Odin den Sieg versprochen hatte (also umgekehrt wie in der „Walküre"). Zur Strafe versenkt sie Odin in Schlaf und läßt ringsherum Feuer auflodern, damit nur der Furchtlose sie vom Schlaf erwecken kann.

„Seit Ewigkeiten harre ich deiner, des Heilands, ach! so spät! Dein einst ich kühn geschmäht..." („Parsifal")

Zum Epos „Parzival" des Wolfram von Eschenbach hatte Wagner sehr wenig Beziehung. Bei Wolfram lernen wir zwei Frauengestalten kennen: Kundrie, die häßliche, wilde Botin der Gralsritter – und die schöne Orgeluse im Schloß des bösen Zauberers Klingsor. Wagner vereinigte auch diese beiden Figuren zu einer einzigen, der schillerndsten Gestalt seines Lebenswerks: zu Kundry, die in ihrer Doppelexistenz dem Guten wie dem Bösen dient.

Ein Sonderfall sind die „Meistersinger": Der literarische Wert dieses Buches entzieht sich jeder Diskussion. Wagner zeichnet hier die Menschen so lebensnah, als sei jeder einzelne unser guter Bekannter: ein Volksstück um das Leuchten junger Liebe, lächelnde Weisheit des Alterns, den Glanz des Genies und die Parade des Philistertums. Es gibt kaum eine Lebenslage, in der wir nicht bei Hans Sachs Rat und Hilfe finden. Denken wir an Worte wie:

„Denn wer als Meister geboren,
der hat unter Meistern den schlimmsten Stand!"

Für jeden von uns, der ungewohnte Pfade betritt, gilt:

„Wollt Ihr nach Regeln messen,
was nicht nach Eurer Regeln Lauf,
der eig'nen Spur vergessen,
sucht davon erst die Regeln auf!"

Meine Lieblingsstelle sind die Worte des Sachs im dritten Akt, aus denen ich ein verschmitztes heimliches Credo des Junggesellenstandes herauszulesen glaube. Da erklärt er Walther während der „Dichtstunde", daß in der Jugend jeder ein schönes Lied verfassen könne – „der Lenz, der sang für sie". Aber später...

„Viel Noth und Sorg' im Leben,
manch ehlich Glück daneben,
Kindtauf', Geschäfte, Zwist und Streit:
denen's dann noch will gelingen
ein schönes Lied zu singen,
seht: Meister nennt man die."

Hier zählt Sachs (Wagner?) unter den die Inspiration hemmenden Dingen auch das „ehlich Glück" auf. Hätte er nichts als diese Zeilen geschrieben, wäre er ein großer Dichter.

Friedrich August II. König von Sachsen; 1836–1854. Der gutmütige und anfangs sehr populäre Monarch war Wagner gut gesinnt und half dem neuen Hofkapellmeister oft gegen den Hoftheaterintendanten August Freiherr von Lüttichau bei der Durchsetzung seiner Wünsche nach Gehaltserhöhung oder Vorschuß. Erst das Verhalten des Königs während der politischen Krisen des Jahres 1849 kostete ihn die Sympathie weiter Kreise der Bevölkerung. Als die Nationalversammlung in Frankfurt im März 1849 den Entwurf für eine deutsche Reichsverfassung verkündete, weigerte sich der König, sie für Sachsen anzuerkennen und löste verfassungswidrig die Sächsischen Kammern auf, welche den Frankfurter Ideen nahegestanden hatten. Dies gab das Signal zur Erhebung Sachsens, die am 3. Mai 1849 zum offenen Aufstand führte, gegen den der König preußische Truppen zu Hilfe rief. Wagner hat noch in seiner Rede bei dem revolutionär gesinnten „Dresdner Vaterlandsverein" (14. Juni 1848) den König in einer merkwürdigen Rolle als „Ersten Republikaner" gesehen – seine aktive Teilnahme am gescheiterten Dresdner Mai-Aufstand führte zu seiner Flucht und zur steckbrieflichen Verfolgung.

August Röckel, 1814–1876. Der junge Musiker und Schriftsteller wurde schon 1843 über Vorschlag Wagners als Musikdirektor an das Dresdner Hoftheater engagiert. Die Ideen des revolutionär gesinnten Mannes, mit dem Wagner Freundschaft geschlossen hatte, fielen bei ihm erst dann auf fruchtbaren Boden, als Wagners Enttäuschung über die Nichtverbreitung seiner Opern auf den deutschen Bühnen sich immer mehr zur Verbitterung und dem Wunsch nach einer politischen Neuordnung, die eine künstlerische ermöglichen sollte, steigerte. Der umjubelte „Rienzi" wurde zunächst nur in Hamburg und Berlin nachgespielt, der „Holländer" in Riga, Kassel und Berlin – wirkliches Interesse erregte aber nur der „Tannhäuser" 1849 in Weimar unter Franz Liszt, was dessen Fanatismus für Wagner begründete. Wagner wurde Mitarbeiter an den radikalen „Volksblättern", die Röckel herausgab – aber für Wagner bedeutete der Gedanke der Revolution, die Aufführung seiner Opern zu ermöglichen. Nie hat er es unverblümter ausgesprochen als in dem Brief vom 23. November 1847 an den Berliner Musikschriftsteller Ernst Kossak: „Hier ist ein Damm zu durchbrechen und das Mittel heißt: Revolution!... Ein einziger vernünftiger Entschluß des Königs von Preußen für sein Operntheater und alles ist mit einmal in Ordnung!" Von Dresden nach Berlin – lautete damals Wagners Parole.

Michail Aleksandrowitsch Bakunin, 1814–1876. Die Lebensspanne dieses adeligen russischen Emigranten, der 1849 ein Hauptführer der Revolution in Dresden wurde, ist die gleiche wie die August Röckels. Bei ihm arbeitete Bakunin in Dresden, nachdem er aus Prag, wo er den gescheiterten „Pfingstaufstand" 1849 geleitet hatte, geflohen war. Wagner fand diesen Spezialisten in Aufstandstheorie „liebenswürdig" und „zartfühlend". Viel von Bakunins Ideen finden sich in Wagners Dramaentwurf „Jesus von Nazareth" (1849), in welchem Jesus das Eigentum als Sünde darstellt und Judas einen Aufstand gegen Rom plant. Wagner stand beim Dresdner Aufstand von 1849 nach Bakunins Weisungen im Einsatz. Wie Röckel wurde auch Bakunin 1851 zum Tode verurteilt, aber nach Rußland ausgeliefert, von wo er aus der sibirischen Gefangenschaft in die Schweiz floh. Bakunin predigte die völlige Abschaffung von Staat, Religion und Ehe. Wagners Feinde haben ihm besonders diese Verbindung niemals verziehen.

Dieser Brief ist an Wagners Mitkämpfer aus den Dresdner Revolutionstagen gerichtet, die sich nach dem Scheitern in Festungshaft befanden. Die Treue zu seinen Freunden in allen Lebenslagen war ein wundervoller Charakterzug Wagners.

An Michail Bakunin und August Röckel, Königstein

An B. u. R. (in der Festung Königstein in Sachsen.) März 1850. Bordeaux.

Lieber fr. u. br. –!

Nie wollte ich Euch schreiben um Euch zu trösten, weil ich wußte, Ihr bedürftet keines trostes. Jetzt erfahre ich, daß der König v. S. das todesurtheil über Euch beide bestätigt hat: nun möchte ich Euch eine freude machen, indem ich Euch meinen treuesten brudergruß bringe. Doch ich bin weit von Euch entfernt: fast muß ich verzweiflen, daß diese zeilen Euch noch zukommen, und somit kann ich nur wünschen, sie möchten Euch noch treffen.

Im wachen und im traume waret Ihr immer mir nahe: kräftig und leidend, beneidens- und beklagenswerth standet Ihr vor mir. Jetzt sehe ich Euch bereit den todesstreich zu empfangen durch die hand desselben henkers, für dessen menschwerdung Ihr kämpftet. Brüder, laßt Euch die schwäche meiner liebe gestehen, die mich hoffen ließ, ich würde Euer leben erhalten sehen. Nun begreife ich, daß, so groß und stark Ihr seid, so bestimmt und gewaltsam auch das loos zu sein hat, das Eure feinde über Euch verhängen müssen: sie dürfen es nicht unterlassen, Eure kühne kraft mit ihren gewagtesten entschlüssen zu erwidern und zu ehren. Seid denn stolz auf Euch! Liebe brüder! was schien uns das nothwendigste, um die menschen zu wahren menschen umgeschaffen zu sehen? – Daß sie durch noth getrieben würden, helden zu werden. Zwei helden sehen wir nun vor uns, die von der heiligen noth der liebe zu den menschen gedrängt zu freudigen helden erwuchsen: seid uns gegrüßt, Ihr theuren! Ihr zeigt uns was wir alle werden können. So sterbet denn glücklich in der freude des hohen werthes, von dem Ihr Euch für uns wisset!

Soll Euer ferner bruder Euch noch einen süßen tropfen in den heilig ernsten trank mischen, den Ihr zu trinken im begriffe steht, so gebe ich Euch die nachricht, daß unter der fürsorge der beseligendsten freundschaft und liebe ich frei und heiter der zukunft entgegen sehe, und so mit verjüngten, stark beschwingten kräften auch für mein theil und nach meiner fähigkeit an dem werke arbeite, für das Ihr helden jetzt Euer leben laßt. Mein Michael, mein August! liebe theure, unvergeßliche brüder! Ihr lebet fort! In weiteren und immer weiteren fluthenkreisen schwillt Euer Andenken zu einer beglückenden liebeserinnerung der zukünftigen menschheit an! So sterbet denn wohl, beneidet, bewundert und – geliebt! –

Sollte mir die unsägliche freude gegönnt sein dürfen, noch ein letztes wort von Euch zu erhalten, so wisset wo es mir treffen würde: bei M. J. L. Trifft dieser gruß Euch noch am leben, so zweifle ich nicht an der erfüllung meines innigsten wunsches.

Nun denn, liebe brüder! Euch umarme ich mit all der Innbrunst eines aus tiefster seele liebenden. Diesen kuß und diese letzte thräne! Gönnt mir die stärke zu theilen, in der ich Euch jetzt heiter vor mir dastehen sehe! Froh und stolz – so steht Ihr ewig vor mir – so lasset auch mich dereinst mein leben zum ruhme unsrer freundschaft vollenden!

Euer

Die steckbriefliche Verfolgung Richard Wagners wurde erst durch eine Teilamnestie im Jahre 1860 (deutsche Staaten mit Ausnahme Sachsens), dann durch die vollständige Amnestie (1861) aufgehoben. Wagner konnte also bis dahin die beginnende Verbreitung seiner Opern auf den deutschen Bühnen weder miterleben noch mitgestalten. Berichte über entstellte Vorstellungen verstimmten ihn. Diese Empfindung, in Verbindung mit seinen immer kühneren musikdramatischen Visionen, war bestimmend für die kompromißlosen kunstrevolutionären Schriften seiner ersten Jahre im Exil.

Politisch gefährliche Individuen.

Richard Wagner
ehemal. Kapellmeister und politischer Flüchtling aus Dresden.

Steckbrief.

Der unten etwas näher bezeichnete Königl. Capellmeister

Richard Wagner von hier

ist wegen wesentlicher Theilnahme an der in hiesiger Stadt stattgefundenen aufrühre-rischen Bewegung zur Untersuchung zu ziehen, zur Zeit aber nicht zu erlangen gewesen. Es werden daher alle Polizeibehörden auf denselben aufmerksam gemacht und ersucht, Wagnern im Betretungsfalle zu verhaften und davon uns schleunigst Nachricht zu ertheilen.

Dresden, den 16. Mai 1849.

Die Stadt-Polizei-Deputation.

von Oppell.

Wagner ist 37—38 Jahre alt, mittler Statur, hat braunes Haar und trägt eine Brille.

Beim Petersplatz in Wien um 1845, Maler unbekannt.
Schon in meiner Kindheit habe ich immer wieder versucht, auf den Spuren Richard Wagners in Wien zu wandeln. Dabei kam ich auch in die Goldschmiedgasse im ersten Bezirk, die den Petersplatz mit dem Stephansplatz verbindet. Hier wohnte Wagner während eines der tollsten Abenteuer seines Lebens. Er hatte sich in Dresden unter irgendeinem Vorwand Urlaub genommen und verbrachte im Juli 1848 zwei Wochen in Wien, um in den Revolutionswirren fünf Theater unter seiner Leitung zu vereinigen. Alle möglichen nicht kompetenten Männer – darunter ein komponierender Staatsrat – verhandelten mit ihm über die Übernahme des Kärnthnerthor-Operntheaters; da Wagner damals auch ein Napoleon-Stück im Theater an der Wien und eine Nestroy-Posse im Carltheater besuchte, hätte vielleicht eine Wiener Fünf-Theater-Direktion Richard Wagners sogar die spätere Operettenzukunft Wiens beeinflußt... Wagners kühne Hoffnungen führten zu seiner Begeisterung über Wien: Er fand die eleganten Stellwagen, auf denen man um 10 Kreuzer in die Umgebung fahren konnte, besonders preiswert und stellte sofort (welch ein Fachmann!) fest, daß in Wien „gar keine Parteireibungen stattfinden". Er sprach mit Franz Grillparzer, der ihm in Beamtenuniform sein Befremden über Wagners Opernplan zum Ausdruck brachte. Auch mit dem Lustspieldichter Eduard von Bauernfeld hatte er ein negatives Gespräch. Enttäuscht fuhr Wagner zurück nach Dresden, um sich wieder bei den dortigen revolutionären Vorbereitungen zu versuchen.
Wer heute in Wien eine Pause des Theaters in der Josefstadt im Foyer verbringt, befindet sich auch auf Wagners Spuren. Das waren im Alt-Wien die „Sträußl-Säle" – Wagner hat hier auf einer von seiner Mutter finanzierten kurzen Sommerstudienreise im Jahre 1832 ein Konzert von Johann Strauß Vater erlebt: „Dieser Dämon des Wiener musikalischen Volksgeistes erzitterte beim Beginnen eines neuen Walzers wie eine Pythia auf dem Dreifuß, und ein wahres Wonnegewieher des wirklich mehr von seiner Musik als von den genossenen Getränken berauschten Auditoriums trieb die Begeisterung des zauberischen Vorgeigers auf eine für mich fast beängstigende Höhe" (Aus: Richard Wagner, „Mein Leben").
Die Kaiserstadt an der Donau sollte noch mehrmals eine besondere Rolle im Leben Wagners spielen.

Brand des Dresdner Opernhauses und der Zwinger-Straße. Am 7. Mai 1849 – dem vierten und vorletzten Tag des Aufstandes – brannte die Oper. Man versuchte später vergeblich, dem steckbrieflich verfolgten Richard Wagner Brandstiftung nachzuweisen. Der mit Wagner befreundete Architekt Gottfried Semper, der zwei Tage vor dem Brand den Bau der Revolutionsbarrikaden überwacht hatte, schuf später den prachtvollen Neubau des Dresdner Hoftheaters – in dieser Gestalt wurde es im 20. Jahrhundert das Uraufführungstheater so vieler Opern von Richard Strauss, fiel aber den Zerstörungen des zweiten Weltkrieges zum Opfer. Während diese Zeilen geschrieben werden, ist der Wiederaufbau noch im Gange. Wie weit ging die aktive Beteiligung Wagners an den revolutionären Ereignissen in Dresden? Er hielt Reden, schrieb Artikel und ließ in der Druckerei von Röckels „Volksblättern" Pamphlete drucken, welche die königstreuen sächsischen Soldaten nach dem Einmarsch der preußischen Truppen zur Unterstützung der Revolutionäre aufriefen. In der Nacht vom 5. zum 6. Mai stand er auf dem Turm der Kreuzkirche und beobachtete (während er hoch oben mit Freunden über Philosophie und Religion diskutierte) die Truppenbewegungen vor der Stadt, über die er Meldungen weiterzugeben hatte. Was immer er im Detail getan haben mag, sein Verhalten in diesen Monaten wirft ein entscheidendes Licht auf seinen Charakter. Frei von jedem Opportunismus hat er seine erste sichere Stellung im 36. Lebensjahr aufs Spiel gesetzt – und verloren. Er steckte tief in Schulden – nicht so sehr durch seine anspruchsvolle Lebensweise wie durch die Druckausgaben für seine Opern, die er mit geborgten Geldern auf eigene Rechnung und ohne Aussicht auf raschen Gewinn bestritten hatte. Er riskierte damit sein Leben, seine Karriere und seine bis dahin gute Ehe mit Minna, die den Gedanken an neuerliche Elendsjahre wie damals in Paris fürchtete. Aber Wagner fühlte, daß er nur durch eine Radikalkur die Zeit reif für Wagner machen konnte. Die Geschichte hat ihm recht gegeben. Als Dresdner Hofkapellmeister hätte er wahrscheinlich niemals die Erfüllung seiner Träume erlebt.

Schmerz und Schöpfertum

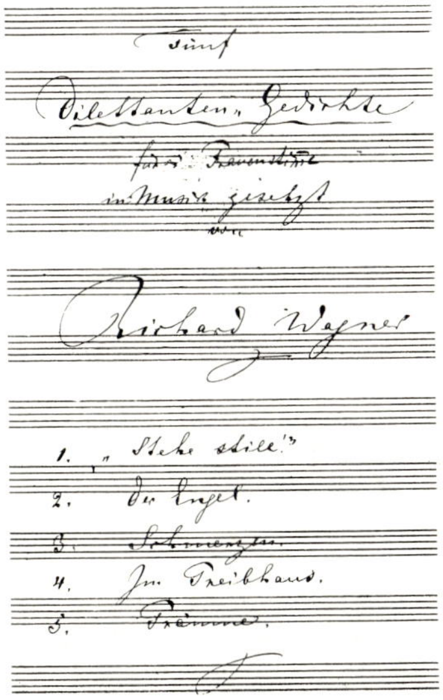

Ursprünglicher, ungedruckter Titel der fünf Gedichte von Mathilde Wesendonck

Richard Wagners Lohengrin

erläutert von Franz Liszt

Hof=Theater.

Weimar, Mittwoch den 28. August 1850

Zur Goethe-Feier:

Prolog

von Franz Dingelstedt, gesprochen von Herrn Jaffé.

Hierauf:

Zum Erstenmale:

Lohengrin.

Romantische Oper in drei Akten.

(letzter Akt in zwei Abtheilungen)

von Richard Wagner

Heinrich der Finkler, deutscher König,	Herr Höfer
Lohengrin,	Herr Beck
Elsa von Brabant,	Fräulein Agthe
Herzog Gottfried, ihr Bruder,	Frau Hettstedt
Friedrich von Telramund, brabantischer Graf,	Herr Milde
Ortrud, seine Gemahlin,	Fräulein Fastlinger
Der Heerrufer des Königs,	Herr Pätsch
Sächsische und Thüringische Grafen und Edle	
Brabantische Grafen und Edle	
Edelfrauen.	
Edelknaben.	
Mannen. Frauen. Knechte.	

Antwerpen: erste Hälfte des zehnten Jahrhunderts.

Die Textbücher sind an der Kasse für 5 Sgr. zu haben.

Preise der Plätze:

Fremden=Loge	1	Thlr.	10	Sgr.	— Pf.	Parterre=Loge	—	Thlr.	20	Sgr.	— Pf.
Balkon	1	„	—	„	— „	Parterre	—	„	15	„	— „
Sperrsitze	1	„	—	„	— „	Gallerie=Loge	—	„	10	„	— „
Parket	—	„	20	„	— „	Gallerie	—	„	7	„	6 „

Anfang um 6 Uhr. Ende gegen 10 Uhr.

Die Billets gelten nur am Tage der Vorstellung, wo sie gelöst worden.

Der Zutritt auf die Bühne, bei den Proben wie bei den Vorstellungen, ist nicht gestattet.

Das Theater wird halb 5 Uhr geöffnet.

Die freien Entréen sind ohne Ausnahme ungiltig.

W.66

Theaterzettel der Uraufführung des „Lohengrin".

Am 21. April 1850 bat Wagner Franz Liszt brieflich aus Paris, seine neue Oper zur Uraufführung zu bringen „wo Du willst: gleichviel, wenn es selbst nur Weimar ist". Am 28. August 1850 hob Franz Liszt „Lohengrin" aus der Taufe und gab anschließend diese Beschreibung des Werkes.

Der Text zum „Lohengrin" ist an sich ein dramatisches Werk voll Schönheiten ersten Ranges. Wolfram von Eschenbach war einer der berühmtesten Minnesänger des 13. Jahrhunderts und Verfasser der Epopöen „Parzival" und „Titurel". Parzival's Sohn Lohengrin ist der Held dieser auf die Sage vom heiligen Gral gegründeten Dichtung.

Der *Instrumental-Prolog* zeigt die unaussprechliche Schönheit des Heiligtums. Er weiht uns ein in den heiligen Gral.

Als wollte er unsere schwachen Sinne schonen, zeigt Wagner den Tempel uns nur in dem Widerschein azurner Wellen, zurückgestrahlt von irisfarbigen Wolken. Wagner gelang es durch ein von ihm in ganz unerwarteter Weise angewandtes Verfahren, das Gebiet und die Ansprüche der Musik zu erweitern. Die Situationen und Personen von irgendeiner Wichtigkeit sind musikalisch durch eine Melodie – oder ein Motiv – ausgedrückt, welches das sie beständig begleitende Symbol wird. Seine Melodien sind gewissermaßen personifizierte Ideen. Wagner zwingt unser Nachdenken und unser Gedächtnis zu einer fortwährenden Übung, fordert vom Publikum besondere Aufmerksamkeit, bereitet aber zu gleicher Zeit denen, die sich in seine Intentionen zu versenken vermögen, höhere Kunstfreuden.

Elsa fesselt uns vielleicht mehr als jede andere Gestalt dieser Familie schöner Unbesonnener durch die reine Naivität, die glühende Hingebung und die Demuth ihrer Liebe. Sie ist keine Klüglerin, keine Unabhängige, welche die Rechte des Weibes beansprucht, und die, indem sie Alles erkennen, Alles beurtheilen will, nothwendiger Weise dem schönen Vorrechte des offenbarenden Hellsehens, des instinktmäßigen Ahnens entsagt, die nur dann dem Herzen bewilligt, wenn es den Verstand, anstatt von demselben aufgeklärt zu werden, selbst aufklärt. Elsa will durchaus nicht in schönen Hexametern das Interesse ihrer Würde geltend machen. Sie liebt mit einer anbetungswürdigen Natürlichkeit, und nur die Furcht, ihren Gatten zu verlieren, treibt sie zum Wahnsinn, zum Ungehorsam, zum Meineid. Vor diesem Momente des Irrseins empfand sie, verkündete sie die Identität der Liebe und des Glaubens. Jedes ihrer Worte athmete diese liebende Selbstverläugnung, welche die Seele in ein absolutes Vertrauen und ein freiwilliges Gehorchen versenkt, in dessen Schooß der Zweifel keinen Raum findet. „Ich empfinde, also weiß ich!" Die Liebe hat, in der That, der Augen Zeugniß nicht nöthig, um die Schönheit und die Gegenwart des Gegenstandes, den sie liebt, zu erkennen.

Lohengrin vor dem Eiffelturm.

Die Karikatur bezieht sich auf den Einzug von „Lohengrin" in Paris, trotz damals aktueller chauvinistischer Hetzereien zwischen Deutschland und Frankreich. Den Deutschen gelingt es nicht, den Eiffelturm wegzublasen, den Franzosen nicht, Lohengrins Nachen zum Kentern zu bringen.
(Aus: „Nebelspalter", Zürich, 26. September 1891.)

Elsa hatte sich durch diesen Glauben zu ihrem Geliebten von übermenschlicher Natur erhoben, und wird sie bis an's Ende geliebt, so geschieht dies nur, weil sie in vollster Reue zu diesem Glauben zurückkehrt, sobald der Versucher erscheint, um ihrer Neugierde genug zu thun. Bei seinem Anblicke erkennt sie den Irrthum, der sie mit dem Zweifel des Hasses und der Bosheit verbündet... Sie weigert sich zu wissen... Unwissend will sie bleiben... Sie fühlt tief die Übermacht ihrer glaubenden Unwissenheit, und zur natürlichen klaren Einsicht ihres Wesens zurückgekehrt, will sie den zurückstoßen, welcher sie das Gute und das Böse erkennen lassen wollte. Man folgt der Entwickelung dieser pathetischen Szene mit einer um so gespannteren Rührung, als das durch Lohengrin verborgen gehaltene Geheimniß so groß, so schön, so ganz voller Liebe ist!

Wenn der Glaube nicht die schönste Aussteuer, das Endziel der Liebe, woher käme dann unsere Sympathie für dieses Weib, welches sich mit Entzücken einem Unbekannten hingibt? Würde es in ihr nicht eine Art von Kleinmuth sein, sobald man dem Gefühle das Recht abstritt, durch ein Vorempfinden zu bestätigen, was die Vernunft nicht beweisen kann? Weshalb würden wir so gerührt sein, wenn wir Elsa mit einer engelgleichen Reinheit für Ortrude, „die nicht glauben kann", von Mitleid ergriffen sehen? Woher würde unsere Zufriedenheit zu erklären sein, wenn wir sie die Einflüsterungen Friedrich's von sich abweisen sehen und wir Lohengrin antworten hören: „Meine Liebe erhebt sich weit über jeden Verdacht!"? Woher käm' es endlich, daß wir sie mehr als erhaben finden, wenn sie, plötzlich ihrem Mißtrauen und Zweifel entsagend, darauf verzichtet, das Geheimniß zu erfahren, daß sie ihn im Gegentheil schützen, vertheidigen will, und daß sie eilt, mit dem Schwerte denjenigen zu bewaffnen, den sie von keiner wahren Gefahr bedroht glaubte? Wenn in der Liebe der verlangte und gern zugestandene Glaube an den, der mehr weiß und mehr vermag, eine tyrannische Erforderniß wäre, mußte dann Elsa, um consequent, heldenmüthig, bewunderungswerth zu sein, nicht darauf bestehen, zu erkennen, zu beurtheilen denjenigen, der sie demüthigte, indem er von ihr eine vertrauende Liebe hoffte? Die durch die Poesie geleitete Fiktion hat also hier noch einmal mehr, als den erhabenen Ausbruch des leidenschaftlichen Gefühls, als die zu gleicher Zeit verschlossene Blüthe und Frucht dargestellt: den Glauben in der Liebe!

Wagners Anweisungen zu „Lohengrin", niedergelegt in diesem Schreiben an Franz Liszt, der die Uraufführung des Werkes am 28. August 1850 in Weimar leitete. Wagner verwendete in dieser Lebensperiode wenige Jahre die Kleinschrift.

An Franz Liszt, Weimar

Liebster Liszt!

Ich schicke Dir hiermit die versprochenen anweisungen zur aufführung des Lohengrins, verzeihe mir wenn sie zu spät kommen, – ich habe erst kürzlich erfahren, daß Du mit so liebenswürdiger und schneller bereitsamkeit auf meinen wunsch, diese oper aufzuführen, eingegangen bist. – Wenn wir uns einmal wieder sehen, habe ich Dir viel zu erzählen, für jetzt aus meiner letzten vergangenheit nur so viel, daß sich meine beabsichtigte reise nach Griechenland zerschlagen hat; es fanden sich zu viele bedenken, die ich nicht alle überwinden konnte: am liebsten wäre ich allerdings ganz aus der welt gefahren. Nun, das erfährst Du später einmal!

Da ich erfahre, daß Du den Lohengrin schon am 28. August aufführen willst, so eile ich, jetzt wenigstens mit meiner sendung nicht mehr im Rückstand zu bleiben, und behalte mir vor, auf einiges andere in einem späteren briefe zurückzukommen.

Zunächst habe ich mich, in der beilage, über die scene und decoration ausgelassen. Meine deshalb entworfenen zeichnungen werden Euch großes vergnügen machen: ich zähle sie zu den gelungensten schöpfungen meines geistes; wo mich die technik etwas verließ, werdet Ihr mit der absicht vorlieb nehmen, die ihr aus der literarisch abgefaßten erklärung errathen werdet. Der baumschlag machte mir – für jetzt unüberwindliche schwierigkeiten, und wenn jedem maler die perspective solchen schweiß entpreßt wie mir, so ist die malerkunst durchaus kein leichtes metier zu nennen. – Im übrigen habe ich bei meinen bemerkungen dringend auf die partitur verwiesen, in welcher ich – weit ausführlicher und bestimmter als im textbuche – die scenische handlung im einklang mit der musik vorgezeichnet habe. Der regisseur hat sich demnach auf das genaueste mit der partitur – vielleicht nach einem auszuge derselben – zu verständigen.

Ueber das orchester habe ich Dir ebenfalls einige bemerkungen aufgezeichnet.

Nun aber habe ich an Dich zunächst eine große bitte:

gieb die oper, wie sie ist, streiche nichts!

Einen einzigen strich gebe ich Dir hiermit selst an, und zwar bestehe ich sogar auf die hinweglassung des angezeigten, nämlich des zweiten theiles von Lohengrin's erzählung in der großen schlußscene des dritten aktes. Nach den worten Lohengrins:

»sein ritter ich bin Lohengrin ge –« nannt

sollen nämlich volle 56 takte ausbleiben:

»wo ihr mit gott mich alle landen –« »saht«

also: – »nannt« statt: »saht«. –

Ich habe mir alles oft vorgetragen, und mich überzeugt, daß dieser zweite abschnitt der erzählung einen erkältenden eindruck hervorbringen muß. Diese stelle soll daher auch sogleich in den textbüchern ausgelassen werden.

Im übrigen aber bitte ich Dich dringend: laß mich einmal vollständig gewähren! Ich habe dießmal mich bemüht, die musik in ein so sicheres, plastisches verhältniß zur dichtung und handlung zu setzen, daß ich meiner sache vollkommen sicher zu sein glaube. Verlaß Dich auf mich, und halte es nicht für verliebtheit in mein eigenes werk. Solltest Du irgendwo Dich genöthigt glauben, aus gründen von zu großer schwierigkeit kürzungen vornehmen zu müssen, so bitte ich Dich zu überlegen, ob es nicht besser dann wäre, die aufführung – wegen unzureichender mittel – gänzlich zu unterlassen. Ich nehme aber an, daß Dir nicht sowohl alle irgend zu ermöglichenden mittel bereitwillig zur verfügung gestellt werden, als namentlich auch daß Dir – wenn Du irgend mit Deinem ganzen willen dabei bist – die besiegung aller vorkommenden schwierigkeiten ganz sicher gelingen werde. Nimmst Du Dir vor: es muß sein! so weiß ich auch daß es sein wird, – oder daß Du lieber die ganze sache aufgebest.

Hierüber – denke ich – sind wir einig! –

Was nun die hauptsache – das gesangspersonale betrifft, so verlasse ich mich mit höchstem vertrauen auf Dich, – Du wirst nichts gegen die unmöglichkeit unternehmen. Freund Götze, dem ich jedenfalls für seinen Tannhäuser noch großen dank schuldig bin, wird es mit dem Lohengrin in so fern schwieriger haben, als ihm der glanz – in äußerem und stimme – ganz abgeht, der – wo er von der natur verliehen sind – die partie zu einer sehr leicht gelingenden machen muß: laßt ihn nur ja durch kunst so blendend hell wie möglich ausstatten: es müssen einem die augen vergehen, wenn man auf ihn sieht!

Ein neu redigirtes – für den druck bestimmtes – textbuch schicke ich Dir gleichzeitig zu: es kommt durch die fahrpost an. In bezug auf dieses buch habe ich folgende bitte an Dich: – verkaufe, oder – wenn Du nichts dafür bekommen solltest – verschenke es an einen verleger, damit es schön ausgestattet – mindestens so wie das buch vom Tannhäuser – herauskommt: das weimarische theater bezieht dann soviel exemplare vom verleger – gegen einen gewissen rabatt – als es zu seinem bedarfe an der casse nöthig hat, – gerade so, wie wir es schon mit dem Tannhäuser gehalten haben. – Da ich allerdings sehr wünsche, daß Du auch den klavierauszug (den Uhlig in Dresden bereits verfertigt hat) bei einem musikalienhändler anbrächtest, so würde ich Dich bitten, das textbuch sogleich schon demjenigen abzulassen, den Du für den klavierauszug in das auge fassest. Solches textbuch – bei wohlfeilem preise – ist übrigens gar kein schlechtes geschäft: wir haben vom Tannhäuser über 2000 exemplare abgesetzt.

– Nun noch Eines! Sage, lieber Liszt, wie wäre es denn möglich zu machen, daß ich – incognito – der ersten aufführung in Weimar beiwohnen könnte? Das ist eine verzweifelte frage, besonders da mir es in diesem augenblicke nicht mehr – wie noch vor kurzem – gleichgültig ist, ob ich ein königl. sächsisches zuchthaus bewohnen soll. – Höre einmal! Ich habe viel respect vor der großherzogin gewonnen: sollte diese frau – der ich nun doch wirklichen adel zutraue – auf Deine einladung dazu nicht zu dem genialen streiche geneigt sein dürfen, der polizei des einigen Deutschlands ein schnippchen zu schlagen, und mir – sei es auf einen andren namen – ein sicheres geleit aus der Schweiz nach Weimar und zurück verschaffen können? Ich verspreche hoch und theuer, mein incognito auf eine stoische weise durchzuführen, jedenfalls nur sehr kurz mich in Weimar versteckt aufzuhalten und sogleich direkt dann wieder zurückzureisen, wie überhaupt auch vom auslande her die strengste verschwiegenheit zu bewahren. Oder wäre dieß vielleicht dem herzog von Coburg eher möglich? Von ihm erfahre ich manchen zug, der mich sehr freut. Nun, sieh einmal zu! Jedenfalls würde mir armem teufel dadurch einmal wieder eine große freude gemacht: vielleicht auch neue anregung und – sehr fehlende – aufmunterung gegeben. –

Ist's nicht möglich, oder selbst auch: wenn es möglich ist, – so frage ich weiter, – hättest Du denn nicht vielleicht lust mich schnell einmal in Zürich zu besuchen? Du bist ja wie der teufel schnell mit so etwas! Könnte ich gerade jetzt Dich einmal wieder sehen, so würde ich halb verrückt vor freude – also ganz verrückt, da man mich für halb verrückt gewiß lange schon hält! – Ich sänge Dir auch den Lohengrin vor – von A bis Z. Das sollte wahrlich eine freude sein! –

Nun, genug für heute! Nächstens schreibe ich Dir wieder. Ob ich aus Weimar für die Iphigenie geld bekommen habe, weiß ich immer noch nicht: es war in der letzten zeit viel confusion um mich herum. Die dümmsten gerüchte, die sich über mich verbreitet haben, stehe ich soeben im begriffe dadurch nieder zu schlagen, daß ich nach Zürich zurückgehe. Schreibe mir also dahin: Enge. Sterngasse. Hirzel's haus. Zürich.

Lebe wohl, Du alter lieber, einziger freund! Ich weiß, Du liebst mich, – glaube, daß ich Dir aus vollstem herzen erwidere!

Thun, 2. Juli 50. Immer Dein Richard Wagner.

Zürich wie es Wagner sah

Aquarell 1857. Ein Blick auf die Stadt vom Vorort Enge: links der „Grüne Hügel" mit der Prachtvilla des Wagner-Förderers Otto Wesendonck.
Durch das Scheitern der Dresdner Revolution und der damit verbundenen Zukunfstpläne wurden Wagners Exiljahre in Zürich (1849–1858) die radikalsten seiner geistigen und künstlerischen Entfaltung. Hier entstanden seine wichtigsten kunsttheoretischen Schriften, hier vollendete er – in umgekehrter Reihenfolge – die vier Teile seiner Dichtung zum „Ring des Nibelungen", hier führte er die Komposition bis zur Skizze des 2. Aktes „Siegfried" – hier stand das Erlebnis mit Frau Mathilde Wesendonck an der Schwelle der Schöpfung von „Tristan und Isolde" mit der das gesamte musikalische Weltbild der Zukunft revolutionierenden, sich aus Halbton-Intervallen entfaltenden chromatischen unendlichen Melodie.

Mathilde Wesendonck, geb. Luckemeyer, 1828–1902. Wer war Mathilde Wesendonck? Ihr Bild schwankt in der Geschichte. Wagners Geliebte? Wagners Muse? Ein dillettierender Blaustrumpf? Die künstlerische und persönliche Übereinstimmung des Dichterkomponisten mit der Autorin nie gespielter historischer Schauspiele begann 1852 in Zürich. Ihre „fünf Dillettantengedichte", wie Wagner sie nannte, wurden durch seine Musik als „Wesendonck-Lieder" (1858) unsterblich. Als Minna Wagner am 7. April 1858 einen „Morgenbeichte" genannten kompromittierenden Brief ihres Mannes an Mathilde entdeckte und Wesendonck davon informierte, war Wagner gezwungen, Zürich zu verlassen. Die in dem folgenden Briefwechsel mit Mathilde dokumentierte Freundschaft hielt an, Wagners Ehe war zerbrochen.

„... daß in selig süßem Vergessen
ich mög' alle Wonnen ermessen!
Wenn Aug' in Auge wonnig trinken,
Seele ganz in Seele versinken,
Wesen in Wesen sich wiederfindet,
und alles Hoffens Ende sich kündet..."
(Mathilde Wesendonck „Stehe still", 1858)

Otto Wesendonck, 1815–1896. Steindruck von Winterwerb. Der rheinländische Textilkaufmann begann sich für Richard Wagner zu interessieren, als dieser 1852 in Zürich drei Beethoven-Konzerte leitete und am „Aktientheater" Opern dirigierte. Er unterstützte ihn finanziell und kaufte ihm die Produktionsrechte zum „Ring" ab – ein Vertrag, den Wagner bei späteren Übereinkommen mit König Ludwig II. und seinem Verleger Schott einfach ignorierte. Wesendoncks Interesse an Wagner endete nicht, als die Affäre Wagners mit seiner Frau Mathilde aufflog. Wesendonck hörte zwar auf, Wagner finanziell zu unterstützen, hatte ihn aber noch 1863 als Gast in seiner Villa und besuchte 1876 mit seiner Frau die ersten Bayreuther Festspiele. Ein starkes deutsches Nationalbewußtsein verband Wesendonck mit Wagners Ideen – sein die Gefühle der Schweizer verletzendes Siegesfest nach dem Deutsch-Französischen Krieg im Jahre 1871 machte Wesendoncks weiteres Verweilen in Zürich untragbar.

Richard Wagners Briefwechsel mit Mathilde Wesendonck umfaßt die Jahre 1853–1871. Viele von Wagners Briefen lesen sich wie ein „Tristan“ in Prosa. Dieser Brief entstand unmittelbar nach der Trennung.

(Sommer 1858)
Dinstag früh.

Gewiß erwartest Du nicht, daß ich Deinen wunderschönen, herrlichen Brief unbeantwortet lasse? Oder sollte ich für das edelste Wort das schöne Recht der Erwiderung mir versagen müssen? Wie aber könnte ich Dir erwidern, als Deiner würdig? –

Die ungeheuren Kämpfe, die wir bestanden, wie könnten sie enden, als mit dem Siege über jedes Wünschen und Begehren?

Wußten wir nicht in den wärmsten Augenblicken der Annäherung, daß dieß unser Ziel sei? –

Gewiß! Nur weil es so unerhört und schwierig, war es eben nur nach den härtesten Kämpfen zu erreichen. Haben wir nun aber nicht alle Kämpfe ausgekämpft? Oder welche könnten uns noch bevorstehen? – Wahrlich, ich fühle es tief: sie sind zu Ende! –

Als ich vor einem Monate Deinem Manne meinen Entschluß kund gab, den persönlichen Umgang mit Euch abzubrechen, hatte ich Dir – entsagt. Doch war ich hierin noch nicht ganz rein. Ich fühlte eben nur, daß nur eine vollständige Trennung, oder – eine vollständige Vereinigung unsre Liebe vor den schrecklichen Berührungen sichern konnte, denen wir sie in den letzten Zeiten ausgesetzt gesehen hatten. Somit stand dem Gefühle von der Nothwendigkeit unsrer Trennung die – wenn auch nicht gewollte – aber gedachte Möglichkeit einer Vereinigung gegenüber. Hierin lag noch eine krampfhafte Spannung, die wir Beide nicht ertragen konnten. Ich trat zu Dir, und klar und bestimmt stand es vor uns, daß jene andre Möglichkeit einen Frevel enthalte, der selbst nicht gedacht werden durfte.

Hierdurch erhielt aber die Nothwendigkeit unsrer Entsagung von selbst einen andren Charakter: der Krampf wich einer mild versöhnenden Lösung. Der letzte Egoismus schwand aus meinem Herzen, und mein Entschluß, Euch wieder zu besuchen, war jetzt der Sieg der reinsten Menschlichkeit über die letzte Regung eigensüchtigen Sehnens. Ich wollte nur noch versöhnen, lindern, trösten – erheitern, und somit auch mir das einzige Glück zuführen, das mir noch bereitet sein kann. –

So tief und schrecklich, wie in den vergangenen letzten Monaten, habe ich nie zuvor in meinem Leben empfunden. Alle früheren Eindrücke waren inhaltlos gegen diese letzten. Erschütterungen, wie ich sie bei jener Katastrophe erlitt, mußten mir tiefe Spuren eingraben; und konnte etwas noch den großen Ernst meiner Stimmung steigern, so war es der Zustand meiner Frau. Während zwei Monaten sah ich jeden Tag der Möglichkeit der Nachricht von ihrem plötzlichen Tode entgegen; denn diese Möglichkeit hatte mir der Arzt andeuten müssen. Alles um mich athmete Todesduft; all mein Vorwärts- und Rückwärtsblicken traf auf Todesvorstellungen, und das Leben – als solches – verlor für mich seinen letzten Reiz. Zur äußersten Schonung gegen die Unglückliche angehalten, mußte ich dennoch den Entschluß zur Zerstörung unsres soeben erst gegründeten letzten häuslichen Herdes fassen, und, zu ihrer größten Bestürzung, ihr diesen endlich mittheilen. –

Mit welchem Gefühle glaubst Du wohl, daß ich in dieser schönen Sommerzeit dieses reizende, so ganz und einzig meinen Wünschen und einstigen Bestrebungen entsprechende Asyl mir überblickte, wenn ich am Morgen das liebe Gärtchen durchwanderte, dem gedeihenden Blumenflor zusah und die Grasemücke belauschte, die sich im Rosenbäumchen ihr Nest gebaut hatte? Und was dieses Losreißen vom letzten Anker für mich hieß, das sage Dir selbst, die Du meinen Sinn so innig kennst, wie keines!

Floh ich schon einst vor der Welt, wähnst Du, ich könnte nun wieder in sie zurückkehren? Jetzt, wo Alles bis zum äußersten zart und empfindlich in mir geworden ist durch die immer längere Entwöhnung von aller Berührung mit ihr? Noch meine letzte Begegnung mit dem Großherzog von Weimar zeigte mir deutlicher als je, daß ich nur noch in der allerbestimmtesten Unabhängigkeit gedeihen kann, so daß ich jede Möglichkeit irgend einer einzugehenden Verpflichtung, selbst gegen diesen wirklich nicht unliebenswürdigen Fürsten, innerlichst von mir abweisen mußte. – Ich kann – kann der Welt mich nicht wieder zuwenden; in einer großen Stadt

„Dem Land, das Tristan meint, der Sonne Licht nicht scheint . . .“
(„Tristan und Isolde“)

dauernd mich niederlassen, ist mir undenkbar; und – soll ich dagegen wieder an die Gründung eines neuen Asyles, eines neuen Herdes denken, nachdem ich diesen, kaum genossen, hinter mir zertrümmern mußte, den Freundschaft und edelste Liebe in diesem reizenden Paradiese mir gründeten? O nein! – Von hier fortgehen, ist gleichbedeutend für mich mit – untergehen!

Ich kann nun, mit diesen Wunden im Herzen, mir keine Heimath wieder zu gründen versuchen! –

„Ohn' Erwachen,
ohn' Erbangen,
namenlos
in Lieb' umfangen..."
(„Tristan und Isolde")

Mein Kind, ich kann mir nur noch ein Heil denken, und dieß kann nur aus der innersten Tiefe des Herzens, nicht aber aus irgend einer äußeren Veranstaltung kommen. Es heißt: Ruhe! Ruhe der Sehnsucht! Stillung jedem Begehren! Edle, würdige Ueberwindung! Leben für Andre, für Andre – zum Troste für uns selbst! –

Du kennst jetzt die ganze ernste, entscheidende Stimmung meiner Seele; sie bezieht sich auf meine ganze Lebens-Anschauung, auf alle Zukunft, auf Alles was mir nahe steht, – und so auch auf Dich, die Du mir das Theuerste bist! Laß mich nun noch auf den Trümmern dieser Welt des Sehnens – Dich beglücken! –

Sieh', nie in meinem Leben, in irgend einem Verhältnisse war ich je aufdringlich, sondern stets von fast übertriebener Empfindlichkeit. Nun will ich denn Dir zum erstenmale aufdringlich erscheinen und bitte Dich, über mich recht innerlich ruhig zu sein. Ich werde Euch nicht oft besuchen, denn Ihr sollt mich fortan nur noch sehen, wenn ich sicher bin, Euch ein heit'res ruhiges Gesicht zu zeigen. – Sonst suchte ich wohl im Leiden und Sehnen Dein Haus auf: dorthin, von wo ich mir Trost holen wollte, brachte ich Unruhe und Leiden. Das soll nicht mehr sein. Siehst Du mich daher längere Zeit nicht mehr, so – bete für mich im Stillen! – Denn dann, wisse, daß ich leide! Komme ich aber dann, so sei sicher, daß ich Euch eine holde Gabe meines Wesens ins Haus bringe, eine Gabe, wie es vielleicht nur mir verliehen ist zu spenden, mir, der so viel und willig litt. –

Wahrscheinlich, ja – gewiß, tritt nun auch nächstens, ich vermuthe schon Anfang Winters, die Zeit ein, wo ich für länger mich ganz von Zürich entferne; meine nun bald erwartete Amnestie wird mir Deutschland wieder erschließen, wohin ich periodisch zurückkehre, um das Einzige mir zu ersetzen, was ich hier mir nicht bereiten konnte. Dann werde ich Euch oft lange nicht mehr sehen. Aber dann wieder in das nun mir so traut gewordene Asyl zurückkehren, um mich auszuruhen von Plage und unvermeidlichem Aerger, reine Luft zu athmen, und neue Lust zum alten Werke zu fassen, für das mich nun einmal die Natur auserwählt hat, – dieß wird dann immer, wenn Ihr es mir vergönnt, der sanfte Lichtblick sein, der dort mich aufrecht erhält, der süße Trost, der hier mir winkt.

Und – hättest Du dann mir keine höchste Lebens-Wohlthat erwiesen? Ich dankte Dir nicht das Einzige, das auf dieser Erde mir noch dankenswerth erscheinen kann? Und ich sollte nicht zu lohnen suchen, was Du mit so unsäglichen Opfern und Leiden mir errungen? –

„Das Wunderreich der Nacht,
aus der ich einst erwacht:
das bietet dir Tristan,
dahin geht er voran..."
(„Tristan und Isolde")

Mein Kind, die letzten Monate haben mir an den Schläfen das Haar merklich gebleicht; es ist eine Stimme in mir, die mit Sehnsucht mir nach Ruhe ruft, – nach der Ruhe, die ich vor langen Jahren schon meinen fliegenden Holländer sich ersehnen ließ. Es war die Sehnsucht nach – »der Heimath« –, nicht nach üppigem Liebesgenuß! Ein treues, herrliches Weib nur konnte ihm diese Heimath erringen. Laß uns diesem schönen Tode weihen, der all' unser Sehnen und Begehren birgt und stillt! Laß uns selig dahinsterben, mit ruhig verklärtem Blick und dem heiligen Lächeln schöner Ueberwindung! Und – keiner soll dann verlieren, wenn wir – – siegen!

Leb' wohl, mein lieber heiliger Engel!

(August 1858?)

It must be so!

R.W.

Lebwohl! Lebwohl, Du Liebe! (August 1858.)

Ich scheide mit Ruhe. Wo ich sei, werde ich nun ganz Dein sein. Suche mir das Asyl zu erhalten. Auf Wiedersehen! Auf Wiedersehen! Du liebe Seele meiner Seele! Leb' wohl – auf Wiedersehen! –

Schlacht bei Solferino 1859. Heldentod des Fürsten Karl Windischgrätz an der Spitze seines Regimentes. Entwurf von Wenzel Ottokar Noltsch, wiedergegeben im Aquarell von Heinrich Reinhart. Der Sieg Napoleons III. mit seinen italienischen Verbündeten über die Armeen der Österreicher erfüllte Wagner mit Freude. Er schrieb an Mathilde Wesendonck, daß er sich „heimlich freuen könnte, wenn die Deutschen wieder tüchtige Schläge bekämen" – für ihn sei „die deutsch-österreichische Reaction ein chronisches, dauerndes Leiden für die Welt". Er hatte damals, am 30. April 1859, Venedig bereits verlassen und weilte wieder in der Schweiz. Die engen Beziehungen der Österreicher zu Sachsen hatten den Aufenthalt des steckbrieflich Verfolgten untragbar gemacht. Wieder einmal befand Richard Wagner sich auf der Flucht.

Venedig, Palazzo Giustiniani. Von der österreichischen Polizei bespitzelt, von Furunkulose geplagt, bewohnte Wagner diesen Palazzo am Canal Grande – dessen Miete er sich nicht leisten konnte – vom August 1858 bis zum März 1859. Hier arbeitete er am „Tristan", schrieb seine schönsten Briefe an Mathilde Wesendonck und las Schopenhauer.

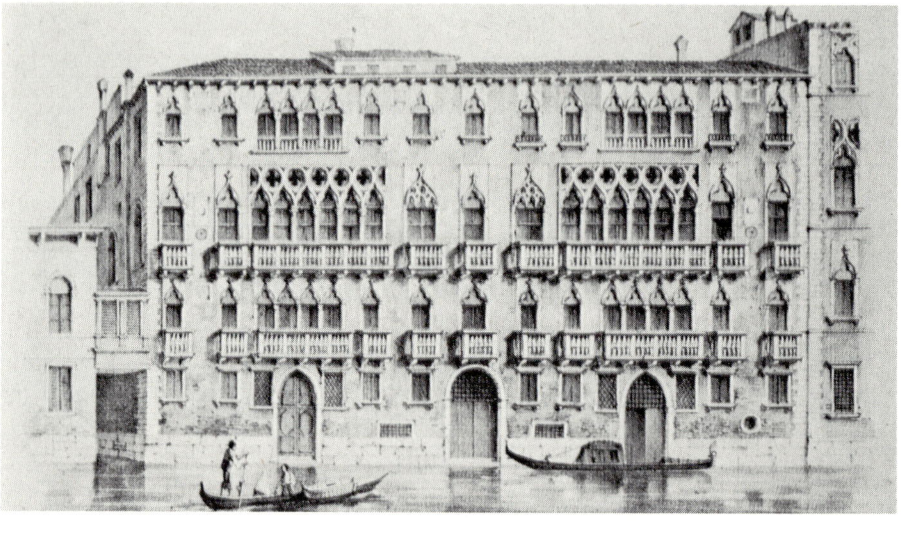

Hinter der Wesendonck-Villa, von ihr nur durch die enge Gablerstraße getrennt, ließ Wesendonck dieses von tiefem Grün umgebene Haus bauen und stellte es Wagner zur Verfügung. Wagner bewohnte sein „Asyl" vom 28. April 1857 bis zum 17. August 1858. Das Haus steht nicht mehr.

Im Garten des Hauses Gablerstraße 14, wo sich einst Wagners „Asyl" befand, steht heute diese Büste.

Es war mir nicht ganz leicht, in Zürich die Villa Wesendonck zu finden. Dann erklärte mir ein historisch gut bewanderter Taxifahrer, sie sei mit dem Museum Rietberg im Rieter Park identisch und beherberge heute eine bedeutende Sammlung asiatischer, afrikanischer und chinesischer Kunst. Ein Spaziergang in dem prachtvollen, von dem berühmten Landschaftsgärtner Theodor Froebel (1853–1855) angelegten weiten englischen Park mit seinen seltenen Bäumen läßt die Gedanken an die Wagner-Zeit wieder lebendig werden. Die Villa selbst – ursprünglich von Wesendoncks „Wahlheim" genannt – ist eine Kopie der Villa Albani in Rom, die der Zürcher Architekt Leonhard Zeugheer (1812–1866) geschaffen hat. Zu dessen Kundenkreis gehörten die gehobensten Schichten der kulturell interessierten Schweizer Gesellschaft – von ihm erbaute Villen, meist Kopien italienischer Renaissance, mußten den Rahmen für Konzerte und Leseabende abgeben können. Die Wesendoncks bezogen diese Villa am 22. August 1857. Richard Wagner weihte sie offiziell mit einem Beethoven-Konzert im Vestibül (30 Mann Orchester!) ein. Eine Woche später kam es zur „Katastrophe am Grünen Hügel" durch Minnas Indiskretion nach der Entdeckung des Briefes ihres Mannes an Mathilde.

Richard Wagner als Schriftsteller

Spannend beim Durchblättern, eine harte Nuß beim Studium

Es ist unglaublich, wieviel Wagner außer seinen Operntexten noch geschrieben hat. In meiner Bibliothek steht die vor dem Ersten Weltkrieg erschienene zwölfbändige Ausgabe seiner „Gesammelten Schriften und Dichtungen", die nicht vollständig ist und weder die Autobiographie noch die Briefe enthält. Keine der verfügbaren Statistiken stimmt wirklich. Der Denker hat, allerdings mit viel geringerer Überzeugungskraft, den Künstler immer begleitet. Die Themen sind Philosophie und Kunst. Die Kunstschriften behandeln seine Theorien über die Reform des Wort-Ton-Dramas (wie sein dogmatisches Hauptwerk „Oper und Drama", 1851), Reformvorschläge für die Ausbildung der Bühnenkünstler und die Struktur der Musiktheater („Ein Theater in Zürich", 1851, „Das Wiener Hof-Operntheater", 1863), seine eigene künstlerische Laufbahn (am bekanntesten die „Mittheilung an meine Freunde", 1851), Erläuterungen zu eigenen Werken und dem Bayreuther Gedanken (seine Inhaltsangaben befinden sich an anderer Stelle dieses Buches) und zu den Werken anderer Meister (wie der Neunten Symphonie von Beethoven, 1873) – Erinnerungen an bedeutende Komponisten sowie verschiedene frühe Novellen, Kritiken, Feuilletons.

Am besten hat er als ganz junger Mann geschrieben, als er noch mit der Feder Geld verdienen mußte. In seinem ersten Artikel, „Die Deutsche Oper" (1834 in Laubes „Zeitung für die elegante Welt"), sagt er noch offen, daß der von ihm vergötterte Weber den Gesang nicht behandeln konnte und die Italiener darin einen unendlichen Vorsprung hätten. Lustig beschreibt er in einem für Robert Schumanns „Neue Zeitschrift für Musik" 1836 verfaßten Bericht aus Magdeburg, wie im dortigen Konzertsaal das Adagio einer Symphonie von klappernden Tellern aus dem danebenliegenden Restaurant begleitet wurde. Von ganz besonderem Reiz sind die Feuilletons, die Wagner während seiner Pariser Elendsjahre für Moritz Schlesingers „Gazette Musicale" und die „Dresdner Abendzeitung" verfaßt hat. Hier zeigt sich wirklich ein „anderer Wagner", voll von feiner an Heine erinnernder Ironie, von scharfer Beobachtungsgabe und sogar von frivolem pariserischem Charme. Wer würde Wagner als Autor der folgenden Zeilen erraten?

Wagner als Schriftsteller zeigt den Zwang eines tapferen Menschen, dem man die rechte Hand zerschlagen hat und der mit der linken ficht: er ist immer ein Leidender, wenn er schreibt, weil er der rechten Mitteilung auf seine Weise, in Gestalt eines leuchtenden Beispiels, durch eine zeitweilig unüberwindliche Notwendigkeit beraubt ist. (Friedrich Nietzsche „Richard Wagner in Bayreuth", 1876)

Richard Wagner über PARISER MAITRESSEN

„... vor allem wird der Deutsche durch diesen Ruf der Dürftigkeit vollkommen der Versuchung überhoben, gegen die angebotene Sittlichkeit zu sündigen: – es ist ihm rein unmöglich, *Maitressen* zu haben. Was dies in Paris heißt, weiß jeder, der es kennt. Eine Maitresse zu haben, ist unerläßlich für jeden, der, sei es in welchem Kreise es wolle, irgend etwas gelten will. Der Handwerker, wenn er von der Arbeit, der Commis, wenn er vom Magazin, der Student, wenn er aus dem Colleg kommt, trifft seine Maitresse so gut wie der Mann vom höchsten Stand; denn so gehört es sich, und wenn es nicht so wäre, gälte weder Handwerker, noch Commis, noch Student etwas.

Diese vortreffliche Sitte ist natürlich dem Deutschen zuwider, und glücklich hat er sich zu preisen, daß er in diesem Punkte nie der geringsten Anfechtung ausgesetzt ist. So groß auch die Anzahl der zärtlichen Geschöpfe ist, so unterkommsüchtig, so veränderlich sie auch in ihren Engagements sein mögen, so wird doch nie einer Grisette einfallen, sich einem Deutschen zum temporären Bündnisse anzubieten; noch seltener wird ein Deutscher die Gewissenlosigkeit und Tollkühnheit so weit treiben, um die Gunst einer solchen Dame zu werben, denn er müßte zu oft schamrot werden, wenn er sich im Spiegel sähe, was bei der Unmasse von Spiegeln in Paris gar nicht zu vermeiden ist. Die Maitressenwirtschaft überlassen die Deutschen ausschließlich ihren Mitausländern, den Briten; diese qualifizieren sich vortrefflich dazu, und keiner von ihnen ist einen Tag in Paris angekommen, ohne nicht mindestens mit einer Operntänzerin in ein beglückendes, wenn auch flüchtiges Bündnis zu treten.

Vermöge dieses Umstandes der Maitressenlosigkeit steht der Deutsche aber vollkommen abgesondert von der Pariser Sozietät; allen Pariser Freuden bleibt er dadurch fremd: für ihn kein

Ball, keine Chaumière, kein Prado, kein Tivoli, – für ihn keine ländlichen Genüsse, keine städtischen Erholungen. Überall erscheint der Pariser gepaart, Männchen und Weibchen: als trauriger Einsiedler schleicht der Deutsche durch die munteren Reihen der übrigen, sieht schüchtern ihren gefühlvollen Tänzen zu, und weiht sich dem unfreiwilligen Gelübde der Entsagung."

(Aus „Pariser Fatalitäten für Deutsche", 1841)

Die Schilderungen der Pariser Zeiten gehören auch zu den besten Teilen der Autobiographie „Mein Leben"; der Titel soll Hitler zu „Mein Kampf" angeregt haben.
Das Werk ist ein buntes Kaleidoskop der Zeitgeschichte, deren führenden Persönlichkeiten wir begegnen: Liszt und Meyerbeer, Berlioz und Baudelaire, Bakunin und Bülow. Durch die besonderen Umstände der Entstehung ist „Mein Le-

Manuskript der ersten Seite von Wagners Autobiographie „Mein Leben". Cosimas Handschrift. RWA.

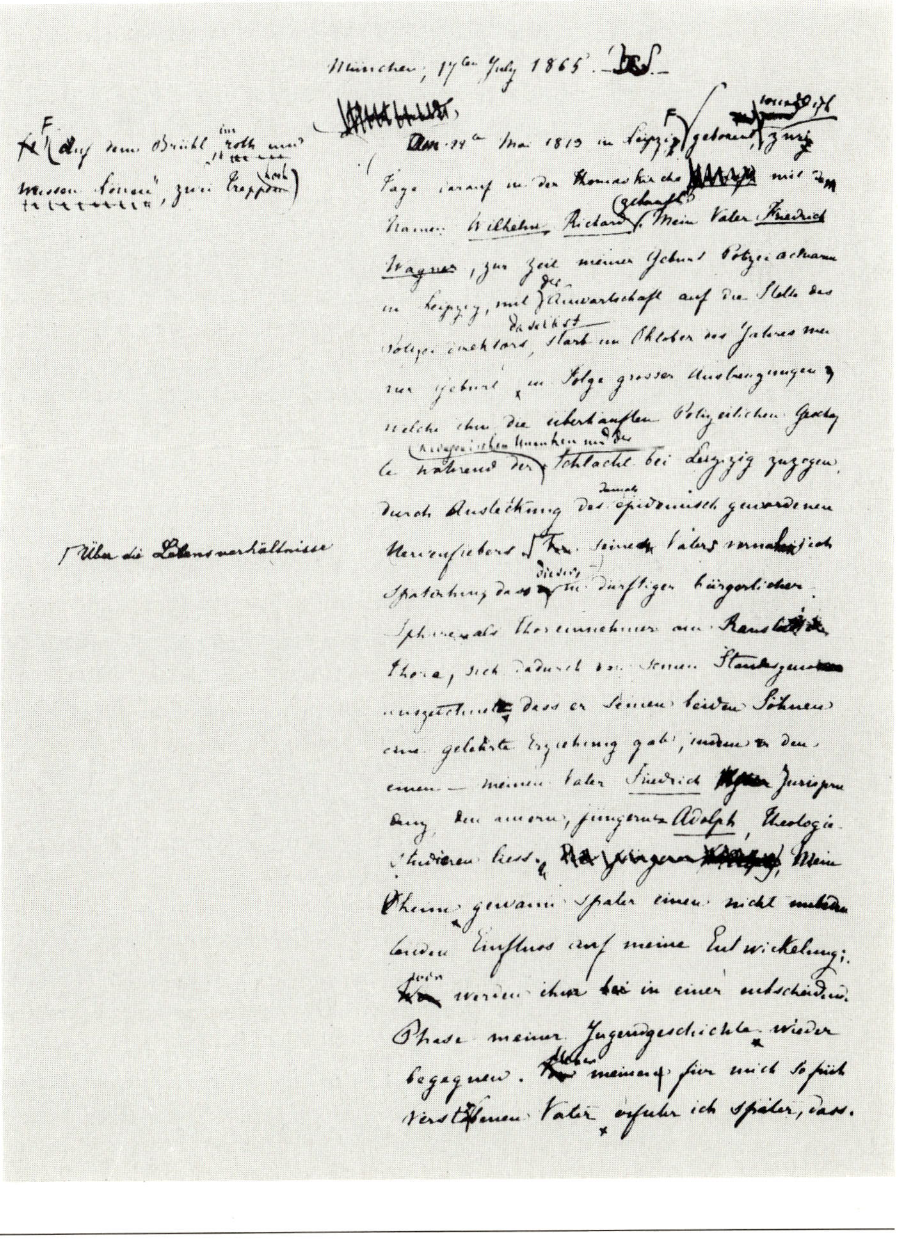

ben“ keine historisch verläßliche Quelle. Die Biographie wurde auf Wunsch König Ludwigs II. geschrieben und Cosima während einer Zeitperiode von 15 Jahren (zwischen 1865 und 1880) diktiert. Wagner verwendete Tagebuchnotizen, aber Gedächtnisfehler schlichen sich ein. Aus Rücksicht auf seine Stellung zum König unterspielt er das Ausmaß seiner Teilnahme am Dresdner Aufstand von 1849 – aus Rücksicht auf Cosima kommt Minna zu schlecht weg, und Mathilde Wesendonck spielt eine nur untergeordnete Rolle. Auch liegt Dunkel über dem Beginn der Beziehung zu Cosima. Die erste, von Cosima zensurierte, öffentliche Ausgabe erschien erst 1911. Vorher gab es nur den Privatdruck von 1881, bei dem Nietzsche die Korrekturbögen betreute und der Drucker ihm mit Kopfschütteln über die „Philologie des Meisters“ klagte. Das spannend geschriebene Werk führt Wagners Leben bis zu seiner Berufung zu König Ludwig II. am 3. Mai 1864. Es endet mit einer Szene von höchster Geschmacklosigkeit: der gleichzeitig mit dieser Berufung eintreffenden Meldung über Meyerbeers Tod in Paris und der Schilderung des „bäurischen Lachens“ von Wagners komponierendem Jünger Wendelin Weißheimer über „diesen wunderbaren Zufall“...
Lange Passagen des Buches sind trocken, andere zeigen den bezaubernden Humor von Wagners frühen Tagen.

Der niemals lachende Spontini

Wilhelmine Schröder-Devrient war in der Oper „Die Vestalin“ des berühmten Komponisten Gasparo Spontini aufgetreten, den Richard Wagner als Königlich Sächsischer Hofkapellmeister zur Leitung seines Werkes eingeladen hatte.

Dresden, Oktober 1844

Unvergeßlich bleibt mir ein Gastmahl der Schröder-Devrient, infolge dessen wir mit Spontini und seiner Frau (einer Schwester des berühmten Pianofortefabrikanten Erard) lange unter sehr anregenden Gesprächen zusammen waren. Seine gewöhnliche Teilnahme an der Unterhaltung war ein vornehm ruhiges Anhören der Gespräche anderer, welches die Erwartung, um seine Meinung ersucht zu werden, auszudrücken schien. Sobald er dann sprach, geschah es mit rhetorischer Feierlichkeit, in scharf präzisierten Sätzen von kategorischer Tendenz und mit dem Akzent, der jeden Widerspruch als eine Beleidigung erklärte... wenn er dann in solchen Orakelsprüchen begriffen war, litt er keine Störung durch irgendwelches Geräusch; als beim Dessert der Ton erregter geworden war, traf es sich, daß Frau Devrient während einer ziemlich anhaltenden Rede Spontinis zur Seite ein wenig über etwas lachte. Spontini schoß einen wütenden Blick auf seine Frau; Madame Devrient entschuldigte diese sofort, sie selbst sei es gewesen, welche über die Verse einer Bonbon-Devise unwillkürlich gelacht habe, worauf Spontini erwiderte: „Trotzdem bin ich sicher, daß meine Frau das Lachen provoziert hat; ich will nicht, daß man in meiner Gegenwart lacht, ich selbst lache nie, ich liebe den Ernst.“ Dennoch gelangte auch er bis zu einer gewissen Gemütlichkeit. So freute es ihn zum Beispiel, uns durch die Vortrefflichkeit seiner Zähne, mit welchen er laut große Stücke Zucker knackte, in Staunen zu versetzen... Soweit ihm dies möglich war, schien er mir wirklich seine besondere Zuneigung geschenkt zu haben; er erklärte offen, daß er mich liebhabe und dies mir nun dadurch bezeigen wolle, daß er mich vor dem Unglück bewahre, in meiner Karriere als dramatischer Komponist fortzufahren. Um seine Ansicht des Verderblichen der Karriere als Nachfolger Spontinis zu bezeichnen, begann er mit einem seltsamen Lob für mich; er sagte: „Als ich Ihren RIENZI hörte, sagte ich, der ist ein Genie, aber er hat schon mehr getan, als er kann.“ ... Die Konklusion lautete nun: „Also, wie meinen Sie, daß irgend jemand noch etwas Neues erfinden kann, wenn ich, Spontini, erkläre, daß ich meine früheren Werke nicht mehr übertreffen kann; außerdem hat man mich davon verständigt, daß seit der VESTALIN keine Note mehr geschrieben wurde, die nicht aus meinen Partituren gestohlen ist.“ Daß diese Behauptung nicht etwa nur eine Phrase sei, sondern auf der genauesten wissenschaftlichen Untersuchung beruhe, dafür führte er das Zeugnis seiner Frau an...

(Aus „Mein Leben“. Die im Original französischen Sätze Spontinis wurden übersetzt.)

Viele Ideen Wagners in seinen Schriften zur Bühnenreform sind noch immer aktuell und wurden auch seither zum großen Teil verwirklicht. In seinem „Entwurf eines deutschen National-Theaters für das Königreich Sachsen“ fordert er die Gründung eines aus der „Civilliste“ (heute würde man sagen: Staatssubventionen) unterstützten Instituts zur Pflege der absoluten Musik durch das Theaterorchester – im Grunde analog der Struktur der Wiener Philharmoniker. In der Schrift „Ein Theater in Zürich“ (1851) verlangt er aus einer gewissen Enttäuschung über das Bekanntwerden mit großen Berühmtheiten „ein edleres Bemühen, die ungekannten eigenen Kräfte, wenn nicht an das kalte Licht des eitlen Ruhmes, doch an das wärmende der öffentlichen Liebe zu ziehen“. Ein Bericht vom 31. März 1865 schlägt König Ludwig II. die Errichtung einer deutschen Musikschule in München vor – selbstredend zur Wagner-Pflege gedacht – unter Berufung auf den „unselbständigen, unreifen und schwankenden Zustand“ der Konservatorien in Deutschland. Kurios und voll persönlicher Ressentiments wegen der nicht zustande gekommenen „Tristan“-Uraufführung ist das Traktat „Das Wiener Hof-Operntheater“ aus dem Jahre 1863. Er knüpft an die von Kaiser Joseph II. gestellte Forderung an, die Wirksamkeit der Theater habe „zur Veredelung der Sitten und des Geschmackes der Nation beizutragen“ – mit manchen seiner Forderungen würde er sich aber heute keine 24 Stunden lang auf dem Sessel eines Operndirektors halten können...

Wir brauchen die italienische Oper nicht

„Ich glaube nämlich, wir brauchen die italienische Oper nicht. Ist auch der Vorrath guter musikalisch-dramatischer Werke keineswegs groß, und würde daher auch die zukünftige Direktion des Theaters genötigt sein, manche Oper ausländischer Komponisten (wie ich aber hoffe, dann in tadellosen Übersetzungen) zu geben, so würde dies dort fast einzig aus dem Repertoire der französischen, und zwar der sogenannten großen Oper sein können, weil diese der deutschen Richtung und namentlich der Spezialität des deutschen Gesangstalentes ungleich näher liegt als besonders die moderne italienische Oper. Seien wir deshalb keineswegs unempfindlich gegen die verlockende Klangschönheit des italienischen Gesanges; erkennen wir namentlich auch die natürliche Fülle der italienischen Gesangsorgane an, und seien wir gerecht gegen den Fleiß, welchen die italienischen Sänger auf deren Ausbildung, gegen den Eifer und die Genauigkeit, welche sie auf die Einübung ihrer Gesangspartien, auf die Übereinstimmung im Gesangsensemble verwenden: nur gestehen wir zu, daß, besonders auch mit dem Hinwegfall der Unterstützung der über Alles klangvollen italienischen Sprache, alle diese der italienischen Opernmusik förderlichen Eigenschaften verloren gehen, sobald diese von deutschen Sängern und in deutscher Sprache ausgeführt wird.
Schon im Sinne des guten Geschmackes muß daher den Freunden der italienischen Oper höchlich empfohlen werden, die Werke derselben sich lediglich durch italienische Sänger und in italienischer Sprache vorführen zu lassen. Für die ihnen hierdurch gebotene jedenfalls reinere Freude an diesem Genre, würden sie sich uns nun dadurch erkenntlich erweisen, daß die italienischen Virtuosen 1. aus dem deutschen Operntheater entfernt bleiben, und 2. auf ihre, der italienischen Opernfreunde Kosten, in Wien bewirthet werden.
Ich scheue mich, weil ich leicht als chimärischer Phantast erscheinen könnte, so sehr, Vorschläge aus eigener Erfahrung zu thun, daß es mir lieb ist, auch für diesen Wunsch das lang bewährte Beispiel anderer Orte anführen zu können, und auch in diesem Bezug mich auf die Pariser Einrichtung berufen zu dürfen, nach welcher die französische große Oper außerordentlich reichlich, die italienische aber gar nicht dotirt ist – worin man gewiß keine nationale Einseitigkeit zu erkennen hat, sondern einfach eine praktische Gerechtigkeit, da es sich gefunden, daß die italienische Oper dermaßen der Liebling der hohen und reichen Gesellschaft ist, daß jeder Impresario, einfach auf dem Wege der Spekulation auf diese Liebhaberei, stets die besten Geschäfte macht, und deshalb gar keiner Subvention bedarf.“

(Aus „Das Wiener Hof-Operntheater“, Wien, 1863)

Es gibt Erläuterungen Wagners zum Verständnis und zum Vortrag der Werke anderer Meister, u. a. Gluck, Spohr, Liszt. Bei weitem am interessantesten sind seine Analysen und praktischen Vorschläge zu Beethoven. Auf Grund der Erfahrungen, die er an seinem 59. Geburtstag, am 22. Mai 1872, bei seiner Interpretation der Neunten Symphonie im Markgräflichen Opernhaus zu Bayreuth anläßlich der Grundsteinlegung zum Festspielhaus gemacht hatte, schrieb er ein Jahr später „Zum Vortrag der Neunten Symphonie Beethovens“.

Eine Seite aus „Zum Vortrag der IX. Symphonie Beethovens“ (1873).

Er schlägt darin Retuschen in der Instrumentation vor, die er mit zwei Argumenten begründet: Beethoven habe für ein Orchester der Haydn- und Mozart-Zeit instrumentiert, sei aber in seiner musikalischen Konzeption undenklich weit über diese hinausgegangen. Außerdem sei bei Beethoven nach eingetretener Taubheit das lebhafte Gehörbild des Orchesters so weit verblaßt, daß ihm die dynamischen Beziehungen im Orchester nicht mit der Deutlichkeit bewußt seien, wie sie seine Konzeption unerläßlich gemacht hätte. Viele bedeutende Dirigenten verwenden noch heute diese Retuschen im instrumentalen Teil, Wagner hat aber auch die Gesangspartien des Soloquartetts teilweise umkomponiert (sogar den Anfang des Baß-Solos „Freude, schöner Götterfunken"), um der Textdeutlichkeit zu dienen und die sonst kaum hörbare Altstimme deutlicher hervortreten zu lassen.

Zum 100. Geburtstag des Meisters schrieb Wagner seinen Aufsatz „Beethoven" (1870), in dem er zunächst eine Parallele zwischen Beethoven und Schopenhauers These von der „Musik als einer Idee der Welt" herstellt und dann interessante Vergleiche zwischen Beethoven, Haydn und Mozart zieht:

Belästigende Störungen seiner inneren Welt

Beethoven

„... Es ist erstaunlich zu sehen, wie hier Alles durch den kräftigen Instinkt der Natur entschieden wurde. Ganz deutlich spricht hier dieser in Beethoven's Zurückscheuen vor einer Lebenstendenz, wie der Haydn's. Ein Blick auf den jungen Beethoven genügte wohl auch, um jeden Fürsten von dem Gedanken abzubringen, diesen zu seinem Kapellmeister zu machen. Merkwürdigerweise zeigt sich dagegen die Komplexion seiner Charakter-Eigentümlichkeiten in denjenigen Zügen desselben, welche ihn vor einem Schicksale, wie dem Mozart's, bewahrten. Gleich diesen völlig besitzlos in einer Welt ausgesetzt, in welcher nur das Nützliche sich lohnt, das Schöne nur belohnt wird, wenn es dem Genusse schmeichelt, das Erhabene aber durchaus ohne alle Erwiderung bleiben muß, fand Beethoven zuerst sich davon ausgeschlossen, durch das Schöne die Welt sich geneigt zu machen... Sein fast unheimlich stechendes Auge gewahrte in der Außenwelt nichts wie belästigende Störungen seiner inneren Welt, welche sich abzuhalten fast seinen einzigen Rapport mit dieser Welt ausmachte. So wird der Krampf zum Ausdrucke seines Gesichtes; der Krampf des Trotzes hält diese Nase, diesen Mund in der Spannung, welche nie zum Lächeln, sondern nur zum ungeheuren Lachen sich lösen kann. Galt es als physiologisches Axiom für hohe geistige Begabung, daß ein großes Gehirn in dünner zarter Hirnschale eingeschlossen sein soll, wie zur Erleichterung eines unmittelbaren Erkennens der Dinge außer uns; so sahen wir dagegen bei der vor mehreren Jahren stattgefundenen Besichtigung der Überreste des Todten, in Übereinstimmung mit einer außerordentlichen Stärke des ganzen Knochenbaues, die Hirnschale von ganz ungewöhnlicher Dicke und Festigkeit. So schätzte die Natur in ihm ein Gehirn von übermäßiger Zartheit, damit es nur nach innen blikken, und die Weltschau eines großen Herzens in ungestörter Ruhe üben könnte. Was diese furchtbar rüstige Kraft umschloß und bewahrte, war eine innere Welt von so lichter Zartheit, daß sie, schutzlos der rohen Betastung der Außenwelt preisgegeben, weich zerflossen und verduftet wäre, – wie der zarte Licht- und Liebesgenius Mozart's. –"

(Aus „Beethoven", 1870)

Mit dem Scheitern des Dresdner Aufstandes vom Mai 1849 und Wagners Flucht beginnt eine entscheidende Zäsur in Wagners Schriften. Sie bekommen den Charakter hektischer Unruhe, irrenden Suchens und erwecken manchmal den Eindruck krampfhafter Selbstverteidigung. Es sind die Nebenwerke des Genius, in dessen Phantasie Gebilde von unbeschreiblicher Größe zu reifen beginnen und um ihre Gestalt ringen – der aber in der augenblicklichen Situation der Welt (sprich: des Theaters) keine Möglichkeit einer Realisierung sieht und sie daher in einer Revolution sucht, deren Natur und Ziel ihm selbst nicht klar sind. Daher

bleiben sie auch dem Leser unklar. In der ersten Exil-Schrift, „Die Kunst und die Revolution" (1849), erklärt Wagner, es sei grausam, den von der Not nach der Revolution Betroffenen menschliches Mitleid zu versagen – man dürfe aber die Revolution nicht als eine Feindin der Kunst beschuldigen.
Nur die Revolution, nicht aber die Restauration könne das höchste Kunstwerk schaffen. Mit Bezug auf die griechische Tragödie, die er so bewunderte, meint

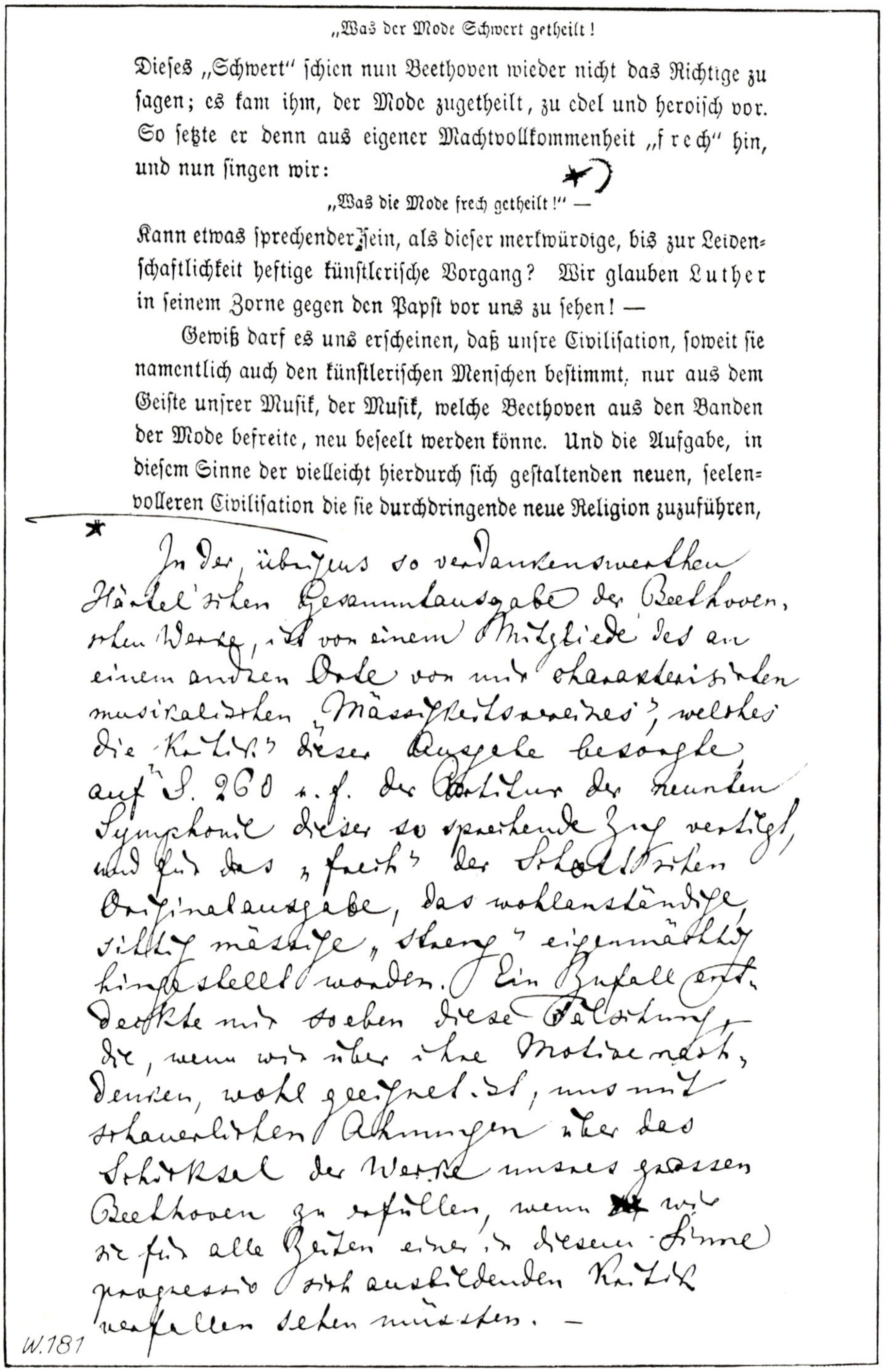
„Was der Mode Schwert getheilt!

Dieses „Schwert" schien nun Beethoven wieder nicht das Richtige zu sagen; es kam ihm, der Mode zugetheilt, zu edel und heroisch vor. So setzte er denn aus eigener Machtvollkommenheit „frech" hin, und nun singen wir: *)

„Was die Mode frech getheilt!" —

Kann etwas sprechender sein, als dieser merkwürdige, bis zur Leidenschaftlichkeit heftige künstlerische Vorgang? Wir glauben Luther in seinem Zorne gegen den Papst vor uns zu sehen! —

Gewiß darf es uns erscheinen, daß unsre Civilisation, soweit sie namentlich auch den künstlerischen Menschen bestimmt, nur aus dem Geiste unsrer Musik, der Musik, welche Beethoven aus den Banden der Mode befreite, neu beseelt werden könne. Und die Aufgabe, in diesem Sinne der vielleicht hierdurch sich gestaltenden neuen, seelenvolleren Civilisation die sie durchdringende neue Religion zuzuführen,

*) In der, übrigens so verdankenswerthen Härtel'schen Gesammtausgabe der Beethoven'schen Werke, ist von einem Mitgliede des an einem andren Orte von mir charakterisirten musikalischen „Mässigkeitsvereines", welches die Kritik dieser Ausgabe besorgte, auf S. 260 u. f. der Partitur der neunten Symphonie dieser so sprechende Zug vertilgt, und für das „frech" der Schott'schen Originalausgabe, das wohlanständige, sittig mässige, „streng" eigenmächtig hingestellt worden. Ein Zufall entdeckte mir soeben diese Fälschung, die, wenn wir über ihre Motive nachdenken, wohl geeignet ist, uns mit schauerlichen Ahnungen über das Schicksal der Werke unseres grossen Beethoven zu erfüllen, wenn wir sie für alle Zeiten einer in diesem Sinne progressiv sich ausbildenden Kritik verfallen sehen müssten. —

W.181

Eine Korrekturseite aus „Beethoven". (1870 zum 100. Geburtstage Beethovens geschrieben.)

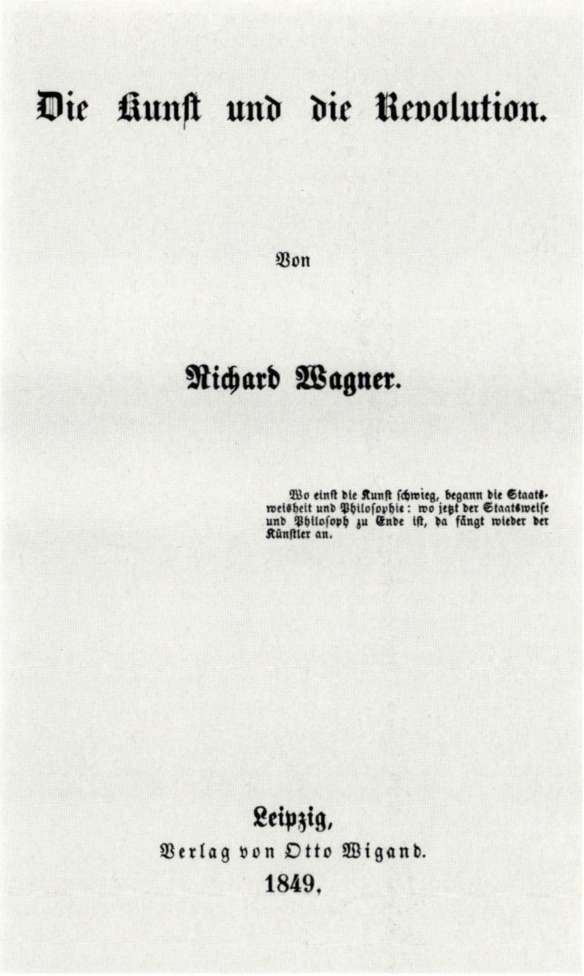

Die Kunst und die Revolution.

Von

Richard Wagner.

Wo einst die Kunst schwieg, begann die Staatsweisheit und Philosophie: wo jetzt der Staatsweise und Philosoph zu Ende ist, da fängt wieder der Künstler an.

Leipzig,
Verlag von Otto Wigand.
1849.

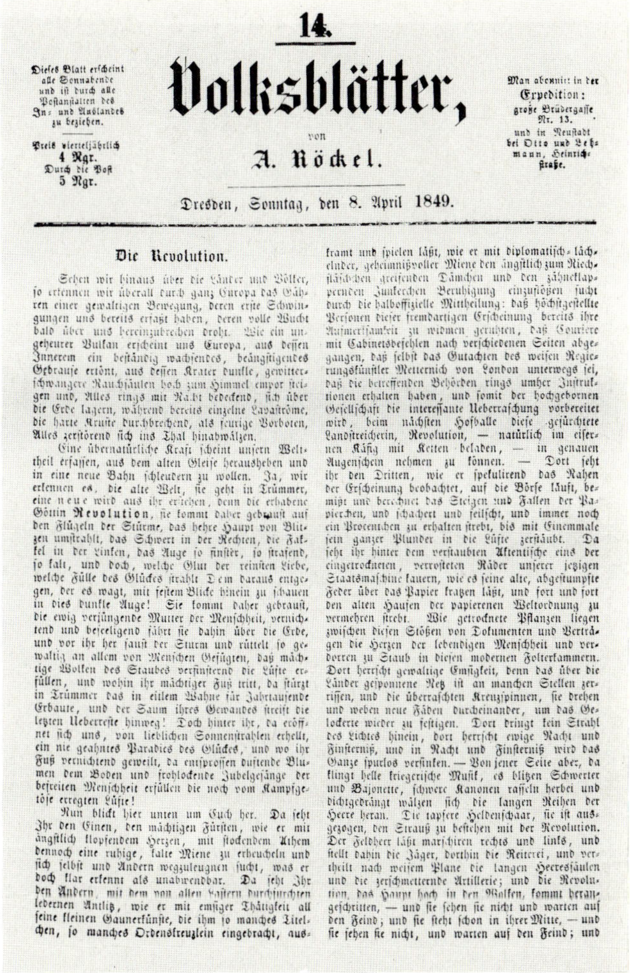

14.

Dieses Blatt erscheint alle Sonnabende und ist durch alle Postanstalten des In- und Auslandes zu beziehen.

Preis vierteljährlich 4 Ngr. Durch die Post 5 Ngr.

Volksblätter,

von

A. Röckel.

Man abonnirt in der Expedition: große Brüdergasse Nr. 13. und in Neustadt bei Otto und Lehmann, Heinrichstraße.

Dresden, Sonntag, den 8. April 1849.

Die Revolution.

Sehen wir hinaus über die Länder und Völker, so erkennen wir überall durch ganz Europa das Gähren einer gewaltigen Bewegung, deren erste Schwingungen uns bereits erfaßt haben, deren volle Wucht bald über uns hereinzubrechen droht. Wie ein ungeheurer Vulkan erscheint uns Europa, aus dessen Innerem ein beständig wachsendes, beängstigendes Gebrause ertönt, aus dessen Krater dunkle, gewitterschwangere Rauchsäulen hoch zum Himmel empor steigen und, Alles rings mit Nacht bedeckend, sich über die Erde lagern, während bereits einzelne Lavaströme, die harte Kruste durchbrechend, als feurige Vorboten, Alles zerstörend sich ins Thal hinabwälzen.

Eine übernatürliche Kraft scheint unsern Welttheil erfassen, aus dem alten Gleise herausheben und in eine neue Bahn schleudern zu wollen. Ja, wir erkennen es, die alte Welt, sie geht in Trümmer, eine neue wird aus ihr erstehen, denn die erhabene Göttin **Revolution**, sie kommt daher gebraust auf den Flügeln der Stürme, das hehre Haupt von Blitzen umstrahlt, das Schwert in der Rechten, die Fakkel in der Linken, das Auge so finster, so strafend, so kalt, und doch, welche Glut der reinsten Liebe, welche Fülle des Glückes strahlt Dem daraus entgegen, der es wagt, mit festem Blicke hinein zu schauen in dies dunkle Auge! Sie kommt daher gebraust, die ewig verjüngende Mutter der Menschheit, vernichtend und beseeligend fährt sie dahin über die Erde, und vor ihr her saust der Sturm und rüttelt so gewaltig an allem von Menschen Gefügten, daß mächtige Wolken des Staubes verfinsternd die Lüfte erfüllen, und wohin ihr mächtiger Fuß tritt, da stürzt in Trümmer das in eitlem Wahne für Jahrtausende Erbaute, und der Saum ihres Gewandes streift die letzten Ueberreste hinweg! Doch hinter ihr, da eröffnet sich uns, von lieblichen Sonnenstrahlen erhellt, ein nie geahntes Paradies des Glückes, und wo ihr Fuß vernichtend geweilt, da entsprossen duftende Blumen dem Boden und frohlockende Jubelgesänge der befreiten Menschheit erfüllen die noch vom Kampfgetöse erregten Lüfte!

Nun blickt hier unten um Euch her. Da seht Ihr den Einen, den mächtigen Fürsten, wie er mit ängstlich klopfendem Herzen, mit stockendem Athem dennoch eine ruhige, kalte Miene zu erheucheln und sich selbst und Andern wegzuleugnen sucht, was er doch klar erkennt als unabwendbar. Da seht Ihr den Andern, mit dem von allen Lastern durchfurchten ledernen Antlitz, wie er mit emsiger Thätigkeit all seine kleinen Gaunerkünste, die ihm so manches Titelchen, so manches Ordenskreuzlein eingebracht, auskramt und spielen läßt, wie er mit diplomatisch-lächelnder, geheimnißvoller Miene den ängstlich zum Riechfläschchen greifenden Dämchen und den zähneklappernden Junkerchen Beruhigung einzuflößen sucht durch die halboffizielle Mittheilung: daß höchstgestellte Personen dieser fremdartigen Erscheinung bereits ihre Aufmerksamkeit zu widmen geruhten, daß Couriere mit Cabinetsbefehlen nach verschiedenen Seiten abgegangen, daß selbst das Gutachten des weisen Regierungskünstler Metternich von London unterwegs sei, daß die betreffenden Behörden rings umher Instruktionen erhalten haben, und somit der hochgebornen Gesellschaft die interessante Ueberraschung vorbereitet wird, beim nächsten Hofballe diese gefürchtete Landstreicherin, Revolution, — natürlich im eisernen Käfig mit Ketten beladen, — in genauen Augenschein nehmen zu können. — Dort seht ihr den Dritten, wie er spekulirend das Nahen der Erscheinung beobachtet, auf die Börse läuft, bemißt und berechnet das Steigen und Fallen der Papierchen, und schachert und feilscht, und immer noch ein Procentchen zu erhalten strebt, bis mit Einemmale sein ganzer Plunder in die Lüfte zerstäubt. Da seht ihr hinter dem verstaubten Aktentische eins der eingetrockneten, verrosteten Räder unserer jetzigen Staatsmaschine kauern, wie es seine alte, abgestumpfte Feder über das Papier kratzen läßt, und fort und fort den alten Haufen der papierenen Weltordnung zu vermehren strebt. Wie getrocknete Pflanzen liegen zwischen diesen Stößen von Dokumenten und Verträgen die Herzen der lebendigen Menschheit und verdorren zu Staub in diesen modernen Folterkammern. Dort herrscht gewaltige Emsigkeit, denn das über die Länder gesponnene Netz ist an manchen Stellen zerrissen, und die überraschten Kreuzspinnen, sie drehen und weben neue Fäden durcheinander, um das Gelockerte wieder zu festigen. Dort dringt kein Strahl des Lichtes hinein, dort herrscht ewige Nacht und Finsterniß, und in Nacht und Finsterniß wird das Ganze spurlos versinken. — Von jener Seite aber, da klingt helle kriegerische Musik, es blitzen Schwerter und Bajonette, schwere Kanonen rasseln herbei und dichtgedrängt wälzen sich die langen Reihen der Heere heran. Die tapfere Heldenschaar, sie ist ausgezogen, den Strauß zu bestehen mit der Revolution. Der Feldherr läßt marschiren rechts und links, und stellt dahin die Jäger, dorthin die Reiterei, und vertheilt nach weisem Plane die langen Heeressäulen und die zerschmetternde Artillerie; und die Revolution, das Haupt hoch in den Wolken, kommt herangeschritten, — und sie sehen sie nicht und warten auf den Feind; und sie steht schon in ihrer Mitte, — und sie sehen sie nicht, und warten auf den Feind; und

Zur Abbildung rechts: Anonymer Artikel von Wagner vor dem Dresdner Maiaufstand.

Wagner, nur die „große Menschheitsrevolution" könne aus ihrem tiefsten Grunde „das von Neuem, und schöner, edler, allgemeiner gebären, was sie dem konservativen Geiste einer früheren Periode schöner, aber beschränkter Bildung, entriß und verschlang". Das Ziel der Revolution sei der „starke und schöne Mensch" – „die Revolution gebe ihm die Stärke, die Kunst die Schönheit!"
Auch in der „Mittheilung an meine Freunde", die Wagner im August 1851 in Zürich beendete, betont er, daß er durch seine Überlegungen zur „gründlichen Änderung unserer Theaterverhältnisse" zur Politik getrieben wurde, zur vollen Erkenntnis „der Nichtswürdigkeit der politischen und sozialen Zustände, die aus sich gerade keine anderen öffentlichen Kunstzustände bedingen konnten, als die von mir angegriffenen". Die „Mittheilung" ist ein hochinteressanter Rechenschaftsbericht über sein Leben und Schaffen bis zum „Lohengrin", gibt aber auch aufschlußreiche Einblicke in die Pläne zu den „Meistersingern" und zum „Ring". Er will seine Reformideen auch nach außen dokumentieren: „Ich schreibe keine Opern mehr: da ich keinen willkürlichen Namen für meine Arbeiten erfinden will, so nenne ich sie Dramen." In dieser Schrift gibt Wagner im Zusammenhang mit dem Nibelungen-Ring eine frühe Bayreuth-Vision: „Ich beabsichtige, meinen Mythos in drei vollständigen Dramen vorzuführen, denen ein großes Vorspiel vorauszugehen hat... an einem eigens dazu bestimmten Feste gedenke ich

dereinst im Laufe dreier Tage mit einem Vorabende jene drei Dramen nebst dem Vorspiele aufzuführen..."
Manche seiner Schriften vermitteln einen völlig neuen Einblick in die Verwandtschaft von Wagners Stoffen untereinander.

Tristan – ein Ergänzungsakt zum Nibelungenmythus

„Mit dem Entwurfe von TRISTAN UND ISOLDE war es mir, als entfernte ich mich selbst nicht eigentlich aus dem Kreise der durch meine Nibelungenarbeit mit erweckten dichterischen und mythischen Anschauungen. Der große Zusammenhang aller ächten Mythen, wie er mir durch meine Studien aufgegangen war, hatte mich namentlich für die wundervollen Variationen hellsichtig gemacht, welche in diesem aufgedeckten Zusammenhange hervortreten. Eine solche trat mir mit entzückender Unverkennbarkeit in dem Verhältnisse *Tristan's* zu *Isolde*, zusammengehalten mit dem *Siegfried's* zu *Brünnhilde* entgegen. Wie in den Sprachen durch Lautverschiebung aus demselben Worte zwei oft ganz verschieden dünkende Worte sich bilden, so waren auch, durch eine ähnliche Verschiebung oder Umstellung der Zeitmotive, aus diesem einen mythischen Verhältnisse zwei anscheinend verschiedenartige Verhältnisse entstanden. Die völlige Gleichheit dieser besteht aber darin, daß Tristan wie Siegfried das ihm nach dem Urgesetze bestimmte Weib, im Zwange einer Täuschung, welche diese seine That zu einer unfreien macht, für einen anderen freit, und aus dem hieraus entstehenden Mißverhältnisse seinen Untergang findet. Während der Dichter des *Siegfried*, den großen Zusammenhang des ganzen Nibelungen-Mythus vor Allem festhaltend, nur den Untergang des Helden durch die Rache des mit ihm sich aufopfernden Weibes in das Auge fassen konnte, findet der Dichter des *Tristan* seinen Hauptstoff in der Darstellung der Liebesqual, welcher die beiden über ihr Verhältniß aufgeklärten Liebenden bis zu ihrem Tode verfallen sind. Hier ist nur breiter und deutlicher gefaßt, was auch dort unverkennbar sich ausspricht: der Tod durch Liebesnoth, welche in der einseitig des Verhältnisses sich bewußten Brünnhilde zum Ausdrucke gelangt. Was hier nur mit entscheidender Heftigkeit sich äußern konnte, wird dort zu einem unendlich mannigfaltigen Inhalte; und hierin lag für mich der Anreiz, diesen Stoff gerade jetzt auszuführen, nämlich als einen Ergänzungsakt des großen, ein ganzes Weltverhältniß umfassenden, Nibelungenmythus.
(Aus „Epilogischer Bericht über die Umstände und Schicksale, welche die Ausführung des Bühnenfestspiels „Der Ring des Nibelungen" bis zur Veröffentlichung der Dichtung desselben begleiteten", 1871)

Das Hauptwerk der Kunstlehre Wagners ist die im Jahre 1851 vollendete, über 300 Seiten umfassende dogmatische Trilogie „Oper und Drama".
Zwölf Abende dauerte die Vorlesung von „Oper und Drama", die Wagner 1851 in Zürich veranstaltet hat. Das Werk wurde zu einer Zeit geschrieben, in der Wagner aus Verzweiflung an der offenkundigen Unmöglichkeit der Realisierung seiner theatralischen Ideen bis zum äußersten Extrem der Theorie ging. In der Einleitung stellt er seine Hauptthese auf, der Irrtum in dem Kunstwerk der Oper bestünde darin, „daß ein Mittel des Ausdruckes (die Musik) zum Zweck, der Zweck des Ausdruckes (das Drama) aber zum Mittel gemacht war". Ein Wahnsinn habe die Oper zur Lächerlichkeit gebracht, da „jedes Mittel des Ausdruckes aus sich die Absicht des Dramas bedingen wollte". Der zweite Teil ist ein sehr subjektives Kaleidoskop der Weltliteratur, der dritte Teil – „Dichtkunst und Tonkunst im Drama der Zukunft" – schildert Wagners Zukunftsvision. Dieser letzte Absatz beschreibt das Kunstwerk der Zukunft klar als das Wagner-Werk: „Der Erzeuger des Kunstwerkes der Zukunft ist niemand anderer als der Künstler der Gegenwart, der das Leben der Zukunft ahnt, und in ihm enthalten zu sein sich sehnt..."
Seine Vision vom Wort-Ton-Drama ist kompromißlos und doktrinär – sie beinhaltet auch die Abschaffung des Chors und des Endreims. Unausdenkbar, was ge-

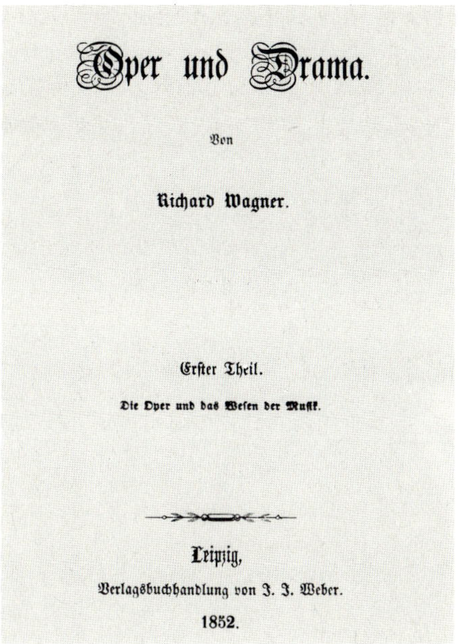

Oper und Drama.

Von

Richard Wagner.

Erster Theil.

Die Oper und das Wesen der Musik.

Leipzig,

Verlagsbuchhandlung von J. J. Weber.

1852.

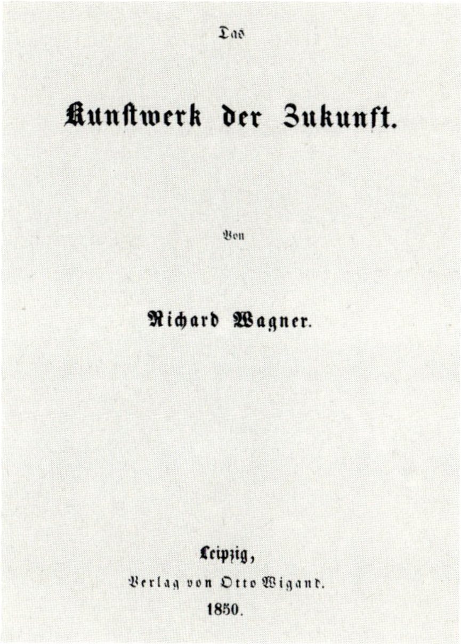

Das

Kunstwerk der Zukunft.

Von

Richard Wagner.

Leipzig,

Verlag von Otto Wigand.

1850.

schehen wäre, wenn sich Wagner an seine Doktrinen gehalten hätte – wir hätten keine „Meistersinger", keine „Götterdämmerung", keinen „Parsifal".
Wagners Schriften haben niemals eine wirkliche Breitenwirkung gehabt. Herrliche Prosa steht neben plumper Banalität politischer Pamphlete (wie „Das Judenthum in der Musik"), präzis formulierte grandiose Ideen wechseln mit nebulösen Phrasen in weltumstürzlerischen Monstersätzen.

Noch heute geht es oft so zu wie in Wagners Tagen:

Die konventionelle Gebärde

„Dem nach den Regeln der absoluten Gesangskunst geschulten Theatersänger ist nun eine gewisse Konvention gelehrt worden, nach welcher er auf der Bühne seinen Vortrag durch die Gebärde zu begleiten habe. Diese Konvention besteht in nichts Anderem, als in einer, der Tanzpantomime entnommenen, Veranständigung der physisch durch den Gesangsvortrag bedingten Gebärde, die bei ungeschulteren Sängern in groteske Übertreibung und Rohheit ausartet. Diese konventionelle Gebärde, die an und für sich nur dazu wirkt, den abgehenden Sprachsinn der Melodie noch vollkommen zu verdecken, bezieht sich aber auch nur auf die Stellen des Drama's, wo der Darsteller wirklich singt: sobald er damit aufhört, hält er sich auch für die Gebärde zu keiner weiteren Kundgebung verpflichtet. Unsere Opernkomponisten haben nun die Pausen des Gesanges zu Orchesterzwischenspielen benutzt, in denen entweder einzelne Instrumentisten ihre besondere Geschicklichkeit zu zeigen hatten, oder der Komponist selbst die Aufmerksamkeit des Publikums auf seine Kunst der Instrumentalweberei zu ziehen sich vorbehielt. Diese Zwischenspiele werden von den Sängern, sobald sie nicht mit dankenden Verbeugungen für erhaltenen Applaus beschäftigt sind, wiederum nach gewissen Regeln des theatralischen Anstandes ausgefüllt: man geht auf die andere Seite des Prosceniums, oder schreitet nach dem Hintergrunde – wie um zu sehen, ob Jemand käme, tritt wieder nach vorn und schlägt die Augen gen Himmel. Weniger für anständig, dennoch aber für erlaubt und durch die Verlegenheit gerechtfertigt, gilt es, wenn man sich während solcher Pausen zu den Mitspielenden neigt, verbindlich mit ihnen sich unterhält, die Falten des Gewandes in Ordnung bringt, oder endlich auch gar Nichts thut, und geduldig das Orchesterschicksal über sich ergehen läßt."

(Aus „Oper und Drama", 3. Teil, 1851)

Napoleon III. 1808–1873. Kaiser der Franzosen 1852–1870. Sein „Zweites Kaiserreich" stand auf dem Höhepunkt des Glanzes, als Wagner ein zweites Mal versuchte, in Paris Fuß zu fassen. Seine Konzerte im Pariser „Théâtre Italien", wo Rossini einmal Direktor gewesen war, gewannen ihm die Bewunderung einflußreicher Kreise für seine Kompositionen und seine Leistungen als Dirigent. Seine teure Wohnung Rue Newton Nr. 16, deren Miete er sich wieder nicht leisten konnte, wurde der Schauplatz von Gesellschaften an Mittwoch-Abenden, zu denen sich bedeutende Persönlichkeiten des geistigen Lebens einfanden – darunter die Komponisten Camille Saint-Saëns und Charles Gounod, der Zeichner Gustave Doré, der Maler Emile Perrin sowie der Schriftsteller Catulle Mendès, mit dessen späterer Gattin Judith Gautier Wagner eine leidenschaftliche Liebesepisode verbinden sollte. Der Dichter Charles Baudelaire wurde Führer der ersten französischen Wagnerianer. Napoleon III. verfügte persönlich die Aufführung des „Tannhäuser" an der Oper, die am 13. März 1871 nach einem Totalfiasko das Ende der zweiten Pariser Träume Wagners bedeutete. Im November 1870 verspottete Wagner in seinem Lustspiel „Eine Kapitulation", das er erfolglos Kapellmeister Hans Richter zur Komposition anbot, die Niederlage Frankreichs und den Sturz Napoleons III.

Fürstin Pauline Metternich, 1836–1919. Die Tochter des berühmten „Teufelsreiters", des Grafen Arpad Sandor, war zur Zeit Napoleons III. als Gattin des österreichischen Botschafters, eines Sohnes des gestürzten Staatskanzlers Klemens Metternich, in Paris. Die geistvolle Frau griff oft aktiv in das politische und künstlerische Geschehen ein – die Verquickung beider war ihre besondere Spezialität. Als Österreich 1866 von Preußen bei Königgrätz geschlagen wurde, lud sie Johann Strauß zu Konzerten nach Paris ein, um während der Weltausstellung 1867 eine günstige Atmosphäre für eine Allianz zwischen Österreich und Frankreich gegen Preußen zu schaffen. Das gelang ihr ebensowenig wie die Durchsetzung des „Tannhäuser", dessen Pariser Premiere sie unter Einschaltung von Kaiserin Eugenie bei Napoleon III. erreicht hatte. Nach dem Durchfall widmete ihr Wagner sein „Albumblatt" in C-Dur. Unser Bild zeit die exzentrische Pauline Sandor als „moderne Juno" in einem Gelegenheitsstück, das 1886 im Wiener Palais Schwarzenberg von Mitgliedern der Gesellschaft gespielt wurde.

Gioacchino Rossini, 1792–1868. Obwohl er seit 1829 keine Oper mehr geschrieben hatte, galt er neben Meyerbeer als die führende Persönlichkeit der Pariser Opernwelt.

Hector Berlioz, 1803–1869. Lithographie von Kriehuber 1845. Die symphonischen Dichtungen des Schöpfers der Programmusik hatten Richard Wagner schon 1839 in Paris begeistert. In einem Artikel über die Symphonie Phantastique verglich er 1839 in der „Gazette Musicale" Berlioz mit Napoleon: „Er ist zum Konsul gemacht worden – er wird noch Kaiser werden!" Die beiden Musiker traten in persönliche Beziehung, und Wagner unterstützte Berlioz bei den Proben, als dieser in Dresden Orchesterkonzerte gab. Berlioz fand positive Worte für Wagner als Operndirigent in Dresden, war jedoch weder von „Rienzi" noch vom „Fliegenden Holländer" beeindruckt. In der Erbitterung seiner Zürcher Exiljahre wandte sich Wagner in „Oper und Drama" (1851) scharf gegen Berlioz, den er nun als „phantastischen Schwärmer" abtat. Als Wagner 1860 zum zweiten Mal sein Glück in Paris versuchen wollte, fand er in Berlioz einen scharfen Gegner: Berlioz war es nicht gelungen, eine Aufführung seiner Oper „Die Trojaner" in Paris zu erreichen, daher verwendete er all seine Beziehungen zur Torpedierung von Wagners „Tannhäuser". Gerüchte, daß er den Theaterskandal mit organisiert hätte, wurden nie bewiesen. Berlioz, der auch als Kritiker tätig war, hat über die „Tannhäuser"-Premiere keine Kritik geschrieben. „Ich bin grausam gerächt!" schrieb er nach dem Durchfall mit unverhüllter Freude an seinen Sohn. In einem Schreiben an eine bekannte Pariser Dame lobte er die Pariser, denn „sie haben sich gestern in einem ganz neuen Licht gezeigt, sie haben über den schlechten musikalischen Stil gelacht – kurz, sie haben endlich begriffen, daß es auch in der Musik einen Stil gibt!"

Wagner besucht Rossini

Zwei Unsterbliche in einem denkwürdigen Gespräch

In seinem „Eine Erinnerung an Rossini" (1868) betitelten Nachruf erwähnt Wagner seinen Besuch bei dem italienischen Meister im Jahre 1860 in Paris. Im Jahre 1906 erschien in Paris unter dem Titel „Visite de R. Wagner à Rossini, Paris 1860" ein genauer Bericht des belgischen Amateurkomponisten Edmond Michotte über diese Unterredung, bei der er anwesend war und die Gespräche genau mitgeschrieben hat. Rossini sprach glänzend französisch, Wagner konnte sich zwar langsamer, aber dennoch fließend und deutlich verständigen. Da zwischen dem Gespräch und der Veröffentlichung 46 Jahre liegen, ist die Authentizität umstritten – jedenfalls aber finden wir nirgends klarere und präzisere Erklärungen Wagners über seine Theorien als in diesem Gespräch.

Als Richard Wagner zu Anfang des Jahres 1860 drei Konzerte in Paris dirigierte und sich bemühte, den „Tannhäuser" an der Pariser Oper unterzubringen, nahm er im Interesse guter Beziehungen zur Pariser Kunstwelt zahlreiche Kontakte mit führenden Persönlichkeiten auf. Er wohnte damals in einem kleinen (nicht mehr stehenden) Hause in der Rue Newton Nr. 16 in der Nähe der Place de l'Etoile; es gelang ihm durch die Hilfe von Freunden und durch die häuslichen Talente Minnas, die es nach der Affäre Wesendonck wieder einmal mit ihrem Mann versuchte, interessante Gäste, meist Mittwoch abends, in seiner Wohnung zu versammeln. Er arbeitete dort mit dem französischen Schriftsteller Edmond Roche an der französischen Übersetzung des „Tannhäuser" und liebte es, im nahegelegenen Bois de Boulogne mit seinem kleinen Hund spazieren zu gehen. Die Pariser Presse verfolgte ihn und seine „Zukunftsmusik", die sie kaum kannte, unablässig mit persönlichen Angriffen und zahllosen wahren oder erfundenen Geschichten und Geschichtchen. Ein Lieblingsthema der Angriffe gegen Wagner waren Berichte über die negative Einstellung führender Persönlichkeiten gegenüber Wagners Kunst. Da Rossini in Paris lebte und als großer Spaßmacher galt, war der Pariser Tratsch unermüdlich im Verbreiten neuer Anekdoten über Rossini und Wagner, die einander bisher nie begegnet waren.

Gioacchino Rossini war nach zwanzigjähriger Abwesenheit im Jahre 1856 aus Italien nach Paris zurückgekehrt und bewohnte ein allen Parisern bekanntes elegantes Haus am Boulevard des Italiens; an derselben Stelle soll einmal das Haus gestanden haben, in dem Mozart gewohnt hat. Allwöchentlich gab es bei Rossini ein Diner mit vielen Gästen, die die neuesten Späße Rossinis in der Stadt verbreiteten.

Rossinis antiwagnerianische Kochkünste

Einmal ließ der Gourmet auf die Tischkarte schreiben, es werde „Turbot à l'allemande" (Steinbutt nach deutscher Art) serviert – die Gäste bekamen aber nur eine dicke Sauce und warteten vergeblich auf den Steinbutt. Als sie Zeichen von Ungeduld zeigten, sagte Rossini: „Worauf warten Sie? ‚Steinbutt nach deutscher Art' bedeutet: nur dicke Sauce, aber kein Steinbutt. Wie Wagners Melodie nach deutscher Art: dicke Sauce – keine Melodie!"

Ein anderes Mal erzählte Rossini seinen Gästen, er habe die Partitur zu „Tannhäuser" studiert, aber nichts begriffen. Dann habe er einfach die Partitur auf den Kopf gestellt und plötzlich einen riesigen Krach vernommen, bei dem er glaubte, sein geistiges Ohr habe endlich die Polyphonie der Venusbergszene erfaßt – in Wirklichkeit hatte das Stubenmädchen in der Küche die Suppenschüssel zerbrochen...!

Viele dieser Geschichten waren an Wagners Ohr gedrungen, und da er Rossinis bedeutenden Einfluß in Paris kannte, hielt er es für opportun, Rossini zu besuchen. Es ergab sich nun der Zufall, daß der belgische Komponist Edmond Michotte, ein intimer Freund Rossinis, von sich aus die Idee hatte, Wagner mit Rossini bekannt zu machen. Er war überzeugt, daß schon der Vorschlag allein bei Wagner auf wütende Ablehnung stoßen würde, und war ganz erstaunt, als Wagner mit Freude zustimmte. Da Michotte in der Nähe von Rossini wohnte, holte ihn Wagner zum gemeinsamen Besuche ab. Wagner gab dem Bekannten Rossinis die Erlaubnis, während des Gespräches Notizen zu machen, da dieser ihm versicherte, sie wären nicht für die Presse bestimmt. In der Wohnung warteten die beiden zunächst in dem großen Salon vor einem Jugendbildnis des italienischen Meisters und wurden dann von dessen Kammerdiener in ein kombiniertes Schlaf- und Arbeitszimmer geführt, wo das Gespräch begann. Rossini erfaßte die Situation mit routinierter Kenntnis der Künstlerpsychologie. Er empfing Wagner mit größter Höflichkeit, schmeichelte seiner Eitelkeit, indem er ihn einen „neuen Orpheus" nannte – gleichzeitig teilte er aber die richtigen Schläge aus, um Wagners ihm bekanntes Ego nicht zum Himmel wachsen zu lassen...

ROSSINI: „Wieso sollte ich Ihre Musik verachten? Dazu müßte ich sie doch zuerst kennen! Die einzige Komposition, die ich von Ihnen kenne, ist der Marsch aus ‚Tannhäuser'. Ich habe ihn einige Male in Bad Kissingen gehört, wo ich zur Kur weilte, ungefähr vor drei Jahren. Er hat großen Effekt gemacht, und – das meine ich ganz aufrichtig – ich selbst habe ihn sehr schön gefunden."

Rossinis Meisterschaft der Konversation ließ das Eis schmelzen

Die Unterredung nahm bald vertraulicheren Charakter an. Rossini erzählte von dem Premierendurchfall seines „Barbier von Sevilla" und verheimlichte Wagner nicht, daß Carl Maria von Weber sehr böse Artikel gegen Rossini geschrieben hatte, als beide in den zwanziger Jahren mit dem Wiener Hofoperntheater verbunden waren. Wagner behielt sein Ziel stets vor Augen und berichtete über die Schritte, die er zur Annahme seines „Tannhäuser" bisher unternommen habe. Rossini sprach über seinen Besuch bei Beethoven in Wien, Wagner machte ihm Komplimente über bestimmte Teile der ernsten Rossini-Opern „Otello" und „Mosè" und brachte keine Einwände, als Rossini freundliche Worte für Mendelssohn fand. Als Rossini seiner großen Bewunderung für Johann Sebastian Bach Ausdruck gab und erzählte, er habe durch das Studium der Partituren von Haydn und Mozart mehr gelernt als durch seinen Musikunterricht am Konservatorium von Bologna, da ging Wagner aus sich heraus. Geben wir nun den beiden Meistern das Wort (in meiner Übersetzung auf die künstlerisch interessantesten Teile konzentriert).

WAGNER: „Die Tannhäuser-Übersetzung ist noch nicht fertig. Ich arbeite sehr intensiv mit einem sehr tüchtigen und geduldigen Mitarbeiter. Um perfektes Verständnis für den musikalischen Ausdruck zu erzielen, muß jedes französische Wort den Sinn des entsprechenden deutschen Wortes bei derselben Note wiedergeben. Das ist schwer durchzuführen."
ROSSINI: „Warum machen Sie es eigentlich nicht wie Gluck, Spontini und Meyerbeer und schreiben Opern auf ein Libretto in französischer Ursprache? Hier können Sie doch an Ort und Stelle den französischen Geschmack in Angelegenheiten des Theaters kennenlernen! Das habe ich gemacht, als ich Italien verlassen, meine italienische Karriere aufgegeben und mich in Paris niedergelassen habe!"
WAGNER: „Ich glaube nicht, Maestro, daß das in meinem Fall verwirklicht werden kann. Nach ‚Tannhäuser' habe ich ‚Lohengrin' geschrieben und dann ‚Tristan

und Isolde'. Diese drei Opern stellen sowohl in literarischer, wie in musikalischer Hinsicht eine logische Entwicklung in meinem Konzept des Musikdramas dar. Diese Entwicklung hat meinen Stil grundlegend umgeformt. Sosehr es stimmt, daß ich heute die Möglichkeit fühle, andere Werke im Stil des ‚Tristan' zu schreiben, sowenig könnte ich den Stil des ‚Tannhäuser' wieder aufnehmen. Wenn ich also eine Oper auf einen französischen Text für Paris schreiben sollte, müßte ich den Weg beschreiben, der mich zu ‚Tristan' geführt hat. So ein Werk würde die Traditionen der Oper in Paris völlig auf den Kopf stellen, es würde unverstanden bleiben und hätte in der gegenwärtigen Situation keine Chance, von den Franzosen akzeptiert zu werden."

ROSSINI: „Erklären Sie mir doch, was war der Ausgangspunkt Ihrer Reformen?"

WAGNER: „Mein System hat sich nicht im ersten Anlauf entwickelt – in meinem Geist haben sich die Wurzeln der Reformen zuerst auf dem Gebiet der Poesie und erst dann in der Musik gezeigt... Diese Forderungen, die einem durch die Routine der Oper aufgezwängt werden! Diese Bravourarien, diese stereotypen, geschmacklosen Duette und andern Hors d'œuvres, welche die Bühnenaktion stören! Diese Septette! In jeder Oper, die etwas auf sich hielt, mußte es ein feierliches Septett geben, wo die handelnden Figuren sich – ganz aus ihrer Rolle fallend – an der Rampe (voll versöhnt!) aufstellen und dem Publikum schablonenmäßig ihr Einverständnis betonen."

Sah es Wagner opportun, sein „Tannhäuser"-Septett zu verleugnen?

ROSSINI (ihn unterbrechend): „Wissen Sie, wie man das zu meiner Zeit in Italien genannt hat? Die Artischocken-Reihe, das ist mir immer lächerlich vorgekommen. Wie eine Horde von Gepäckträgern, die singen, um Trinkgeld zu bekommen. Aber das war eben so üblich, man mußte den Affen ihren Zucker geben, sonst hätten sie uns mit faulen Äpfeln beworfen."

WAGNER (ohne Rossinis Unterbrechung zur Kenntnis zu nehmen): „... dann dieses Orchester, diese Routine-Begleitung, farblos, ewige Wiederholungen derselben Phrasen ohne jeden Bezug auf die Charaktere und die Situationen... diese handlungswidrige konzertante Musik, deren Existenzberechtigung nur in der ‚Konvention' liegt, widerspricht dem gesunden Menschenverstand und ist mir mit der hohen Mission der Kunst unvereinbar vorgekommen."

ROSSINI: „Bravourarien? Wem sagen Sie das? Sie waren mein Alptraum! Jeden mußte man zufriedenstellen, die Prima Donna, den Primo Basso, den Primo Tenore! Manche dieser Kerle haben die Takte gezählt und mir erklärt, sie würden nicht auftreten, wenn ein Kollege mehr Takte in seiner Arie hat."

WAGNER (sich amüsierend): „Musik nach Ellenmaß! Da hätte ja ein Komponist ein musikalisches Metermaß bei der Komposition der Arien verwenden müssen!

ROSSINI: „Ja, ja, ein ‚ARIOMETER'! Diese Leute haben mich so gequält, daß ich schon seit meinen Jugendtagen keine Haare mehr auf dem Kopf habe! Aber sprechen wir wieder von Ihren Ideen. Wie wollen Sie die von der literarischen Konzeption verlangte Unabhängigkeit in Einklang mit musikalischen Formen ohne ‚Konvention' bringen? Sie selbst haben dieses Wort ausgesprochen. Wenn wir den Gesetzen der Logik folgen, versteht es sich von selbst, daß man nicht singt, wenn man diskutiert. Weder der Verschwörer noch der Eifersüchtige singen – höchstens Verliebte, die gurren manchmal. Aber stirbt man singend? ‚Konvention' steht am Anfang und am Ende der Oper. Und die Instrumentation? Wer könnte in einem entfesselten Orchester den Unterschied zwischen einem Sturm, einem Aufstand oder einem Brand feststellen? Alles ist Konvention!"

Erstaunliche Übereinstimmung über die Notwendigkeit der verachteten „Konvention"

WAGNER: „Ich sehe ein, Maestro, daß die Konvention weitgehend notwendig ist, sonst könnte weder die ernste, noch die komische Oper bestehen. Da diese Konvention aber nun einmal zu einer künstlerischen Form erhoben wurde, muß sie in Grenzen gehalten werden, um das Absurde und Lächerliche zu vermeiden. Gegen diesen Mißbrauch setze ich mich zur Wehr! Aber man stellt ja meine Gedanken als ganz konfus dar. Sagt man nicht von mir, daß ich maßlos eingebildet bin und sogar über Mozart abfällig spreche?"

ROSSINI (mit Humor): „Mozart, l'angelo della musica... jede Kritik an ihm wäre ein Sakrileg!"

WAGNER: „Man beschuldigt mich, die Opernmusik aller Meister abzulehnen – mit wenigen Ausnahmen wie Gluck und Weber. Man will mich einfach nicht verstehen. Ich erkenne den Zauber vieler mit Recht berühmter Musikstücke aus Opern als Absolute Musik an, aber ich wende mich gegen ihre Rolle als kulinarisches Hors d'œuvre, als Sklavin der Routine im Gegensatz zum szenischen Drama. Sie wendet sich nur an den sinnlichen Genuß durch das Ohr, und dagegen revoltiere ich.

Eine Oper nach meinem Sinn soll einen Organismus darstellen, in welchem sich alle Künste vereinigen: Poesie, Musik, Malerei, Baukunst. Ist es nicht eine Erniedrigung der Mission des Musikers, ihn zum musikalischen Illustrator irgendeines Librettos zu entwürdigen, in welchem er eine im voraus bestimmte Folge von Arien, Duetten und Ensembles vertonen muß? Einzelnummern! Einzelstücke! Besser gesagt: zerstückelte Stücke! Sicher gibt es zahlreiche Beispiele, wo Komponisten durch eine bewegende dramatische Situation zu unsterblicher Musik inspiriert wurden. Aber wie viele andere Seiten ihrer Partituren hat das fatale System auf Null reduziert! Solange es keine tiefgehende Wechselbeziehung zwischen Musik und Dichtung, keine aus einem einzigen Gedanken geborene zweifache Schöpfung geben wird, solange wird es nie ein musikalisches Drama geben!"

Zur Mission des Dichter-Komponisten

ROSSINI: „Wollen Sie damit sagen, daß der Komponist sein eigener Textdichter sein muß? Das halte ich für undurchführbar!"

WAGNER (beinahe aufgeregt): „Warum können die Komponisten, wenn sie Kontrapunkt studieren, nicht auch literarische Studien machen? Und wenn ihnen dann die Technik fehlt, den Faden des Dramas bis ins Letzte auszuarbeiten, könnten sie ja einen Berufsschriftsteller zur Hilfe zuziehen. Außerdem haben viele Theaterkomponisten Verständnis für Literatur und Poesie gezeigt. Sprechen wir einmal von der Verschwörungsszene in Ihrem ‚Wilhelm Tell'. Sie wollen mir doch nicht wirklich sagen, daß Sie hier Wort für Wort dem Text gefolgt sind, den Ihre Librettisten geliefert haben?"

ROSSINI: „Da haben Sie recht! Diese Szene wurde wirklich nach meinen Anweisungen völlig umgestaltet, was ganz schmerzlos ging."

WAGNER: „Da sehen Sie also selbst, Maestro, daß meine Ideen weder widersprüchlich noch undurchführbar sind! Es ist meine Überzeugung, daß eine vielleicht langsam vor sich gehende natürliche Entwicklung nicht eine ‚Musik der Zukunft' hervorbringen wird – von der man mir immer nachsagt, daß nur ich sie schaffen will –, sondern ein ‚Musikdrama der Zukunft' mit einer Neuorientierung der Komponisten, der Sänger und des Publikums!"

ROSSINI: „Das wäre ja ein radikaler Umsturz! Glauben Sie, daß die Sänger, die bisher durch ihre Virtuosität brilliert haben, diese durch eine Art Sprechgesang ersetzen ließen? Glauben Sie, daß das Publikum sich dieser Zerstörung der gesamten Vergangenheit fügen würde? Ich nicht!"

WAGNER: „Das braucht sicher eine lange dauernde Erziehung – aber es wird dazu kommen. Gestaltet das Publikum die Meister? Oder gestalten die Meister das Publikum? Hat nicht gerade Ihr persönlicher Stil in Italien Ihre Vorgänger in Vergessenheit geraten lassen? Die Sänger, von deren Widerstand Sie sprechen, werden eine Situation akzeptieren müssen, die ihren Rang sogar erhöhen wird. Wenn sie begreifen werden, daß das Musikdrama neuer Prägung ihnen nicht den leichten Erfolg durch ihre Stimme allein bieten kann, werden sie begreifen, daß die Kunst von ihnen eine viel höhere Mission verlangen wird. Sie werden sich von der Isolierung in den Grenzen ihrer Rollen befreien müssen, um sich mit dem philosophischen und ästhetischen Geist des Gesamtwerkes zu identifizieren. Wenn sie davon erlöst sind, ihre Stimmen mit unsinnigen Worten und banalen Reimen zu verbinden, werden sie die Bedeutung eines tiefen Eindringens in das Drama verstehen – vom psychologischen und vom menschlichen Gesichtspunkt. Sie werden verstehen, daß es ihren Ruhm dauerhafter macht, wenn sie sich auf ein tiefgehendes Studium der Ideen, Sitten und Gewohnheiten der Periode, in welcher das Stück spielt, stützen können. Wenn sie zu einer meisterhaften und fehlerfreien Deklamation in Wahrhaftigkeit geführt werden!"

Der von Wagner geforderte neue Sängertyp kommt nicht nur den Wagner-Werken zugute

ROSSINI: „Vom Standpunkt der reinen Kunst gesehen, sind das verlockende Perspektiven. Aber was die Musik betrifft, so ist der Sprechgesang die Leichenrede der Melodie!"

WAGNER: „Verstehen Sie mich doch recht, ich lehne die Melodie nicht ab, im Gegenteil, ich stütze mich auf sie. Ist die Melodie nicht Freudenstrahl des musikalischen Organismus? Ohne Melodie hat nichts eine Existenzberechtigung, aber die Melodie, auf die ich mich stütze, ist nicht die traditionelle, in ihren engen Grenzen symmetrischer Perioden, monotoner Rhythmen und obligatorischer Kadenzen. Die Melodie, die ich suche, ist frei, unabhängig, ohne Fesseln. Eine Melodie, die nicht nur jede handelnde Person so charakterisiert, daß sie mit keiner anderen verwechselt werden kann, sondern jede Phase, jede Episode der Handlung. Eine Melodie bestimmter Gestalt, welche nach den Erfordernissen des Dramas sich ausdehnen, einschränken und erweitern kann..."

ROSSINI: „Also eine Schlachtenmelodie?"

WAGNER (überhört Rossini): „So eine Melodie haben Sie selbst in ‚Wilhelm Tell' zu den Worten ‚Sois immobile' geschrieben..."

ROSSINI: „Habe ich also unbewußt Zukunftsmusik gemacht?"

WAGNER: „Sie haben, Maestro, Musik für alle Zeiten gemacht. Das ist das Beste!"

ROSSINI: „Noch eine Frage, Herr Wagner. Wie bringen Sie Ihr System mit dem gleichzeitigen Einsatz von zwei oder mehreren Stimmen und mit dem Chor in Einklang? All das sollte man verbieten?"

WAGNER: „Sicher müßte sich der musikalische Dialog nach dem Gesprochenen richten und jeder handelnden Person, einer nach der anderen, das Wort lassen. Trotzdem aber können zwei verschiedene Personen doch dieselbe Empfindung fühlen – daher könnten sich ihre Gedanken wie ihre Stimmen vereinen. Sogar wenn bei mehreren Personen verschiedene Stimmungen miteinander kämpfen, kann ein Ensemble ihre Stimmen vereinen, solange jede Einzelstimme ihrer wahren Empfindung Ausdruck gibt.

In seinen Worten wie in seinen Opern entfernte sich Wagner weit von den theoretischen Forderungen seiner Schriften

Können Sie sich vorstellen, Maestro, welche unendlichen Möglichkeiten sich für den Komponisten ergeben, wenn er jeder Rolle des Dramas, jeder Situation ein „formule mélodique type" *[Wagner sprach das Wort „Leitmotiv" nicht aus. M. P.]* beigibt, welches man im Verlauf der Handlung trotz seiner Veränderungen immer wieder erkennt? In so einer wahren Polyphonie würden die Ensembles nicht mehr den absurden Eindruck machen, daß die von den verschiedensten

Stimmungen bewegten Figuren sich plötzlich im Zusammenklang ihrer Stimmen wie „im Schoße der Familie“ fühlen.
Was die Chöre betrifft, so reagieren die Massen energischer auf einen bestimmten Eindruck als der Einzelmensch. Daher kann das Kollektiv der Masse diese Stimmung in der Oper in ganz natürlicher Weise ausdrücken. Außerdem ist der Einsatz des Chores, wenn er im Drama logisch begründet ist, einer der wertvollsten Faktoren der theatralischen Wirkung. Denken Sie an ‚Idomeneo‘ oder ihren eigenen ‚Mosè‘...“

Rossini als Zukunftsmusiker

ROSSINI (greift sich zufrieden auf den Kopf): „Schon wieder! Ich habe also doch Talent zur Zukunftsmusik! Sie machen mir direkt Appetit darauf!“

Nachdem Rossini noch den Niedergang des Gesangs seit dem Ende des Zeitalters der Kastraten beklagt hatte, erhob er sich, drückte Wagner herzlich die Hand und sagte:
ROSSINI: „Lieber Herr Wagner, ich weiß nicht, wie ich Ihnen dafür danken kann, daß Sie mich besucht und ihre Ideen so klar entwickelt haben. Keine Kunst ist so wandlungsfähig wie die Musik. Da gibt es keine Grenzen. Nach Mozart, wer hätte Beethoven vorausahnen können? Nach Gluck, Weber? Mit diesen ist das Ende noch nicht gekommen. Jeder von uns muß versuchen, das Neue zu finden, ohne an die Legende von jenem Herkules zu denken, dem großen Reisenden, der an einem Punkt angekommen war, von dem er nicht mehr in die Ferne sehen konnte, dort seine Säule aufstellte und umkehrte.
WAGNER: „Sollte dieser Pfosten vielleicht andere verhindern, weiterzuschreiten?“
ROSSINI: „Chi lo sa? Hoffen wir, daß nie jemand kommen wird, der versucht, unserer Kunst durch eine Säule des Herkules Schranken zu setzen!“

Das war das Ende des Gesprächs. Beide Künstler haben voreinander zeitlebens Respekt bewahrt, aber einander nie wieder gesehen.

Die Pariser Oper zur Zeit Wagners. Der Vorläufer der als „Palais Garnier" bekannten jetzigen Pariser Oper war die Académie Royale de Musique in der Rue le Peletier, nicht unweit der Opéra Comique. Für dieses Theater hatte Wagner seine „Pariser Fassung" des „Tannhäuser" geschrieben, welche die Ouvertüre ohne den aus der alten Dresdner Fassung beliebten Schluß direkt in das nunmehr auf Tristan-Klängen aufgebaute erweiterte Venusberg-Bacchanale übergehen ließ und den Sängerkrieg im zweiten Akt kürzte. In der Venusberg-Szene erfüllte Wagner den Wunsch der Franzosen nach einem großen Ballett, aber an der falschen Stelle: Man erwartete es im zweiten Akt, weil man im ersten Akt noch mit den Balletteusen zu dinieren pflegte. Bei der Premiere führte eine Anhäufung von Unglücksfällen zu dem berühmten Theaterskandal des 13. März 1861: die Wut des einflußreichen Jockey-Clubs über das Fehlen des Balletts an der gewohnten Stelle, chauvinistische Gefühle wegen der Protektion eines deutschen Komponisten durch Kaiser Napoleon III. und eine lustlose Vorstellung. Der Dirigent Pierre Dietsch haßte Wagner, denn er hatte in Paris 1843 einen großen Durchfall mit seiner eigenen Oper erlebt, zu der ihm das von Wagner seinerzeit an die Pariser Oper verkaufte Textbuch des „Fliegenden Holländer" als freie Grundlage gedient hatte. Nach drei durch Pfeifen und Lärmen unterbrochenen Vorstellungen zog Wagner seinen neuen „Tannhäuser" zurück. Diese zweite Pariser Enttäuschung hat er nie verwunden.

Ich erlebte den Tannhäuser-Skandal in Paris

Am 22. November 1875 hatte an der Wiener Hofoper die von Richard Wagner selbst in Szene gesetzte Pariser Fassung des „Tannhäuser" Premiere. Zwei Tage vorher veröffentlichte die „Neue Freie Presse", deren Musik-Kritiker der Wagner-Feind Eduard Hanslick war, nicht ohne kulturpolitische Schadenfreude diesen Bericht eines Augenzeugen.

Die drei Aufführungen, welche Richard Wagner's „Tannhäuser" im Märzmonat des Jahres 1861 zu Paris erlitt, leben in meinem Gedächtniß als die drei merkwürdigsten Theaterabende, die ich je gesehen.

Die Ouvertüre, durch Concert-Aufführungen schon bekannt, erregte nur Äußerungen des Beifalls. Ein strahlender Venusberg öffnete sich vor unseren Blikken. Bekanntlich hatte Wagner zur ersten Scene seiner Oper eine Art Ballet nachcomponirt; Director Royer hätte das Intermezzo im zweiten Akt gewünscht, weil die tonangebenden Abonnenten, die Herren vom Jockey-Club, erst gegen zehn Uhr und nur der lieben Tanzkunst wegen in die Oper kommen; aber Wagner war unerbittlich geblieben: am Hofe des Landgrafen von Thüringen habe es keine Ballerinen gegeben. Mitten im Wirbel der Tonfluthen ertönten die Rufe: „Vive l'Empereur! Vive l'Impératrice!" Napoleon und Eugenie waren in ihrer Prosceniums-Loge erschienen. Man weiß, daß die Pariser Oper dem „Tannhäuser" auf höheren Befehl erschlossen wurde; die Fürstin Metternich hatte sich dafür verwendet. Die Scene im Venusberg ging anstandslos vorüber; in der folgenden bewunderte man das gelungene Landschaftsbild, das Rudel herrlicher, schöngefleckter Jagdhunde, die im Gefolge des Landgrafen sich befanden; auch die Musik. Als der Hirtenknabe den bekannten Refrain auf der Schalmei blies, raunte der Kritiker Fiorentino seinem Nachbar ins Ohr: „Zum Teufel, daß ist ja die Melodie: J'ai du bon tabac dans ma tabatière!" Das Wort hatte sich mit Blitzesschnelle im Saale verbreitet; wer schon vorher spöttisch gelaunt war, fand nun in jeder Note einen Grund zur Heiterkeit. Im Zwischenact gab es einen recht artigen Kampf zwischen Beifall und Abwehr; der Lärm war indeß nur das bescheidene Vorspiel zu der schauerlichen Katzenmusik, welche den Sängerkrieg auf der Wartburg begleiten sollte. Gegen den Anfang des zweiten Actes hatte Niemand etwas einzuwenden; als aber Wolfram in die Saiten griff und seine reine Liebe sang, da tönte lautes Lachen aus dem Parterre zu uns herauf; als Tannhäuser ihm Antwort gab, da begann der Humor in den Logen sich zu rühren; als Walther Miene machte, die Leier zu fassen, da hielten sich die schönen Herren den Bauch und riefen: „Assez! assez!" Nun waren alle Teufel los. Wohlgenährte Applaussalven suchten die ausgelassene Fröhlichkeit zu übertönen, darauf antwortete Zischen und Pfeifen. Die Bewegung hatte den ganzen großen Zuschauerraum ergriffen. Ein Verwegener, der auf einem Schlüssel sich hören ließ, wurde von einem Polizeisoldaten am Kragen gepackt; da warfen sich Alle ins Mittel, und der Diener der Obrigkeit kam mit Schaden davon.

Albert Niemann, Wagners Freund, wurde Siegmund in der ersten Bayreuther „Walküre" (1876)

Erzürnt warf Niemann, der Sänger des Tannhäuser, das Instrument auf den Boden. Da erhob sich das Haus wie Ein Mann und klatschte maßlos. Man wollte dem Sänger beweisen, daß die Zeichen des Mißfallens nicht ihm galten. Die Ruhepause war von kurzer Dauer. Das Zischen, Pfeifen, Klatschen und Bravo-Heulen erneuerte sich, es überdauerte den zweiten Act und verpflanzte sich in den dritten.

Wagner verließ das Theater mit dem guten Glauben, einen vollständigen Sieg errungen zu haben. Nicht ohne Grund betrachtete er die Beifallrufer als den unbefangenen Theil des Publicums, das sich gegen die vom Jockey-Club organisirte Zisch- und Pfeifkabale machtlos wehrte. Der Jockey-Club hatte aber unverholen geäußert, daß er eine ballettlose Oper unter keiner Bedingung am Leben lassen werde, und wie ernst die Drohung gemeint war, dies sah man erst bei der zweiten Vorstellung wenige Tage nach der ersten. Den Glanzpunkt des Abends bildete wiederum der Sängerkrieg auf der Wartburg. Die Herren vom Jockey-Club waren diesmal bewaffnet erschienen. In der Passage de l'Opéra fand sich ein Laden, wo man Jagdpfeifen und ähnliche Dinge bekam; das Magazin wurde förmlich geplündert. Auch unter dem Porticus der Oper boten unternehmungslustige Leute allerhand Pfeifen zum Kaufe. Wer keine Pfeife benützte, nahm ein Flageolet oder einen Schlüssel. Im ganzen Saale war sicherlich kein Mensch, der nicht irgendwie seine Meinung geäußert hätte. Überall hatten sich die Zuschauer erhoben, fegten mit den Armen durch die Luft, schrien sich an und machten gegeneinander verzweifelte Zeichen des Unwillens. Der Kampf nahm nachgerade einen persönli-

Operndirektor Alphonse Royer hat für die Zukunftsmusik Zukunftssänger engagiert.
(29. April 1860)

Hier sitzt die Claque der Sänger bei „Tannhäuser", weil Wagner sie aus dem Saal hinausgeworfen hat.
(10. März 1861)

– Was ist los mit Ihnen? Verstehen Sie mich nicht?
– Reden Sie lauter mit ihm. Er war bei „Tannhäuser"!
(17. März 1861)

Billetteuse: „Bitte schnarchen Sie nicht so laut bei „Tannhäuser"! Sie wecken die Leute in der Nebenloge auf!"
(17. März 1861)

– Mama Venus, bist du traurig?
– Ja. Glaubst du etwa, es macht Spaß, so zu tun als ob man den Tannhäuser liebte?
(17. März 1861)

Für das erste Finale des „Tannhäuser" müssen jedesmal andere Hunde verwendet werden, weil sie beim ersten Ton der Musik die Tollwut bekommen.
(31. März 1861)

chen, gehässigen Charakter an. In einer Loge der ersten Galerie saß die Fürstin Metternich, die mit einem bewundernswerthen Muthe Beifall klatschte. In der Loge nebenan bemerkte man einen Herrn von tadelloser Eleganz; er hielt einen riesigen Schlüssel in der Hand, dem er entsetzliche Töne entlockte; in einem Momente, wo die Fürstin besonders heftig applaudirte, beugte er sich über die Balustrade und pfiff ihr unter die Nase. Ob es zu handgreiflichen Auseinandersetzungen kam, weiß ich nicht; einige Püffe wurden wol im Stillen ausgetheilt. Wie die Sänger während des Höllenlärms mit ihren Rollen fertig wurden, hierüber lasse sich ein Jeder von seiner Einbildungskraft belehren.

Wagner sprach davon, seine Partitur zurückzunehmen; allein die Direction der Oper, welche gegen dreimalhunderttausend Francs an die Ausstattung des Werkes verschwendet hatte, wollte wenigstens einen Theil ihrer Kosten herausschlagen und versuchte eine dritte Vorstellung, diesmal an einem Sonntag. Der Scandal war noch ärger als an den vorigen Abenden. Mir fehlen die Worte, das Pandämonium zu beschreiben. Während des Sängerkrieges wüthete der Orcan zehn lange Minuten; von der Musik hörte man kaum einen Laut, man sah nur die Bewegungen der Sänger, das Hin- und Herschieben der Fiedelbogen, das Tactiren des Capellmeisters. Diese stumme Musik machte einen geisterhaften Eindruck. Aller guten Dinge sind drei. Director Royer verzichtete auf weitere Versuche, seiner Bühne ein Werk zu erhalten, das weder die Gunst des Kaisers – Napoleon hatte den beiden ersten Vorstellungen beigewohnt – noch das aufrichtige Interesse eines großen Theiles des Publicums gegen das empörende Verfahren einiger Pferdemenschen zu schützen vermochte. Auch die Presse zeigte sich ihm spinnefeind. Unvergeßlich bleibt mir das Schicksal eines Bekannten, der dergestalt Bravo gebrüllt hatte, daß er an einer furchtbaren Heiserkeit litt. Es geschieht wol selten genug, daß nach einer Oper statt der Sänger die Zuschauer heiser werden.

„Demnach blieb ich, wie gesagt, bei dieser im Betreff ihres möglichen Erfolges zweifelhaften dritten Aufführung zu Haus." (Richard Wagner, „Mein Leben")

Immer in Furcht wegen seiner Rheinprovinzen, schickt Deutschland den Tannhäuser, um Frankreich einzuschläfern.

Alle Karikaturen von Cham, Charivari, Paris 1861.

Thalia-Theater in Wien

Theater.

Abonnement suspendu.

Freitag den 20. Jänner 1854
zum ersten Male:

Tannhäuser

und

Der Sängerkrieg auf Wartburg.

Große romantische Oper in drei Acten, gedichtet und componirt von Richard Wagner.

1. Act: **Der Venusberg.** 2. Act: **Der Sängerkrieg auf Wartburg.** 3. Act: **Tannhäusers Pilgerfahrt.**

Sämmtliche Decorationen sind neu, und zwar im 1. Acte: Der Venusberg und das Wartburgthal mit dem Hörselberg; — im zweiten Acte: Die Sängerhalle auf der Wartburg, vom Decorateur der hiesigen Bühne, Hrn. Horn, gemalt.

Gruppirungen arrangirt vom Hrn. Balletmeister Hasenhut.

Die sämmtliche Garderobe nach Angabe des Costumiers Herrn Gruber.

In Scene gesetzt vom Director Adolf Schwarz.

Personen.

Hermann, Landgraf von Thüringen		Hr. Hirsch.
Tannhäuser,	Ritter und Sänger	Hr. Erl.
Wolfram von Eschenbach,	Ritter und Sänger	Hr. Ande.
Walter von der Vogelweide,	Ritter und Sänger	Hr. Barach.
Biterolf,	Ritter und Sänger	Hr. Roth.
Heinrich, der Schreiber,	Ritter und Sänger	Hr. Rüttger.
Reimar von Zweter,	Ritter und Sänger	Hr. Gattmann.
Elisabeth, Nichte des Landgrafen		Frl. Löwenstein.
Venus		Fr. Stotz.
Ein junger Hirt		Frl. Zoczek.
1. Page		Frl. Franz.
2. Page		Frl. Orelly.
3. Page		Frl. Eberl.
4. Page		Frl. Werdisch.

Thüringische Ritter. Grafen. Edelleute. Edelfrauen. Edelknaben. Panzerträger. Jäger. Aeltere und jüngere Pilger. Sirenen. Najaden. Nymphen. Bachantinen. — Ort der Handlung: Thüringen, Wartburg. Im Anfange des 13. Jahrhunderts.

Gruppirungen, ausgeführt von den Frlns. Sachs, Machner, Franken, Kolber und sämmtlichen Elevinen.

Das Orchester ist verstärkt.

Das Textbuch ist an der Casse für 12 kr. CM. zu haben.
Anfang um halb 7, Ende nach 9 Uhr.

Wagner-Musik neu für Österreich

Wenn man in den fünfziger Jahren in Wien Wagner hören wollte, mußte man die Konzerte von Johann Strauß besuchen, der Fragmente aus Wagner-Opern in seinen Unterhaltungskonzerten brachte. Das kleine alte Opernhaus von Graz wagte sich 1854 an die erste Wagner-Vorstellung: in Österreich. Das Werk gefiel, man hielt es für neu und aufregend; die Vorstellung fand Lob in der Presse, die natürlich keine Vergleichsmöglichkeiten hatte. Noch immer zögerte das Wiener Hofoperntheater. Eine Vorstadtbühne, das Thalia-Theater in Neulerchenfeld, folgte dem Grazer Beispiel und zeigte 1857 mit „Tannhäuser" die erste Wagner-Oper in Wien. Nach dem durchschlagenden Erfolg in der Vorstadt war das Eis in der Hofoper gebrochen.

Eine Stimme des Neides: der heute vergessene Lieder- und Opernkomponist Josef Dessauer (1798–1876) an die Wiener Musikfreundin Josephine von Wertheimstein:

„Graz, 4. Dezember 1855...
...ich habe hier den „Tannhäuser" von Wagner gesehen und weiß nun, was die Musik der Zukunft ist. Doch mit telegraphischer Schnelle habe ich sie eingeschluckt, und so ist sie für mich – GOTTLOB – auch schon ein überwundener Standpunkt. Wagner ist ein niederträchtiger Heuchler und Lügner. Nichts ist „zukünftig" in seiner Musik, denn alles, gut wie schlecht, ist schon dagewesen. Das erstere: viel besser, das zweite: kaum schlechter. Nur vor Einem habe ich Respekt bei ihm: vor seinem Dichtertalent; das Buch ist herrlich, poetisch, einfach, tief gefühlt! hätte er es nur nicht komponiert!"

Tannhäuser im Thalia-Theater in der Wiener Vorstadt Neulerchenfeld. Zeitgenössische Karikatur aus „Figaro", Wien 1857.

Das k. k. Hofoperntheater nächst dem Kärnthnerthore. Frontansicht um 1840. Das Theater, das an der Stelle des heutigen Hotels Sacher stand und 1870 abgerissen wurde, befand sich von 1857 bis 1860 unter der Leitung des Potsdamer Dirigenten Carl Eckert, der mit „Lohengrin" (1858) und „Tannhäuser" (1859) die ersten Wagner-Opern an der Hofoper spielte.

Luise Dustmann-Meyer, 1831–1899, erste Sopranistin des Hofopherntheaters. In der Hofoper hörte Wagner zum ersten Male seinen „Lohengrin". Unter dem Schock des „Tannhäuser"-Skandals stehend, kam Wagner nach Wien, um hier die Uraufführung von „Tristan und Isolde" zu erreichen. Hofoperndirektor war ein wenig bekannter Gesangslehrer und noch weniger bekannter Komponist aus Bergamo namens Matteo Salvi, der Wagner Hoffnungen machte und die Proben beginnen ließ. Wagner leitete eine Orchesterprobe selbst, 77 Klavierproben zogen sich über zwei Jahre hin, bis das Werk schließlich für unspielbar erklärt wurde. In dieser Stimmung verfaßte Wagner seine Schrift „Das Wiener Hof-Operntheater", in welcher er dem Haus, das er verschlampt und verfallen fand, Reorganisationsvorschläge machte.
Er hatte seine Begeisterung über die „Lohengrin"-Vorstellung vom 15. Mai 1861 bereits vergessen, in der er sein Werk zum ersten Male gehört hatte. Heinrich Esser dirigierte damals zu seiner größten Zufriedenheit, und er verlangte sogar Luise Dustmann-Meyer und Alois Ander, Elsa und Lohengrin dieser Vorstellung, für die Titelrollen von „Tristan und Isolde". Alois Ander verfiel bald in eine Stimmkrise und starb 1864. Die Sopranistin war verärgert über das Verhältnis Wagners mit ihrer Schwester, der Schauspielerin Friederike Meyer – und bald waren Wagners Hoffnungen auf Wien begraben.

Alois Ander, 1821–1864, als Lohengrin.

Das Theater an der Wien. In diesem weltberühmten Theater, in dem Beethoven gewohnt hatte, sein „Fidelio" 1805 uraufgeführt wurde und später die Operette ihre große Glanzzeit erleben sollte, erschien Wagner zum ersten Mal in Wien am Dirigentenpult. Die drei Wagner-Konzerte vom 26. Dezember 1862, vom 1. und vom 11. Januar 1863 brachten Fragmente aus dem „Ring", aus den „Meistersingern" sowie die „Faust"-Ouvertüre. Sie wurden vom Publikum bejubelt, die Presse war geteilt, das Defizit groß. Eine Gruppe Wagnerianer aus der Wiener Gesellschaft fand sich bereit, die Kosten zu tragen. Auch Kaiserin Elisabeth, die das erste Konzert gehört hatte, soll einen Beitrag geleistet haben. Als die Wiener Staatsoper im Zweiten Weltkrieg zerstört war, benützte sie neben der Volksoper auch das Theater an der Wien als Exilheim. Wir genossen damals den ungewohnten Klang der Wagner-Vorstellungen in diesem kleinen Hause sehr.

In dem noch heute bestehenden Hotel Kaiserin Elisabeth in der Weihburggasse, (früher Hotel zur Kaiserin von Österreich) wohnte Wagner im Herbst 1861, als seine Verhandlungen zur Wiener Uraufführung zu „Tristan und Isolde" aktuell waren, und wieder im Winter 1862/63.

Die Wagner-Villa in Wien. Noch heute pilgern Wagnerfreunde aus aller Welt zu dem Haus in Penzing, Hadikgasse 72, in welchem sich Wagner am 12. Mai 1863 eine Wohnung mietete und – auf Schulden – mit zahlreichem Personal und kostspieligen Teppichen und Möbeln einrichtete. Er stand vor dem finanziellen Ruin und mußte sich am 23. März 1864 seinen Gläubigern durch Flucht aus Wien entziehen. Wagner hatte „Tristan und Isolde" vollendet, arbeitete an den „Meistersingern", ohne daß sich die Chance einer Aufführung am Horizont abzeichnen wollte. Er hastete von Stadt zu Stadt, um durch das Dirigieren von Konzerten Geld zu verdienen, aber selbst die Wagner-Konzerte des Jahres 1863 in Prag, Moskau, Petersburg und Budapest brachten keine Rettung. Seit der erfolgten Amnestie konnte er Deutschland wieder betreten; im Jahre 1862 hatte ihm der Großherzog von Baden eine Aufführung des „Tristan" in Aussicht gestellt, zu der es nie kam; im gleichen Jahr dirigierte er eine Vorstellung des „Lohengrin" in Frankfurt. Wagner war Verlagsautor der Firma Schott in Mainz geworden, die ihn trotz zahlreicher Vorschüsse nicht über Wasser zu halten vermochte.
Den letzten Wiener Silvesterabend 1863, verbrachte er mit seinen Wiener Freunden, dem Arzt Dr. Josef Standhartner und dem Komponisten Peter Cornelius. Nun setzte er seine ganze Hoffnung auf das Erscheinen eines fürstlichen Mäzens. Sie sollte sich rascher, als er es träumen konnte, erfüllen.

Vom Himmel herab tröstet Wagner seinen eifrigsten Vorkämpfer in Wien, den Walzerkönig Johann Strauß, dessen Operette „Eine Nacht in Venedig" eben in Berlin (1883) durchgefallen war. (Zeitgenössische Karikatur)

Wagners Briefe an eine Putzmacherin

Wie gleicht er dem Weibe...

(„Walküre")

Der Wiener Schriftsteller Daniel Spitzer, dessen geistvolle „Wiener Spaziergänge" einige Jahre lang das kulturelle und politische Geschehen in Österreich satirisch kommentierten, veröffentlichte im Jahre 1877 in der „Neuen Freien Presse" 16 kuriose Briefe Richard Wagners aus den Jahren 1864 bis 1868, die er von einem Autographenhändler erworben hatte. Noch immer waren die ersten Bayreuther Festspiele von 1876 Tagesgespräch, und nun hatte man Gelegenheit zu lesen, wie der umstrittene Meister, dessen Flucht vor der Schuldhaft in Wien den meisten noch in Erinnerung war, seine heilige Erregung so ungewöhnlichen Dingen wie Bestellungen von carmoisinfarbenen Schlafröcken und Hausbekleidungen aus violett-rosa Atlas zuwandte. Spitzers aufsehenerregenden Veröffentlichungen folgte eine heftige Diskussion über die Bedeutung luxuriöser Wohnungsausstattungen und ausgefallener Unterwäsche für die Inspiration des Komponisten. Wagner-Feinde fanden hier eine willkommene Waffe gegen ihr Opfer. Wagner-Verteidiger führten an, daß er berechtigterweise „bei seinem wundersam-entwickelten Farben- und Formensinn auch in seiner Häuslichkeit bis zu den Hosen seiner Frau das Zusammenstimmende herzustellen strebt". Als ein Spitzer-Gegner so weit ging, zu behaupten, auch die Hosen der Frau müßten mit der Zimmereinrichtung zusammenstimmen, wurden zur Bekräftigung der These Aussagen von Damen über die erstaunliche Zudringlichkeit der Männer veröffentlicht.

Fest steht, daß Wagner seine Putzmacherin wohl sehr verspätet, jedoch völlig ausbezahlt hat.

Wenn heute musikalische Kritiken in positiver oder negativer Weise von einem „luxuriösen Klang" des Wagner-Orchesters sprechen, so entspricht dieser durchaus seinem Lebens- und Kunstgefühl. Hier folgen ein Brief und eine Rechnung.

Liebe Fräulein Bertha!

Als ich Sie im Mai in Wien zum letzten Mal sah, äußerten Sie den Wunsch, gern fernere Aufträge für mich erhalten zu wollen.

Ich fühle mich veranlaßt, Ihnen noch einiges zu vergüten; ferner sind Sie bekannt mit den Modellen, deren ich mich für meine Hauskleider u.s.w. bediene, und sind die Stoffe, die ich mir überhaupt lieber besorgen lasse, hier schwer in guter Auswahl zu bekommen. Wollen Sie daher fernerhin und für alle Zukunft mich nach meinem Geschmacke besorgen, so ist mir das recht, nur wünschte ich hierfür so wie für alle Auslagen, da diese auch im Voraus nicht zu berechnen sind, Jahresrechnung gehalten, welche ich immer am Schluß des Jahres zu bezahlen habe. Können Sie diesen meinen Wünschen entsprechen, so würde ich sofort einige Bestellungen Ihnen übergeben. Für diese Fälle würden Sie mich daher verbinden, wenn Sie zunächst wegen folgender Stoffe mir Auskunft geben können.

Wagner verstand etwas von Farben – und von Preisen

1. Können Sie bei Szontag einen schönen schweren Atlas von der beiliegenden hellbraunen Farbe bekommen?

2. Ebenso von dem dunkeln Rosa?

3. Ist das beiliegende helle Rosa in guter Qualität von 4 bis 5 fl zu haben?

4. Desgleichen das blau, nur lieber noch heller, ja nicht dunkler.

5. Hat Szontag noch genügenden Vorrath von dem neurothen, oder carmoisinfarbenen schweren Atlas, von welchem Sie mir den weißen Schlafrock (mit geblümtem Muster) fütterten?

Daniel Spitzer im Kampf gegen Richard Wagner („Der Floh", Wien, 24. Juni 1877). Die Karikatur zeigt, wie der Journalist Daniel Spitzer mit seiner spitzen Feder Richard Wagner durch die Veröffentlichung der „Briefe an die Putzmacherin" verletzen will.

„Mit Blumen und Bändern putz' dich fein!" (Hans Sachs zu David in „Die Meistersinger von Nürnberg")

6. Haben Sie noch von dem dunklen Gelb, von welchem wir die Gardinen an die kleinen Tischchen machten?

Ich bitte Sie nun von diesen 6 Farben und Stoffen mir geeignete Muster, in kleinen Abschnitten, besorgen zu wollen, und zugleich mir Auskunft darüber zu geben, ob Sie auf meinen Vorschlag eingehen können. Es wäre mir lieb, weil dies so am Bequemsten für mich ist, und auf diese Art ich Sie fortan dauernd beschäftigen kann.

Die Schnitte zu meinen Hauskleidern haben Sie hoffentlich noch?

Ihrer Zuschrift entgegensehend verbleibe ich achtungsvoll Ihr ergebener

Richard Wagner.

Für jetzt noch: Starnberg bei München, 1864

Nachschrift: Verwechseln Sie Nr. 2, das dunkle Rosa, nicht mit dem früheren Violett-Rosa, welches ich nicht meine, sondern wirkliches Rosa, aber nur sehr dunkel und feurig.

RECHNUNG

Gelber Atlas,	8	Ellen	à 7	fl.
Lila „	27	„	„ 7½	„
Carmoisin „	20	„	„ 7	„
Blau „	30	„	„ 7	„
Grün „	8	„	„ 7	„
Hellroth „	8	„	„ 7	„
Chamoix „	8	„	„ 7	„
Hellgrau „	8	„	„ 7	„
Rosa „	32	„	„ 7	„
Weiß „	32	„	„ 7	„
Dunkleres Grün	20	Ellen	à 5 fl. =	– fl.
Weiß	50	„	„ 4 „ =	200 „
Grau	50	„	„ 5 „ =	150 „
Rosa aus Baumwolle	100	Ellen	à 3 fl. =	300 fl.
Blau (aus Baumwolle)	60	Ellen	à 3 „ =	180 „
Blau (licht)	30	„		
Blaue Bettdecke mit weiß gefüttert.				
Rosen-Guirlanden,	60	Ellen	à 4 fl. =	240 fl.
Peone-Rosen zu drei Körben			=	60 „

1 weiße Atlas und Stickerei.
3 Paar Einsätze à 25 bis 30 fl.
Breites weißes mit Guirlande. 20 Ellen.

Stiefel { 1 Paar weiß
1 „ rosa
1 „ blau
1 „ gelb
1 „ grau
1 „ grün } in Rosenbouquet, à 20 fl. = 120 „

1 Rosa, 1 blaue } Decke à 200 fl. = 400 fl.
Spitzenhemd à 4. 100 Ellen = 400 „
Blondenspitzen. 100 Ellen, à 1 fl., 50 Ellen breite 1 fl. 10 kr.
Band: Rosa à 18. 10 Stück. Blau, hellgrün, gelb dunkel u. hell. 10 St. } 20 à 18

3010 fl.

Stickerei: 2 kleine runde Kissen, 2 größere Kissen – in Rosenbouquets, reich.

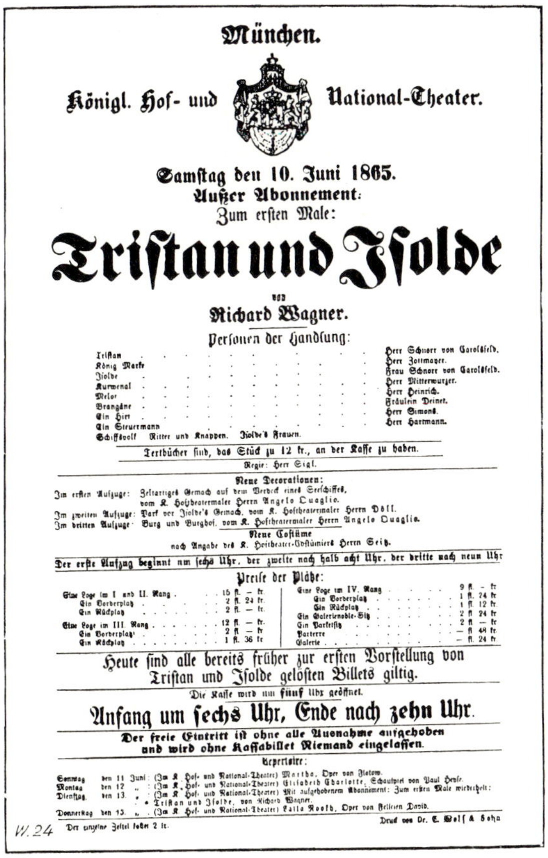
München.

Königl. Hof- und National-Theater.

Samstag den 10. Juni 1865.
Außer Abonnement:
Zum ersten Male:

Tristan und Isolde

von

Richard Wagner.

Personen der Handlung:

Tristan	Herr Schnorr von Carolsfeld.
König Marke	Herr Zottmayer.
Isolde	Frau Schnorr von Carolsfeld.
Kurwenal	Herr Mitterwurzer.
Melot	Herr Heinrich.
Brangäne	Fräulein Deinet.
Ein Hirt	Herr Simons.
Ein Steuermann	Herr Hartmann.

Schiffsvolk Ritter und Knappen. Isolde's Frauen.

Textbücher sind, das Stück zu 12 kr., an der Kasse zu haben.

Regie: Herr Sigl.

Neue Decorationen:
Im ersten Aufzuge: Zeltartiges Gemach auf dem Verdeck eines Seeschiffes, vom K. Hoftheatermaler Herrn Angelo Quaglio.
Im zweiten Aufzuge: Park vor Isolde's Gemach, vom K. Hoftheatermaler Herrn Döll.
Im dritten Aufzuge: Burg und Burghof, vom K. Hoftheatermaler Herrn Angelo Quaglio.

Neue Costüme
nach Angabe des K. Hoftheater-Costümiers Herrn Seitz.

Der erste Aufzug beginnt um sechs Uhr, der zweite nach halb acht Uhr, der dritte nach neun Uhr

Preise der Plätze:

Eine Loge im I. und II. Rang	15 fl. — kr.
Ein Vorderplatz	2 fl. 24 kr.
Ein Rückplatz	2 fl. — kr.
Eine Loge im III. Rang	12 fl. — kr.
Ein Vorderplatz	2 fl. — kr.
Ein Rückplatz	1 fl. 36 kr.
Eine Loge im IV. Rang	9 fl. — kr.
Ein Vorderplatz	1 fl. 24 kr.
Ein Rückplatz	1 fl. 12 kr.
Ein Galerienoble-Sitz	2 fl. 24 kr.
Ein Parketsitz	2 fl. — kr.
Parterre	— fl. 48 kr.
Galerie	— fl. 24 kr.

Heute sind alle bereits früher zur ersten Vorstellung von Tristan und Isolde gelösten Billets giltig.

Die Kasse wird um fünf Uhr geöffnet.

Anfang um sechs Uhr, Ende nach zehn Uhr.

Der freie Eintritt ist ohne alle Ausnahme aufgehoben und wird ohne Kassabillet Niemand eingelassen.

Repertoire:
Sonntag den 11. Juni: (Im K. Hof- und National-Theater) Martha, Oper von Flotow.
Montag den 12. „ : (Im K. Hof- und National-Theater) Elisabeth Charlotte, Schauspiel von Paul Heyse.
Dienstag den 13. „ : (Im K. Hof- und National-Theater) Mit aufgehobenem Abonnement: Zum ersten Male wiederholt: Tristan und Isolde, von Richard Wagner.
Donnerstag den 15. „ : (Im K. Hof- und National-Theater) Lalla Rookh, Oper von Felicien David.

W. 24 Der einzelne Zettel kostet 2 kr. Druck von Dr. C. Wolf & Sohn

Theaterzettel der Uraufführung des „Tristan".

Tristan und Isolde

Richard Wagner
Meine Erinnerungen an Ludwig Schnorr von Carolsfeld

Diese Zeilen entstammen einem Gedenkartikel, den Wagner 1868 dem Tristan-Darsteller der Münchner Uraufführung (10. Juni 1865) widmete. Er war fünf Wochen nach der Premiere, am 16. Juli 1865, in Dresden im Alter von 29 Jahren an den Folgen einer Erkältung gestorben. Wagners Feinde behaupten, Wagners Musik verbreite sogar physischen Tod... Zwei große Dirigenten starben am Pult bei „Tristan", beide in München, beide an fast derselben Stelle des Liebesduetts im zweiten Akt: Felix Mottl (1911), der als Wagners Assistent in Bayreuth begonnen hatte, und Joseph Keilberth (1968).

Über den dritten Akt des „Tristan" habe ich Schnorr nie etwas gesagt, außer meiner früheren Erklärung der einen, ihm unverständlichen Stelle. Nachdem ich während der Proben des ersten und zweiten Aktes stets, wie mit dem Ohre, so mit dem Auge, auf das Gespannteste an meinen Darstellern gehaftet hatte, wendete ich, mit dem Beginne des dritten Aktes, vom Anblicke des auf seinem Schmerzenslager hingestreckten todeswunden Helden mich unwillkürlich gänzlich ab, um auf meinem Stuhle mit halbgeschlossenen Augen bewegungslos mich in mich zu versenken. In der ersten Theaterprobe schien Schnorr die ungewohnte Andauer meiner scheinbaren vollständigen Theilnahmlosigkeit, da ich mich im Verlaufe der ganzen ungeheueren Scene selbst bei den heftigsten Accenten des Sängers nie nach ihm wendete, ja nur überhaupt mich regte, innerlich befangen gemacht zu haben, denn als ich endlich nach dem Liebesfluche taumelnd mich erhob, um, in erschütternder Umarmung zu dem auf seinem Lager ausgestreckt

Scheidungsgrund: „Tristan und Isolde"
In einer Folge der Fernsehkrimiserie „Tatort" (September 1982) kam folgendes vor: Eine junge Frau hört täglich mit solcher Intensivität das Liebesduett aus dem zweiten Akt „Tristan", daß sie in ein permanentes Stadium erotischer Hochspannung gerät – ihrem Gatten erscheint dies des Guten zuviel, es kommt zur Scheidung. Anschließend besucht der Mann seine geschiedene Frau, um die Höhe der Alimente zu diskutieren – er findet sie wieder beim Anhören von „O sink hernieder, Nacht der Liebe...", worauf er sie mit einer Wagner-Büste ermordet...

Verharrenden hinabgebeugt, dem wunderbaren Freunde leise zu sagen, daß ich kein Urtheil über mein nun durch ihn erfülltes Ideal aussprechen könne, da blitzte sein dunkles Auge wie der Stern der Liebe auf; ein kaum hörbares Schluchzen, – und nie sprachen wir über diesen dritten Akt mehr ein ernstes Wort. Nur erlaubte ich mir, zur Andeutung meiner Empfindungen hierüber, etwa Scherze wie diesen: So etwas, wie dieser dritte Akt, sei leicht geschrieben, aber es von Schnorr hören zu müssen, das sei schwer, weshalb ich denn auch gar nicht erst noch hinsehen könnte. –

In Wahrheit bleibt auch jetzt, wo ich diese Erinnerungen nach drei Jahren aufzeichne, es mir noch unmöglich, über diese Leistung Schnorr's als Tristan, wie sie im dritten Akte meines Drama's ihren Höhepunkt erreichte, mich auszusprechen, vielleicht schon aus dem Grunde, weil sie sich jeder Vergleichung entzieht. In völliger Rathlosigkeit darüber, wie ich nur einen annähernden Begriff davon geben sollte, glaube ich dieses so furchtbar flüchtige Wunderwerk der musikalisch-mimischen Darstellungskunst für das spätere Gedenken einzig dadurch feststellen zu können, daß ich den mir und meinem Werke wahrhaft gewogenen Freunden für alle Zukunft anempfehle, vor Allem die Partitur dieses dritten Aktes zur Hand zu nehmen. Sie würden zunächst nur das Orchester genauer zu untersuchen haben, dort, vom Beginn des Aktes bis zu Tristan's Tode, die rastlos auftauchenden, sich entwickelnden, verbindenden, trennenden, dann neu sich verschmelzenden, wachsenden, abnehmenden, endlich sich bekämpfenden, sich umschlingenden, gegenseitig fast sich verschlingenden musikalischen Motive verfolgen; dann hätten sie dessen inne zu werden, daß diese Motive, welche um ihres bedeutenden Ausdruckes willen der ausführlichsten Harmonisation, wie der selbständigst bewegten orchestralen Behandlung bedurften, ein zwischen äußerstem Wonneverlangen und allerentschiedenster Todessehnsucht wechselndes Gefühlsleben ausdrücken, wie es bisher in keinem rein symphonischen Satze mit gleicher Kombinationsfülle entworfen werden konnte, und somit hier wiederum nur durch Instrumentalkombinationen zu versinnlichen war, wie sie mit gleichem Reichthum kaum noch reine Instrumentalkomponisten in das Spiel zu setzen sich genöthigt sehen durften. Nun sage man sich, daß dieses ganze ungeheuere Orchester zu der monologischen Ergießung des dort auf einem Lager ausgestreckten Sängers sich, im Sinne der eigentlichen Oper betrachtet, doch nur wie die Begleitung zu einem sogenannten Sologesange verhalte, und schließe demnach auf die Bedeutung der Leistung Schnorr's, wenn ich jeden wahrhaften Zuhörer jener Münchener Aufführung zum Zeugen dafür anrufen darf, daß vom ersten bis zum letzten Takte alle Aufmerksamkeit und aller Antheil einzig auf den Darsteller, den Sänger gerichtet war, an ihn gefesselt blieb und nie einen Augenblick auch nur gegen ein Textwort Zerstreutheit oder Abwendung eintrat, vielmehr das Orchester gegen den Sänger völlig verschwand, oder – richtiger gesagt – in seinem Vortrage selbst mit enthalten zu sein schien. Gewiß ist aber nun Alles zur Bezeichnung der unvergleichlichen Größe der künstlerischen Leistung meines Freundes demjenigen, welcher die Partitur dieses Aktes genau studirt hat, gesagt, wenn ich berichte, daß bereits nach der Generalprobe von unbefangenen Zuhörern gerade diesem Akte die populärste Wirkung zugesprochen und der allgemeinste Erfolg davon vorausgesagt wurde.

Freundschaft zweier Könige

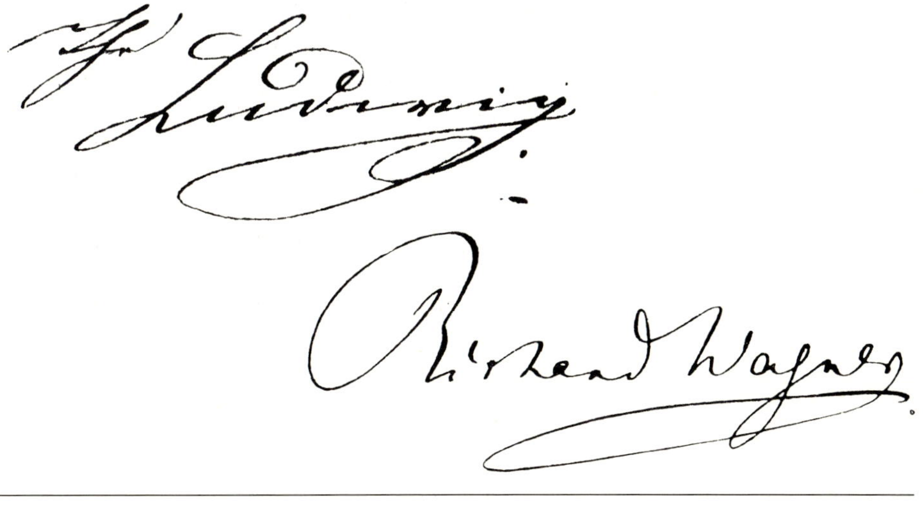

Ludwig II. 1845–1886. König von Bayern seit 1864.

Der noch nicht 19jährige König berief fünf Wochen nach seinem Regierungsantritt Richard Wagner nach München, um ihm de facto freie Hand nicht nur für sein persönliches künstlerisches Wirken, sondern für die Kontrolle des ganzen Kunstlebens im Königreich Bayern zu geben. „Ich bin am Ende", hatte Richard Wagner am 30. April 1864 zu seinem komponierenden Jünger Wendelin Weißheimer in Stuttgart gesagt, wohin es ihn nach seiner Flucht vor den Wiener Gläubigern zu Gesprächen mit Kapellmeister Karl Eckert, dem ehemaligen Leiter des Wiener Hofoperntheaters, verschlagen hatte. Dort stöberte ihn Kabinettssekretär Hofrat von Pfistermeister auf, um den denkwürdigen Empfang Wagners durch König Ludwig II. in der Münchner Residenz am 4. Mai 1864 zu arrangieren. Der Plan des Königs, den eine „Lohengrin"-Vorstellung zum fanatischen Wagner-Verehrer gemacht hatte, war nur mit den größten Ideen italienischer Renaissancefürsten vergleichbar. Der Durchführung waren weder Ludwig II. noch Richard Wagner gewachsen. Wagner sollte frei schalten und walten dürfen, seine Werke sollten in einem neu zu errichtenden Wagner-Theater uraufgeführt werden, Schulen sollten den Wagner-Stil pflegen – und Wagner sollte seine Gläubiger befriedigen können. Hierzu griff der König tief in die Staatskasse, was zu einer Revolte der Regierung und der Öffentlichkeit führte. Wagner war für Wagner und machte von Ludwigs Großzügigkeit mehr als freien Gebrauch. Zum ersten Male seiner Sorgen enthoben, hatte er jeden Sinn für das rechte Maß verloren. Er wollte, da ihm dies zur Förderung seiner Werke das Beste schien, König Ludwig II. zum Kaiser eines zukünftigen Deutschen Reiches propagieren. Nun stand aber Bayern im Krieg Preußens gegen Österreich (1866) auf seiten Österreichs – also auf seiten der Verlierer. Der spätere Deutsche Kaiser Wilhelm I. und sein Kanzler Otto von Bismarck haben Wagner seine Haltung in jenen Tagen niemals vergeben. Als Wagner – während seiner Arbeit an der „Siegfried"-Partitur – die Regierung Ludwigs II. publizistisch angriff, drohte das Kabinett mit Demission. Der Volksmund nannte Wagner „Lolus" in Erinnerung an die Tänzerin Lola Montez, die Geliebte König Ludwigs I., der sie auf Staatskosten beschenkte und darüber gestürzt war. Nun wackelte auch der Thron Ludwigs II. Am 6. Dezember 1865 war wieder ein Traum Wagners ausgeträumt: König Ludwig II. mußte ihn ersuchen, Bayern sofort zu verlassen. Wagner ließ sich in Tribschen bei Luzern nieder, aber der König ließ ihn niemals völlig fallen. Die persönliche Verbindung hielt an – so wenig auch Ludwig II. ein Zentrum der Tätigkeit von Wagner außerhalb von München sehen wollte: Ohne seine weitere Hilfe wäre es niemals zum Bau des Festspielhauses in Bayreuth, der Villa Wahnfried und dem Überleben der Bayreuther Festspiele trotz des anfänglichen finanziellen Debakels gekommen. Niemals ist völliges Licht in die Intimsphäre der Beziehungen zwischen Ludwig II. und Richard Wagner gedrungen. Man sprach von homosexuellen Neigungen des Königs, über dessen geistige Fähigkeiten sich Wagner privat sehr negativ geäußert hat. Der König überlebte Wagner um drei Jahre und ertrank unter geheimnisvollen Umständen 1886 im Starnberger See.

Ludwig II. und Richard Wagner – wer war König?

Richard Wagner und das Geld

Heute wäre er Millionär

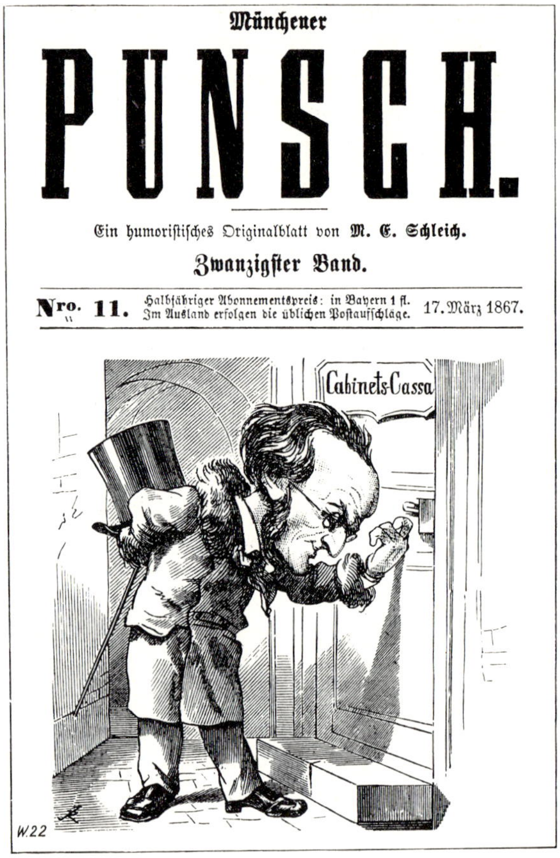

Die finanziellen Zuwendungen des Königs an Richard Wagner waren nicht nur ein Politikum, das sich sowohl gegen Wagner als gegen den König richtete, sondern auch Gegenstand zahlloser Karikaturen – diese aus dem Münchner „Punsch" vom 17. März 1867 bezieht sich auf einen Blitzbesuch des bereits aus der bayerischen Hauptstadt vertriebenen Komponisten in München, um den vom König angewiesenen Betrag von 12000 Gulden in Empfang zu nehmen.

Wieviel Wagner verdient hat, welche Geldzuwendungen er bekommen hat, wie hoch seine Schulden waren – dies kann nur andeutungsweise festgestellt werden. Eine Umrechnung der damals gebräuchlichen Währungen in die heutige kann nur auf der Kaufkraft des Geldes basieren, die aber für jede einzelne Ware damals und heute verschieden war. Durch die Veränderung der sozialen Struktur sind auch die verschiedenen Monatseinkommen keine ganz verläßliche Grundlage. Außerdem hat sich die Struktur der Autoreneinkünfte gründlich geändert.

Das Einkommen eines Bühnenkomponisten besteht heute aus der Verwertung der „großen" und der „kleinen" Rechte. „Große Rechte" nennt man die Rechte an den Bühnenvorstellungen, die durch Tantiemen, d. h. einem Prozentsatz der Tageseinnahmen abgegolten werden. Bei urheberrechtlich geschützten Werken (Opern, Operetten, Musicals) schwankt der übliche Tantiemensatz zwischen zehn und fünfzehn Prozent; es wird je nach den Verträgen der Autoren mit den Verlegern nach einem internen Schlüssel aufgeteilt – der alte Grundsatz: ein Drittel der Komponist, ein Drittel der Textdichter, ein Drittel der Verleger gilt nicht immer als generelle Richtlinie. Ein ausverkauftes Haus, z. B. die Wiener Staatsoper, bringt bei höchsten Preisen ungefähr DM 140000,–. Bei Opern von Richard Strauss beträgt der Tantiemensatz 14%, somit in diesem Fall ungefähr DM 20000,–. Unter „kleinen" Rechten versteht man die Rechte durch Wiedergabe in den Medien, Fernsehen, Rundfunk, Schallplatte usw.; weitere Verlagsrechte beruhen auf dem Verkauf oder der Leihgebühr für gedrucktes Notenmaterial.

Zu Wagners Zeiten war die rechtliche Grundlage eine völlig andere; der Autor war viel ungünstiger gestellt. Das Einkommen des Autors bestand in den Honoraren für Bühnenaufführungen und in den Zahlungen der Verleger für den Druck der Werke. Da die Medien noch nicht existierten, war der Verkauf der gedruckten Noten ein unvergleichlich größeres Geschäft als heute, wo Fernsehen, Radio und Schallplatte an die Stelle der Hausmusik getreten sind, wo moderne Kleinwohnungen keinen Raum für ein Klavier haben und das aktive Musizieren in ganz andere Richtungen geht. Im 19. Jahrhundert zahlten die Verleger an die

Autoren ein Honorar für das Recht, die Partitur, die Klavierauszüge, Arrangements für die verschiedensten Instrumente und manchmal auch die Textbücher herstellen zu dürfen. Es gibt kaum ein Musikinstrument und kaum eine Musikinstrumentengruppe, für die man nicht Noten der beliebtesten Opernmelodien gedruckt erwerben konnte. Je nach der Großzügigkeit des Verlages und der Prominenz des Autors war das Verhältnis zwischen Verlag und Autor geregelt, d. h. ob er über das Honorar hinausgehend am weiteren Verkauf der Noten beteiligt war oder nicht. Die Verlagshäuser beschäftigten sich nur indirekt mit dem Bühnenvertrieb.

Der Bühnenvertrieb lag in den Händen des Autors. Der Autor kassierte Honorare von den Theatern für die Erlaubnis, seine Werke spielen zu dürfen. Die Theater zahlten den Autoren beinahe immer zeitlich unbeschränkte Pauschalabfindungen für die Bühnenrechte ihrer Werke.

Natürlich ging beides Hand in Hand, denn der Verlag konnte nur mit einem Verkauf seiner gedruckten Noten rechnen, wenn das Werk über die Bühnen ging. Wenn Richard Wagner also von seinem Verleger Geld wollte, dann verpfändete er ihm oft die ihm zustehenden zu erwartenden Einnahmen aus Theatervorstellungen als Sicherheit für die Vorschüsse. Wagner hatte aber bei seinem ersten Pariser Aufenthalt (1839–1841) Gelegenheit gehabt, die Theaterverhältnisse in Paris nicht nur vom künstlerischen, sondern auch vom autorenrechtlichen Standpunkt aus zu studieren.

Meyerbeer hatte dort für sich und für seine Autorenkollegen Tantiemenzahlungen von der Oper durchgesetzt, was damals rechtliches Neuland war. Bei seiner Tätigkeit an der Berliner Hofoper in den vierziger Jahren setzte er Tantiemenzahlungen auch dort durch. Richard Wagner wußte das genau, und wenn ihm schon in seinen Dresdner Kapellmeisterjahren (1843–1849) immer Berlin als das wichtigste zu erobernde Terrain erschien, dann hatte das künstlerische und finanzielle Gründe.

Je mehr Wagners Ruhm wuchs, und je mehr sich das Tantiemenprinzip auch in Deutschland und Österreich durchsetzte, um so mehr versuchte Wagner die vorher auf dem Prinzip des Pauschalhonorars abgeschlossenen Bühnen-Verträge in Tantiemenverträge umzuwandeln. Er berief sich dabei, nicht ganz zu Unrecht, auf die Ungerechtigkeit der Pauschalverträge bei seinen früheren Werken, die relativ bald zu Kassenschlagern für die Theater wurden und versuchte, jede von ihm gewünschte neue Vereinbarung durch Umwandlung dieser alten Verträge zu erkaufen. In diesem Sinne versuchte er auch, manchmal mit Erfolg, die Pariser Fassung seines „Tannhäuser" als ein neues Stück zu deklarieren, für die Pauschalverträge der alten Dresdner Fassung keine Gültigkeit mehr haben sollten.

Versuchen wir einmal, wenigstens gewisse Ziffern zu analysieren. Der erste Kontakt von Richard Wagner mit seinem späteren Hauptverlag B. Schott's Söhne, Mainz, fand im Oktober 1830 statt, als der 17jährige diesem Verlag den von ihm verfertigten Klavierauszug der IX. Symphonie von Beethoven für ein Honorar von 8 Louis d'or anbot; der Verlag lehnte ab, behielt aber das Manuskript und sandte Wagner dafür andere Noten seines Verlages. Ein Louis d'or entspricht (siehe die vom Schottverlag verfaßten Tabellen) 19 Mark von 1914. Wenn wir versuchen, den Preis von einem Pfund Schwarzbrot als Grundlage zu nehmen, das 1914 18 Pfennige gekostet hat und heute zwischen DM 2,– und DM 2,50, dann entsprächen nach diesem Umrechnungsschlüssel von ca. 1 : 12 ein Louis d'or heutigen DM 228,– und der von Wagner geforderte Betrag von 8 Louis d'or: DM 1776,–. Die Verhandlungen mit dem Verlag Schott wurden bezüglich der Wagner-Opern „Rienzi" und „Der fliegende Holländer" erfolglos weitergeführt. Wagner stürzte sich dann in ein Abenteuer, an dessen finanziellen Folgen er jahrzehntelang leiden mußte: er ließ das Notenmaterial für „Rienzi", „Der fliegende Holländer" und „Tannhäuser" auf eigene Rechnung drucken, wofür er Darlehen zu Wucherzinsen aufnehmen mußte. Die Verlagsanstalt Breitkopf & Härtel erwarb 1851 die Verlagsrechte an „Lohengrin" und gewährte hierfür dem Komponisten den Nachlaß einer Schuld von 200 Talern, für die er sich ein Klavier gekauft hatte. Ein Taler entsprach drei Mark von 1871. Da ein Pfund Schwarzbrot 1873 dreizehn Pfennige kostete (heute ab DM 2,– bis DM 2,50), müssen wir hier den Umrechnungsschlüssel 1 : 20 anwenden: das Klavier hätte also DM 12000,– gekostet (ein Taler = 3 Mark von 1871, 200 Taler = 600 Mark von 1871, ergo 1 : 20 = DM 12000,–), das entspricht heute einem realistischen Preis von einem Klavier der mittleren Preisklasse. Im Jahre 1856 begannen die Verhandlungen von Richard Wagner mit Breitkopf & Härtel bezüglich der Herausgabe des „Ring des Nibelungen". Wagner verlangte für sämtliche vier Teile 2000 Louis d'or, die Hälfte als Fixum, die andere Hälfte zu gleichen Teilen zwischen dem Verlag und Wagner bis zur Erreichung der vollen Summe zu teilen. 2000 Louis d'or? 1 Louis d'or entspricht 19 Mark von 1914, also 2000 Louis d'or = 38000,– Mark von 1914, somit nach dem Schwarzbrot-Umrechnungsschlüssel 1 : 12 nach heutiger Währung: DM 456000,–. Der Verlag lehnte ab. Er lehnte auch einen Vorschlag Wagners ab, ihm statt der zweiten Hälfte des Betrages 20 Jahre lang eine Rente von 50 Louis d'or zu zahlen. Das Risiko war dem Verlag zu groß. Es kam aber mit Breitkopf & Härtel ein Verlagsvertrag für „Tristan und Isolde" zustande: 100 Louis d'or und ein Beteiligungsschlüssel.

Den Vergleichen des Geldwertes liegen die vom Verlag Schott veröffentlichten Tabellen zugrunde. Ganz verläßlich sind solche Umrechnungen niemals, da sie den veränderten sozialen, wirtschaftlichen und Einkommensverhältnissen nie Rechnung tragen können.

Franz Schott, der damalige Verlagschef, glaubte fest an das Genie von Richard Wagner und unterzeichnete mit ihm im Oktober 1861 einen Verlagsvertrag über den „Ring des Nibelungen": 3000 Francs für jedes druckfertig abgelieferte Werk (DM 28800,–) und eine weitere Zahlung von 7000 Francs am Tag der ersten szenischen Aufführung. Wagner überging dabei die Tatsache, daß er den „Ring" schon einmal an Otto Wesendonck verkauft und von ihm einen bedeutenden Vorschuß erhalten hatte. Das entscheidende Abkommen zwischen Schott und Wagner fand im Jahre 1861 statt, wobei Wagner Vorauszahlungen von 10000 Francs und 3000 Francs, zusammen 13000 Francs (DM 124800,–) für die zur Verfügungstellung seines ganzen vollendeten wie zukünftigen Schaffens erhielt. Heute würde Wagner von jeder Vorstellung an einem ersten internationalen Opernhaus ungefähr DM 7000,– bekommen. Das waren die Jahre von Wagners tiefster finanzieller Notlage. Seine Einkünfte aus den Theatervorstellungen, für die er pauschal abgegolten war, blieben gering, sein luxuriöser Lebensstandard jedoch weiterhin hoch.

Die Rettung kam durch König Ludwig II., dessen erste Zuwendung vom 9. Mai 1864 4000 Gulden betrug (1 Gulden von 1871 = 1,70 Mark von 1871, somit nach dem Umrechnungsschlüssel 1 : 20: DM 136000). Die nächste Zuwendung vom 10. Juni betrug 16000 Gulden, also DM 544.000,–. Bald kam der Zeitpunkt, in welchem Wagner die Rechte am „Ring des Nibelungen" ein drittes Mal verkaufte und dafür ein Honorar nahm, nämlich an König Ludwig II. Die Verlagsfirma Lucca in Mailand, die später vom Haus Ricordi gekauft wurde, kam als vierte dran. Wagner war für Wagner...

Für den Bühnenvertrieb seiner Werke setzte Wagner die Agenten Batz und Voltz aus Mainz und Wiesbaden ein. Das neue Urheberrechtsgesetz von 1870 begünstigte die Stellung der Autoren, und Wagner befand sich in einer Zwangslage,

Ludwig II. und Richard I.

„Den Gott der Liebe laß uns preisen – Er hat die Saiten Dir berührt“, variierte König Ludwig ein „Tannhäuser“-Zitat. Von 11. bis 18. November 1865 musizierte Wagner für den König in Schloß Hohenschwangau.

Schloß
Neuschwanstein

Unnahbar euren Schritten liegt eine Burg …

Nicht „in fernem Land“, aber weit genug von dem ungeliebten München, bei Füssen in den bayerischen Alpen, baute sich der König seine Gralsburg „so kostbar, als auf Erden nichts bekannt“ – so kostbar, daß der Ruin der Staatskasse drohte. „Auf steiler Höh', umweht von Himmelsluft“, wollte Ludwig wohnen, umgeben von Reminiszenzen an Wagners Opern. Das kleine Bild zeigt Ludwig II. als Großmeister des Bayerischen Haus-Ritter-Ordens vom hl. Georg (Gemälde von G. Schachinger, 1887).

Mein lieber Schwan ...

In seinem geliebten Schwangau, umgeben von Schwänen, verbrachte Ludwig seine Jugend. Der Schwan war das Wappentier der „Herren vom Schwangau“ im Mittelalter. Die Ankunft des Schwanenritters in einer Münchner „Lohengrin“-Vorstellung 1861 entlockte dem 16jährigen Ludwig, damals noch Kronprinz, Tränen des Entzückens: Als er 18jährig den Thron bestieg, berief er sofort Richard Wagner zu sich nach München. Seine Märchenschlösser Hohenschwangau und Neuschwanstein schmückte er mit Schwänen aller Art: silberner Kronleuchter mit Schwänen; Schwanenwaschtisch, gespeist aus einer 200 Meter oberhalb gelegenen Quelle; seidene Möbelbezüge – mit Schwänen – in der Königsfarbe blau; Tafelaufsatz mit Schwan.

Tannhäuser im Arbeitszimmer

Feinde König Ludwigs haben oft genug betont, er ließe sich bei der Arbeit von Wagner und nicht von den Problemen seines Landes inspirieren. Sein Arbeitszimmer in Neuschwanstein ist voll von Anklängen an die Wartburg bei Eisenach, die der König 1867 besuchte und als Vorbild zum Bau nahm. Die Bilder zur „Tannhäuser"-Sage, 1881 von Josef Aigner gemalt und in die Eichenholzvertäfelung eingelassen, stellen den Sängerkrieg auf Wartburg (links oben), Tannhäuser bei Frau Venus im Hörselberg (links unten) und Tannhäuser als Büßer vor Papst Urban IV. (rechts) dar.

Lohengrin im Wohnzimmer

Der König liebte diese von heutigen Regisseuren gefürchtete Szene der Ankunft Lohengrins. Bei diesem Gemälde führte der König selbst Regie: Der Maler August von Heckel erhielt die Instruktion, „S.M. wünsche, daß die Kopfhaltung Lohengrins nicht zu schief ist". Ludwigs Vater Maximilian hatte schon lange vor Wagners „Lohengrin" den Schwanenritter als ein zentrales Thema der Darstellungen für Hohenschwangau gewählt. Damit wuchs der junge Ludwig auf, bis er sich später sein Wohnzimmer mit „Lohengrins Ankunft" ausmalen ließ.

Tristan und Isolde im Schlafzimmer

König Ludwig hatte Wagner die Uraufführung von „Tristan und Isolde" am 10. Juni 1865 in München ermöglicht. Diese Wandgemälde von A. Spieß aus dem Jahre 1881 im prunkvollen spätgotisch gehaltenen Schlafzimmer stellen Szenen aus Gottfried von Straßburgs Epos dar: Tristan in Erwartung Isoldens – die Dame ist die in der Oper nicht vorkommende Isolde Weißhand (links oben); Tristan und Isolde im Garten der Burg Kornwall – Richard Wagner: „O sink hernieder, Nacht der Liebe..." (links unten); Tristan und Isolde im Tode vereint – Richard Wagner: „Mild und leise, wie er lächelt..." (rechts).

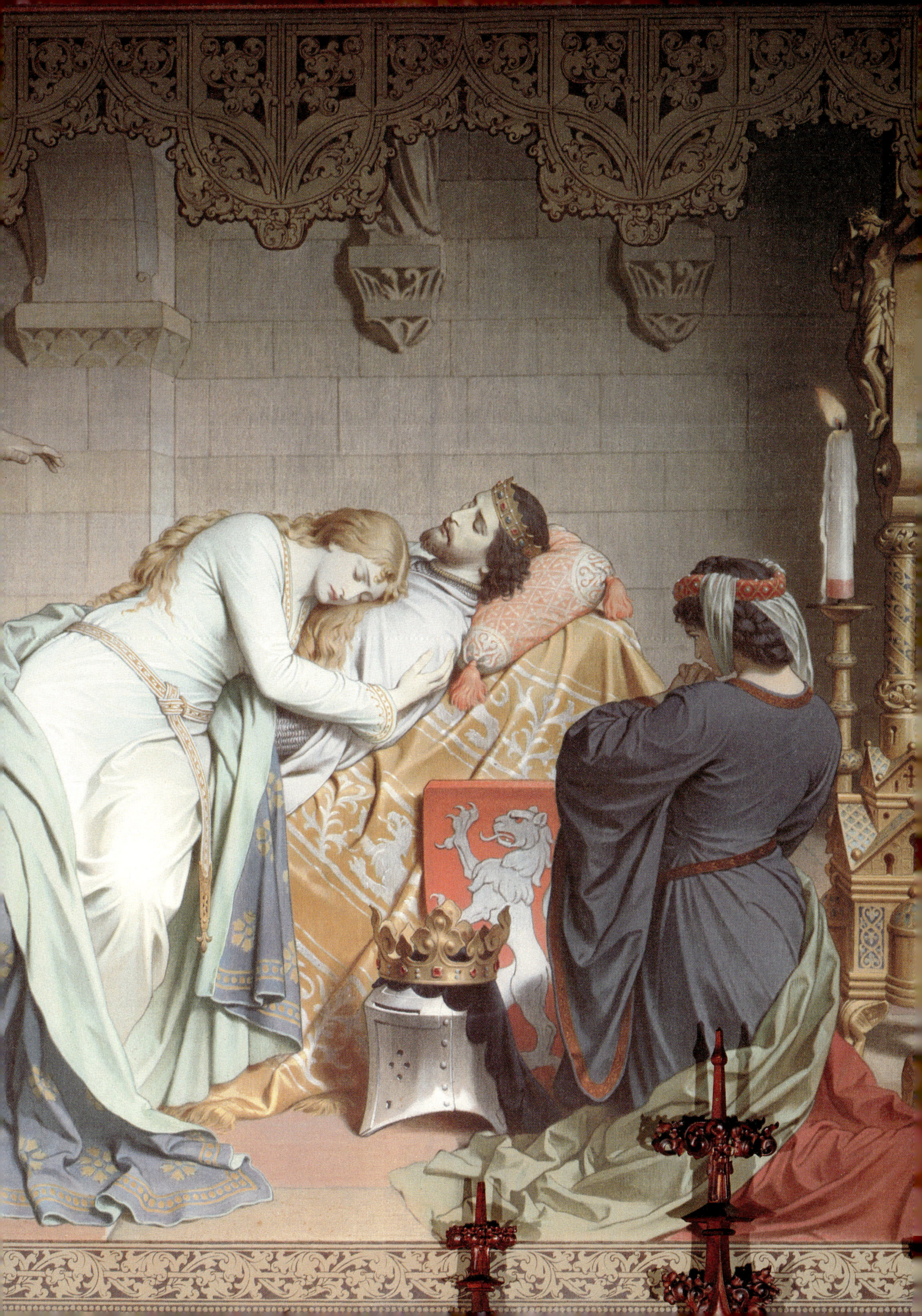

Die Nibelungen in der Vorhalle

Die Wände der Halle vor seinen Wohnräumen auf Neuschwanstein (links) ließ König Ludwig durch Szenen aus der Sigurd-Sage der „Edda“ schmücken, in welcher Sigurd hoch zu Roß die inmitten einer Feuerlohe schlafende Walküre Brynhild weckt – ähnlich Wagners „Siegfried“, dritter Akt. „Siegfried tötet den Drachen“ – vergoldeter bronzener Tafelaufsatz (oben), ausgeführt 1840 für Ludwig I., den Großvater König Ludwigs II. (Schloß Hohenschwangau, Heldensaal.)

Der Sängersaal

„Vom Gral ward ich zu Euch daher gesandt…" – das Gemälde „Gralswunder" von W. Hauschild (rechts) im Wohnzimmer des Schlosses zeigt Lohengrins Erwählung durch den heiligen Gral, von der Lohengrin in seiner Gralserzählung berichtet. – Durch eine „Tannhäuser"-Vorstellung in München wurde Ludwig II. angeregt, im 4. Obergeschoß von Neuschwanstein eine Nachbildung des Saales auf der Wartburg zu schaffen, in dem der in Wagners Oper vorkommende historische Sängerkrieg stattgefunden hat. Das Bild unten zeigt die „Sängerlaube" mit zwei Stockwerken Säulenarkaden.

Der Einsame blickt vom Söller seines Schlosses in die Weite. Auf „Glanz und Wonne" ohnegleichen folgten Umnachtung, Entthronung und der rätselhafte Tod im Starnberger See am 13. Juni 1886. (Gemälde von Ferdinand Leeke, 1887.) In Schloß Hohenschwangau (unten) weilte Richard Wagner im November 1865 zum ersten Mal; auf dem Tafelklavier (darunter) spielte er aus eigenen Werken dem König vor.

Die deutsche Währung zur Zeit Richard Wagners und die Kaufkraft des Geldes

Die deutsche Währung war zur Zeit Wagners stabil. Es galt bis 1871 bzw. 1873 die Silberwährung. Dann trat mit der Einführung der Mark die Goldwährung ein, neben welcher das Silbergeld in Kurs blieb.

Der Süddeutsche Gulden, der auch für das Großherzogtum Hessen und damit für Mainz galt (abgekürzt fl., von Florin, Florenz), hatte 60 Kreuzer zu je 4 Pfennig oder 8 Heller.

Der Österreichische Gulden, etwas schwerer als der süddeutsche, hatte 100 Neukreuzer.
Der Preußische und Norddeutsche Thaler hatte 30 Silbergroschen zu je 12 Pfennig.

Diese Geldsorten in Vergleich gesetzt zum Franc (französisch, belgisch, schweizerisch) und zur Mark 1871 (bzw. 1873):

	1 fl. süddeutsch	=	2,14 frs.	=	1,70 Mark
	1 fl. österreichisch	=	2,50 frs.	=	2,— Mark
	1 Thlr. preuß. u. nordd.	=	3,75 frs.	=	3,— Mark
Vor 1914	1 Franc (frz., belg., schweiz.)			=	—,80 Mark
	1 Louis d'or	=	24,— frs.	=	19,— Mark

Diese Goldmünze war zur Zeit Wagners außer offiziellem Kurs und daher nur noch Handelsmünze. Ihr Wert schwankte je nach der Prägezeit zwischen 20,— und 38,— Frs.

Mit dem von Wagner in der Korrespondenz erwähnten Louis d'or dürfte die Münze letzter Ausgabe gemeint gewesen sein, deren Handelskurs oben angeführt ist (24,— Francs = 19,— Mark).

1 Friedrich d'or = 21,— frs. = 17,— Mark

Da in Deutschland vor 1871 bzw. 1873 nur Silberwährung bestand, war auch dieses Goldstück nur Handelsmünze.

Die Kaufkraft des Geldes
umgerechnet in Reichspfennige (gültig ab 1871—1873):

		1840	1873	vor 1914
Schwarzbrot	das Pfund	7—8 Pf.	13 Pf.	18 Pf.
Weißbrot	das Pfund	12 Pf.	22 Pf.	35 Pf.
Kalbfleisch	das Pfund	30 Pf.	57 Pf.	120 Pf.

Im Durchschnitt ist die Preissteigerung bzw. die Geldentwertung seit 1840, nach den wichtigsten Lebensmittelpreisen gerechnet, bis 1914 ungefähr verdrei- bis vervierfacht.

Löhne

auf Grund der Lohnbücher von Schott umgerechnet in Mark

	durchschnittlicher Jahresverdienst 1840	vor 1914
Kaufmännische Angestellte	M 500	M 2100
Notenstecher	M 700	M 2700
Notendrucker	M 700	M 2200
Hilfsarbeiter	M 300	M 1500
Instrumentenmacher (Klaviere, Holz- u. Blasinstrumente)	M 900	M 3000
dto. Spitzenlöhne	bis M 2400	

Nach dem kleinen Einkommen (Existenzminimum) gerechnet, entsprach die Verdienststeigerung auf das Drei- bis Vierfache der verteuerten Lebenshaltung.

Franz Schott, zur Zeit Wagners der Leiter des Verlags (1840 bis 1874), war bis zum Tode seines Vaters, Andreas Schott, im Jahre 1840, d. h. bis zu seinem 29. Jahre, als Notenstecher im Hause tätig. Die Lohnbücher der Zeit weisen einen gleichbleibenden Wochenlohn von fl. 7,— aus. Dies entspricht einem Jahresverdienst von rund M 600.

Das erste Honorar, das Franz Schott an Richard Wagner zahlte, betrug für „Rheingold" M 8000 (frs. 10000).

Für die Anstellung als kgl. sächsischer Hofkapellmeister in Dresden erhielt Richard Wagner im Jahre 1843 M 4500 (1500 Thlr.) Jahresgehalt.

Aus: Ludwig Strecker, Richard Wagner als Verlagsgefährte, B. Schott's Söhne, Mainz 1951.

denn er hatte die Bühnenrechte seiner Werke wegen seiner ständigen Geldnot zum Teil für Verlagsvorschüsse verpfändet. Batz und Voltz erhielten eine Vertriebsprovision von 25 Prozent, kamen aber bald in schweren Konflikt mit dem Verleger Franz Schott. Ein neues Übereinkommen vom 16. Oktober 1872 regelte die Beziehungen zwischen Schott und Wagner nach dem neuen Urheberrechtsgesetz von 1870: die Verlagsrechte am „Ring" und an den „Meistersingern" blieben bei Schott, die Bühnenaufführungsrechte verblieben Wagner.
Beide Partner fanden das Verlagsverhältnis unbefriedigend: Schott, weil die von Wagner geforderten und oft gewährten Vorschüsse bei weitem die Einnahmen überstiegen, und Wagner, weil die Geschäftsführung des Schott-Verlages eine Schuldendeckung aus den Erträgen der Theatervorstellungen verlangte. Der Bayreuther Bankier Friedrich Feustel, der so aktiv an der finanziellen Struktur der Bayreuther Festspiele mitgearbeitet hat, stellte die Einigung her. Als Dr. Ludwig Strecker sen. 1875 die Leitung des Schott-Verlages übernahm, führte er unter schweren Opfern die Zusammenarbeit mit Wagner weiter, zahlte große Vorschüsse für dessen kaum gespielte Jugendkompositionen und Gelegenheitsarbeiten wie dem „amerikanischen Festmarsch" zur 100-Jahrfeier der USA (1876). Besondere Schwierigkeiten ergaben sich bei „Parsifal", dessen Rechte Schott erworben hatte. Da „Parsifal" nach Wagners Forderung nur in Bayreuth aufgeführt werden sollte, waren für die nächste Zeit die verlegerischen Aussich-

ten auf einen Gewinn aus dem Bühnenweihfestspiel äußerst gering. Es kam dann zu dem berühmten Übereinkommen, in welchem Schott die bis damals höchste je nachgewiesene Verlagszahlung an Wagner leistete: 100000,– Mark (nach der Umrechnungstabelle DM 2000000,–!) und Streichung sämtlicher Schulden Wagners. Da „Parsifal" aber außerhalb von Bayreuth konzertant gespielt werden durfte, bedeutete die Konzertverwertung für Schott ein großes Aktivum in dem kostspieligen „Parsifal"-Geschäft. Trotzdem konzedierte Strecker nach Wagners Tod die Rechte an konzertanten Gesamtaufführungen an die Erben und behielt sich nur das Recht an Fragmenten-Abenden vor.

Wagner war ein zäher und geschickter Verhandlungspartner. Außerdem ging von seiner Persönlichkeit eine solche Faszination aus, daß auch hartgesottene Partner zu ungewöhnlichen Konzessionen gebracht wurden.

Nach amerikanischem Recht waren diese „Parsifal"-Vorstellungen legal. New York wurde von „Parsifalitis" befallen, Leierkastenmänner spielten den Karfreitagszauber, und Sonderzüge brachten „Wagnerians" aus anderen Städten zu den elf Vorstellungen.

Eine große Unvorsichtigkeit Wagners und des Verlegers Schott ermöglichte den sogenannten „Gralsraub" von 1903. Die Vereinigten Staaten waren der europäischen Urheberrechtskonvention nicht beigetreten, und Wagners Bestimmung, den „Parsifal" an Bayreuth zu binden, galt nicht für Amerika. Weder Cosima noch der Verlag, noch politische Interventionen konnten verhindern, daß „Parsifal" – mit sehr großem Erfolg! – an der Metropolitan Opera von New York gespielt wurde. Der General-Manager der Metropolitan Opera Heinrich Conried war ein sehr geschickter Mann, dem auch das Engagement von Enrico Caruso gelungen war. Er lüftete den Schleier seines geheimnisvollen Planes sehr spät – in keinem Sängervertrag war „Parsifal" enthalten, lediglich eine mysteriöse Klausel über eine zusätzliche Wagner-Oper. Zu dem Notenmaterial, insbesondere den Orchesterstimmen, hätte er niemals kommen können, wenn nicht Schott mit Wagners Einverständnis eine kleine Taschenpartitur für den freien Verkauf hergestellt hätte; aus dieser konnten Conrieds Notenschreiber die Orchesterstimmen herauskopieren.

Jedenfalls steht fest, daß niemand an Wagner wirklich verdient hat, außer den Theatern, die durch Pauschalabfindungen seine Werke billig spielen konnten. Wagners Verleger konnte die Vorschüsse während der damals gültigen, auf 30 Jahre nach dem Tod des Autors beschränkten Periode nicht hereinbringen – und Wagner? Nach heutigem Urheberrecht wäre er aus seinen Tantiemen zum Millionär geworden.

Richard Wagner und die Philosophen

Ohne ihre Werke zu kennen, fand er ihre Ideen

Wenn es überhaupt eine philosophische Idee gibt, der Wagner in seinen Jugendjahren nahestand, dann war es das „Junge Deutschland". Der Name erscheint zum ersten Mal in den „Ästhetischen Feldzügen" (1834) des Hamburgers Ludolf Wienbarg, der bald zum Theoretiker dieser liberal-nationalen Literatengruppe werden sollte. Richard Wagner machte als 20jähriger, im Jahre 1833 in Leipzig, die Bekanntschaft des Schriftstellers Heinrich Laube, der das Sprachrohr des „Jungen Deutschland", die „Zeitung für die elegante Welt", redigierte und Wagner als Mitarbeiter gewann. Laube wurde Kritiker, dann Direktor des Wiener Burgtheaters; er hat Wagner später durch einen argen Verriß der „Meistersinger" sehr verärgert.

„Auf dir ruht gräßlicher Verdacht,
du schlossest Eh'n für eine Nacht."
(„Das Liebesverbot")

Das „Junge Deutschland" war eine lose Vereinigung von Literaten, die durch die politisch engagierte Literatur ihrer Opposition zu der konservativen Politik der Staaten des Deutschen Bundes Ausdruck geben wollten. Sie predigten die Aufhebung aller moralischen Tabus, hemmungslosen Individualismus, die Emanzipation der Frau und die „freie Liebe" (wofür Wagner in seinen Studentenjahren mehr übrig hatte als für die politischen Aspekte). Sie waren Meister des Feuilletons. Hier konnten sie ihren Überzeugungen, unverstanden von der Zensur, durch die Blume Ausdruck geben. Manche führenden Köpfe der Bewegung, deren Blütezeit etwa von 1830 bis 1850 dauerte, haben in Wagners Leben eine nicht unbedeutende Rolle gespielt: Da war Heinrich Heine, den Wagner in Paris 1840 durch Laube kennengelernt hat. Da war der Dramatiker und Romancier Karl Ferdinand Gutzkow, der 1843 als Theaterdramaturg in Dresden der schärfste Gegner seines Hofkapellmeisters Richard Wagner wurde. Und Georg Herwegh, der politische Lyriker des „Jungen Deutschland", schloß mit Wagner 1851 in Zürich einen Freundschaftsbund, von dem sie sich den „Ausgangspunkt einer neuen Wendung der Weltgeschichte" erwarteten.

Wagner berichtet in „Mein Leben", daß ihn sein (jüdischer) Freund, der deutsche Philologe Samuel L. Lehrs, in Paris zum ersten Mal auf die Pfade der Philosophie lenken wollte. Damals fielen seine Vorschläge noch nicht auf fruchtbaren Boden. Wagners ganzes Denken war darauf ausgerichtet, in Paris als Opernkomponist Fuß zu fassen. Die Zeit für die Philosophie kam erst nach den Enttäuschungen von Paris und Dresden. Im Frühjahr des Jahres 1848 lernte er in Dresden den russischen Anarchisten Michail Aleksandrowitsch Bakunin kennen, der revolutionäre Artikel im Geiste Hegels schrieb. Im gleichen Jahre reiste Wagner nach Wien, wo seine Pläne, im Zuge der Revolution eine Theaterreform und eine Führungsposition zu erreichen, fehlschlugen. Nach dem Scheitern der Revolution in Dresden (1849) begann er zum ersten Mal mit dem genauen Studium philosophischer Schriften, nämlich den Vorlesungen über die Philosophie der Geschichte von Hegel.

Solange er hoffte, als Repertoire-Komponist die Repertoire-Opernhäuser zu erobern, solange spielte die Philosophie bei ihm keine Rolle. Als dies scheiterte und er daranging, durch radikale Umwälzungspläne die Welt reif für Wagner zu machen, da traten drei Philosophien und ein Philosoph in sein Leben.

Georg Wilhelm Friedrich Hegel war der Denker jenes „Deutschen Idealismus", der von 1790 bis 1830 die Geister bewegte und gerade von dem „Jungen Deutschland" kategorisch abgelehnt wurde. Er war Universitätsprofessor in Berlin. Sein Fakultätskollege Arthur Schopenhauer nannte ihn einen „Kopfverdreher" und „Absurditätenlehrer", seine Philosophie „hohlen Wortkram" und „Hanswurstiaden". Aber einer der vielen Schüler Hegels, zu denen auch Karl Marx gehörte, empfand, daß er „mit nie mangelnden Worten durch alle Höhen und Tiefen der Seele griff". Ein Brief von Clemens von Brentano beschreibt den hochgebildeten jungen Hegel als Rektor des Gymnasiums in Nürnberg: „Er las Heldenbuch und Nibelungen und übersetzte sie sich unter dem Lesen, um sie genießen zu können, ins Griechische."

Hegel galt seit jeher für schwer verständlich. Auch Wagner gibt zu, Hegels Lehre vom Absolutum bei der Lektüre nicht ganz begriffen zu haben: „Hier imponierte mir vieles, und es schien mir, als müßte ich auf diesem Wege in das Innere des Heiligtumes gelangen. Je unverständlicher viele in spekulativem Sinn resümierende Phrasen des ungeheuer berühmten, als Schlußstein aller philosophischen Erkenntnis mir gepriesenen gewaltigen Geistes erschienen, desto mehr fühlte ich mich angeregt, der Sache von dem ABSOLUTUM und was damit zusammenhing auf den Grund zu gehen" („Mein Leben"). Hegels Lehre vom „absoluten Leben" und der „absoluten Wissenschaft" hat Wagner nicht weiter beeinflußt, er hat aber, ohne Hegel zu kennen, Kerngedanken seiner Lehre im „Tannhäuser" von sich aus gefunden. Im Zentrum des Hegelschen Denkens steht der Begriff der Dialektik, den sein Schüler Karl Marx dann auf ökonomische und gesellschaftliche Probleme übertragen hat. Der dialektische Vorgang sei nach Hegel ein ständiges Geschehen von Trennung und Verbindung, Selbstentfremdung und Versöhnung. Auf seiner Suche nach der „Einigkeit des ganzen Menschen" findet Hegel sie in der Liebe. Der Kernpunkt der Philosophie Hegels ist die Frage nach dem Wesen der Liebe. Dialektik und Liebe werden bei Hegel zu einer geistigen Einheit. Der „Sängerkrieg auf Wartburg" im zweiten Akt „Tannhäuser" ist eine Art Volksausgabe von Hegels Lehren. „Könnt ihr der Liebe Wesen mir ergründen?" ist die Aufgabe, die der Landgraf den Sängern stellt.

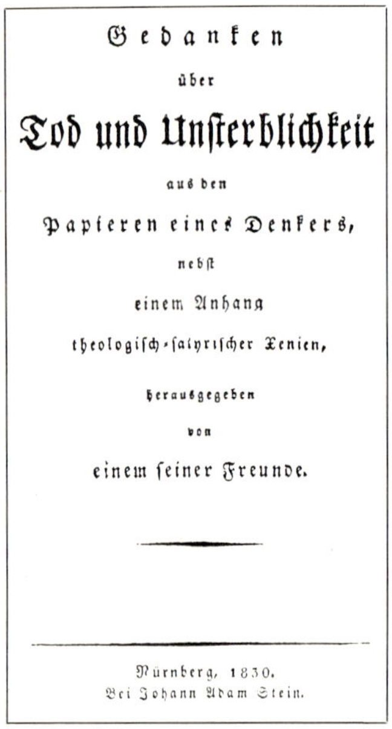

Gedanken über Tod und Unsterblichkeit aus den Papieren eines Denkers, nebst einem Anhang theologisch-satyrischer Xenien, herausgegeben von einem seiner Freunde.

Nürnberg, 1830. Bei Johann Adam Stein.

Titelblatt der anonym erschienenen Schrift „Gedanken über Tod und Unsterblichkeit" von Ludwig Feuerbach

Nach dem Tode Hegels im Jahre 1831 entwickelten sich verschiedene Richtungen eines „Hegelianismus". Zu den radikalen politisch-sozialrevolutionären Jung-Hegelianern, die den historischen Materialismus von Marx und Engels beeinflußten, gehörte der Bayer Ludwig Feuerbach. Er wurde der erste Philosoph, mit dem sich Wagner intensiv beschäftigte. Auch seine Lehren haben Spuren in Wagners Bühnenwerken hinterlassen. Und auch er identifizierte sich mit den Revolutionären von 1848: „Der Geist, welcher die Staatsangelegenheiten nicht zur Sache einer besonderen, bevorrechteten Kaste oder Klasse von Menschen, sondern zur Sache aller, zur Volkssache machen will, wird und muß siegen." Als Wagner nach seiner Flucht aus Dresden im Jahre 1849 in Zürich angekommen war, gab ihm ein neuer Züricher Freund Feuerbachs radikales Erstlingswerk „Gedanken über Tod und Unsterblichkeit"; er hatte es mit 26 Jahren, 1830, anonym veröffentlicht. Wagner muß zunächst von dem leidenschaftlichen, schwungvollen Stil gefesselt gewesen sein. Der Autor geißelt den damaligen Kultur- und Weltanschauungsbetrieb mit der schockierenden These, daß der christliche Glaube an die Unsterblichkeit als ein Prozeß von immer zunehmendem praktischen und theoretischen Egoismus entstanden sei. Die Griechen und Römer hätten keinen Glauben an die Auferstehung gelehrt, daher sei ihr Menschenideal ein diesseitiges und auch im Diesseits erreichbares gewesen. Feuerbach attackiert durchaus in Wagners Sinn die „Gefühlstheologen, Heuchler im Talar und Polterköpfe auf der Kanzel, die frommen Quacksalber und Bibelhändler". Er galt als Atheist. Wagner sah in sich selbst die Antwort auf Feuerbachs Forderung, „die einzig wahre Unsterblichkeit nur der erhabenen Tat oder dem geistvollen Kunstwerke zugeteilt zu wissen". Etwas schwerer tat sich Wagner mit Feuerbachs Buch „Das Wesen des Christentums". Bauern, Gastwirte, Soldaten kamen in mühseligen Wanderungen von weit her, um Feuerbach auf Schloß Bruckberg bei Ansbach zu besuchen. Im Zentrum seiner Lehre stand jetzt die Entstehung des Gottesbegriffs aus dem Trieb der Menschen nach Glückseligkeit. Wagner störte die Breite und „unbehilfliche Ausdehnung der Darstellung des einfachen Grundgedankens, die Religion vom rein subjektiven psychologischen Standpunkt aus zu

---

„Nennst du deine Feigheit Gott?"
(„Lohengrin")
Ein Feuerbach-Gedanke?

erklären". („Mein Leben".) Die Heidelberger „Vorlesungen über das Wesen der Religion", die Wagner von Herwegh bekam, hat er „wegen der Monotonie des Titels" nicht mehr gelesen. Trotzdem bedeutete Feuerbach viel für Wagner: die rücksichtslos radikale „Befreiung des Individuums vom Drucke hemmender, dem Autoritätsglauben angehörender Vorstellungen". Wagner fügte seiner eigenen Schrift „Das Kunstwerk der Zukunft" (1849) eine Feuerbach gewidmete Vorrede bei – Feuerbach hatte sein Lebenswerk eine „Philosophie der Zukunft" genannt. Außerdem fühlte sich Wagner durch Feuerbachs These sichtlich erleichtert, daß es die beste Philosophie sei, gar keine zu haben. Er fand auch eine Bestätigung seiner künstlerischen Absichten in der Lehre Feuerbachs, daß nur das wirklich sei, was die Sinne wahrnehmen. Und Wagner fährt fort: „Daß er in die ästhetische Wahrnehmung unserer Sinnenwelt das, was wir Geist nennen, setzte, dies war es, was mich, neben der Erklärung von der Nichtigkeit der Philosophie, für meine Konzeption eines allumfassenden, für die einfachste, rein menschliche Empfindung verständlichen Kunstwerkes, des vollendeten Dramas, im Momente seiner jede künstlerische Intention verwirklichenden Darstellung als KUNSTWERK DER ZUKUNFT so ergiebig unterstützte".
Er war ein merkwürdiger Mann, dieser Ludwig Feuerbach, der vormittags nur ein Glas Wasser und abends einen Krug Bier und einen Rettich zu sich nahm. Er hat auch Verse geschrieben – manche klingen wie Wilhelm Busch:

„Das Messer ist nur vorne scharf
und nutzt zu Deinem Hausbedarf."

Er nannte sein Denken einen „Wendepunkt der Weltgeschichte" – haben Herwegh und Wagner damals, 1851 in Zürich, an jene Worte gedacht? Stehen die Nicht-Götter des „Ring" dem Nicht-Gott Feuerbachs nahe?
Die einzigen philosophischen Schriften, die Wagner ein Leben lang beschäftigt haben, waren die von Arthur Schopenhauer. Georg Herwegh machte ihn 1854 in Zürich mit „Die Welt als Wille und Vorstellung" (1844) bekannt. Gleich viermal las Wagner das Buch innerhalb eines Jahres, im Februar 1858 noch einmal – im Jahre 1874 gab er zu, daß er es anfangs nicht völlig verstanden habe. Wagner fand, daß er, ohne Schopenhauer gekannt zu haben, in seiner „Ring"-Dichtung viel von der pessimistischen Philosophie des mürrischen Misanthropen aus Danzig erahnt hatte. Er sandte ein Druckexemplar mit der Widmung „aus Verehrung" an Schopenhauer – dieser lebte damals, auf einem Ohr ertaubt, in Frankfurt. Später erfuhr Wagner durch seinen Freund Karl Ritter, Schopenhauer habe dazu den Kommentar abgegeben, Wagner sei ein Dichter, aber kein Musiker; er habe daran Hymnen über Mozart und Rossini geknüpft. „Wo ist eine Eitelkeit, die ich nicht gekränkt hätte?" hat der Philosoph einmal gesagt. Aber erstaunlicherweise war Wagner nicht gekränkt. Im Jahre 1872 gingen ihm, laut Cosima, „durch Schopenhauers drolligen Kultus angeregt, Rossini-Melodien durch den Sinn, und er wünschte sich Klavierpartituren dieses ‚sonderbar Begabten'."

„... daß, wenn Schopenhauer durch die Lektüre meiner Dichtung selbst sich nicht deutlich machen könnte, mit wem er es zu tun habe, ein noch so ausführlicher Brief meinerseits hierzu auch nicht verhelfen würde..." (Richard Wagner, „Mein Leben", S. 523)

Arthur Schopenhauer, im Leben ein harter, mitleidloser Menschenhasser, gilt als der Philosoph des Mitleids und des Pessimismus. Er war das Idol aller großen Geister, die sich als Unzeitgemäße fühlten und bereit waren, sich gegen die Welt in ihrem derzeitigen Zustand aufzulehnen: Hebbel, Nietzsche, Wagner. Er symbolisierte den Protest gegen sein Zeitalter mit der kalten Ideologie des Empirismus und der Anbetung der reinen Nützlichkeit. Seine Überzeugung von der Erlösungsbedürftigkeit dieser Welt brachte ihn Wagners Denken nahe. War Wagner ursprünglich eher dem Optimismus des Griechentums zugeneigt, so verfiel er nun in seinen Jahren der Enttäuschung Schopenhauers Lehre, daß „dem Sein das Nichtsein entschieden vorzuziehen“ sei. Manche Ideen Schopenhauers stammen aus dem Buddhismus: die Sehnsucht nach dem Nirwana. Denn: „Vor uns bleibt nur das Nichts.“

Richard Wagner hat mit Schopenhauer eine ganz seltsame Art spiritueller Freundschaft geschlossen. Wie Verdi von Shakespeare als „Papà“ sprach, hieß es bei Wagner immer „Freund Schopenhauer“. Eine persönliche Begegnung hat nie stattgefunden. Als Wagner Deutschland (mit Ausnahme Sachsens) nach seiner Teil-Amnestie wieder betreten darf und am 13. August 1860 nach Frankfurt kommt, will er ihn besuchen. Aber, welche Seltenheit bei Wagner, „eine sonderbare Scheu“ hält ihn zurück. Er verschiebt den Besuch – am 21. September stirbt Schopenhauer. 23 Jahre später, in der Nacht vom 3. zum 4. Februar 1883, zehn Tage vor dem Tod, träumt Wagner in Venedig, er sei Schopenhauer doch begegnet – und habe ihm einen Schwarm Nachtigallen gezeigt...

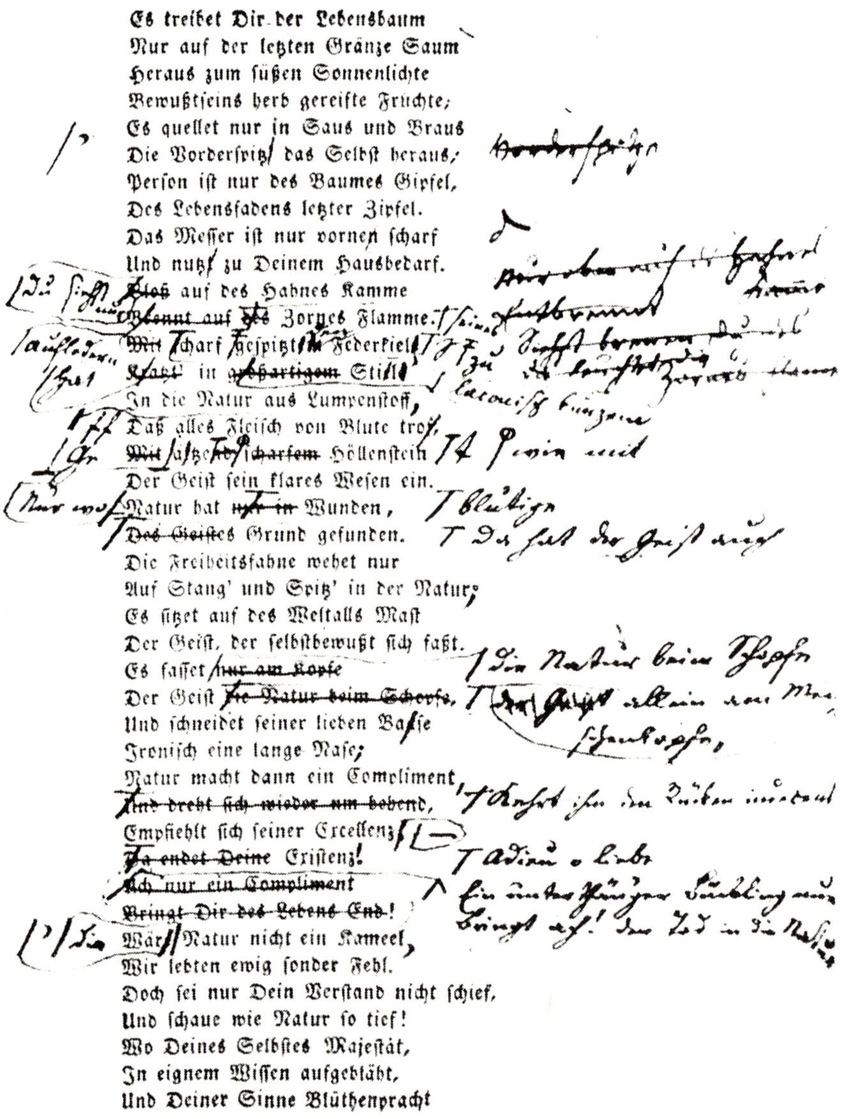
Es treibet Dir der Lebensbaum
Nur auf der letzten Gränze Saum
Heraus zum süßen Sonnenlichte
Bewußtseins herb gereifte Früchte;
Es quellet nur in Saus und Braus
Die Vorderspitz/ das Selbst heraus;
Person ist nur des Baumes Gipfel,
Des Lebensfadens letzter Zipfel.
Das Messer ist nur vornen scharf
Und nutzt zu Deinem Hausbedarf.
Bloß auf des Hahnes Kamme
Brennt auf des Zorness Flamme.
Mit scharf gespitztem Federkiel
Stark in großartigem Stil
In die Natur aus Lumpenstoff,
Daß alles Fleisch von Blute troff,
Mit scharfem Höllenstein
Der Geist sein klares Wesen ein.
Natur hat nur in Wunden,
Des Geistes Grund gefunden.
Die Freiheitsfahne wehet nur
Auf Stang' und Spitz' in der Natur;
Es sitzet auf des Weltalls Mast
Der Geist, der selbstbewußt sich faßt.
Es fasset nur am Kopfe
Der Geist die Natur beim Schopfe,
Und schneidet seiner lieben Base
Ironisch eine lange Nase;
Natur macht dann ein Compliment
Und dreht sich wieder um behend,
Empfiehlt sich seiner Excellenz
Da endet Deine Existenz!
Ach nur ein Compliment
Bringt Dir des Lebens End!
Wär Natur nicht ein Kameel,
Wir lebten ewig sonder Fehl.
Doch sei nur Dein Verstand nicht schief,
Und schaue wie Natur so tief!
Wo Deines Selbstes Majestät,
In eignem Wissen aufgebläht,
Und Deiner Sinne Blüthenpracht

Gedicht Feuerbachs aus Feuerbachs Handexemplar der „Gedanken über Tod und Unsterblichkeit“, 1830.

Nietzsches Vertonung seines Jugendgedichtes „Junge Fischerin", 11. Juli 1865.

Am 1. Januar 1869, als Cosima mit ihren Tagebüchern begann, erzählte ihr Wagner, was ihn seit jenem Jahre 1854 an den Lehren Schopenhauers gefesselt habe: die Einsicht in die Nichtigkeit der Erscheinungswelt. Das Gefühl, in dem Nibelungen-Gedicht selbständig zu ähnlichen Gedanken gekommen zu sein: „So verstand ich erst selbst meinen Wotan!"

Laut Cosimas Tagebüchern kleidete Wagner seine Deutungen der Lehren Schopenhauers oft in die Gestalt schönster Poesie. Etwa wenn er (1. Juli 1873) Schopenhauer darin recht gibt, „daß man vom Leben zum Tode erwachte wie von einem beängstigenden Traum, und daß der Todeskampf dem Krampf gliche, mit welchem der Schlafende sich vor dem Aufwachen sperrt und seinen üblen Traum festzuhalten sucht". Wagner ist fasziniert von Schopenhauers Deutungen der Musik: Der Musiker „spräche die höchste Weisheit in einer Sprache, die seine Vernunft nicht versteht" (29. Mai 1871). Wagner war entschlossen, in seinen zukünftigen Schriften an Schopenhauers Kapitel über die Musik anzuknüpfen. Bei Schopenhauer lernt Wagner das Staunen über die Reaktion der Natur, „welche nach großen Kriegen Zwillinge hervorbringt" (11. September 1873). Manchmal ist es köstlich, wenn Wagner die Gedanken Schopenhauers auf seine eigenen Theaterprobleme umdeutet – der Philosoph dachte über die Unterschiede zwischen den Menschen nach und bezeichnete es als eine Ungerechtigkeit, daß die Natur nicht noch eine Gattung geschaffen habe, da zwischen den begabten und den unbegabten Menschen ein größerer Unterschied bestehe als zwischen gewissen Menschen und Tieren. Dazu Wagner: „Man braucht bloß ein Theaterpublikum zu betrachten, wo der eine ganz ergriffen und gesammelt, der andere zerstreut, unruhig, läppisch; zwischen diesen beiden ist kein Verständnis möglich, und daher die Tortur des begabten Menschen in dieser Welt, wo er als seinesgleichen ein Wesen betrachten muß, das ihm nicht mehr ähnelt als der Affe" (18. September 1870). Wagner fand immer einen Bezug zum Theater. Ganz köstlich ist es, wenn Wagner am 17. Juli 1872 – anscheinend um das Seelenheil seines eben engagierten jüdischen Hauspianisten Josef Rubinstein besorgt – ihn über sein Studium Schopenhauers verhört...

Friedrich Nietzsche, 1844–1900, Ölbild eines unbekannten Malers aus dem Jahr 1869.

„Nur eines will ich noch, das Ende!" läßt Wagner seinen Walküren-Wotan singen, als er Schopenhauer vorausahnte. „Ertrinken – versinken – unbewußt – höchste Lust" wird zur Nirwana-Seligkeit von Isoldens Liebestod. Schopenhauers Philosophie des Mitleids mit dem Menschen macht den reinen Toren Parsifal „durch Mitleid wissend", sein Mitleid mit dem Tier spricht aus Gurnemanz' Worten zu dem Schwanentöter Parsifal: „Unerhörtes Werk! Du konntest morden... was tat dir der treue Schwan?"

Aber ist nicht schon „Der Fliegende Holländer" ein Drama der Todessehnsucht aus der Welt Schopenhauers?

Als Richard Wagner am 8. November 1868 in Leipzig bei seinem Schwager Heinrich Brockhaus einen 24jährigen sächsischen Philosophen kennenlernte, war es für ihn eine ungewöhnliche Überraschung.

Friedrich Nietzsche hatte nämlich schon als Gymnasiast den „Tristan"-Klavierauszug studiert und war einer der wenigen, die aus „Oper und Drama" zitieren konnten. Wagner imponierte die Sachkundigkeit seines neuen Fans, für Nietzsche bedeutete die Begegnung das entscheidende Erlebnis. Er war auch von Wagners übersprudelnder Persönlichkeit begeistert, wie von seiner Klavier-Interpretation (plus Gesang) der „Meistersinger". Die beiden verband außerdem ein weiteres gemeinsames Interesse: Schopenhauer. Nietzsche nahm im Februar 1869 die Berufung als ordentlicher Professor für Klassische Philologie an die Universität Basel an – und wurde von seinem ersten Besuch in Tribschen zu Pfingsten 1869 bis zur Übersiedlung des Meisters nach Bayreuth im April 1872 ein regelmäßiger und immer willkommener Besucher. Cosima fand den damals noch eher schüchternen jungen Mann „ruhig und angenehm", mit Wagner gab es anregende Gespräche über Philosophie, Philologie und – Wagner. Nietzsche verbrachte Weihnachten 1869 bei ihnen und nannte dies später die „schönste und erhebendste Erinnerung". Ein Jahr darauf war er dabei, als am 25. Dezember – als Nachfeier von Cosimas Geburtstag – Wagner auf der Treppe des Hauses sein Geburtstagsgeschenk aus der Taufe hob, die „Tribscher Idylle", die später als „Siegfried-Idyll" Nietzsches Lieblingsstück blieb.

Friedrich Nietzsche war für die Wagners auch ein wertvoller Überbringer von Neuigkeiten: Wenn es gute Vorträge gab, sandte Nietzsche Berichte. Wenn auswärtige Zeitungen über Wagners Eitelkeit, Luxus, die Intimität seiner Beziehungen zum bayerischen König (oder seinem „Harem") herfielen, dann erfuhr man es in Tribschen am raschesten durch den jungen Philologen. Wagner entwickelte herzliche Gefühle für ihn. Er erfaßte sehr früh die psychischen Probleme Nietzsches, denn er äußerte schon am 17. Februar 1870 zu Cosima die Besorgnis, Schopenhauer würde einen schlimmen Einfluß auf ihn nehmen, da sich aus dem Pessimismus ein Gefühl praktischer Hoffnungslosigkeit entwikkeln könnte. Manchmal spielte Nietzsche auch Klavier. Er war ja ein leidenschaftlicher Amateur-Komponist. Die Musik Nietzsches findet übrigens in neuester Zeit wieder Beachtung: In seinen Studentenjahren hatte er Lieder nach Texten des Ungarn Sandor Petöfi komponiert, viel später vertonte er auch Zeilen seiner angebeteten Lou Salomé.

Die Krise in den Beziehungen setzte bald ein. Als Nietzsche im April 1871 in Tribschen seine Schrift „Ursprung und Ziel der Tragödie" vorlas, notierte Cosima große Freude daran, daß hier ein sehr begabter Mensch von Richards Gedanken auf eigene Weise durchdrungen sei. Aber Nietzsche glaubte bei Wagner Enttäuschung darüber zu bemerken, daß Wagner darin nicht vorkam. Nietzsche änderte die betreffenden Teile. Die Neufassung unter dem Titel „Die Geburt der Tragödie aus dem Geiste der Musik" (1872) entzückte die Wagners, entfremdete dem Professor aber unter Vorwürfen der Unwissenschaftlichkeit Fakultät und Studenten. In Bayreuth wird, schon aus Gründen der Entfernung, der persönliche Verkehr weniger intensiv. Nietzsche wohnt der Grundsteinlegung des Festspielhauses am 22. Mai 1872 bei, und Wagner verteidigt öffentlich Nietzsche gegen Angriffe auf seine „Zukunftsphilologie", in denen er Parallelen zu den Angriffen auf seine Zukunftsmusik sieht. Schon damals hatte sich Nietzsche aber innerlich weit von Wagner als Mensch und Künstler distanziert. Am 8. August 1874 bringt er Wagner das „Triumphlied" von Brahms, das nur „ein lautes Lachen" hervorruft. Der letzte Höhepunkt der Beziehungen ist das Erscheinen von Nietzsches Essay „Richard Wagner in Bayreuth" im Juli 1876, unmittelbar vor Beginn der Festspiele – die letzte, mit kleinen Einschränkungen enthusiastische Huldigung. Bei den Festspielen selbst wohnt Nietzsche nur dem ersten „Rheingold"-Abend bei. „Mir graut vor jedem dieser langen Kunstabende", klagt er seiner Schwester; er bleibt in Bayreuth, ohne die Vorstellungen zu besuchen...

Brahms, ein glühender deutscher Patriot, hatte sein „Triumphlied" – wie Wagner seinen „Kaisermarsch" – anläßlich der Gründung des deutschen Reiches geschrieben.

Nietzsches physischer Zusammenbruch begann sich am Horizont abzuzeichnen. Er litt an Kopfschmerzen, Augenschmerzen, psychischen Depressionen, über die er Wagner auch brieflich berichtete. Die Freundschaft ging endgültig zu Ende, als Nietzsche Richard Wagner im April 1878 sein neues Buch „Menschliches, Allzumenschliches" – sogar mit einer Widmung – übersandte, in welchem „der Künstler" und „seine Frau" (ohne Namensnennung) kritisiert werden. „Licht über Nietzsche seitens Richard", notiert Cosima lakonisch am 9. Mai. Nietzsche sprach von „Exkommunikation" durch Bayreuth. Im Oktober 1878 kommt es noch zu letzten kurzen Gesprächen in Sorrent, es folgen Nietzsches Hymnen auf Bizets Oper „Carmen", worin er einen Gegenpol zu Wagner sieht. Fünf Jahre nach Wagners Tod, im Jahre 1888, schreibt Nietzsche die beiden Wagner-kritischen Schriften „Der Fall Wagner" und „Nietzsche contra Wagner". Dazwischen in atemberaubender Parallele: Nietzsches Aufstieg zu letzter Größe als Philosoph und sein physischer Ruin bis zum Erlöschen in geistiger Umnachtung im Jahre 1900.

Überzeugende Gründe für Nietzsches vieldiskutierten Abfall von Wagner habe ich nirgends gelesen. War es die Übermacht der Persönlichkeit Wagners, die Nietzsches Ego erdrückte? Sein Selbstbewußtsein führte ihn ja bis an den Rand des Größenwahns. War es die Enttäuschung des erfolglosen Komponisten? War für seine Ideen des nahenden Endes des dekadenten Christentums der „Parsifal" untragbar, dessen Text Wagner ihm im Januar 1878 gesandt hatte? Er soll ihn aber schon viel früher bei einer Lesung Wagners kennengelernt haben. Eine tiefe Leidenschaft Nietzsches für Cosima gibt Karl Albrecht Bernoulli in seinem Werk „Overbeck und Nietzsche" als Grund für den Bruch an. In Nietzsches späteren Jahren tauchte immer die Vision der Dionysos-Braut Ariadne auf, deren Erhellung der Philosoph nicht wünschte: „Wer weiß außer mir, was Ariadne ist!", schrieb er 1888. Es könnte sein, daß Ariadne in das Gebiet von Nietzsche-Dionysos' Erlebnissen mit Richard und Cosima gehört. Cosima selbst hat Nietzsches Freund Peter Gast mitgeteilt, daß Nietzsche ihr im Januar 1889 von Turin aus einen Zettel mit den Worten geschickt habe: „Ariadne, ich liebe Dich! Dionysos." Das war in den Tagen der Katastrophe. Im Jahre 1887, als sein Geist noch nicht umdüstert war, schrieb er in sein Notizbuch: „Frau Cosima Wagner ist das einzige Weib größeren Stils, das ich kennen gelernt habe; aber ich rechne ihr es an, daß sie Wagner verdorben hat." (Vielleicht hat er verstanden, wie sich unter Cosimas Einfluß Wagner von einer humorvollen Volksfigur zum pompösen Sektenführer gewandelt hatte.) Auch intime Gründe anderer Natur werden zitiert, wie das Entsetzen darüber, daß Wagner durch die Indiskretion eines Arztes von sexuellen Perversionen Nietzsches – dessen Ruin ja auf Syphilis beruhte – erfahren hatte. Es wird wohl für immer ein Geheimnis bleiben.

Ich verstehe vollkommen, wenn heute ein Musiker sagt: „Ich hasse Wagner, aber ich halte keine andere Musik mehr aus." (Friedrich Nietzsche, „Der Fall Wagner", 1888)

Nietzsche konnte sich niemals ganz aus Wagners Verzauberung lösen. Noch in dem posthum erschienenen „Ecce Homo" spricht er 1888 nicht nur von den „fünfzig Welten fremder Entzückungen, zu denen niemand außer ihm Flügel hatte", sondern auch davon, daß sie beide verwandt seien, weil sie „tiefer gelitten haben, auch aneinander, als Menschen dieses Jahrhunderts zu leiden vermöchten".

Und Wagner? Auch er konnte Nietzsche nicht vergessen. Zehn Tage vor seinem Tod las er „Die fröhliche Wissenschaft" und fand, daß alles von Schopenhauer entlehnt sei. Aber zwei Wochen vorher, am 17. Januar 1883, hatte er mit Cosima über seine „treulosen Freundschaften" gesprochen und auch Nietzsche erwähnt: „Es sei förmlich eine Schande für uns gewesen, daß wir sie nicht besser zu fesseln wußten."

Beide vereinigte noch eine posthume Gemeinsamkeit: Auch Nietzsches Gedanken von der Welt, die vom „Übermenschen" und seinem „Willen zur Macht" gestaltet werden müsse, wurden vom Dritten Reich für politische Zwecke mißbraucht.

Haus Pellet zu Wagners Zeiten. König Ludwig II. mietete für Wagner dieses Landhaus in Kempfenhausen am Starnberger See. Es lag nahe bei Schloß Berg, wo sich der König oft aufhielt. Wagner zog schon 14 Tage nach der ersten Audienz, am 14. Mai 1864, in Haus Pellet ein und wohnte hier bis zu seiner Übersiedlung nach München am 27. September desselben Jahres. In dieser Villa überreichte ihm der König am 22. Mai sein Porträt als Geburtstagsgeschenk – der ersten Zuwendung von 4000 Gulden aus der Königlich Bayerischen Kabinettskasse war ein weiterer Betrag von 16000 Gulden gefolgt. Wenn man Wagners vom König geplante Tätigkeit als die eines staatlich angestellten Stardirigenten und Komponisten von säkularer Bedeutung auffaßt, dann sind diese Honorare viel niedriger, als sie heutige Stardirigenten in ähnlichen Positionen erhalten würden. Die Wurzel zu einem weiteren öffentlichen Skandal um Richard Wagner wurde in Haus Pellet gelegt: Hier besuchte ihn im Juni und Juli 1864 Cosima von Bülow mit ihren beiden Töchtern Daniela und Blandine aus ihrer Ehe mit Kapellmeister Hans von Bülow, dessen Verpflichtung nach München Richard Wagner beim König durchsetzte. Am 10. April 1865 wurde Isolde geboren, die später einen Prozeß um ihre Anerkennung als Wagner-Tochter führen mußte. Am 10. April 1865 dirigierte Hans von Bülow die erste Orchesterprobe zu „Tristan und Isolde".

Franz von Liszt, 1811–1886. Der „Paganini des Klaviers" war ein enthusiastischer und neidloser Förderer junger Talente. Er hatte Richard Wagner schon 1840 in Paris durch den Verleger Maurice Schlesinger kennengelernt und später den Aufstieg des Komponisten in Dresden mitverfolgt. Als der Großherzog von Weimar ihm die künstlerische Leitung des Musiklebens in der Goethe-Stadt übertrug, leitete er dort die erste Produktion des „Tannhäuser" (1849) nach der Dresdner Uraufführung und – nach Wagners Flucht aus Dresden – die Welturaufführung des „Lohengrin" (1850). Franz Liszt hat Wagner schon 1849 finanziell die Übersiedlung nach der Schweiz ermöglicht – durch den „Lohengrin" von Weimar wurde ein künstlerischer und menschlicher Freundschaftsbund geschlossen, der trotz gewisser Krisen bis zum Tode Wagners (1883) anhielt. Franz Liszt, der gemeinsam mit Richard Wagner als Gründer der Neudeutschen Komponistenschule gilt, fand sich damit ab, daß Wagners Ruhm als Komponist den seinen zu überstrahlen begann – aber obwohl Abbé Liszt immer in amouröse Abenteuer verstrickt war, dauerte es lange, bis er seiner Tochter Cosima den Bruch ihrer Ehe mit seinem Schüler Hans von Bülow verzeihen wollte.

Es gibt eine nette Anekdote über die künstlerische Neidlosigkeit von Liszt. Als Wagner im zweiten Akt der „Walküre" bei Sieglindes Traum ein musikalisches Thema verwendete, das dem Hauptthema der „Faust"-Symphonie von Liszt sehr ähnlich war, soll Liszt gesagt haben: „Das stört mich überhaupt nicht, wenigstens hört es jemand!" Die Anekdote stimmt nicht ganz mit den Jahreszahlen überein, denn Richard Wagner komponierte den zweiten Akt der „Walküre" 1854, Franz Liszt seine „Faust"-Symphonie 1855.

Cosima von Bülow, 1837–1930. Franz Liszts (uneheliche) Tochter wurde am 25. August 1870 in Luzern mit Richard Wagner getraut. Wagners Einladungsbrief an Hans von Bülow nach Haus Pellet vom 9. Juni 1864:
Mein lieber Hans!
Was ich Dir jetzt sage, und um was ich Dich jetzt bitten werde, nimm das nicht als einen schnellen Einfall augenblicklicher Laune, sondern – wie einen wichtigen Paragraphen des letzten Willens eines Sterbenden auf. Ich lade Dich ein, mit Weib, Kind und Magd für diesen Sommer bis so lange wie möglich Dein Quartier bei mir zu nehmen. – Dies ist das Resultat langer Beratung mit mir. – Hans, Ihr trefft mich im Wohlstand: mein Leben ist vollkommen umgestaltet! Ich bin getragen von der gediegensten Liebe, dem reinsten Willen. Aber – mein Haus ist öde! – Und nun erst empfinde ich dies schmerzlicher als je. – Bevölkert mein Haus, wenigstens für einige Zeit!...
Cosima traf um eine folgenschwere Woche früher als ihr Gatte ein...

Hans von Bülow, 1830–1894. Mit 16 Jahren hatte der Pianist und spätere Schüler von Franz Liszt Richard Wagner in Dresden kennengelernt, 1848 hörte er in Dresden Wagners Vorlesung der „Siegfrieds Tod" genannten Urfassung der „Götterdämmerung" und war zum Wagner-Jünger geworden. Er besuchte ihn in Zürich, als er dort Klavierabende gab (1853); nach Bülows Heirat mit Liszts Tochter Cosima führte ihn seine Hochzeitsreise nach Zürich, wo am 5. September 1857 Minna Wagner, Mathilde Wesendonck und Cosima von Bülow in einem Zimmer vereint waren. Hans von Bülow entwickelte sich später zum ersten Dirigenten moderner Prägung (wobei er viel von Wagner übernommen hat) und leitete die Münchner Uraufführung von „Tristan und Isolde" (1865) und „Die Meistersinger von Nürnberg" (1868). Der immer kränkelnde Mann hat Cosimas Bindung und spätere Ehe mit Richard Wagner nie ganz verwunden, blieb aber künstlerisch stets ein Anhänger von Wagner. Später wurde er als Hofmusikintendant in Meiningen der erste Förderer von Richard Strauss.

Eine zeitgenössische Karikatur zum Dreieck Hans–Cosima–Richard: Hans entdeckt als gehörnter König Menelaos das Rendezvous seiner schönen Helena (Cosima) mit Paris (Richard), der ausruft: „Und ich entführ' sie doch – das steht schon im Homer!" Es ist eine Parallelsituation zum zweiten Akt der damals neuen Operette „Die schöne Helena" von Jacques Offenbach.

Faksimile aus der Originalpartitur der „Meistersinger von Nürnberg“, Schluß-Szene, 1867.

Schloß Berg am Starnberger See. Am Lieblingswohnsitz von König Ludwig II. wurde im Sommer 1864 die Königsfreundschaft geschlossen. Wagner kam fast täglich von Haus Pellet zu Besuch. Er brachte dem König Manuskripte seiner Schriften, versuchte den dunklen Punkt seiner Teilnahme an der Dresdner Revolution zu unterspielen, sprach mit dem König über seine geplante Tätigkeit in Bayern – und verwendete die hier bewilligten Gelder zur Bezahlung seiner Schulden.

Eduard Hanslick über

Die Meistersinger von Nürnberg

München.

Königl. Hof- und National-Theater.

Sonntag den 21. Juni 1868.

Mit aufgehobenem Abonnement.

Zum ersten Male:

Die

Meistersinger von Nürnberg.

Oper in drei Aufzügen von Richard Wagner.

Regie: Herr Dr. Hallwachs.

Personen:

Hans Sachs, Schuster	Meistersinger	Herr Betz.
Veit Pogner, Goldschmied		Herr Bausewein.
Kunz Vogelgesang, Kürschner		Herr Heinrich.
Konrad Nachtigall, Spängler		Herr Sigl.
Sixtus Beckmesser, Schreiber		Herr Hölzel.
Fritz Kothner, Bäcker		Herr Fischer.
Balthasar Zorn, Zinngießer		Herr Weixlstorfer.
Ulrich Eißlinger, Würzkrämer		Herr Hoppe.
Augustin Moser, Schneider		Herr Poppl.
Hermann Ortel, Seifensieder		Herr Thoms.
Hans Schwarz, Strumpfwirker		Herr Grasser.
Hans Folz, Kupferschmied		Herr Hayn.
Walther von Stolzing, ein junger Ritter aus Franken		Herr Nachbaur.
David, Sachsen's Lehrbube		Herr Schlosser.
Eva, Pogner's Tochter		Fräulein Mallinger.
Magdalene, Eva's Amme		Frau Diez.
Ein Nachtwächter		Herr Ferdinand Lang.

Bürger und Frauen aller Zünfte. Gesellen. Lehrbuben. Mädchen. Volk.

Nürnberg.

Um die Mitte des 16. Jahrhunderts.

Theaterzettel der Uraufführung

Neben Ludwig Rellstab (Berlin) war Dr. Eduard Hanslick, Musikkritiker der Wiener „Neuen Freien Presse", der berühmteste Wagner-Feind unter den Kritikern. Hanslick, Wagner ursprünglich freundlich gesinnt, wurde vom Paulus zum Saulus. Dazu hat Wagners Lesung des Prosa-Entwurfes zu seiner „großen komischen Oper" am 23. November 1862 in der Wohnung des Arztes Dr. Josef Standhartner nicht wenig beigetragen. Im Entwurf hieß der später Beckmesser genannte Stadtschreiber und Merker Veit Hanslich – dem Kritiker war die Anspielung nicht entgangen. Diese Zeilen entstammen einer Kritik Hanslicks über die Wiener Erstaufführung der „Meistersinger" (1870).

„Die Meistersinger" sind jedoch ein Meisterwerk intimsten musikalischen Humors!

„Was am empfindlichsten auffällt, ist Wagners Mangel an Humor. Für die komische Oper – und das sind die *‚Meistersinger'* nach ihrer ganzen Anlage wie durch ihre beiden ausgesprochenen Buffo-Figuren – erscheint Wagners Talent sehr ungeeignet. Der Konversationston, welcher doch fast ausschließlich in den zwei ersten Akten herrscht, klingt nicht einen Augenblick leicht und fließend, er ist vielmehr durch eine schwerfällige, gesuchte, fortwährend unruhige Musik wiedergegeben, deren Instrumentierung obendrein in kompliziertester und lautester Weise arbeitet. Die Sänger müssen die alltäglichsten, auf gewöhnlichen Sprechton angewiesenen Fragen und Antworten einander zuschreien, um den Schwall des Orchesters zu übertönen. Mit dieser verfehlten Färbung verbindet sich die verfehlte Zeichnung durch eine meist sprachwidrige, unnatürlich auf- und abspringende Deklamation.

Im Ausdruck des Komischen ist Wagners Musik vollends unglücklich; da wird sie regelmäßig gepreizt, überladen, ja widerwärtig. Mit den grausen Dissonanzen, in welchen der ‚komische' Beckmesser schimpft oder wehklagt, könnte man die entsetzlichsten Szenen eines Schauerdramas begleiten, und wo der Lehrjunge David von ‚eitel Brot und Wasser' spricht, da spielt das Orchester Galgen und Rad. Wenn friedliche Bürger und Handwerker ihr Mißfallen an einem Gedicht in so wütenden Tönen ausdrücken, wie es im ersten und im dritten Akt der *‚Meistersinger'* geschieht, was für eine Steigerung bleibt dem Komponisten noch übrig etwa für die Französische Revolution? Von dem gar nicht komischen, sondern nur häßlichen und gemeinen Prügelfinale des zweiten Aktes wollen wir gar nicht sprechen. Laubes wehmütiger Ausruf bei der Münchener Vorstellung:

‚O leichtfertiger Rossini, sei du gesegnet!' fiel uns unwillkürlich ein und dazu das bei aller Tollheit so harmonische, graziöse Finale im *‚Barbier'*. Die Musik hat freilich nur so beschränkte Mittel für komische Wirkungen; sie muß sich in den meisten Fällen damit begnügen, komischen Text auf den leichten Wellen fröhlich scherzender Weisen zu tragen und zu heben. Humor, Leichtigkeit und unbefangener Frohsinn fehlen aber Wagner vollständig, er ist immer pathetisch wie sein italienisches Gegenbild Verdi. Was in den *‚Meistersingern'* oasengleich aus grauer Wüste herausleuchtet (Pogners Anrede, Walthers Lieder, das Quintett im dritten Akt), gehört nicht dem komischen, sondern durchweg dem pathetischen Teil der Oper an.

Wagner ist seinem musikalischen Reformprinzip, wie es schon den größten Teil des *‚Lohengrin'* bestimmt und den *‚Tristan'* vollständig durchdringt, in den *‚Meistersingern'* treu geblieben, ja er hat es noch strenger in allen Details durchgeführt. Diese von keiner Anfechtung beirrte Konsequenz gibt dem Werke den überall imponierenden Charakterzug der Sicherheit und Überzeugung. Wagner weiß vollkommen, was er will; die bewußte Absicht spricht aus jeder Note dieser Partitur, kein Zufall findet Raum darin, aber auch nicht jene schöne Zufälligkeit, welche den Schöpfungen der künstlerischen Phantasie wie jenen der Natur letzten Reiz gibt. Die Konsequenz, mit welcher Wagner bei seinem eigentümlichen Prinzip verharrt, müssen wir achten; zu dem Prinzip selbst haben uns auch die *‚Meistersinger'* nicht bekehrt. Es ist das bewußte Auflösen aller festen Form in ein gestaltloses, sinnlich berauschendes Klingen, das Ersetzen selbständiger, gegliederter Melodien durch ein unförmlich vages Melodisieren. Man kann dafür Wagners schiefes Wort ‚unendliche Melodie' getrost als technischen Ausdruck gebrauchen, da bereits jedermann weiß, was er sich darunter vorzustellen hat. Die „unendliche Melodie" ist die herrschende, das heißt die musikalisch unterwühlende Macht in den *‚Meistersingern'* wie im *‚Tristan'*. Ein kleines Motiv beginnt, es wird, ehe es zur eigentlichen Melodie, zum Thema sich gestaltet, gleichsam umgebogen, geknickt, durch fortwährendes Modulieren und enharmonisches Rücken höher oder tiefer gestellt, durch Rosalien fortgesetzt, dann angestückelt und wieder verkürzt, bald von diesem, bald von jenem Instrument wiederholt oder nachgebildet. Mit ängstlicher Vermeidung jeder abschließenden Kadenz fließt diese knochenlose Ton-Molluske, sich immer wieder aus sich selbst erneuernd, ins unabsehbare fort. Aus Furcht vor der ‚Gewöhnlichkeit' der natürlichen Ganz- oder Halbschlüsse verfällt Wagner einer andern, gar nicht besseren Pedanterie; er wird nämlich monoton gerade dadurch, daß er regelmäßig, wo das Ohr einen abschließenden Dreiklang erwartet, in einen dissonierenden Akkord einlenkt. Welch überraschend wohltuenden Effekt machen die zwei lang austönenden C-Dur-Akkorde vor Walthers Preislied im dritten Akt: Sie machen ihn, weil der Hörer drei Stunden lang nach einem einzigen gesunden Dreiklang geschmachtet hat. Überschaut man ganz große Partien dieser Oper mit einem Blick, so gewahrt man immer dieselbe Einförmigkeit des Totaleindruckes bei fortwährender nervöser Unruhe und Störung des Details. Nur an den wenigen Stellen, wo ein lyrischer Ruhepunkt, eine Art Liedform schon im Text geboten ist (die Gesänge Walthers, das Schusterlied), konzentriert sich der Gesang wenigstens eine Weile hindurch zur selbständigen, wirklichen Melodie; hingegen ist am ganzen Fortgang des Dramatischen, in den Monologen, Dialogen, Gesamtszenen der Faden der Melodie nicht in die Singstimmen, sondern ins Orchester verlegt, wo er als ‚unendlicher' sich wie in einer Spinnfabrik gleichförmig abhaspelt."

Faksimile der ersten Takte des Vorspiels zu den „Meistersingern" aus dem Gästebuch des „Frankfurter Liederkranzes", der für Wagner anläßlich einer von ihm am 12. September 1862 geleiteten „Lohengrin"-Vorstellung einen Festabend veranstaltete.

„Die Meistersinger" sind jedoch voll „gesunder" Dreiklänge!

Richard Wagner und die Frauen

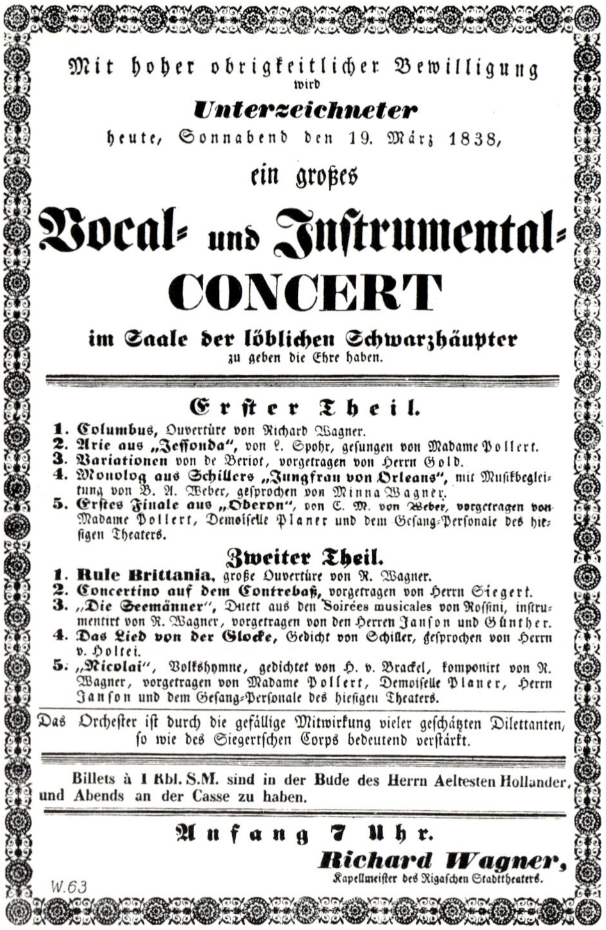

Mit hoher obrigkeitlicher Bewilligung
wird
Unterzeichneter
heute, Sonnabend den 19. März 1838,
ein großes

Vocal- und Instrumental-
CONCERT

im Saale der löblichen Schwarzhäupter
zu geben die Ehre haben.

Erster Theil.

1. **Columbus,** Ouvertüre von Richard Wagner.
2. **Arie aus „Jessonda",** von L. Spohr, gesungen von Madame Pollert.
3. **Variationen** von de Beriot, vorgetragen von Herrn Gold.
4. **Monolog aus Schillers „Jungfrau von Orleans",** mit Musikbegleitung von B. A. Weber, gesprochen von Minna Wagner.
5. **Erstes Finale aus „Oberon",** von C. M. von Weber, vorgetragen von Madame Pollert, Demoiselle Planer und dem Gesang-Personale des hiesigen Theaters.

Zweiter Theil.

1. **Rule Brittania,** große Ouvertüre von R. Wagner.
2. **Concertino auf dem Contrebaß,** vorgetragen von Herrn Siegert.
3. **„Die Seemänner",** Duett aus den Soirées musicales von Rossini, instrumentirt von R. Wagner, vorgetragen von den Herren Janson und Günther.
4. **Das Lied von der Glocke,** Gedicht von Schiller, gesprochen von Herrn v. Holtei.
5. **„Nicolai",** Volkshymne, gedichtet von H. v. Brackel, komponirt von R. Wagner, vorgetragen von Madame Pollert, Demoiselle Planer, Herrn Janson und dem Gesang-Personale des hiesigen Theaters.

Das Orchester ist durch die gefällige Mitwirkung vieler geschätzten Dilettanten, so wie des Siegertschen Corps bedeutend verstärkt.

Billets à 1 Rbl. S.M. sind in der Bude des Herrn Aeltesten Hollander, und Abends an der Casse zu haben.

Anfang 7 Uhr.

Richard Wagner,
Kapellmeister des Rigaschen Stadttheaters.

W.63

Gefährtin der Kämpfe

Nie war Wagner natürlicher als mit Minna

Minna Planer (1809–1866) ist Schauspielerin der Bethmannschen Schauspieltruppe in Magdeburg (oben rechts). In Bad Lauchstädt lernt sie 1834 den um vier Jahre jüngeren neuen Kapellmeister des Theaters kennen. Er folgt ihr in das nächste Engagement nach Königsberg, wo am 24. November 1836 geheiratet wird. In Riga nimmt Minna 1839 Abschied von der Bühne. Eine Künstlerehe wie so viele? Man zieht von Stadt zu Stadt, um Karriere zu machen und verzeiht einander die Seitensprünge… Minna wird die Gefährtin seines Existenzkampfes: der Hungerjahre in Paris, der Kapellmeisterjahre in Dresden, des Exils in Zürich. Minna will eine gesicherte Existenz, die er – der künstlerische und politische Revolutionär – verspielt. Die Affäre Mathilde Wesendonck führt 1858 zur Entfremdung. Wiedervereinigungsversuche mißlingen. 1866 stirbt Minna in Dresden.

Das Gemälde rechts zeigt Wagner 1842 (von Ernst Benedikt Kietz), das Konzertprogramm aus Riga 1838 (links oben) führt Minna als Sprecherin eines Schiller-Monologs an, während Wagner eine von ihm komponierte Volkshymne „Nicolai" (wohl für Zar Nikolaus I.) und, als besondere Pikanterie, ein von ihm instrumentiertes Duett von Rossini dirigierte.

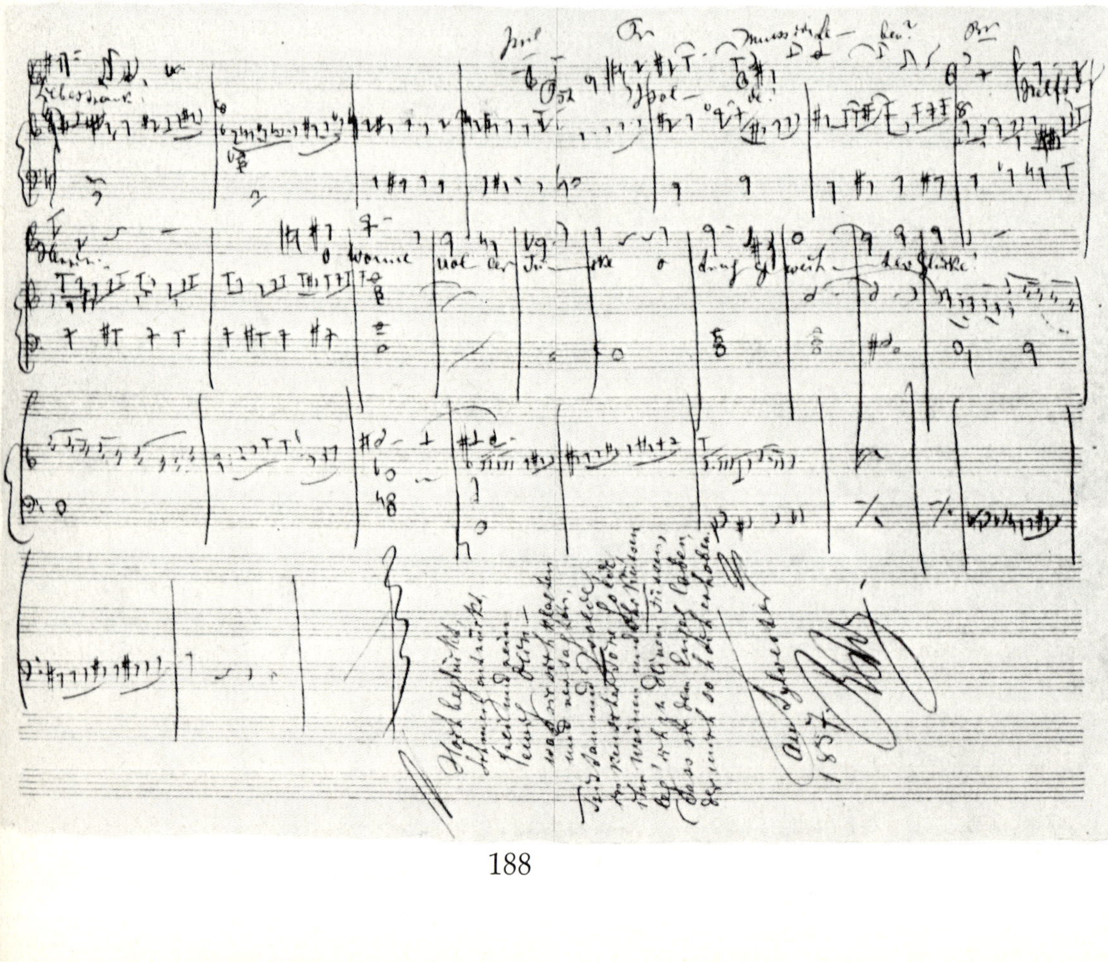

Gefährtin der Träume

Nie war Wagner romantischer als mit Mathilde

Die Beziehung zu Mathilde Wesendonck begann 1852 nach einem Beethoven-Konzert Wagners in Zürich. Wagner widmet ihr Kompositionen und setzt ihre Gedichte in Musik. Ihr Gatte, Otto Wesendonck, unterstützt ihn finanziell und ermöglicht dem Ehepaar Wagner 1857 den Einzug in das „Asyl“ neben der Wesendonck-Villa in Zürich. Die Intensivierung der Beziehungen zwischen Mathilde und Richard führt zum Reifen der „Tristan“-Visionen, aber auch zum Eklat mit Minna, zum Ende des Asyls und zu Wagners Abreise nach Italien. Wagners Ehe zerbrach, die Freundschaft mit dem Ehepaar Wesendonck dauerte an.

„Träume“ (links oben), Nr. 5 aus „Fünf Dilettantengedichte für Frauenstimme“, von Mathilde Wesendonck, vertont von Wagner (5. Dezember 1857). Vorstudie zu „Tristan und Isolde“.

Daneben: Richard Wagner, Photo von Ludwig Angerer, Wien, 1862/63.

„O Wonne voller Tücke, o truggeweihtes Glücke!“, (links unten) Kompositionsskizze zu „Tristan und Isolde“, 1857.

Mathilde Wesendonck, ▷ geb. Luckemeyer (1828–1902), Gemälde von K. Dorner.

Gefährtin des Sieges

Nie war Wagner gespreizter als mit Cosima

Die 20jährige Cosima (uneheliche Tochter von Franz Liszt und Gräfin Marie d'Agoult) saß neben Minna und Mathilde am 5. September 1857 in Zürich an einem Tisch mit Wagner, den sie seit vier Jahren kannte. Sie war auf Hochzeitsreise mit dem Dirigenten Hans von Bülow. Ihre enge Beziehung zu Wagner begann in München (1864), wohin Bülow durch Wagners Vermittlung von König Ludwig I. verpflichtet wurde. Der Skandal trug zur Vertreibung Wagners aus München bei. Zusammenleben seit 1868 in Tribschen, Heirat 1870 in Luzern nach der Geburt dreier Kinder (Isolde 1865, Eva 1867, Siegfried 1869). Cosima war Geliebte und Gattin, Sekretärin und Public-Relations-Manager. Sie sprach manchmal wagnerischer als Wagner.

Nach Wagners Tod übernahm Cosima die Leitung der „Bayreuther Festspiele", die sie streng traditionell führte. Ihre Tagebücher werfen echtes und falsches Licht auf Wagner.

Das Bild oben zeigt Cosima Wagner (1837–1930), geborene d'Agoult, geschiedene von Bülow.

Das Photo (rechte Seite) von Fritz Luckhardt wurde im Mai 1872 in Wien aufgenommen, wo Wagner ein Konzert für den Wagner-Verein gab („Eroica" und Wagner-Fragmente).

Minna Wagner, geb. Planer, (1809–1866), war Richard Wagners erste Frau.

Jessie Laussot. Die Romanze (1850) mit der Frau eines Weinhändlers aus Bordeaux endete ohne die geplante gemeinsame Reise – und ohne die von Jessies Mutter versprochenen Gelder.

Mathilde Wesendonck, geb. Luckemeyer, lernte Wagner 1852 kennen. Die Freundschaft inspirierte ihn nachhaltig in seinem Schaffen.

Carrie Pringle war beim ersten „Parsifal" 1882 eine „Blume" in Klingsors Zaubergarten – und mehr. Wagners tödlichen Herzanfall soll ein Streit mit Cosima ausgelöst haben, weil sich Carrie in Venedig angesagt hatte.

Zürcher

Stadt-Theater.

Mittwoch, den 26. März 1851:

11. Vorstellung im 6. und letzten Abonnement.

Don Juan,

oder:

der steinerne Gast.

Große Oper in 2 Akten von Mozart.

Dialog und Einrichtung für die hiesige Bühne von Richard Wagner.

Friederike Meyer war Schauspielerin in Frankfurt, wo sie 1862 mit Wagner ein Abenteuer begann. Es endete im selben Jahr in Wien, weil ihre Schwester, die Sängerin Luise Dustmann-Meyer, über dieses Verhältnis empört war.

Judith Mendès, geb. Gautier, besuchte mit ihrem Gatten, dem französischen Schriftsteller Catulle Mendès, Wagner in Tribschen. Die reizvolle Französin hatte eine leidenschaftliche Episode mit Wagner während der Bayreuther Festspiele 1876.

Cosima Wagner, uneheliche Tochter Franz Liszts und der Gräfin d'Agoult, geschiedene von Bülow, heiratete Richard Wagner 1870 und überlebte ihn um 47 Jahre.

Mathilde Maier. (Von Meyer zu Maier!) – 1862 lernte Wagner die 29jährige Notarstochter bei Schott kennen und lud sie nach Haus Pellet ein, um ihm „den Haushalt zu führen". Als ein Jahr später (1864) auch Cosima eintraf, kam es zu Eifersuchtsszenen.

„So spiele ich manchmal hier mit ganz feinen Seifenblasen: zerbläst unsere süße Atmosphäre augenblicklich die eine, so macht es mir Spaß, sogleich die zweite wieder steigen zu lassen.“
(an Theodor Uhlig, 26. Februar 1852)

Was verraten die Handschriften von Richard und Cosima Wagner sowie Ludwig II.

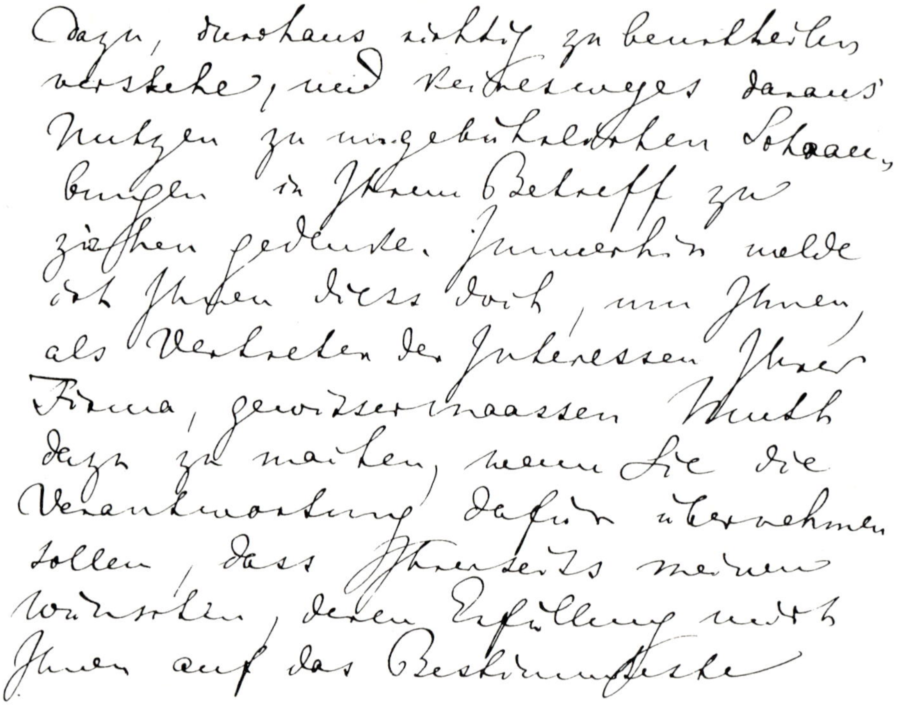
dazu, durchaus richtig zu beurtheilen
verstehe, und keineswegs daraus
Nutzen zu ungebührlichen Schrau-
bungen in Ihrem Betreff zu
ziehen gedenke. Immerhin wollte
ich Ihnen diess doch, um Ihnen,
als Vertreter der Interessen Ihrer
Firma, gewissermaassen Muth
dazu zu machen, wenn Sie die
Verantwortung dafür übernehmen
sollen, dass Ihrerseits meinen
Wünschen, deren Erfüllung mich
Ihnen auf das Bestimmteste

Diese graphologischen Gutachten wurden im Jahre 1982 von Hans Jankowsky erstellt. Die Vorlagen, welche hier teilweise abgedruckt sind, wurden dem Graphologen ohne Unterschriften und unter Auslassung aller jener Teile übergeben, welche die Identität des Schreibers verraten könnten. Graphologischen Gepflogenheiten folgend wurden lediglich Geschlecht und Jahrhundert angegeben.

Das dem graphologischen Gutachten (rechts) zugrunde liegende Schreiben Richard Wagners (oben).

„Die Schrift des 60jährigen Mannes macht einen beschwingten, rhythmischen, sensiblen und doch festen Eindruck.
Es ist keine Altersschrift, sie enthält noch geradezu jugendlichen Schwung, aber auch Erfahrung; vor allem zeigt sie die große Empfänglichkeit des Schreibers für die Bilder des Kollektiv-Unbewußten, die Geöffnetheit für Kultur – wohl wesentlich auch der Vergangenheit –, deren Wesentliches gewissermaßen immer schöpferisch nachvollzogen wird. Lyrische Elemente mischen sich mit dramatischen Effekten.
Sicherheit, Überzeugtheit von sich selbst, sein sensibles Gespür für andere mischen sich mit schwerverständlichen ‚Entgleisungen', Rücksichtslosigkeit und Mißachtung der Ansprüche anderer zu einer Persönlichkeit hohen Niveaus und weiter Gespanntheit und Geöffnetheit zum Positiv-Schöpferischen, aber auch zum fast Tyrannisch-Rücksichtslosen. Aber auch dort, wo die Rücksichtslosigkeit vorherrscht, ist Sensibilität und Formkraft vorhanden.
Der Schreiber verliert sich nicht – dazu ist er auch viel zu ich-bezogen –, aber er zeigt auch nicht immer das gleiche Gesicht. Seine emotionale Ansprechbarkeit ist mitunter so stark, daß sie nur mit Mühe zu zügeln ist. Seine Ich-Bezogenheit und das immer wieder Auf-sich-selbst-Zurückkommen würden das Bild fast negativ werden lassen, wenn eben nicht das Ganze der Persönlichkeit doch geistig und ästhetisch durchformt und geprägt wäre.
Ich habe drei Seiten vorliegen; auf jeder dieser Seiten schreibt er irgendwie anders. Man könnte es ‚Wandlung in der Beständigkeit' nennen.
Seine mitunter unbeherrschte Reizbarkeit macht ihm im Grund wenig zu schaffen. Er kommt schnell darüber hinweg und findet leicht zu sich zurück.
Ich würde behutsam sagen, daß er sexuell-erotische Beziehungen hoch werten und empfinden muß, und daß er hier mitunter nahe daran ist, die Form, die er letzten Endes doch immer wieder findet und hält, zu sprengen."

München, Residenz und Hoftheater, Lithographie. Da es zu dem von Ludwig II. geplanten Bau eines Wagner-Theaters in München niemals kam, fanden am Königlichen Hof- und Nationaltheater (rechts auf dem obigen Bild) fünf Wagner-Uraufführungen statt: zunächst „Tristan und Isolde" (10. Juni 1865), dann „Die Meistersinger von Nürnberg" (21. Juni 1868 – Johannistag!), beide unter Hans von Bülow, beide in Gegenwart des Königs und Richard Wagners. Die „Meistersinger" wurden die triumphalste Premiere seines Lebens – obwohl ihn König Ludwig dazu aufgefordert hatte, nahm man es Wagner sehr übel, daß er die Ovationen von der Königsloge aus entgegennahm. Da Wagner die Rechte am „Ring des Nibelungen" nicht nur an Otto Wesendonck und den Verleger Schott in Mainz, sondern auch an König Ludwig als Gegenleistung für finanzielle Zuwendungen übertragen hatte, konnte er trotz aller Proteste gegen die Aufführung einzelner Teile aus dem Vier-Abende-Werk die vom König geforderten Münchner Uraufführungen des „Rheingold" (22. September 1869) und der „Walküre" (26. Juni 1870) nicht verhindern. Wagner zog sich von allen Vorbereitungsarbeiten zurück und blieb den Premieren fern. Hans Richter, der Nachfolger Hans von Bülows als Dirigentenprotegé Wagners, weigerte sich (über Wunsch Wagners!) zu dirigieren. Franz Wüllner leitete beide Premieren. „Rheingold" soll technisch unzulänglich, die „Walküre" aber nach vielen Urteilen perfekter als später in Bayreuth gewesen sein. Noch eine Wagner-Uraufführung fand in München statt: seine Jugendoper „Die Feen", fünf Jahre nach Wagners Tod im Jahre 1888 unter Hermann Levi.

Handschrift Cosima Wagners und graphologisches Gutachten.

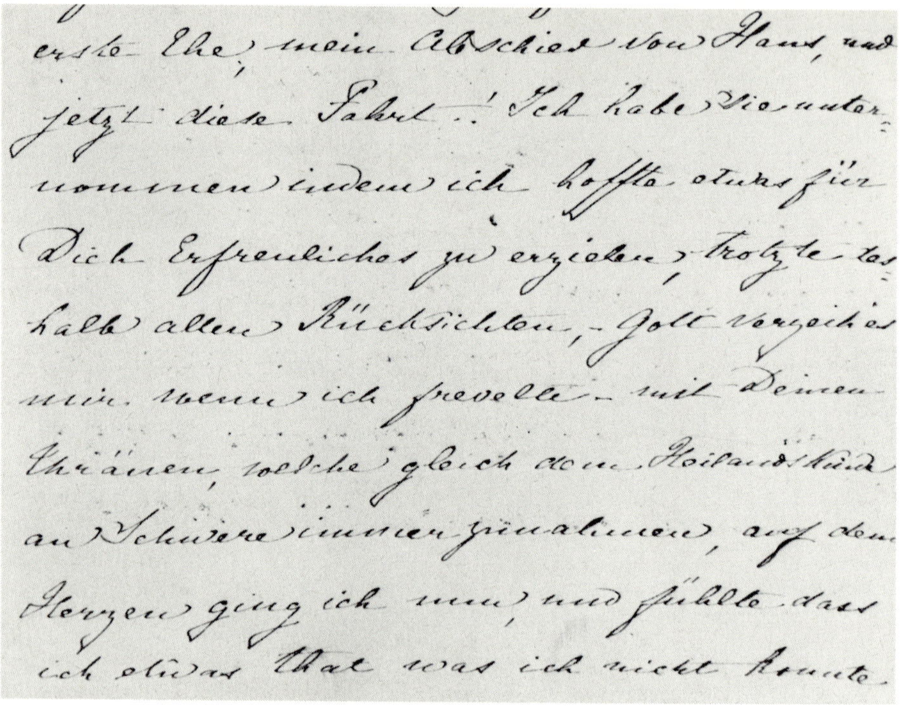
erste Ehe, mein Abschied von Hans, und
jetzt diese Fabel..! Ich habe sie unter-
nommen indem ich hoffte etwas für
Dich Erfreuliches zu erzielen, trotz-des-
halb allen Rücksichten, – Gott verzeih es
mir wenn ich frevelte – mit Deinen
Thränen, welche gleich dem Heilandsblut
an Schwüre immer zu mahnen, auf dem
Herzen ging ich nun, und fühlte dass
ich etwas that was ich nicht konnte

„Die Handschrift der 40jährigen Frau verrät künstlerisches Aufnahme- und Gestaltungsvermögen in Richtung auf Lyrisches.

Der scharfe Intellekt und der stabile, mitunter fast starre Wille, stehen weitgehend im Dienste der Verwirklichung ästhetischer Ziele und Strebungen. Dabei ist neben einer leichten Dysphorie, die situationsgebunden sein kann, eine gewisse Selbstbezogenheit erkennbar, ein Nicht-recht-von-sich-loskommen-Können, die der sonst hervorragenden Formkraft etwas von ihrer Schönheit und Fülle nehmen.

Die Schreiberin wirkt harmonischer und ausgewogener, als sie in Wirklichkeit ist. Bei näherem Zusehen finde ich doch gewisse Kontaktschwierigkeiten, die bisweilen sogar aggressiven Charakter annehmen. Mir scheinen gewisse Störungen im Selbstgefühl vorhanden zu sein, die sie daran hindern – zumindest zeitweilig –, sich völlig spontan, sicher und frei zu äußern.

Sie ist leistungsorientiert, ehrgeizig, und ich frage mich, ob sie immer rein kräftemäßig imstande war, die selbstgesteckten Ziele zu erreichen – gewisse Anzeichen von nachlassender Konzentration und Flüchtigkeitsmerkmale weisen darauf hin. –

Die emotionale Sphäre ist unausgewogen; vieles ist verdrängt und führt zu Spannungen, zu deren Ausgleich und Kompensation ihre Möglichkeiten begrenzt sind. Ich sehe immer wieder diesen Bezug auf sich selbst, was sie im Kontakt nicht ganz ungezwungen und nicht ganz „echt" sein läßt.

Es ist aus der Schrift wenig an Heiterkeit, an Beschwingtheit, an Unbekümmertheit zu erkennen. Ich glaube, sie neigt dazu, für sich alles zum Problem zu machen, und es fehlt ihr die Leichtigkeit, sich davon zu lösen. Insofern ist eine gewisse Verkrampfung – zumindest eine Tendenz dazu – vorhanden.

Die am Anfang erwähnte künstlerisch-lyrisch-schwingende Note ist daneben da, nur ist sie nicht allein bestimmend, ja wahrscheinlich nicht einmal überwiegend bestimmend, sofern es die Persönlichkeit und nicht etwa das Werk betrifft."

Richard Wagner, Ölbild von Friedrich Pecht, München 1864/65. Dieses Porträt Wagners wurde auf Wunsch König Ludwigs II., dessen Büste rechts sichtbar ist, von dem mit Wagner seit seinen ersten Pariser Jahren befreundeten Friedrich Pecht gemalt.

Richard Wagner dirigierte auf halber Treppenhöhe zwischen Parterre und erstem Stock ein Orchester von 14 Mann. Hans Richter spielte Horn und Trompete – Wagner hatte den jungen Musiker über Empfehlung von Franz Liszt aus Ungarn nach Tribschen berufen, wo er im zweiten Stock der Villa wohnte und im Auftrag der Firma Schott als Notenkopist an den „Meistersingern" arbeitete. Richter wurde später ein bedeutender Wagner-Dirigent und leitete die Bayreuther Premiere des „Ring des Nibelungen" (1876). Wagner hat ihm, nicht Cosima, die Handschrift des „Idylls" geschenkt; die Stadt Luzern kaufte sie Richters Erben für das Richard-Wagner-Museum ab (1930).

Am 25. Dezember 1870 erhielt Cosima, nun bereits Gattin Richard Wagners, ein ungewöhnliches Geschenk zu Weihnachten und zu ihrem 44. Geburtstag (dem 24. Dezember): Im Treppenhaus der Villa am See dirigierte Wagner sein „Tribscher Idyll", das später als „Siegfried-Idyll" berühmt wurde. Wagner hat hier Motive aus „Siegfried" und neue Themen zu einem bezaubernden, spielerisch-verträumten, fast kammermusikalisch durchsichtigen Werk verarbeitet. In seiner Wohnung spricht er von „Fidi-Vogelgesang und Orange-Sonnenaufgang" – Fidi war der Kosename des kleinen Siegfried, den dieser zeitlebens beibehielt.

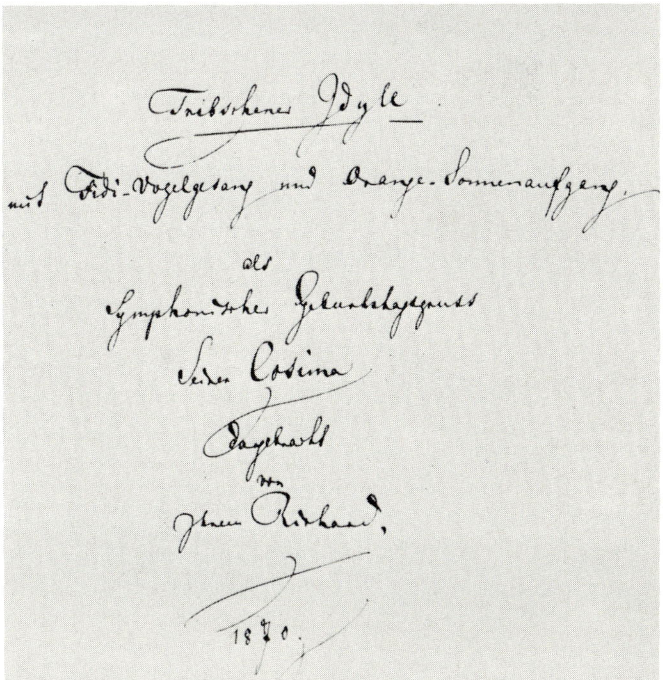
Tribschener Idyll
mit Fidi-Vogelgesang und Orange-Sonnenaufgang.
als
Symphonischer Geburtstagsgruss
Seiner Cosima
dargebracht
von
ihrem Richard.
1870.

Handschrift des 20jährigen Königs Ludwig II.

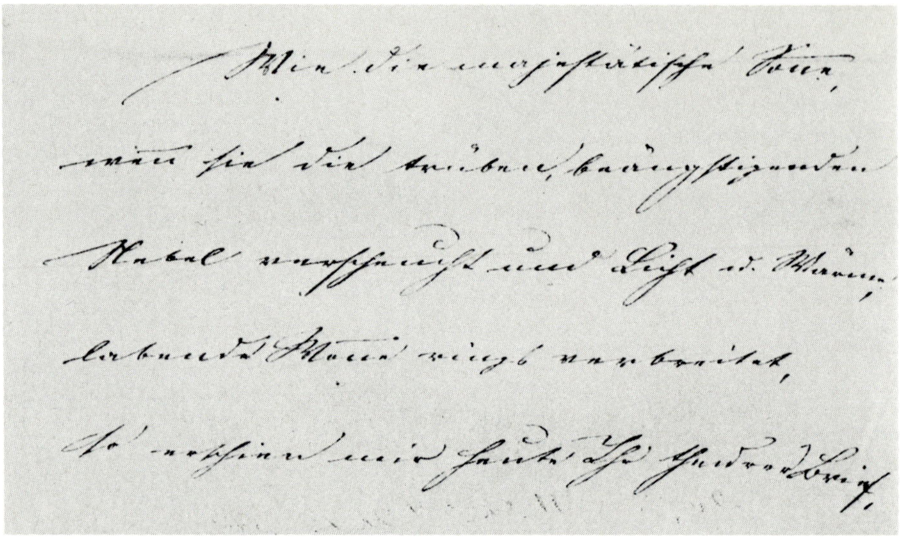

Handschrift des 40jährigen Königs Ludwig II.

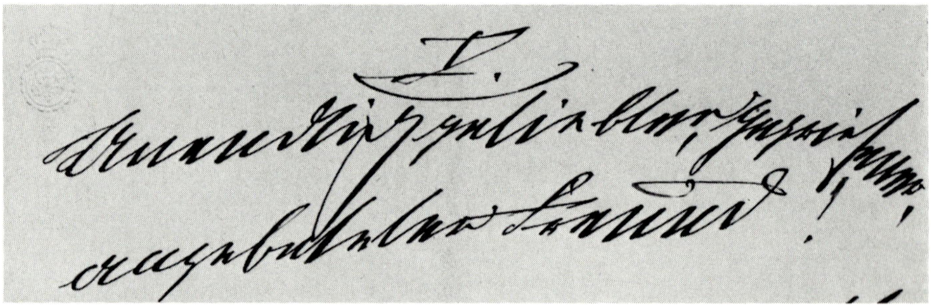

Graphologisches Gutachten.

„Betrachtet man die beiden Schriften nebeneinander, so fällt die in vielen Schriftmerkmalen vorhandene große Unterschiedlichkeit auf, die sich nicht allein auf die Entwicklung während der 20jährigen Lebensspanne zurückführen läßt; auch der ganzheitliche Eindruck vermittelt kein Gefühl dafür, daß es sich um ein und denselben Schrifturheber handelt.

Daraus resultiert, daß zwischen dem ersten und dem zweiten Schreiben nicht nur die 20 Lebensjahre vergangen sind, sondern daß eine Wandlung der Gesamtpersönlichkeit stattgefunden hat, die einen – ich würde fast sagen – traumatischen, das Lebensschicksal bestimmenden Einfluß gehabt haben muß.

Während die erste Schrift noch eine hohe Sensibilität, Sinn für Distanz, Sicherheit und Einheitlichkeit der Form aufweist, schwungvoll ansetzt und lyrisch nach oben ausklingt, also ein künstlerisches Können verrät, dem noch menschliche Einheit und Ausgewogenheit zugrunde liegen, sind diese Eigenschaften in der älteren Schrift bis ins Groteske verändert.

Statt der Form und Sensibilität sind die Schriftzüge derb, manieriert, rücksichtslos und von fast manischer Getriebenheit, andrerseits im Gesamteindruck irgendwie düster und in ihrer fast brutalen Härte ins Pathologische hinüberreichend.

Die lyrischen feinen Schwünge der jüngeren Schrift sind in der älteren Schrift wie gekünstelte, nicht mehr beherrschte Zutaten, die als Reste ästhetischer Formkraft in einer nicht mehr harmonisch geformten Persönlichkeit verblieben sind.

Die feine und nahezu aristokratische Distanz in der Schrift des Jüngeren hat sich in der Schrift des um 20 Jahre Älteren in eine hochgradige Distanzlosigkeit verändert.
Dolchartige Zuspitzungen, die rücksichtslos in die untere Zeile hineinstoßen, ein ungebändigter, fast jedes Maß sprengender Druck weisen darauf hin, daß die Fähigkeit, sich anderen aufzuschließen, vermindert und die Formung nahezu zerstört ist.
Es ist in der älteren Schrift schon noch etwas von der ursprünglichen Strebung nach Klarheit und Tiefe der Gedanken vorhanden, aber alles ist verdunkelt, dem Verständnis weitgehend entzogen und dem Pathologischen ganz nahe."

Wagner bezog die auf der Halbinsel in der Mitte des Bildes sichtbare Villa, deren Miete König Ludwig II bezahlte, am 15. April 1866 und blieb hier bis zu seiner Übersiedlung nach Bayreuth am 22. April 1872. In dieser Villa begann das offizielle Zusammenleben mit Cosima von Bülow, hier wurde am 17. April 1867 Richards und Cosimas zweite Tochter Eva geboren (sie heiratete später den Schriftsteller Houston Stewart Chamberlain), am 6. Juni 1866 ihr einziger Sohn Siegfried, der ein nicht uninteressanter Komponist, guter Dirigent, hervorragender Regisseur und (1907) Nachfolger Cosimas als Leiter der Bayreuther Festspiele wurde. In Tribschen begann auch die Freundschaft mit Friedrich Nietzsche. Hier lebte Wagner mit seinen Lieben, zu denen auch die beiden Neufundländer Russ und Kos gehörten, sowie zwei Papageien und die beiden prächtigen – Fricka und Freia genannten – Pfauen. Das war keine leichte Aufgabe für die Haushälterin Verena Stocker („Vreneli"), die (auf Rechnung des Königs) ein Personal von zehn Personen betreute. Wagner vollendete in dieser Villa die „Meistersinger" und „Siegfried", arbeitete an „Götterdämmerung", komponierte den „Kaisermarsch" zur Feier des Sieges der Deutschen im Krieg gegen Frankreich (1870/71) und schrieb seine Studie „Beethoven" (1870). Heute ist die Wagner-Villa ein Richard-Wagner-Museum, zu dem in den Sommermonaten annähernd 20000 Besucher aus aller Welt pilgern.

Richard Wagner erzählt

Der Ring des Nibelungen

Die erste Prosa-Aufzeichnung zur Dichtung des „Ring des Nibelungen" wurde am 4. Oktober 1848 – 28 Jahre vor der Uraufführung der Tetralogie in Bayreuth – geschrieben und später unter dem Titel „Der Nibelungen-Mythus. Als Entwurf zu einem Drama" veröffentlicht.
Dieser Entwurf kommt einer Inhaltsangabe des vollendeten Werkes erstaunlich nahe. Noch fehlen die Rheintöchter, Fricka, Freia, Loge, Erda, Waltraute. Es gibt keinen Kampf zwischen den beiden Riesen, Fafner ist nicht mit dem Drachen identisch, Hunding wird nicht von Siegmund, sondern von Siegfried getötet. Es gibt am Ende keinen Untergang der Götter! Weitere Unterschiede werden Liebhaber des „Ring" bemerken.
Bei Richard Wagner ist der Nibelungenmythos eine lebendige, klar und einfach erzählte Fabel. Er stellt dem Leser frei, darin aktuelle Bezüge zu finden, ohne sie ihm diktatorisch aufzuoktroyieren.

Der Nibelungen-Mythus. Als Entwurf zu einem Drama. (1848.)

Dem Schooße der Nacht und des Todes entkeimte ein Geschlecht, welches in Nibelheim (Nebelheim), d. i. in unterirdischen düsteren Klüften und Höhlen wohnt: sie heißen Nibelungen; in unsteter, rastloser Regsamkeit durchwühlen sie (gleich Würmern im todten Körper) die Eingeweide der Erde: sie glühen, läutern und schmieden die harten Metalle. Des klaren edlen Rheingoldes bemächtigte sich Alberich, entführte es den Tiefen der Wässer und schmiedete daraus mit großer listiger Kunst einen Ring, der ihm die oberste Gewalt über sein ganzes Geschlecht, die Nibelungen, verschaffte: so wurde er ihr Herr, zwang sie, für ihn fortan allein zu arbeiten, und sammelte den unermeßlichen Nibelungenhort, dessen wichtigstes Kleinod der Tarnhelm, durch den jede Gestalt angenommen werden konnte, und den zu schmieden Alberich seinen eigenen Bruder, Reigin (Mime-Eugel), gezwungen hatte. So ausgerüstet strebte Alberich nach der Herrschaft über die Welt und alles in ihr Enthaltene.
Das Geschlecht der Riesen, der trotzigen, gewaltigen, urgeschaffenen, wird in seinem wilden Behagen gestört: ihre ungeheure Kraft, ihr schlichter Mutterwitz reicht gegen Alberich's herrschsüchtige Verschlagenheit nicht mehr aus: sie sehen mit Sorge die Nibelungen wunderbare Waffen schmieden, die in den Händen menschlicher Helden einst den Riesen den Untergang bereiten sollen. – Diesen Zwiespalt benutzte das zur Allherrschaft erwachsende Geschlecht der Götter. Wotan verträgt mit den Riesen, den Göttern die Burg zu bauen, von der aus sie sicher die Welt zu ordnen und zu beherrschen vermögen; nach vollendetem Bau fordern die Riesen als Lohn den Nibelungenhort. Der höchsten Klugheit der Götter gelingt es, Alberich zu fangen; er muß ihnen sein Leben mit dem Horte lösen; den einzigen Ring will er behalten: – die Götter, wohl wissend, daß in ihm das Geheimniß der Macht Alberich's beruhe, entreißen ihm auch den Ring: da verflucht er ihn; er soll das Verderben Aller sein, die ihn besitzen. Wotan stellt den Hort den Riesen zu, den Ring will er behalten, damit seine Allherrschaft zu sichern: die Riesen ertrotzen ihn, und Wotan weicht auf den Rath der drei Schicksalsfrauen (Nornen), die ihn vor dem Untergange der Götter selbst warnen.

„Wer ihn besitzt, den sehre die Sorge, und wer ihn nicht hat, den nage der Neid!" („Rheingold")

Nun lassen die Riesen den Hort und den Ring auf der Gnita- (Neid-) Haide von einem ungeheuren Wurme hüten. Durch den Ring bleiben die Nibelungen mit Alberich zugleich in Knechtschaft. Aber die Riesen verstehen nicht, ihre Macht zu nützen; ihrem plumpen Sinne genügt es, die Nibelungen gebunden zu haben. So liegt der Wurm seit uralten Zeiten in träger Furchtbarkeit über dem Hort: vor dem Glanz des neuen Göttergeschlechtes verbleicht und erstarrt machtlos das

Riesengeschlecht, elend und tückisch schmachten die Nibelungen in fruchtloser Regsamkeit fort. Alberich brütet ohne Rast über die Wiedererlangung des Ringes.

In hoher Thätigkeit ordneten nun die Götter die Welt, banden die Elemente durch weise Gesetze, und widmeten sich der sorgsamsten Pflege des Menschengeschlechtes. Ihre Kraft steht über Allem. Doch der Friede, durch den sie zur Herrschaft gelangten, gründet sich nicht auf Versöhnung: er ist durch Gewalt und List vollbracht. Die Absicht ihrer höheren Weltordnung ist sittliches Bewußtsein: das Unrecht, das sie verfolgen, haftet aber an ihnen selber. Aus den Tiefen Nibelheims grollt ihnen das Bewußtsein ihrer Schuld entgegen: denn die Knechtschaft der Nibelungen ist nicht zerbrochen; die Herrschaft ist nur Alberich geraubt, und zwar nicht für einen höheren Zweck, sondern unter dem Bauche des müßigen Wurmes liegt nutzlos die Seele, die Freiheit der Nibelungen begraben: Alberich hat somit in seinen Vorwürfen gegen die Götter Recht. Wotan selbst kann aber das Unrecht nicht tilgen, ohne ein neues Unrecht zu begehen: nur ein, von den Göttern selbst unabhängiger, freier Wille, der alle Schuld auf sich selbst zu laden und zu büßen im Stande ist, kann den Zauber lösen, und in dem Menschen ersehen die Götter die Fähigkeit zu solchem freien Willen. In den Menschen suchen sie also ihre Göttlichkeit überzutragen, um seine Kraft so hoch zu heben, daß er, zum Bewußtsein dieser Kraft gelangend, des göttlichen Schutzes selbst sich entschlägt, um nach eigenem freien Willen zu thun, was sein Sinn ihm eingiebt. Zu dieser hohen Bestimmung, Tilger ihrer eigenen Schuld zu sein, erziehen nun die Götter den Menschen, und ihre Absicht würde erreicht sein, wenn sie in dieser Menschenschöpfung sich selbst vernichteten, nämlich in der Freiheit des menschlichen Bewußtseins ihres unmittelbaren Einflusses sich selbst begeben müßten. Mächtige menschliche Geschlechter, von göttlichem Samen befruchtet, blühen nun bereits: in Streit und Kampf stählen sie ihre Kraft; Wotan's Wunschmädchen schirmen sie als Schildjungfrauen, als Walküren geleiten sie die im Kampf Gefallenen nach Walhalla, wo die Helden in Wotan's Genossenschaft ein herrliches Leben unter Kampfspielen fortsetzen. Immer ist aber der rechte Held noch nicht geboren, in dem die selbständige Kraft zum vollen Bewußtsein gelangen soll, so daß er fähig sei, aus freiem Willen die Todesbüßung vor den Augen, seine kühnste That sein eigen zu nennen. Im Geschlecht der Wälsungen soll endlich dieser Held geboren werden: eine unfruchtbar gebliebene Ehe dieses Geschlechtes befruchtete Wotan durch einen Apfel Holda's, den er das Ehepaar genießen ließ: ein Zwillingspaar, Siegmund und Sieglinde (Bruder und Schwester) entspringen der Ehe. Siegmund nimmt ein Weib, Sieglinde vermählt sich einem Manne (Hunding); ihre beiden Ehen bleiben aber unfruchtbar: um einen ächten Wälsung zu erzeugen, begatten sich nun Bruder und Schwester selbst. Hunding, Sieglinde's Gemahl, erfährt das Verbrechen, verstößt sein Weib und überfällt Siegmund mit Streit. Brünnhild, die Walküre, schützt Siegmund gegen Wotan's Geheiß, welcher dem Verbrechen zur Sühne ihm den Untergang beschieden hat; schon zückt unter Brünnhild's Schild Siegmund zu dem tödtlichen Streiche auf Hunding das Schwert, welches Wotan ihm einst selbst geschenkt, als der Gott den Streich mit seinem Speer auffängt, woran das Schwert in zwei Stücken zerbricht. Siegmund fällt. Brünnhild wird von Wotan für ihren Ungehorsam gestraft: er verstößt sie aus der Schaar der Walküren, und bannt sie auf einen Felsen, wo sie, die göttliche Jungfrau, dem Manne vermählt werden soll, der dort sie findet und aus dem Schlafe erweckt, in den Wotan sie versenkt; sie erfleht sich als Gnade, Wotan möge den Felsen mit Schrecken des Feuers umgeben, damit sie sicher sei,

„Nur Einer könnte, was ich nicht darf: ein Held, dem helfend nie ich mich neigte..." *(Wotan in „Walküre")*

„Er schafft sich ein scharfes Schwert, Fafner zu fällen, der Zwerge Feind..." (Mime in „Siegfried")

„Hagen, mein Sohn, Hasse die Frohen!" (Alberich in „Götterdämmerung")

daß sie nur der kühnste Held gewinnen können würde. – Die verstoßene Sieglinde gebiert in der Wildniß nach langer Schwangerschaft Siegfried (der durch Sieg Friede bringen soll): Reigin (Mime), Alberich's Bruder, ist, als Sieglinde in den Wehen schrie, aus Klüften zu ihr getreten, und hat ihr geholfen: nach der Geburt stirbt sie, nachdem sie Reigin ihr Schicksal gemeldet, und den Knaben diesem übergeben hat. Reigin erzieht Siegfried, lehrt ihn schmieden, meldet ihm den Tod seines Vaters, und verschafft ihm die beiden Stücken von dessen zerschlagenem Schwerte, aus welchen Siegfried unter Mime's Anleitung das Schwert (Balmung) schmiedet. Nun reizt Mime den Jüngling zur Erlegung des Wurmes, wodurch er sich ihm dankbar erzeigen soll. Siegfried begehrt zuvor den Mord seines Vaters zu rächen: er zieht aus, überfällt und tödtet Hunding: hiernach erst erfüllt er Mime's Wunsch, bekämpft und erschlägt den Riesenwurm. Als er seine vom Blute des Wurmes erhitzten Finger zur Kühlung in den Mund führt, kostet er unwillkürlich von dem Blute und versteht dadurch plötzlich die Sprache der Waldvögel, welche um ihn herum singen. Sie preisen Siegfried's ungeheure That, verweisen ihn auf den Nibelungenhort in des Wurmes Höhle, und warnen ihn vor Mime, der ihn nur verwendet habe, um zu dem Horte zu gelangen, und der nun nach seinem Leben trachte, um den Hort für sich allein zu behalten. Siegfried erschlägt hierauf Mime, und nimmt von dem Horte den Ring und die Tarnkappe: er vernimmt die Vögel wieder, welche ihm rathen, das herrlichste Weib, Brünnhild, zu gewinnen. Siegfried zieht nun aus, erreicht die Felsenburg Brünnhilde's, dringt durch das umlodernde Feuer, erweckt Brünnhild; sie erkennt freudig Siegfried, den herrlichsten Helden vom Wälsungenstamme, und ergiebt sich ihm: er vermählt sich ihr durch den Ring Alberich's, den er an ihren Finger steckt. Als es ihn forttreibt, zu neuen Thaten auszuziehen, theilt sie ihm ihr geheimes Wissen in hohen Lehren mit, warnt ihn vor den Gefahren des Truges und der Untreue: sie schwören sich Eide und Siegfried zieht fort.
Ein zweiter, auch von Göttern entsprossener Heldenstamm ist der der Gibichungen am Rhein: dort blühen jetzt Gunther und Gudrun, seine Schwester. Gunther's Mutter, Grimhild, ward einst von Alberich überwältigt, und sie gebar von ihm einen unehelichen Sohn, Hagen. Wie die Wünsche und Hoffnungen der Götter auf Siegfried beruhen, setzt Alberich seine Hoffnung der Wiedergewinnung des Ringes auf den von ihm erzeugten Helden Hagen. Hagen ist bleichfarbig, ernst und düster; frühzeitig sind seine Züge verhärtet; er erscheint älter als er ist. Alberich hat ihm in seiner Kindheit bereits geheimes Wissen und Kenntniß des väterlichen Schicksales beigebracht, und ihn gereizt, nach dem Ringe zu streben: er ist stark und gewaltig; dennoch erschien er Alberich nicht mächtig genug, den Riesenwurm zu tödten. Da Alberich machtlos geworden, konnte er seinem Bruder Mime nicht wehren, als dieser durch Siegfried den Hort zu erlangen suchte: Hagen soll nun aber Siegfried's Verderben herbeiführen, um diesem in seinem Untergange den Ring abzugewinnen. Gegen Gunther und Gudrun ist Hagen verschlossen, – sie fürchten ihn, aber schätzen seine Klugheit und Erfahrung: das Geheimniß einer wunderbaren Herkunft Hagen's, und daß er nicht sein ächter Bruder, ist Gunther bekannt: er schilt ihn einmal einen Albensohn. Gunther ist von Hagen darüber belehrt, daß Brünnhild das begehrenswertheste Weib sei, und zu dem Verlangen nach ihrem Besitze von ihm angereizt, als Siegfried zu den Gibichungen an den Rhein kommt. Gudrun, durch das Lob, welches Hagen Siegfried spendet, in Liebe zu diesem entbrannt, reicht auf Hagen's Rath Siegfried zum Willkommen einen Trank, durch Hagen's Kunst bereitet und von der Wirksamkeit, daß er Siegfried seiner Erlebnisse mit Brünnhild und seiner

„Nun, Nothung, zeuge du, daß ich in Züchten warb. Die Treue wahrend dem Bruder, trenne mich von seiner Braut!" (Siegfried in „Götterdämmerung")

Vermählung mit ihr vergessen macht. Siegfried begehrt Gudrun zum Weibe: Gunther sagt sie ihm zu, unter der Bedingung, daß er ihm zu Brünnhild verhelfe. Siegfried geht darauf ein: sie schließen Blutbrüderschaft und schwören sich Eide, von denen Hagen sich ausschließt. – Siegfried und Gunther begeben sich auf die Fahrt und gelangen zu Brünnhild's Felsenburg: Gunther bleibt im Schiffe zurück; Siegfried benutzt zum ersten und einzigen Male seine Macht als Herr der Nibelungen, indem er den Tarnhelm aufsetzt, und durch ihn sich Gunther's Gestalt und Aussehen verschafft; so dringt er durch die Flammen zu Brünnhild. Diese, durch Siegfried bereits des Magdthumes beraubt, hat auch ihre übermenschliche Kraft eingebüßt, alles Wissen hat sie an Siegfried – der es nicht nützt – vergeben –; sie ist ohnmächtig wie ein gewöhnliches Weib, und vermag dem neuen, kühnen Werber nur fruchtlosen Widerstand zu bieten; er entreißt ihr den Ring – durch den sie nun Gunther vermählt sein soll –, und zwingt sie in den Saal, wo er die Nacht neben ihr schläft, zu ihrer Verwunderung jedoch sein Schwert zwischen sie Beide legt. Am Morgen bringt er sie zum Schiffe, wo er seine Stelle zu ihrer Seite unvermerkt von dem wahren Gunther einnehmen läßt, und durch die Kraft des Tarnhelmes sich schnell an den Rhein zur Gibichenburg versetzt. Gunther erreicht mit Brünnhild, welche ihm in düsterem Schweigen folgt, auf dem Rheine die Heimath: Siegfried, an Gudrun's Seite, und Hagen empfangen die Ankommenden. – Brünnhild ist entsetzt, da sie Siegfried als Gudrun's Gemahl erblickt: seine kalte, freundliche Gelassenheit ihr gegenüber machen sie staunen; da er sie an Gunther zurückweist, erkennt sie den Ring an seinem Finger: sie ahnt den Betrug, der ihr gespielt, und fordert den Ring, der nicht ihm gehöre, sondern den Gunther von ihr empfangen: er verweigert ihn. Sie fordert Gunther auf, den Ring von Siegfried zu begehren: Gunther ist verwirrt und zögert. Brünnhild: so empfing Siegfried den Ring von ihr? Siegfried, der den Ring erkannt, „von keinem Weib empfing ich ihn; den hat meine Kraft dem Riesenwurm abgewonnen; durch ihn bin ich der Nibelungen Herr, und Keinem trete ich seine Macht ab". Hagen tritt dazwischen und frägt Brünnhild, ob sie genau den Ring kenne? Sei es ihr Ring, so habe ihn Siegfried durch Trug gewonnen, und er könne nur Gunther, ihrem Gemahle, gehören. Brünnhild schreit laut auf über den Betrug, der ihr gespielt; der fürchterlichste Rachedurst erfüllt sie gegen Siegfried. Sie ruft Gunther zu, daß er von Siegfried betrogen: „nicht dir – diesem Manne bin ich vermählt, er gewann meine Gunst". – Siegfried schilt sie ehrvergessen: seiner Blutbrüderschaft sei er treu gewesen, – sein Schwert habe er zwischen Brünnhild und sich gelegt: – er fordert sie auf, dieß zu bezeugen. – Absichtlich und nur auf sein Verderben bedacht will sie Siegfried nicht verstehen: er lüge und berufe sich schlecht auf sein Schwert Balmung, das sie ruhig an der Wand hängen gesehen, als er in Liebe bei ihr lag. – Die Männer und Gudrun bestürmen Siegfried, die Anklage von sich abzuweisen, wenn er es vermöge. Siegfried schwört feierliche Eide zur Bekräftigung seiner Aussage. Brünnhild schilt ihn meineidig: so viele Eide, ihr und Gunther, habe er geschworen, die er gebrochen: nun schwöre er auch einen Meineid, um eine Lüge zu bekräftigen. Alles ist in höchster Aufregung. Siegfried ruft Gunther zu, seinem Weibe zu wehren, die schamlos ihre und ihres Gatten Ehre verlästere: er entfernt sich mit Gudrun in den Saal. – Gunther, in tiefster Scham und furchtbarer Verstimmung, hat sich mit verhülltem Gesicht abseits niedergesetzt: an Brünnhild, dem schrecklichsten inneren Sturme preisgegeben, tritt Hagen heran. Er bietet sich ihr zum Rächer ihrer Ehre an: sie verlacht ihn als ohnmächtig, Siegfried zu bewältigen: ein Blick aus seinem strahlenden Auge, das selbst durch jene trügerische Gestalt zu ihr geleuchtet, vermöge Hagen's Muth zu brechen. Hagen: wohl kenne er Siegfried's furchtbare Stärke, drum solle sie ihm sagen, wie er zu bewältigen wäre? Sie, die Siegfried gefeit und durch geheimen Segen ihn gegen Wunden gewaffnet hat, räth nun Hagen, ihn im Rücken zu treffen; denn da sie wußte, daß der Held nie dem Feinde den Rücken bieten würde, habe sie an diesem den Segen gespart. – Gunther muß den Mordplan kennen. Sie rufen ihn auf, seine Ehre zu rächen: Brünnhild bedeckt ihn mit den Vorwürfen der Feigheit und des Betruges; Gunther erkennt seine Schuld, und die Nothwendigkeit, durch Siegfried's Tod seine Schande zu enden. Er erschrickt, sich des Bruches der Blutbrüderschaft schuldig zu machen. Brünnhild höhnt ihn mit bitterem Schmerz: was sei an ihr nicht Alles verbrochen worden? Hagen reizt Gunther durch die Aussicht auf die Erlangung des Ringes der Nibelungen, den Siegfried wohl nur im Tode werde fahren lassen. Gunther willigt ein; Hagen räth eine Jagd auf morgen, dabei solle Siegfried überfallen, und vielleicht Gudrun selbst sein Mord verheimlicht werden; um sie war Gunther besorgt: Brünnhilde's Rachelust schärft sich in der Eifersucht auf Gudrun. So wird von den Dreien Siegfried's Mord beschlossen. – Siegfried erscheint mit Gudrun festlich geschmückt in der Halle, lädt zum Opfer und zur Hochzeitsfeier ein. Heuchlerisch gehorchen die Verschworenen: Siegfried und Gudrun freuen sich des anscheinend wiedergekehrten Friedens.

„So soll es sein! Siegfried falle." (Brünnhilde, Gunther, Hagen in „Götterdämmerung")

Am folgenden Morgen geräth Siegfried in der Verfolgung eines Wildes in die Einsamkeit einer Felsenschlucht am Rhein. Drei Meerfrauen tauchen aus der Fluth auf: sie sind weissagende Töchter der Wassertiefe, der einst von Alberich das klare Rheingold entrissen, um aus ihm den mächtigen, verhängnißvollen Ring zu schmieden: der Fluch und die Macht dieses Ringes würde vernichtet sein, wenn er dem Wasser zurückgegeben und somit in das ursprüngliche reine Element wieder aufgelöst würde. Die Frauen trachten nach dem Ringe und begehren ihn von Siegfried, der ihn verweigert. (Er hat schuldlos die Schuld der Götter übernommen, ihr Unrecht büßt er an sich durch seinen Trotz, seine Selbstständigkeit.) Sie verkünden ihm Unheil und den Fluch, der an dem Ringe haftet: er soll ihn in die Fluth werfen, sonst müsse er heute noch sterben. Siegfried: „ihr listigen Frauen sollt mich nicht um meine Macht betrügen: den Fluch und euer Drohen achte ich nicht eines Haares werth. Wozu mein Muth mich treibt, das ist mir Urgesetz, und was ich nach meinem Sinne thue, das ist mir so bestimmt: nennt ihr dieß Fluch oder Segen, ich gehorche ihm und strebe nicht wider meine Kraft." Die Frauen: „willst du die Götter übertreffen?" Siegfried: „Zeigtet ihr mir die Möglichkeit, die Götter zu bewältigen, so müßte ich nach meinem Muthe sie bekämpfen. Drei weisere Frauen, als ihr seid, kenne ich; die wissen, wo die Götter einst in banger Sorge streiten werden. Zu der Götter Frommen ist es, wenn sie sorgen, daß ich dann mit ihnen kämpfe. Drum lache ich eurem Drohen: der Ring bleibt mein, und so werfe ich das Leben hinter mich." (Er hebt eine Erdscholle auf, und wirft sie über sein Haupt hinter sich.) – Die Frauen verspotten nun Siegfried, der sich so stark und weise wähne, als er blind und unfrei sei. „Eide hat er gebrochen und weiß es nicht: ein Gut, höher und werther als der Ring, hat er verloren, und weiß es nicht: Runen und Zauber sind ihm gelehrt, und er hat sie vergessen. Lebe wohl, Siegfried! Ein stolzes Weib kennen wir; die wird den Ring noch heute erwerben, wenn du erschlagen bist: zu ihr! Sie giebt uns besseres Gehör." – Siegfried sieht ihnen lachend nach, wie sie singend davon ziehen. Er ruft: „wär' ich nicht Gudrun treu, eine von euch hätte ich mir gebändigt!" Er vernimmt die näher kommenden Jagdgenossen und stößt in sein Horn, die Jäger, – Gunther und Hagen an ihrer Spitze, – versammeln sich um Siegfried. Das Jagd-

„Siegfried! Siegfried! Schlimmes wissen wir dir: Zu deinem Unheil wahr'st du den Ring..." (Die Rheintöchter in „Götterdämmerung")

mahl wird eingenommen: Siegfried, in ausgelassener Heiterkeit, verspottet sich über sein unbelohntes Jagen: nur Wasserwild habe sich ihm geboten, auf dessen Jagd er leider nicht gerüstet gewesen, sonst würde er seinen Genossen drei wilde Wasservögel gebracht haben, die ihm geweissagt, er würde heute noch sterben. Hagen nimmt beim Trinken die scherzhafte Weise auf: ob er denn wirklich der Vögel Gesang und Sprache verstehe? – Gunther ist trüb und schweigsam. Siegfried will ihn aufheitern und erzählt in Liedern von seiner Jugend: sein Abenteuer mit Mime, die Erlegung des Wurmes, und wie er dazugekommen, die Vögel zu verstehen. In der folgerecht geleiteten Erinnerung kommt ihm auch der Zuruf der Vögel bei, Brünnhilde aufzusuchen, die ihm beschieden sei; wie er dann zu dem flammenden Felsen gezogen und Brünnhild erweckt habe. Die Erinnerung dämmert immer heller in ihm auf. Zwei Raben fliegen jäh über sein Haupt dahin. Hagen unterbricht Siegfried: „was sagen dir diese Raben?" Siegfried fährt heftig auf. Hagen: „ich verstand sie, sie eilen, dich Wotan anzumelden". Er stößt seinen Speer in Siegfried's Rücken. Gunther, durch Siegfried's Erzählung auf den richtigen Zusammenhang der unbegreiflichen Vorgänge mit Brünnhilde gerathend, und plötzlich daraus Siegfried's Unschuld erkennend, war, Siegfried zu retten, Hagen in den Arm gefallen, ohne jedoch den Stoß aufhalten zu können. Siegfried erhebt seinen Schild, um Hagen damit zu zerschmettern, ihn verläßt die Kraft und krachend stürzt er zusammen. Hagen hat sich abgewandt, Gunther und die Mannen umstehen in theilnahmsvoller Erschütterung Siegfried, welcher seine Augen noch einmal leuchtend aufschlägt: „Brünnhild! Brünnhild! Du strahlendes Wotanskind! Wie seh' ich hell und leuchtend dich mir nah'n! Mit heilig ernstem Lächeln sattelst du dein Roß, das thautriefend durch die Lüfte schreitet: zu mir richtest du den Lauf, hier giebt es Wal zu küren! Mich Glücklichen, den du zum Gatten korst, mich leite nun nach Walhall, daß ich zu aller Helden Ehre Allvaters Meth mag trinken, den du, strahlende Wunschmaid, mir reichest! Brünnhild! Brünnhild! Sei gegrüßt!" Er stirbt. Die Mannen erheben die Leiche auf den Schild, und geleiten sie, Gunther voran, feierlich über die Felsenhöhe von dannen.

„Süßes Vergehen – seliges Grauen – Brünhild' bietet mir Gruß..." (Siegfried in „Götterdämmerung")

In den Hallen der Gibichungen, deren Vorplatz im Hintergrunde auf das Rheinufer ausgeht, wird die Leiche niedergesetzt: Hagen hat mit grellem Rufe Gudrun herausgerufen, – ein wilder Eber habe ihren Gatten zerfleischt. – Gudrun stürzt voll Entsetzen über Siegfried's Leiche hin: sie klagt die Brüder des Mordes an; Gunther weist auf Hagen: er sei der wilde Eber, der Mörder Siegfried's. Hagen: „nun denn, habe ich ihn erlegt, an den kein Anderer sich wohl wagte, so ist, was sein ist, auch meine gute Beute. Der Ring ist mein!" Gunther tritt ihm entgegen: „Schamloser Albensohn, mein ist der Ring, denn von Brünnhilden war er mir bestimmt: Ihr hörtet es Alle!" – Hagen und Gunther streiten: Gunther fällt. Hagen will der Leiche den Ring entziehen, sie hebt drohend die Hand empor; Hagen weicht entsetzt zurück; Gudrun schreit in Jammer laut auf; – da tritt Brünnhild feierlich dazwischen: „Schweigt euren Jammer, eure eitle Wuth! Hier steht sein Weib, das ihr Alle verriethet! Nun fordre ich mein Recht, denn was geschehen sollte, ist geschehen!" – Gudrun: „Ach, Unheilvolle! Du warst es, die uns Verderben brachte". Brünnhild: „Armselige, schweig'! Du warst nur seine Buhlerin: sein Gemahl bin ich, der er Eide geschworen, noch eh' er je dich sah". Gudrun: „Weh' mir! Verfluchter Hagen, was riethest du mir mit dem Trank, durch den ich ihr den Gatten stahl: denn nun weiß ich, daß er Brünnhild nur durch den Trank vergaß". Brünnhild: „O, er war rein! Nie wurden Eide treuer gehalten, als durch ihn. So hat ihn Hagen nun nicht erschlagen, nein, für Wotan zeichnete er ihn, zu dem ich ihn nun geleiten soll. Jetzt hab' auch ich gebüßt; rein und frei bin ich: denn Er, der Herrliche nur, hatte mich gezwungen." Sie läßt am Ufer Scheithaufen errichten, Siegfried's Leiche zu verbrennen: Kein Roß, kein Knecht soll mit ihm geopfert werden, sie allein will zu seiner Ehre ihren Leib den Göttern darbringen. Zuvor nimmt sie ihr Erbe in Besitz; der Tarnhelm soll mit verbrennen: den Ring aber steckt sie selbst an. „Du übermüthiger Held, wie hieltest du mich gebannt! All mein Wissen verrieth ich dir, dem Sterblichen, und mußte so meiner Weisheit verlustig sein; du nütztest es nicht, auf dich allein nur verließest du dich: nun du es frei geben mußtest durch den Tod, kommt mir mein Wissen wieder, und dieses Ringes Runen erkenne ich. Des Urgesetzes Runen kenn' ich nun auch, der Nornen alten Spruch! Hört denn, ihr herrlichen Götter, euer Unrecht ist getilgt: dankt ihm, dem Helden, der eure Schuld auf sich nahm. Er gab es nun in meine Hand, das Werk zu vollenden: gelöset sei der Nibelungen Knechtschaft, der Ring soll sie nicht mehr binden. Nicht soll ihn Alberich empfangen; der soll nicht mehr euch knechten; dafür sei er aber selbst auch frei wie ihr. Denn diesen Ring stelle ich euch zu, weise Schwestern der Wassertiefe; die Gluth, die mich verbrennt, soll das böse Kleinod reinigen; ihr löset es auf und bewahret es harmlos, das Rheingold, das euch geraubt, um Knechtschaft und Unheil daraus zu schmieden. Nur Einer herrsche, Allvater, herrlicher, du! Daß ewig deine Macht sei, führ' ich dir diesen zu: empfange ihn wohl, er ist dess' werth!" – Unter feierlichen Gesängen schreitet Brünnhild auf den Scheithaufen zu Siegfried's Leiche. Gudrun ist über den erschlagenen Gunther, in tiefen Schmerz aufgelöst, hingebeugt im Vordergrunde. Die Flammen sind über Brünnhild und Siegfried zusammengeschlagen: – plötzlich leuchtet es im hellsten Glanze auf: über einem düstern Wolkensaume erhebt sich der Glanz, in welchem Brünnhild, im Waffenschmuck zu Roß, als Walküre Siegfried an der Hand von dannen geleitet. Zugleich schwellen die Uferwellen des Rheines bis an den Eingang der Halle an: die drei Wasserfrauen entführen auf ihnen den Ring und den Helm. Hagen stürzt wie wahnsinnig auf sie zu, das Kleinod ihnen zu entreißen, – die Frauen erfassen ihn und ziehen ihn mit sich in die Tiefe hinab.

Als die Götter von den Flammen gänzlich verhüllt sind, fällt der Vorhang. („Götterdämmerung", Szenenbemerkung)

Am Ziel

Hier wo mein Wähnen
Frieden fand –

RICHARD WAGNER
LIEBIG'S FLEISCH-EXTRAKT.
6. Wagner mit Kaiser Wilhelm I. in Bayreuth bei der Eröffnung des Festspielhauses 1876.

Festspielhaus Bayreuth
Grundsteinlegung 22. Mai 1872
Eröffnung 13. August 1876,
„Das Rheingold“

Farbbildteil Bayreuth
siehe Seite 49ff.

Als das Festspielhaus von Bayreuth am 13. August 1876 mit dem ersten Zyklus des „Ring des Nibelungen“ eröffnet wurde, wurde Wagners Idee des versenkten Orchesters, des „mystischen Abgrundes“, besonders diskutiert, bewundert oder abgelehnt. An diesem Tag hatte sich nach dem durch den Gemeinderat von Bayreuth im Jahre 1872 erfolgten Ankauf des Grundstücks „unterhalb der Bürgerreuth“ und dem durch die Ausgabe von Patronatsscheinen (sie kosteten 300 Taler und berechtigten zu einem Sitzplatz für jeden Abend der drei ersten „Ring“-Zyklen 1876) und durch die Hilfe König Ludwigs ermöglichten Bau des Festspielhauses Wagners seit 25 Jahren gehegter Traum erfüllt, seine Werke fern vom Repertoire-Betrieb in einem eigenen Festspieltheater heimisch zu sehen. Die Idee zum versenkten Orchester war ihm schon als Kapellmeister in Riga gekommen, wo das Orchester besonders tief postiert war. Die Erfindung Wagners ist aber viel bedeutender: Das Orchester sitzt (vom Publikum ungesehen) auf Stufen, der Raum ist oben bis auf einen Spalt überdacht – durch diesen Spalt kommt der Klang und vereinigt sich mit den Stimmen auf der Bühne. Viele Dirigenten schätzen den mystischen Abgrund nicht, denn sie möchten lieber gesehen werden. Der typische „Bayreuther Klang“ kommt den Stimmen zugute. Durch das versenkte Orchester können Sänger in Bayreuth Rollen singen, die an anderen Häusern über ihrem Fach liegen würden. An keinem Theater der Welt versteht man die gesungenen Worte so gut wie in Bayreuth, und das war ja Wagners Intention. Andererseits habe ich meist den Klang des Orchesters bei Soloteilen eher dumpf gefunden. In Wien sitzt das Orchester besonders hoch: Das ist schwer für die Sänger, ermöglicht aber den Wiener Philharmonikern einen unvergleichlich brillanten „Wagner-Sound“.

Das Orchester im Bayreuther Festspielhaus. Probe 1882, Zeichnung eines Orchestermitglieds.

Ein Abend bei Richard Wagner. Zeichnung von Ludwig Bechstein. Richard Wagner fühlte sich am wohlsten im Kreise seiner Künstler, die er während der Festspiele oft zu Gesellschaften nach Haus Wahnfried einlud. Unser Bild zeigt von links nach rechts: Lilli Lehmann (Woglinde und Waldvogel der ersten Festspiele), Josef Rubinstein (Wagners Lieblingsassistent – Jude!), Hans Richter (Dirigent der Wiener Hofoper und des ersten Bayreuther „Rings“), Richard Wagner am Klavier, Amalie Materna (Sängerin der Wiener Hofoper – die erste Brünnhilde und Kundry), Franz Betz (der erste Wotan in Bayreuth), August Wilhelmij (Konzertmeister des Bayreuther Orchesters), Albert Niemann (der erste Tannhäuser in Paris, der erste Siegmund in Bayreuth), Karl Brandt („Maschinist“ der Bayreuther Festspiele; heute würden wir sagen: Technischer Leiter).

Wagners großes Welttheater

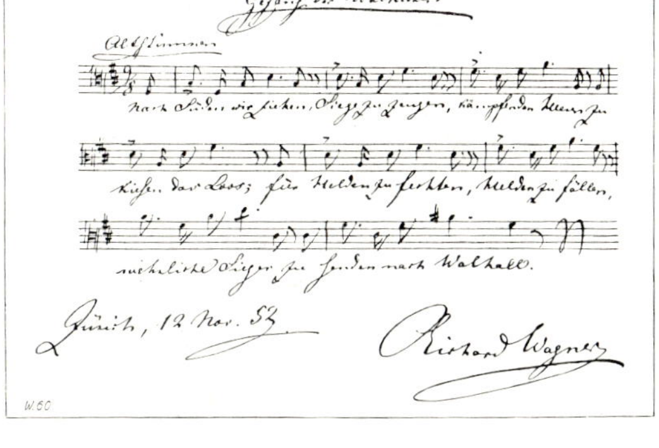

Faksimile eines Albumblattes mit einem in der Endfassung nicht verwendeten Gesang der Walküren. Zürich 1852

Richard Wagner als Regisseur

Nach Beschreibungen seiner Mitarbeiter

War er ein guter Regisseur? Konnte er Menschen auf der Bühne führen? Beherrschte er die technische Seite des Regiehandwerks? Aus Urteilen seiner Mitarbeiter ergibt sich ein komplexes Bild.

Vorbereitung zu „Tannhäuser" in Wien.
– Sixt es, Lisi, hab' ich's nit immer g'sagt, aus dem Richard Wagner wird noch was?
– Was, hat er vielleicht a neiches Ballet componirt?
– Das nit, aber 'n Jauner hat er's Wort abgenommen, daß das Orchester varaschwinden muß, damit die Kavaliere in der ersten Reihe besser unsere Wadeln seh'n.

In unserer Zeit der Experimente um einen dem heutigen Publikum entsprechenden Wagner-Stil der szenischen Realisierung ist es von bedeutendem Interesse, wie Wagner selbst seine Werke inszeniert hat. Das soll nicht bedeuten, daß wir das sklavisch nachmachen sollen, dazu haben sich die Zeiten viel zu sehr geändert. Ein Publikum, das täglich Western-Filme im Fernsehen sieht, wird sich kaum an einer Brünnhilde begeistern, die auf einem zahmen Bühnenroß recht und schlecht in den Scheiterhaufen der „Götterdämmerung" zu galoppieren versucht. Trotzdem: Wagner hat nur selten Gelegenheit gehabt, seine Werke selbst zu inszenieren. Seine Mitarbeiter haben darüber in Einzelheiten berichtet. Viel davon ist heute geschmacklich nicht mehr tragbar, viel ist Wagner selbst mißlungen, manches aber soll selbst nach der Beurteilung antiwagnerianischer Kritiker über alle Maßen großartig gewesen sein. Jedenfalls steht fest, daß es wichtig ist zu wissen, was Wagner gewollt und erreicht hat, bevor wir darangehen, ein Wagner-Bild von heute zu entwerfen.

Die ersten Inszenierungen seiner Werke, bei denen Wagners Arbeit gut dokumentiert ist, waren „Tannhäuser" und „Lohengrin" im Jahre 1875 am Wiener Hofoperntheater. Dazu kam es durch die kluge Taktik von Hofoperndirektor Franz Jauner, sich die Freigabe von Wiener Hofopernsängern für die ersten Bayreuther Festspiele von 1876 (zum Beispiel Amalie Materna für Brünnhilde) mit Wagners persönlicher Arbeit an der Wiener Oper erkaufen zu lassen.

Den beiden Inszenierungen folgte noch eine von Wagner (probenlos!) dirigierte Vorstellung des „Lohengrin" zum Benefiz des Hofopernchors am 2. März 1876. Wagners Inszenierung des „Tannhäuser" vom 22. November 1875 brachte als Novität die Pariser Fassung des bereits im Repertoire befindlichen Werkes und die Eliminierung aller Striche. Angelo Neumann, ein Sänger von Nebenrollen, unter Wagner „dritter brabantischer Edler" in „Lohengrin" – Jude –!, über dessen spätere leidenschaftliche Pioniertätigkeit für den „Ring" an anderer Stelle berichtet wird, war Zeuge aller Proben. Er beschreibt in seinem 30 Jahre später während seiner erfolgreichen Tätigkeit als Direktor des Deutschen Landestheaters von Prag geschriebenen „Erinnerungen an Richard Wagner" (Leipzig 1907) den Dichterkomponisten als genialen, die ganze Künstlerschaft begeisternden Regisseur. Wagner spielte mit größter Suggestionskraft jede Rolle in allen Details vor. Nach der Entzauberung aus dem Venusberg stand Wagner-Tannhäuser „fast zur Statue erstarrt mit erhobenen Armen da, beim Eintritt der Pilger geriet er in allmählich gesteigerte zitternde Bewegung, bis er in tiefster Durchschütterung in die Knie sank". Völlig neuartig und ins Detail gehend war Wagners Inszenierung des Einzugs der Gäste im zweiten Akt, der früher als Routine-Chorauftritt ablief; dabei saßen der Landgraf und Elisabeth auf dem Thron, zum Publikum gewandt, und die Pagen kündigten summarisch das Auftreten der Gäste an. Wagner aber ließ das Fürstenpaar mit dem Rücken zum Publikum die Eintretenden empfangen, die Pagen meldeten geschäftig jeden Besucher. Am Endpunkt der Szene erschien eine Witwe mit zwei Kindern – nach der offiziellen Begrüßung nahm Elisabeth die beiden jungen Mädchen bei der Hand und stellte sie als zum ersten Male zu Hofe Kommende den versammelten Gästen vor, führte sie dann wieder der Mutter zu und begab sich zurück auf den Thron. Im zweiten Finale, nachdem Tannhäuser mit seiner Venushymne den Sängerkrieg gesprengt hatte, ließ er Elisabeth nach seinen Worten „Weh' mir Unglücksel'gen!" in frommer Ergebung auf die Stufen des Thrones zurückgehen, die Hände falten und, den Blick nach oben gerichtet, regungslos bis zum Fallen des Vorhangs verharren, was „eine unbeschreibliche Wirkung" ausgeübt habe.

Hau! Hau! Hoher Herr! Sie haben uns Hunde in die Oper gebracht, und die „Oper" werden Sie bald auf den Hund bringen. Wir danken Ihnen für diese Würdigung unseres Geschlechtes. Hau! Hau! Hunding!
(Richard Wagner verwendete in seiner Wiener „Tannhäuser"-Inszenierung 1875 lebende Hunde – wie viel später auch Herbert von Karajan.)

Wagner liebte Tiere auf der Bühne. Im ersten Finale traten sechs Pferde (der Landgraf und alle Minnesänger waren beritten) und neun Hunde auf (die gab es auch in Herbert von Karajans Wiener Inszenierung 1963), sie verschwanden dann aber nach wenigen Wiederholungen.

Eine besondere Sensation waren die ungemein realistischen, für die damaligen Verhältnisse obszönen Tanzszenen im Venusberg. Im Mai 1860 hatte Wagner an Mathilde Wesendonck über ein Detail geschrieben: „Das Bild Ledas am Ufer eines Teiches ruhend – der Schwan schwimmt auf sie zu – schwingt seinen Hals nach ihr, den Leda liebkosend an sich biegt..." Gegenstand zahlreicher Anekdoten und Witze wurde nun dieser künstliche Schwan mit beweglichem Hals und Fittichen, der an der durch eine Tänzerin dargestellten Leda in nicht jugendfreier Weise herumschnäbelte. Man erwartete, Leda würde für hingebungsvolle Dienste „Nun sei bedankt, mein lieber Schwan!" anstimmen. Daniel Spitzer schrieb in der „Neuen Freien Presse", daß züchtige junge Mädchen beim Besuch des Schwanenteichs im Stadtpark nach dem Erlebnis dieses „Tannhäuser" ihr Angesicht am Busen der Gouvernante verbergen werden und die Verwaltung des Stadtparks (zur Verhinderung unkeuscher Gedanken) sämtliche Schwäne mit Beinkleidern zu versehen habe...

Die Inszenierung war ein großer Erfolg – man vermißte nur das aus der Dresdner Fassung vertraute, zum Applaus herausfordernde Ende der Ouvertüre, die in der Pariser Fassung in den ersten Akt überleitet. Bald nach Wagners Abreise wurden die Striche wieder eingeführt, und man spielte die Pariser Fassung mit der Ouvertüre der Dresdner, was Wagner nie erfahren hat.

Wie immer sorgte Wagner während seiner Anwesenheit für Aufregung und Skandale. Er verbeugte sich nach der Premiere vor einem enthusiastischen Publikum und hielt die berüchtigte Rede, in welcher er andeutete, daß er auch andere seiner Werke hier betreuen werde, „soweit die vorhandenen Kräfte ausreichen". Darauf war das ganze Ensemble beleidigt. Um einen Eklat zu vermeiden, widerrief er das und erklärte, er habe an die ihm verhaßten Journalisten gedacht und „lese keine Zeitungen". Darauf waren die Journalisten beleidigt, die zum großen Teil der Bayreuther Idee positiv gegenübergestanden hatten.

Am 15. Dezember 1875 folgte Wagners „Lohengrin"-Inszenierung, die stark kritisiert wurde, weil die (mit Ausnahme von Lohengrins immer gestrichener zweiter Erzählung) strichlose Vorstellung viereinhalb Stunden dauerte. Die Inszenierung wurde einstimmig als Meisterleistung gewertet. Angelo Neumann erzählt, mit welcher Intensität Wagner wieder jedes Detail vorgespielt habe: mit Behendigkeit habe der kleine Mann beim Duell mit Schwert und Schild gefochten und die leidenschaftliche Teilnahme des Chors durchgesetzt. Natürlich kam König Heinrich im letzten Akt hoch zu Roß. Auch nach heutigen Begriffen sehr interessant war Wagners Regie beim Zug zum Münster und Schluß des zweiten Aktes. Wagner „war" Elsa. Er schritt mit dem Zug aus Elsas Gemach über den Söller (links oben) bis zur Spitze einer großen Treppe, die den Hintergrund der Bühne einnahm. Dann stieg er feierlich, beide Arme hoch erhoben, die Handflächen gegen die Zuschauer, mit verklärtem Gesicht, leuchtenden Augen und unverwandt nach oben gerichtetem Blick, ohne die Stufen auch nur einen Moment ins Auge zu fassen, herab bis zur Rampe und wandte sich zum rechts liegenden Dom. Er behielt Ausdruck und Gebärde unverändert bei, bis er die erste Stufe zum Dom betreten hatte und Ortrud den Weg abschnitt. Besonders wichtig war Wagner die Ausdeutung jedes Taktes der Musik beim Aktschluß:

„Die Volksszenen beim ersten Erscheinen Lohengrins, dann im zweiten Finale vor dem Dom packten durch eine aufgeregte dramatische Lebendigkeit, welche trotzdem nichts Theatralisches oder ängstlich Einstudiertes hatte." (Eduard Hanslick in „Neue Freie Presse")

Angelo Neumann: „Dann stellte sich Wagner an Stelle Lohengrins, und, indem er mit dem rechten Arm Elsa umfing, die noch eine oder zwei Stufen tiefer stand, zog er sie, die glückstrahlend zu ihm emporblickte, Brust an Brust an sich heran. Elsa, an Lohengrins Blick hangend, wendet einen Moment das Haupt zurück, gleichsam, als ob sie das Volk zum Zeugen ihrer Seligkeit machen wolle. In diesem Augenblicke setzt das Warnungsmotiv ein und Ortrud, links vom Publikum, also dem Dome gegenüberstehend, erhebt drohend ihren Arm; Elsa erschrickt, verbirgt ihr Haupt an Lohengrins Brust, und während Lohengrin mit Elsa sehr langsam, immer in der vorhin geschilderten Stellung, rückwärts schreitend sich dem Innern des Domes mehr und mehr nähert, fällt der Vorhang."

Während der Probenzeit zu „Lohengrin" war die Atmosphäre sehr gespannt. Zwar wirkte Wagners Ausstrahlung ungeheuer auf die Sänger, aber durch die ungewohnt intensive Detailregie waren sie übermüdet und gereizt. Bei Wagner konnten sogar Perücken-Proben viele Stunden dauern. Und immer zirkulierten Anekdoten über Wagners Egozentrik: Wagner besucht ein Theater und ruft mitten in der Vorstellung laut zum Platzanweiser: „Sagen Sie Ihrem Direktor, daß ich zufrieden bin!"

Als Regisseur müßte man Wagner einen „ekstatischen Realisten" nennen. Er legte größtes Gewicht auf intime Blicke, Ausdrucksformen der Verklärung – und stellte das Ganze in einen realistischen Rahmen mit prunkvollen Kostümen. Was seine Arbeit betrifft, so war er selbstverständlich kein Berufsregisseur, der alle praktischen Tricks des Handwerks kennt. Er arbeitete mit seiner Faszination, mit der Kraft seiner beispiellosen Autorität, kurz: damit, daß er eben Richard Wagner war. Komplizierten technischen Problemen war er nicht so gewachsen wie der Menschenführung. Deshalb war das Repertoiretheater, das er wegen des (angeblichen) Schlendrians und der (angeblich) teilnahmslosen Routine so bekämpfte, für ihn als Regisseur viel geeigneter als Bayreuth. Im Repertoiretheater konnte er seinen künstlerischen Intentionen freien Lauf lassen, weil er innerhalb eines technisch funktionierenden Betriebs arbeiten konnte, den er sich in Bayreuth erst mühsam aufbauen mußte – und das waren gerade die Dinge, die ihm am schwersten fielen.

Beim „Ring" in Bayreuth mußte er 1876 in einem unerprobten, noch unfertigen Theater arbeiten, für das er den Stab vom ersten bis zum letzten Mann zusammenstellen mußte. Und während es sich bei „Tannhäuser" und „Lohengrin" um bühnenerprobte Werke handelte, galt es hier, für ein Riesenwerk neuartigster Dimension einen Bühnenstil zu erschaffen. Wir wissen ja, daß dies bei den ersten Festspielen nicht vollkommen gelungen ist. Richard Wagners Funktion war hier zusätzlich zu der wieder von ihm selbst durchgeführten Personenregie eher so etwas wie eine „künstlerische Gesamtleitung", wobei er viel delegierte.

„Kommt nun der eine oder andere und sagt: ‚Lieber Meister, gestern bestimmten Sie so und so', so kommt Wagner dann gleich mit heftigen Worten: ‚Nein, nein, ich will es heute aber so haben.' Und morgen sagt er: ‚Sie können es doch so lassen.'" (Richard Fricke, „Bayreuth vor 30 Jahren", 1906)

Ihm zur Seite stand ein besonders begabter, kluger und modern denkender Mann, der „herzogliche Ballettmeister in Dessau", Richard Fricke.

Seine ausgezeichneten Leistungen waren Wagner bei einer Reise auf Talentsuche für die ersten Festspiele aufgefallen. Frickes Aufgabe läßt sich nicht mit einem terminus technicus des modernen Theaterbetriebs definieren. Wagner nannte sie „plastische Choreographie". Bei den Soloszenen war er Wagners Regieassistent. Die Massenszenen inszenierte er selbst nach Wagners Anweisungen. Er war eine starke Persönlichkeit, gab in Bayreuth auch Regieunterricht und stand Wagner wie seinem technischen Leiter Carl Brandt immer zur Seite, wenn die Tücken des Objekts übermächtig wurden. Auf die Gestaltung des Bühnenbilds konnte er keinen Einfluß nehmen. Wagner hatte zur bildenden Kunst ein gestörtes Verhältnis. An Mathilde Wesendonck schreibt er, daß ihm das Auge als Sinn der Wahrnehmung der Welt nicht genüge, „Raphael und die Malerei" ihn nicht berühren und er in Paris nie den Louvre besucht habe. Nach vergeblichen Versuchen mit Arnold Böcklin, Franz von Lenbach und Hans Makart hatte er sich die Dekorationen für den „Ring" in heroisierendem Stil von dem Wiener Akademie-Professor Josef Hoffmann entwerfen lassen. Dieser konnte sie aber nicht dreidimensional umsetzen, so daß die Coburger Theatermaler Max und Gotthold Brückner die Dekorationen nach Wagners Anweisungen herstellen mußten. Es war Frickes Idee, 30 Turner aus dem Bayreuther Turnverein als Nibelungen im „Rheingold" einzusetzen. Geprobt wurde in der Turnhalle, und Fricke spielte dazu Geige.

Zum Unterschied von der Arbeit in Wien fehlte Wagner bei dem so neuartigen „Ring"-Experiment die Selbstsicherheit zu der Regiearbeit. Manchmal murmelte er, dann schrie er wieder. Sein ganzes Sinnen war auf die Gesamtkonzeption ausgerichtet, für die Kleinarbeit fehlte ihm die Konzentration. Außerdem änderte er ununterbrochen, weil er ununterbrochen experimentierte, und das machte die Zusammenarbeit nicht leicht. Die vielleicht schwierigste Szene im ganzen „Ring", die Szene der Rheintöchter im „Rheingold", gelang in Wagners Regie am besten. Da waren die drei berühmten Schwimmwagen: Auf jedem Gestell, das gehoben und gesenkt werden konnte, lag eine Rheintochter, die Wagen selbst waren nach allen Richtungen fahrbar. Wagner ordnete genau nach der Partitur taktweise die Fahrt jedes Wagens und das entsprechende Heben und Senken des Gestells an. Vor jedem Wagen stand ein Dirigent, der die Einsätze gab: Anton Seidl dirigierte den Wagen mit Lilli Lehmann als Woglinde, Franz Fischer den mit ihrer Schwester Marie Lehmann als Wellgunde und Felix Mottl den dritten mit Minna Lammert als Floßhilde. Jeder Wagen wurde vorn von einem Arbeiter gesteuert und hinten von zwei Arbeitern angeschoben. Nach anfänglichem Schrecken hatten die Damen ihren Spaß daran und konnten trotz der geforderten Akrobatik gut singen – nach der ersten gelungenen Probe fand jede Dame einen Blumenstrauß von Wagner in ihrem Schwimmkorb.

Ich habe noch nie eine überzeugende Doublierung der Rheintöchter durch Tänzerinnen gesehen, weil die Persönlichkeit des singenden Menschen von der des tanzenden schon optisch grundverschieden ist.

Besondere Aufmerksamkeit widmete Wagner in seiner Personenregie der erwachenden Liebe Sieglindes für Siegmund. Genau spielte er ihr vor, wie sie bei „So

Richard Wagner als Regisseur seiner „Walküre", Bayreuth 1876. Zeitgenössische Karikatur.

bleibe hier!" reagieren müsse, wenn Siegmund das Haus verlassen will – nach hinten mit beiden Händen an den Seiten des Körpers fest auf den Tisch gestützt, in Schmerz zusammengebrochen, den Kopf nach hinten geworfen, die Augen geschlossen stand er da, bis Hundings Schritt hörbar wurde.
Wagner war oft konziliant in der Ausdeutung seiner Musik. Bei den Orchesterproben unter Hans Richter saß er selbst mit der Partitur – nur wenn die Assistenten in ihren Klavierauszug schauten, ärgerte es ihn, daß sie das Werk nicht auswendig kannten. Bei einzelnen melodischen Phrasen rief er den Sängern zu: „Das gehört Ihnen, machen Sie damit, was Sie wollen!"
Wann immer ich die Walküren in wohlstudierter Symmetrie in der Anfangsszene des dritten Aktes Gymnastik treiben sehe, muß ich an den Regisseur Wagner denken, der hier jede Spur von Symmetrie verboten hat. Rein körperlich zeigte er bei den Bayreuther „Ring"-Proben trotz seiner angegriffenen Gesundheit eine starke Vitalität: Eben war er noch in eine Versenkung gesprungen, schon sah man ihn wieder auf der Spitze eines Felsens aus Pappe. Er spaltete selbst mit dem Schwert Siegfrieds Amboß und sprang beim Kampf von Hunding mit Siegmund wie eine Gemse acht Meter von der Bergeshöhe in die Tiefe. Unermüdlich spielte er den „Rheingold"-Riesen ihren Gang mit dem Riesenpfahl vor: Er faßte den Pfahl bei den Händen, stieß ihn bei jedem Takt auf den Boden und machte gleichzeitig einen Luftsprung nach vorn. Uns mag das komisch klingen, damals war die Wirkung furchterregend.

Wagner sah seinen „Ring" als ein realistisch darzustellendes Märchen mit innerlichem, nicht äußerlichem „Tiefgang".

Die offenen Verwandlungen im „Rheingold" wurden durch Dämpfe herbeigeführt, von denen die Musiker behaupteten, daß sie schädlich für die Instrumente seien. Den Donner ließ Wagner durch einen Donnerkasten erzeugen, der von der Dachhöhe bis in die unterste Versenkung ging. Hoch oben waren riesige Eisenkugeln, die auf den Einsatz eines danebenstehenden Kapellmeisters durch einen Arbeiter zum Hinunterstürzen gebracht wurden und mit ungeheurem Krachen durch viele sich in Scharnieren bewegende Metallklappen hinunterrollten. Große Sorgen machte der Riesenwurm, der in England in einer Spezialwerkstatt „für bewegliche Tier- und Riesengestalten" für 500 Pfund Sterling angefertigt und in Stücken geliefert wurde. Der Hals traf nie ein. Angeblich soll er nach Beirut statt nach Bayreuth geschickt worden sein – so saß der Kopf „mit der zierlichen Fresse" ohne Verbindungsstück direkt auf dem mehrfach beweglichen ungeheuren Rumpf. „Weglassen!" riet Fricke vergeblich, moderne Inszenierungen vorausahnend.
Kritiker vermißten die als Walküren verkleideten reitenden Stallknechte der Münchner Uraufführung des Jahres 1870. Bei der Wiener Erstaufführung 1877 galoppierten acht polnische Kavalleristen unter Führung des Reitlehrers der Kaiserin Elisabeth auf acht Rossen aus den kaiserlichen Ställen in Walkürenkostümen mit Perücken und Helmen, Puppen waren vor ihre Bäuche geschnallt und sollten tote Helden darstellen. Die Galoppstrecke führte über dicke lauthemmende Matratzen vom Bühneneingang Kärntnerstraße zum Bühneneingang Operngasse und zurück.
Als gut gelungen wurde allgemein der Feuerzauber bezeichnet. Wagner suchte hier bewußt eine andere Lösung als bei der Münchner Uraufführung. Dort war es ein Waldbrand, bei dem die flackernden Flammen der „Waberlohe" die schlummernde Brünnhilde den Blicken der Zuschauer entzogen. Man wollte damit die Unmöglichkeit andeuten, das Feuer auch nur von irgendeiner Seite her zu durchschreiten – Wagner inszenierte es anders in Bayreuth. Worauf es ihm ankam, war weniger der optische als der geistige Effekt: Nach dem tief erschütternden

Abschied Wotans sollte man die völlige Vereinsamung der auf ihrer wüsten Felsenöde verzauberten Brünnhilde erleben. Hans von Wolzogen berichtet in den „Bayreuther Blättern" (1878) von „zauberisch aus der Tiefe über den hinteren Höhensaum aufsteigenden Glutwolken, die den weiten Umkreis der Lohe in edelphantastischer Weise ahnen ließen". Für den Regenbogen in „Rheingold" hatte Wagner eine besondere Idee: Froh sollte aus einem natürlichen Regenbogen durch Zauber eine Brücke für die Götter formen.

Den Gebräuchen seiner Zeit entsprechend, wollte Wagner keine vollständige Verdunklung des Zuschauerraumes. Nun wurde die Installation der Gasbeleuchtung im Zuschauerraum aber erst am Mittag des Premierentages von „Rheingold" fertig, daher hatte man keine Zeit, den richtigen Grad für das Einziehen der Beleuchtung zu probieren, und so herrschte im Zuschauerraum, gegen Wagners Willen, völlige Nacht. Bei späteren Vorstellungen wurde es heller. Durch das verdeckte Orchester gibt es ja in Bayreuth nicht einmal das sonst vom Orchester ausgehende Licht.

Verdi hingegen wollte einen vollständig verdunkelten Zuschauerraum. Er freute sich, dies bei seinem Dirigentengastspiel an der Wiener Hofoper (1875) zu finden, was er in Italien stets vermißte.

Lilli Lehmann, Woglinde und Waldvogel der ersten „Ring"-Festspiele, hatte ein erstaunliches Repertoire, das von „Traviata" (über Offenbach-Operetten) bis zu den drei Brünnhilden und zu Isolde reichte. Sie organisierte für den ersten „Parsifal" des Jahres 1882 das Ensemble der Blumenmädchen. In ihrer Autobiographie „Mein Weg" schreibt Lilli Lehmann viel über Wagner als Regisseur. Bei den Proben saß er mit übergeschlagenen Beinen auf der Bühne, die Partitur auf dem Schoß, wenn mit Orchesterbegleitung gesungen wurde oder das Orchester allein probte. Während Hans Richter beim „Ring" unten das Orchester leitete, dirigierte Wagner immer vor sich hin. Sie fingen beide immer gemeinsam an, aber Wagner war in seine Partitur so verloren, daß er dem Orchester gar nicht folgte, das oft weit voraus und längst in andere Tempi übergegangen war. Wenn er dann endlich zufällig einmal aufsah, merkte er erst, daß etwas ganz anderes gespielt wurde, als er mit seinem inneren Ohr hörte.

Wagner war Regisseur, lange bevor dieser Beruf als schöpferischer Bestandteil des Operntheaters galt. Man sprach von Maschinisten, Kostümbildnern, Dekorationsmalern, aber nicht von Regisseuren. Noch bis nach der Jahrhundertwende war es der Kapellmeister, der Regie führte, so daß Wagner in seinen Tagen in Magdeburg, Königsberg, Riga und Dresden auch Regie-Erfahrungen gesammelt haben muß. Ohne Zweifel war Wagner auch auf diesem Gebiete ein Pionier. In vielen optischen Dingen blieb er zeitgebunden, in anderen blickte er auch hier weit in die Zukunft, wie zum Beispiel in seinem Verständnis der Bedeutung des Lichtes. Hätte er auch andere Werke als die seinen inszenieren können? Warum nicht? Vielleicht den „Freischütz"? Oder ein Werk von Meyerbeer?

Richard Wagner wird Fernsehstar

Zwischen Chéreau und Chénier

Das kühne Experiment des Österreichischen Fernsehens, den gesamten „Ring" und „Parsifal" innerhalb eines Monats zu senden, hat bewiesen, daß der als Fernsehschreck verschriene Meister der telegenste aller Komponisten ist. Die seltsamen Umstände, unter denen ich „Rheingold" sah, gaben mir faszinierende Einblicke.

Der Fernseh-Opern-Boom machte lange Umwege um Richard Wagner. Man fürchtete sich vor niedrigen Einschaltquoten, hatte Schwierigkeiten mit dem feststehenden Beginn der Nachrichten bei der langen Dauer der Werke und glaubte nicht an ihre Eignung für dieses Medium. Da wagten im Jahre 1982 Fernsehintendant Ernst Wolfram Marboe, Kulturchef Karl Löbl und Musikchef Wilfried Scheib im Österreichischen Fernsehen ein kühnes Experiment: beginnend mit Samstag, dem 13. März, wurde in Abständen von jeweils einer Woche der gesamte „Ring" gesendet, und am Karfreitag, dem 9. April, noch der „Parsifal". Fünf Wagner-Opern in einem Monat – ein bis dahin den Fernsehgewaltigen in aller Welt Entsetzen einflößender Gedanke.
„Rheingold" begann um 20.15 Uhr, die anderen Werke ungefähr zur Theater-Anfangszeit, um 18.30 Uhr. Der Hörfunk sendete gleichzeitig mit Stereoton – die Nachrichten mußten sich nach Wagner richten und kamen eben in der Pause. In der Bundesrepublik hingegen wurden die „Ring"-Ausstrahlungen über ein ganzes Jahr hingezogen (und begannen mit „Walküre"...).
Der Erfolg des österreichischen Experiments war überwältigend. Wieland Wagner hat einmal gesagt, sein Großvater würde heute sicher in Hollywood arbeiten. Nun war er zum Fernsehstar geworden. Aus den so gewonnenen Erfahrungen konnte man ebensoviel über Wagner wie über das Fernsehen lernen.
Es handelte sich um die Bayreuther Inszenierungen des „Ring" durch Patrice Chéreau und des „Parsifal" durch Wolfgang Wagner. Nie werde ich die sonderbaren Umstände vergessen, unter denen ich an jenem 13. März das „Rheingold" gesehen habe. In unserem Büro in der Direktion der Wiener Staatsoper haben wir einen Fernsehapparat, der auch auf die gerade laufende Abendvorstellung umgeschaltet werden kann. An diesem Tag lief „Andrea Chénier", die Oper um die Französische Revolution von dem Italiener Umberto Giordano in einer Inszenierung von Otto Schenk. Mein Hauptinteresse konzentrierte sich natürlich auf „Rheingold", trotzdem fand ich es ungeheuer informativ, gelegentlich umzuschalten, umzudenken und Zusammenhängen nachzuspüren.
Es war meine zweite Begegnung mit diesem „Rheingold". Ich habe 1976 die Uraufführung der Inszenierung des jungen Franzosen gesehen. Sie war zur 100-Jahr-Feier der Bayreuther Festspiele geschaffen worden und konnte dadurch den propagandistisch so effektvollen Namen „Jahrhundert-Ring" für die Inszenierung annehmen. Mein Eindruck war damals sehr zwiespältig – in den Orkanen von Buhen und enthusiastischer Zustimmung bewahrte ich eine nachdenkliche Neutralität. Möglicherweise ist mir beim Klatschen ein kleiner Buher entschlüpft. Bei den unmittelbar anschließenden Diskussionen im Hörfunk sprach ich gegen die Inszenierung, aber mit aufrichtiger Anerkennung für Wolfgang Wagners Gedanken, in Bayreuth eine experimentelle „Werkstatt" zu Wort kommen zu lassen. Schließlich ist Bayreuth kein Repertoiretheater – hier kommen und gehen die Inszenierungen, und jede setzt neue Akzente – wie ein Urlaubsflirt.
Das gilt nicht für das Zuhause – Wien, Berlin, München...; hier soll eine Generation mit einer Inszenierung aufwachsen, und hier muß es Grenzen der Werkverfremdung geben. Trotz meiner leidenschaftlichen Liebe für Wagner habe ich mich immer von den jeden Wandel der Zeiten leugnenden, auf Buchstabentreue pochenden Alt-Wagnerianern vollkommen distanziert und hatte immer das Gefühl, daß ich durch meine Tätigkeit in Amerika eine moderne Grundeinstellung zu diesen Dingen habe. Im Jahre 1976 fand ich die Inszenierung äußerlich effektvoll, aber werkfremd, unmusikalisch, geschwätzig (wie übersetzt man das berühmte amerikanische Wort „busy staging"?) und aufdringlich. Die Höhepunkte

dieses „Ring“ haben mich schon damals beeindruckt – im „Rheingold“ die Szene in Nibelheim, in der „Walküre“ das Liebesduett und die Todesverkündigung, in „Siegfried“ Brünnhildens Erwachen, wenig allerdings in der „Götterdämmerung“. Aber nun waren eben sechs Jahre vergangen, und sie haben mir Zeit zum Nachdenken gegeben. Meine Kollegen unter den Sängern, wie zum Beispiel Gwyneth Jones und Heinz Zednik, haben mir von der eindrucksvollen Personenführung durch Chéreau vorgeschwärmt, spätere „Ring“-Inszenierungen haben mich Gedanken von Chéreau schätzen gelehrt.

Nun saß ich also um 20.15 Uhr vor dem Fernsehschirm – nachdem ich seit 19 Uhr in der „Chénier“-Vorstellung gewesen war. Die Übertragung begann mit einer neuartigen Form der Inhaltsangabe, die Regisseur Claus Viller entwickelt hatte: Während die Stimme des Schauspielers Klaus-Jürgen Wussow zu hören war, sah man dazu wechselnde Standbilder aus der Inszenierung. Davon war ich fasziniert. Wie konnte mein Urteil im Jahre 1976 so falsch gewesen sein? Das berühmt-berüchtigte Stauwerk oder Stauwehr oder Staudamm oder was immer es sein mochte, das mich an Stelle des unberührt fließenden Rheins gestört hatte, paßte sehr gut zu der Inhaltsangabe. Die nicht schwimmenden Rheintöchter mit den weiten Röcken, die Götter in ihren viele Zeitperioden vereinigenden Kostümen, Walhall mit den ionisch-korinthischen Säulenkapitellen und dem geflügelten Löwen, das Fehlen der altgermanischen Welt – alles stimmte. Nach der Einführung begann die Vorstellung, und mit dem Heben des Vorhangs brach das Kartenhaus zusammen. Sowie die Musik dazukam, stimmte nichts mehr. Wo war der Zauber des Weltenbeginns mit dem unergründlichen Es-Dur im Orchester und der Symbolik des fließenden Rhein-Wassers als Anfang des Geschehens? Ist nicht fließendes Wasser komponiert? Ist nicht „Rheingold“ die Geschichte von dem beginnenden Untergang der Welt durch den Einbruch des bisher nur als Spielzeug bestehenden Goldes? Wer hatte dann dieses Stauwerk gebaut? Mit welchem Geld? Und wieso liegt das Gold ganz unten im Stauwerk? Hat nicht Wagner in unbeschreiblicher Weise den Sonnenstrahl komponiert, der es plötzlich „an einer hohen Stelle des mittleren Riffes auf dem Grunde des Rheines“ erleuchtet? Hier ist alles gegen die Musik. Aber auch gegen den Sinn des Werkes – es liegt ja so viel Gold am Grunde des Stauwerks, daß Alberich es gar nicht ganz wegtragen kann. Läßt er also den Rheintöchtern den Rest? Ist das nicht völlig sinnlos? Es wird gespielt, viel gespielt, ausgezeichnet gespielt – nur ohne jeden Funken von dem in der Musik liegenden Charme. Die „Gartenlaube“-Erotik der Rheintöchter mit den (violetten) Strumpfhosen weckt die Sehnsucht nach einem echten Porno. Wenn Alberich in plattester Banalität unter den Rock einer Rheintochter kriecht, versteht man, daß er sofort die Liebe verflucht … Im Fernsehen ist natürlich alles noch viel konkreter und viel peinlicher als auf der Bühne.

„Es war zuviel verlangt, den Es-Dur-Dreiklang, der das Rheingoldvorspiel ausmacht, bereits Musik nennen zu sollen. Es war auch keine. Es war ein akustischer Gedanke: der Gedanke des Anfangs aller Dinge.“ (Thomas Mann, 1933)

Außerdem – es ist ja alles schon dagewesen. Man hat sich sehr darüber aufgeregt, daß die Rheintöchter „zum ersten Mal“ als Beinahe-Prostituierte gezeigt werden. Das beruht auf einer Trivialinterpretation von Frickas Worten „Von dem Wassergezücht mag ich nichts wissen: schon manchen Mann – mir zum Leid – verlockte sie buhlend im Bad“. Schon über die erste Wiener „Rheingold“-Inszenierung schrieb Daniel Spitzer am 17. Februar 1878: „Als Badbuhlerinnen und wahre Wasserstraßendirnen lernen wir sie kennen und bedauern nur den alten Vater Rhein, der solche Schande mit seinen Töchtern aufhebt.“ Nur, und das ist das Schöne am ewig-lebendigen Theater, verschwand diese Dirneninterpretation bald in der Versenkung.

Den Blick auf den Fernsehschirm gebannt, schweiften meine Gedanken zurück zu so vielen guten und schlechten Interpretationen dieser Szene, einer der am schwierigsten darzustellenden im ganzen Lebenswerk Wagners. Aus meinen Kindertagen erinnere ich mich noch an die von Gustav Mahler 1905 in den Bühnenbildern von Alfred Roller geschaffene Version, die bis in die späten zwanziger Jahre in Wien auf dem Spielplan stand. Statt der bis Mahler verwendeten Schaukelwagen hingen die Rheintöchter jetzt an langen Drähten in einer geradezu lebensgefährlichen Stellung und umschwammen vorschriftsgemäß das hochragende mittlere Riff mit dem Gold. Mit ihren flossenartig umhüllten Extremitäten erweckten sie den Eindruck schwimmender Leiber – nur leider sah man die Drähte und fürchtete, daß einer reißen könnte. Aber der Rhein war herrlich. Im Jahre 1928 ließ Regisseur Lothar Wallerstein zum ersten Mal die Rheintöchter nur singen, und Ballettdamen wagten todesverachtende Stürze in die Tiefe. Wilhelm Furtwängler dirigierte. Die Identität von Tanzbewegungen und Gesangsstimme gelang weder damals noch später. Auch in der Wiener Inszenierung des dirigierenden Herbert von Karajan gab es 1958 schwindelfrei schwebende Balletteusen mit Fischschwänzen – als ungemein eindrucksvoll habe ich Günther Schneider-Siemssens Projektion des fließenden Rheins in Karajans Version bei den Salzburger Osterfestspielen 1968 in Erinnerung.

Vater Rhein: Was is denn dös für a Heidenspectakel? Man hört sei eigenen Wasserfall nit mehr?
Nixe: „Rheingold" spielen's in Bayreuth!

Der Rhein war immer ein Problem, auch für Wieland und Wolfgang Wagner in Bayreuth – man konnte über jede Lösung nachdenken, aber ihn auszulassen verbietet die Musik. Früher hat man diese Szene in geradezu grotesker Weise ernst genommen. Im Jahre 1896 war ein Traktat des Wagner-Scholasten (so etwas gab es damals noch) Moritz Wirth erschienen. Es enthielt 224 Seiten und hieß „Die Entdeckung des Rheingold aus seinen wahren Dekorationen". Es gliederte den Stoff in vier Punkte: die Eigentümlichkeiten des Rheinwassers, das Schwimmen der Rheintöchter, das Goldene Leuchten der Flut, der Schnelle Absturz des Alberich. Besonders intensiv beschäftigt sich der Autor mit dem medizinischen Problem des Niesens von Alberich; er meint, daß Wagner vorgeschrieben habe, „daß der Raum der Manneshöhe vom Boden auf gänzlich frei vom Wasser zu sein scheine", damit Alberichs Niesen („er prustet") verständlich werde: Alberich niest, weil er aus dem wasserfreien Raum in das feuchte Naß gerät! Ein anderes kurioses Buch, aus dem Jahre 1901, erklärt den berühmten ersten Es-Dur-Teil als „die Entwicklung unserer Erdenwelt durch das geologisch-mineralogische, durch das florisch-botanische, durch das faunisch-zoologische Zeitalter hindurch" – da könnte man beinahe Chéreau sein Stauwerk vergeben. Wieder geistig voll auf das Fernsehen konzentriert, muß ich zugeben: Würde ich das Stück nicht so genau kennen und jeden Takt der Musik mit bestimmten Assoziationen verbinden, würde ich also vor diesem „Rheingold" sitzen wie etwa vor „Dallas", dann böte Chéreaus urkomödiantisches Spiel eine prächtige Fernsehschau.
Im Verlauf des Abends wurde ich immer mehr davon gefesselt, wie Chéreaus intensive und ungeheuer gekonnte Personenführung im Fernsehen zu packender Wirkung gelangte. Eine ununterbrochene Folge bewegter Einzelheiten: Loge ekelt es, wenn er mit Mime redet; das dämonische Ausstrecken von Alberichs Hand mit dem Ring, um die Nibelungen zur Arbeit zu zwingen; sein Gesichtsausdruck während des Fluches; Wotans Kampf mit Alberich um den Ring. Ich weiß nicht mehr, wann ich auf „Andrea Chénier" umschaltete. Es sang nicht mehr die volle Premierenbesetzung, und manche brillante Details der Regie waren nicht mehr vorhanden. Ich hörte zu, und die geistige Übersiedlung war zunächst ein Schock. Plötzlich fühlte ich, was diesem „Rheingold" fehlte – Ruhe,

Im Fernsehen liebt man die ruhige Erzählung eines einzelnen Menschen. Das kommt den Nachrichten wie den Wagner-Monologen zugute.

Stille, Schönheit. In „Chénier" sangen zwei Sänger, der Revolutionsdichter und seine aristokratische Geliebte, im Duett, und plötzlich wurde mir wieder klar, daß das Fernsehen im Grunde ein Medium der absoluten Ruhe ist. Zu den größten Mißverständnissen gehört es zu glauben, im Fernsehen müsse immer „etwas geschehen". Im Grunde ist auch Wagner ein Komponist unendlicher Ruhe und deshalb für das Fernsehen so geeignet.

Fünf Wochen nach diesem „Rheingold" bewiesen die Gurnemanz-Monologe im „Parsifal" keine Spur von Länge, sondern erweckten stärkste Spannung. Das muß auch der Fernsehregisseur mit einbeziehen: Brian Large verwendete im „Rheingold" gerade auf Grund der so bewegten Chéreau-Regie zahllose Schnitte und Gegenschnitte, die vielleicht die Handlung klarer machten, die allgemeine Unruhe jedoch noch erhöhten. Die Theorie der langen schnittlosen Kamera-Einstellungen, die Hans-Jürgen Syberberg in seinem „Parsifal"-Film (1982) praktiziert, kommt einem Fernseh-Stil für Wagner hier wahrscheinlich näher. Meine Gedanken waren nun trotz „Chénier" so viel bei Wagner, daß ich wieder auf „Rheingold" umschaltete.

Da sah ich Walhall, oder was eben Richard Peduzzi für Chéreau als Walhall gebaut hatte. Ich dachte an andere „Walhalls" meiner Erinnerung – zum Beispiel Hans Hotter als Wotan in Bayreuth vor den gefängnisartigen Zyklopenblöcken Wieland Wagners. In Alt-Bayreuth erhoben sich 1876 mehrere Stockwerke mit Säulenreihen. In der ersten Wiener Inszenierung durch Franz Jauner 1878 war es ein sich nach oben verjüngender Rundbau nach Art der Engelsburg. Es gab „Rheingold"-Ausstattungen mit der Götterburg als Pfahlbau unter einer Kuppel oder, als Vorläufer von Wieland, wie ein Rohbau aus zyklopischem Mauerwerk. In der germanischen Legende war Walhall ein Wolkengebilde. Adolphe Appia verlangte in „Die Musik und die Inszenierung" (1899), daß man nur die ersten Gründschichten Walhalls sehen solle, der Rest verliere sich in den Soffitten. Mahler und Roller zeigten die Burg mit verschwimmenden Konturen als einen phantastischen Zyklopenbau in den Wolken – deshalb mußten sie die Regenbogenbrücke entfallen lassen. Ich könnte mir aber, sogar im Sinn Chéreaus, als Sitz der morschen, ihrem Untergang zueilenden zerbrechenden Götterwelt noch ganz andere Lösungen vorstellen – ein Ringstraßenpalais? Das Schloß Versailles? Wielands oft zitiertes Bild von Walhall als Wallstreet? Indiskutabel und gegen den Sinn von Chéreau finde ich die mit antiken Symbolen verzierte Wand seiner eigenen Inszenierung. Wie kann etwas so Glanzloses von Wotan als „hehrer, herrlicher Bau" bezeichnet werden? Nach welchen Plänen haben sie die Riesen gebaut? Würde eine so elegant gekleidete Fricka in dieses Fertighaus einziehen wollen? Hier stimmt doch nichts mehr, vor allem stimmen nicht mehr die im Fernsehen mit Stereoton durch den Hörfunk so klar verständlichen Worte Fasolts: „Mächt'ger Müh' müde nie stauten starke Stein' wir auf: steiler Turm, Tür und Tor deckt und schließt im schlanken Schloß den Saal." Im Fernsehen prägen sich die realistischen Details noch mehr ein, ihre Diktatur ruft groteske Gedanken hervor. Wenn Wotan und Fricka sich noch „in der Übersiedlung" nach Walhall befinden und sie in einer Welt leben, in der bereits ein Stauwerk besteht, warum kampieren sie dann im Freien neben ihren Koffern? Haben sie kein Geld für ein Hotel? Wie schmerzhaft kontrastiert diese „Burg" zu Wagners Walhall-Motiv in den berühmten Wagner-Tuben?

Was immer Wotan für die Burg in diesem „Jahrhundert-Ring" bezahlt haben mag – er hat überbezahlt...

Die volle ideologische Sympathie des Regisseurs gehört den Nibelungen; daher ist die dritte Szene, in Nibelheim, einschränkungslos großartig. Der dämonische Machthunger Alberichs, seine Verwandlungen in den Riesenwurm und in die

---

„Was sind das für Götter! Man wird ordentlich stolz
auf ein bißchen Monotheismus,
wenn man diese kennenlernt."
(Daniel Spitzer, 17. Februar 1878)

Kröte, die Arbeit der Nibelungen mit ihren Stahlhelmen, sogar die weiblichen Nibelungen und Liliputaner, alles gelingt atemberaubend, beängstigend und macht auf dem Fernsehschirm den größten Eindruck.

Gut an dieser Inszenierung ist, daß sie einfach, klar, komödiantisch, verständlich und deutlich erzählt. Ihr größtes Manko ist die profunde Unmusikalität. Ich weiß, daß so etwas nur empfunden und weder zu beschreiben noch zu beweisen ist. Die unzweifelhaft erstaunliche Personenregie Chéreaus scheitert an jedem Hauch von Intimität. Selbstverständlich ist Wotans Erwachen und sein Gespräch mit Fricka in der „Freien Gegend auf Bergeshöhen" ein intimes Gespräch zu zweit. Nur die beiden haben auf der Bühne zu sein. Dadurch, daß sie hier zu fünft sind, nämlich mit Freia, Donner und Froh, werden alle fünf zu Statisten. Außerdem haben Donner und Froh, die erst viel später in der Szene mit den Riesen zu erscheinen haben, eine Auftrittsmusik mit Frohs erregten Worten „Zu mir, Freia!" – diese Musik ist sinnlos, wenn die beiden als stumme Statisten von Anfang an da waren. Wo die Musik Anweisungen gibt, sind sie nicht inszeniert – Wotans „großer Gedanke" der Zeugung des Wälsungengeschlechts zur Rettung seiner Macht, zu dem in der Trompete das Schwertmotiv zum ersten Mal erklingt, gleitet unbemerkt vorbei. Und daß Loge vor dem Ende seiner Erzählung (zum Klang des „Rheingold"-Liedes im Orchester) tanzt, zeigt den Kampf der Regie gegen jede Ruhe in der Musik.

„Komödie für Musik" ist der Untertitel des „Rosenkavalier". Hier aber müßte es heißen: „Komödie gegen Musik."

Ein fatales Mißverständnis ist der ganze Schluß. Erda muß sicher nicht unbedingt, wie bei „Wagner vorgeschrieben", in bläulichem Schein bis zu halber Leibeshöhe aus der Tiefe aufsteigen – aber die bildschöne Ortrun Wenkel hätte Besseres verdient als ihren zum mystischen Klang der Musik kontrastierenden, unpoetischen, schleierverhüllten Auftritt wie ein lebendes Kissen. Anschließend bricht jedes positive Element der Dekoration zusammen, denn jetzt läßt Wagner die Natur sprechen, und davon erlebt man hier nichts. Von einem Gewitter-„Zauber" kann man doch wirklich nicht mehr sprechen, wenn Donner sein kleines Hämmerchen schwingt und Loge aus einem Koffer Dämpfe losläßt. Darauf folgt der total fehlgedeutete Einzug der Götter nach Walhall. Mit welchem Glanz hat Wagner in dieser unbeschreiblichen Musik den Einzug über die Regenbogenbrücke beschrieben – entsprechend Loges Worten: „Ihrem Ende eilen sie zu, die so stolz im Bestehen sich wähnen..." Bei Chéreau fassen sich die Götter (außer Loge) an den Händen und torkeln wie geistesgestört in die „Burg" – worauf Loge den Vorhang, wieder völlig musikwidrig, wie in einem Puppentheater schließt. Als ich umschaltete, war „Chénier" bereits zu Ende. Leider.

Ich habe auch die „Rheingold"-Übertragung in der Bundesrepublik am 4. Juli 1982 gesehen; sie begann um 20.15 Uhr, aber der Hörfunk beim WDR und beim Hessischen Rundfunk um 20.30 Uhr, so daß ein Mithören des Stereotons unmöglich war... Mein Eindruck blieb der gleiche. Ich sah die Übertragung in Gesellschaft, darunter eine hochgebildete Dame, die „Rheingold" nicht kannte und sehr begeistert war. Aber – nur fünf Minuten nach Ende ging man „zur Tagesordnung" über. Was bedeutet sonst das Ende von „Rheingold" mit diesem überwältigenden Finale aus Gewitterzauber und Einzug der Götter? Ich habe oft erlebt, daß man viele Stunden lang an nichts anderes mehr denken konnte. Was man hier gesehen hatte, war lebendig, brillant, aber unsagbar „klein". Sogar Wagners Musik schien (trotz ihrer guten Wiedergabe durch Pierre Boulez) degradiert zur Musik für ein Konversationsstück, das Wagner nicht geschrieben hat. Man ging weg mit dem Gefühl, irgendeinem Spieloperchen beigewohnt zu haben. Für die Seele, für das Herz, für die Empfindung, für das Leben blieb nichts.

Man hörte Wagner und sah Humperdinck.

„Die Natur ist eingeladen, ihre schönsten Effekte auf dem Theater zu produzieren."

(Julius Korngold über „Rheingold", 19. Oktober 1928)

Apotheose. Der Meister schreitet vom Festspielhause über die berühmte Regenbrücke aus „Rheingold“ nach jener Walhalla hinüber, wo er ungestraft „Gott-Vater“ spielen darf.

Dabei könnte Chéreau mit seiner fabelhaften Begabung alles inszenieren, wahrscheinlich sogar „Rheingold“. Und zwar von Wagner. Nicht nur Wagnerchen, wie diesmal.

Nun konzentrierte sich also die Erwartung auf „Parsifal“, der in Wolfgang Wagners Bayreuther Produktion am Karfreitag, dem 9. April, übertragen wurde. „Parsifal“, ein Werk voll spannungsgeladener Ruhe, wirkte vor dem Schirm aufregender als jeder Krimi. Ich hatte die größte Angst, daß während des langen Vorspiels irgendwelche Histörchen, mythologische Ausdeutungen oder gar etwa die Orchestermusiker im verdeckten Bayreuther Orchester gezeigt würden. Ich betrachte es als eine Revolution in der Geschichte der Fernsehoper, daß man in diesen dreizehn Minuten lediglich ein Autograph und ein Waldbild sah und, dem Befehl des Komponisten gehorchend, die Phantasie durch die Ohren erregt werden konnte. Es war eine schöne, traditionelle Inszenierung, die nicht den Anspruch erhob, in jedem Augenblick „tiefbedeutend“ zu sein. Es gab einen Wald, rotbraune Blätter, einen mit dichtem Grün bedeckten Boden – und bereits beim großen Monolog des Gurnemanz wußte man, daß es keinen Augenblick der Langeweile geben werde. Selten habe ich etwas Aufregenderes erlebt als den Klang der Glocken nach der Verwandlung in den Gralstempel. Das Bühnenweihfestspiel hatte auch als Fernsehweihfestspiel bestanden.

Überraschend gut gelang Leonard Bernstein 1981 ein Fernsehexperiment mit „Tristan und Isolde“. In drei im Abstand von einigen Monaten abgehaltenen Sonderkonzerten des Symphonieorchesters des Bayerischen Rundfunks im Herkulessaal der Residenz in München wurde die Oper aktweise aufgeführt und für das Fernsehen in halbszenischer Fassung live aufgezeichnet. Die Sänger standen

oder saßen in Kostümen hinter dem Orchester auf einem überhöhten Podium vor einem malerisch angedeuteten Hintergrund und sangen in einer neuartigen Mischung aus Konzert und Aktion.
Andere Stationen zum Triumph Richard Wagners im Fernsehen waren Rolf Liebermanns Studioproduktion der „Meistersinger" nach einer Vorstellung der Hamburger Staatsoper, die Aufzeichnung des dritten Akts der „Meistersinger" bei der Wiedereröffnung der Bayerischen Staatsoper in München (1963), die Studioproduktion des „Fliegenden Holländer" in der Inszenierung durch Vaclav Kaslik, die Aufzeichnungen des „Rienzi" (Regie Hans-Peter Lehmann) aus Wiesbaden, des Bayreuther „Tannhäuser" in der Inszenierung von Götz Friedrich und des „Lohengrin" aus München, inszeniert von August Everding. Nun warten wir gespannt auf weitere Medien für Wagner in unserem Jahrhundert: Videokassette? Bildplatte?

Wagners Opern in der Phantasie seiner Zeitgenossen

Leipziger Illustrirte, 24. Februar 1883.

Erste Aufführung des „Rienzi" im königl. Hoftheater in Dresden, 20. Oktober 1842;

Schlußszene aus dem „Fliegenden Holländer".

„Hier steh' ich treu dir bis zum Tod..."

Tannhäuser Elisabeth im Gebet. Nach dem Gemälde von Th. Pixis.

„Mach, daß ich rein und engelgleich eingehe in dein selig Reich!"

Lohengrin Elsa und Lohengrin im Brautgemach. Nach dem Gemälde von Th. Pixis. *„Das süße Lied verhallt…"*

Isolde: „Tristan…“
Tristan: „Isolde…“

Tristan und Isolde Tristans Tod. Nach dem Gemälde von Gustav Goldberg.

„Lenzesgebot, die süße Noth…“

Die Meistersinger von Nürnberg Szene aus dem zweiten Akt der „Meistersinger“. Originalzeichnung von Th. Pixis.

Die Walküre Aus dem Bühnenfestspiel „Der Ring des Nibelungen“, Siegmunds Tod. Nach der Bayreuther Aufführung gezeichnet von Knut Ekwall.

„In Stücken das Schwert!“

Götterdämmerung Aus dem Bühnenfestspiel „Der Ring des Nibelungen“, Überführung der Leiche Siegfrieds. Zeichnung von Knut Ekwall.

Siegfried Aus dem Bühnenfestspiel „Der Ring des Nibelungen",
Brünnhildens Erwachen. Nach der Bayreuther Aufführung gezeichnet von Knut Ekwall.

„Heil Dir, Sonne!
Heil Dir, Licht!"

Parsifal Die Parsifal-Aufführung in Bayreuth – Gurnemanz führt Parsifal nach der Gralsburg. Nach einer Photographie aus dem Parsifal-Album (Verlag von Edw. Schloemp in Leipzig).

Gurnemanz: „Zum Raum wird hier die Zeit" –
(siehe auch Seite 243)

Richard Wagners Parsifal

Dreimal erzählt Ist es dasselbe Stück?

Götz Friedrich erzählt „Parsifal" in Zusammenhang mit Einsteins Relativitätstheorie in seiner vieldiskutierten Bayreuther Inszenierung 1982.

Rolf Liebermann erzählt „Parsifal" als Schreckensvision des Atomzeitalters in seiner vieldiskutierten Genfer Inszenierung 1982.

Richard Wagner erzählt „Parsifal" in seinem nie diskutierten Prosaentwurf von 1865 als „allverständlichte Handlung" für ein „Publikum, das demnach ohne alle Kunstverstandesanstrengung genießen soll" („Oper und Drama", 1851).

Der Prosaentwurf wird hier mit Kürzungen wiedergegeben, die gewisse Wortumstellungen nötig machten. Auf die Unterschiede zum endgültigen Textbuch wird am Ende hingewiesen.

In des Meisters eigenen Worten

(27. August 1865) Vorgeschichte und Erster Aufzug

Anfortas, der Hüter des Grals, siecht an einer unheilbaren Speerwunde, die er in einem geheimnisvollen Liebesabenteuer empfangen. Titurel, der ursprüngliche Gewinner des Grals, sein Vater, hat im höchsten Alter dem Sohn sein Amt, somit die Herrschaft über die Gralsburg – Monsalvat – übergeben. Anfortas muß dem Amte vorstehen, trotzdem er sich durch den begangenen Fehltritt dessen unwürdig fühlt, bis ein Würdigerer erscheint, es ihm abzunehmen. Wer wird dieser Würdigere sein? Der Gral ist die krystallene Trinkschale, aus welcher einst der Heiland beim letzten Abendmahl trank. Joseph von Arimathia fing in ihr das Blut auf, welches aus der Speerwunde des Erlösers am Kreuze herabfloß. Sie ward als heiligstes Heiligthum lange Zeit der sündigen Welt entrückt. Titurel ist das Heiligthum entdeckt und in Pflege gegeben worden. Er schaarte um sich die heilige Ritterschaft zum Dienst des Grales und baute die Burg Monsalvat, die niemandem aufzufinden war, als wer zur Pflege des Grales sich würdig erwies. Durch geheimnisvolle Schriftzeichen, welche beim Erglühen des Krystalls an dessen Oberfläche sich zeigten, meldet der Gral die Bedrängnisse Unschuldiger und ertheilt seine Weisungen an diejenigen der Ritter, welche zu ihrem Schutz entsendet werden sollen. Die ausgesandten begabt er mit göttlicher Kraft, so daß sie überall siegen. Wer das göttliche Gefäß erblickt, kann nicht sterben. Nur dem Keuschen offenbart sich die beseligende Macht des Heiligthumes.

Die Mission der Gralsritter zur Rettung unschuldig Verfolgter sehen wir am deutlichsten in „Lohengrin". Amnesty International?

Jenseits der Gebirgshöhe liegt eine andere, unheimliche Burg. Der Fromme vermeidet ihr zu nahen. Wer ihr aber naht, kann der bangen Sehnsucht nicht wehren, mit der es ihn nach den glänzenden Zinnen verlockt, welche aus einer nie gesehenen Pracht der wunderbarsten Blumenbaumwaldung hervorragen, und von wo zauberisch süßer Vogelsang herdringt, berauschende Wohlgerüche sich über den Umkreis ergießen. Dieß ist Klingsors Zauberschloß. Dunkle Sagen gehen über den Zauberer. Man vermuthet, Klingsor habe sich selbst verstümmelt, um die sinnliche Sehnsucht in sich zu ertödten, welche zu bekämpfen durch Gebet und Buße ihm nie vollständig gelungen sei. Von der Gralsritterschaft, der er sich anschließen wollen, sei er durch Titurel zurückgewiesen worden, und zwar aus dem Grunde, daß die Keuschheit aus innerster Seele fließen, nicht aber durch Verstümmelung erzwungen sein müsse. Es ist gewiß, daß seit Anfortas Zeiten man von jenem Zauberschlosse gehört hat, und daß die Gralsritter gewarnt wurden, nicht in die Schlingen zu gerathen, die von jener Gegend aus nach ihrer Reinheit ausgeworfen würden. Jenes Schloß birgt die schönsten Frauen der Welt, die dort, durch Zauber unter Klingsor's Bann gehalten, zum Verderben der Gralsritter von ihm mit aller Macht der Verführung ausgestattet wurden. Gewiß ist leider, daß Anfortas selbst, als er den seiner Ritterschaft drohenden Zauber zu bekämpfen ausgezogen war, in die Schlingen der Verführung fiel, von einem seltsamen, wunderschönen Weibe abseits gelockt und dort von Bewaffneten überfallen wurde: zur Flucht gewendet, habe er jenen Speerstich in die Seite erhalten, von dem ihn nichts zu heilen vermag.

Kein Heilmittel will die Wunde heilen. Nicht aber die Schmerzen der Wunde sind es, die Anfortas' Seele umnachten: sein Leiden ist tiefer. Er, der Unwürdige aller, muß täglich –, zu seiner furchtbaren Strafe, das heilige Gefäß berühren: auf sein Gebet muß der göttliche Inhalt der Schale in leuchtendem Purpur fließen, auf sein Fürwort sich der nährende Segen den geweihten Rittern erschließen. Dünkt ihm der Tod sein einziger Erlöser, so verdammt ihn nun der Se-

gen des Grales, ewig zu leben. Denn, ach! jetzt, wenn das himmlische Blut des Erlösers segenvoll in sein eigenes Herz sich ergießt, wie muß vor der göttlichen Berührung da sein eigenes frevelhaftes Blut sich flüchten! Da nahen die Ritter, er muß den Zauber üben: sie jammern und klagen um seine Wunde, schaffen Balsam herbei und wissen nicht, wo er unheilbar ist. – So hat der Elende endlich durch brünstig Gebet den Gral um ein Zeichen gefragt, ob er Erlösung hoffen dürfe. Das Zeichen hat erglänzt: „mitleidend leidvoll wissend ein Thor wird dich erlösen!" O, der Ersehnte! Wenn er lebt, möge er die Wege zu dem Heiligthume finden: der Qual ein Ende bereiten.
Am Morgen tragen die Treuen den geliebten Herren in einer Sänfte nach dem heiligen See im Walde herab, dort sich zu baden. Da scheint er in der lieblichen Frische ein wenig aufzuleben.

(28. August 1865)
Am unermüdlichsten durchjagt Kundry, die Gralsbotin, die Welt nach Hülfe für Anfortas' Wunde. Wer dieses Weib sei, weiß Niemand; sie muß uralt sein, denn schon in Titurel's Zeiten fand sie sich hier ein. Doch nimmt man keine Züge des Alters an ihr wahr. Ihr schwarzes Haar hängt ihr lang und wild herab. Stets sieht man sie nur in ihrem dunkelrothen Gewande, welches sie mit einem wunderlichen Gürtel aus Schlangenhäuten aufschürzt. Sie wird von der Ritterschaft wie ein seltsames, zauberhaftes Thier behandelt. Zu Zeiten verschwindet sie ganz. Niemand hört und sieht dann etwas von ihr. Dann findet man sie endlich in einer Höhle oder einem Baumgestrüpp in einem Todten ähnlichen Schlafe erstarrt, steif an allen Gliedern. Gurnemans, der alte Waffenknecht Titurel's, nahm sich dann meist ihrer an: er kannte sie von so lange her! – er brachte sie wieder in's Leben. Bei ihrem Erwachen verflucht sie sich, den Schlaf über sich kommen gelassen zu haben, seufzt furchtbar auf, und springt davon. Ist irgend etwas Schwieriges zu vollbringen, ein Befehl des Grales auszurichten, so gewahrt man plötzlich Kundry: auf einem kleinen Roß sieht man sie im Sturme davon jagen, und ehe man es nur vermuthen könnte, ist sie zurück. So ist sie der Ritterschaft eine unentbehrlich treue Dienerin geworden. Dagegen in den Zeiten ihres räthselhaften Verschwindens bricht gewöhnlich ein Ungemach über die Ritterschaft herein; oft wird Kundry herbeigewünscht.

„Die Technik ist das wachsende Eigenthum aller Künstler seit dem Dasein der Kunst: sie ist zu empfangen, zu erlernen und anzueignen." (Richard Wagner, aus nachgelassenen Papieren)

Gewiß ist, daß sie noch Heidin sein muß. Gurnemans nimmt sie in Schutz. Er vermuthet, sie sei eine Verwünschte, welche in ihrem gegenwärtigen Leben große Sünden abzubüßen habe. Sie kehrt jetzt soeben auf schnaubendem Roß aus dem Wunderlande Arabien's zurück, wo sie den kostbarsten Wundbalsam aufgesucht. Gurnemans eilt zum König, die verhoffte Rettung überbringend. Auch der Balsam bringt aber keine Linderung: Kundry lächelt höhnisch dazu, doch scheint ihr an der Befreiung des Anfortas von seinen Leiden viel, ja leidenschaftlich viel gelegen zu sein.

Sind die Tiere hier nicht heilig?" (Kundry)

Während der König im heiligen See badet, kreist da ein wilder Schwan über seinem Haupte: plötzlich sinkt er, von einem Pfeil verwundet; allgemeine Entrüstung, wer wagt es im heiligen Bezirke ein Thier zu tödten? – Der Schwan flattert näher und sinkt verblutend zu Boden. Parzival kommt, mit dem Bogen in der Hand aus dem Walde vor: Gurnemans hält ihn an. Der Jüngling bekennt sich zu der That. Da ihm Gurnemans das Frevelhafte seiner That vorhält – was ihm der Schwan, der sein Weibchen aufgesucht, gethan habe? – bricht Parzival in Thränen aus und stammelt: „Das wußte ich nicht!" „Wo bist du her?" »Das weiß ich nicht." „Wer ist dein Vater?" „Das weiß ich nicht!" usw. Alles, was Gurnemans aus dem scheuen Jüngling herausbringen kann, ist, daß Parzival nur seine Mutter, Schmerzeleide, kennt; diese hat ihn in größter Zurückgezogenheit in der Weise erzogen, daß er nie etwas von Waffen und Ritterschaft erfahren solle. „Warum das?" Da Parzival keinen Grund weiß, ergänzt Kundry, in ihrer Ecke gelagert: „Sein Vater ward noch vor des Sohnes Geburt erschlagen: die Mutter wollte den Sohn vor gleichem, gewaltsamen Tode bewahren. – Die Thörin!" Sie lacht. Parzival's Gedächtniß wird auf diese Weise erweckt. Am einsamen Hofe seien Gewaffnete vorbeigekommen: Parzival ist ihnen gefolgt, hat sie aber nicht wieder aufgefunden. Manches Abenteuer hat er bestanden. Gurnemans: „Du bist Deiner Mutter entlaufen; sie wird sich um dich grämen. Dem Schwan warst Du feindselig und deiner Mutter." – „Meiner Mutter?" – Kundry: „Sie ist todt! Ich sah sie sterben!" Parzival springt auf und packt Kundry bei der Kehle. Gurnemans hält ihn zurück: „Willst Du hier wieder Unrecht thun? Kundry lügt nie und weiß viel." Parzival steht wie betäubt. Endlich: „ich verschmachte!" Kundry ist hastig nach dem Quell gesprungen, besprengt Parzival mit dem Wasser und reicht ihm zu trinken. Gurnemans lobt Kundry; so thäte man hier, Böses vergälte man mit Gutem. Kundry lacht: sie thue nie Gutes. „Ach, ich bin müde. Wo find' ich Ruhe?" Sie schleppt sich unbemerkt in den Wald fort.

„Hoch steht die Sonne: Nun lass' zum frommen Mahle mich dich geleiten, denn bist du rein, wird nun der Gral dich tränken und speisen."
(Gurnemanz)

Gurnemans bemerkt, daß der König mit der Dienerschaft bereits länger nach der Burg aufgebrochen ist. Die Sonne steht im Mittag; es wird Zeit, zum heiligen Mahle sich zu begeben. Parzival, sich auf den Alten stützend, frägt, wohin sie geriethen; denn ihm dünke, daß der Wald sich immer mehr verliere, und daß sie in gemauerte Gänge einträten? Gurnemans: „Sie seien auf dem rechten Wege, und daß der Knabe noch unschuldig sei, werde er auch gewahr, denn unmöglich würde sich sonst für sie Beide der Weg in die Burg so leicht erschließen." Parzival, dem kaum scheint, als schreite er, folgt in Betäubung. Er vernimmt wunderbare Klänge. Endlich sind sie in einem mächtigen Saale angelangt, welcher in eine hohe Kuppel, domartig, sich verliert. Aus der Kuppel vernimmt man wachsendes Geläute. Parzival steht wie verzaubert. Gurnemans: „Nun nimm dich zusammen: bist du ein Thor, so laß mich nun sehen, ob du auch wissend bist." Sanfte Posaunenrufe kommen näher. Aus der höchsten Höhe der Kuppel hört man den Gesang von Knabenstimmen verhallen. Da öffnen sich im Hintergrunde links und rechts zwei große Flügelthüren. Von rechts her schreitet die Prozession der Gralsritter, sie vertheilen sich an die gedeckten Tafeln. Von links her schreiten die Meister und die Dienerschaft des Königs. Anfortas wird in seiner Sänfte getragen: vor ihm her trägt ein Ritter einen mit einer purpurnen Sammetdecke überdeckten Schrein: In der erhöhten Mitte des Hintergrundes ist unter einem Baldachin das Ruhebett aufgerichtet, nach welchem Anfortas geleitet wird: davor steht eine altarartige Tafel, auf welche der verdeckte Schrein niedergestellt wird. Gurnemans nimmt seinen Platz an einem Tische, und beobachtet fortwährend Parzival, welcher staunend sprachlos da steht. Vom tiefsten Hintergrunde her vernimmt man aus einer gewölbten Nische die Grabesstimme des alten Titurel: „Mein Sohn Anfortas, bist du am Amt?" Schweigen. – „Soll ich den Gral heut' noch sehen und leben?" – Schweigen – „Muß ich sterben ohne den Retter zu begrüßen?" – Anfortas bricht in tiefe Klagen aus: er könne nicht länger des Amtes walten. Er schildert seine Leiden. Die Ritter murren. Titurels Stimme: „Enthüllt den Gral!" Man entkleidet den Schrein, nimmt aus ihm die heilige Krystallschale, und stellt sie feierlich vor Anfortas hin. Anfortas blickt endlich mit immer wachsender Entzückung nach dem Gefäß, und drückt seine reumüthigen Empfindungen aus. Aus der Kuppel dringt ein blendender Lichtstrahl in die Schale: diese beginnt in feurigem Purpurroth zu erglänzen. Alles senkt sich auf die Knie. Anfortas erhebt den Gral mit beiden Händen und läßt ihn nach jeder Seite hin leuchten. Titurel spricht den Segen. Dämmerung lagert sich über den ganzen Saal: nur der Gral leuchtet hell. Als es wieder hell wird, sind die Tische mit Wein und Brot versehen; der Gral ist erbleicht, und wird wieder im Schrein verwahrt. Während des Gesanges, welcher die heilige Bruderliebe feiert, speisen die Ritter. Nur Anfortas fühlt sich leidender als zuvor: er muß wieder in der Sänfte fortgetragen werden. Seine Wunde hat sich neu geöffnet. Unter ernsten trüben Klängen verläßt Alles wieder den Saal.

„Nehmet hin meinen Leib, nehmet hin mein Blut, um uns'rer Liebe willen!"
(Stimmen aus der Höhe)

Parzival hat bewegungslos vor Staunen dagestanden, nur bei Anfortas' Klagen fuhr er einmal mit der Hand hastig nach dem Herzen. Gurnemans tritt mißmuthig an ihn heran, rüttelt ihn: „was stehst du da noch da? Du bist doch eben nur ein Thor! dort hinaus, da besinn dich!" er stößt ihn zu einer Seitenpforte hinaus und schlägt die Thüre brummend hinter ihm zu.

Götz Friedrich
I. Akt: *Tragische Ironie.*
Den so lange erwarteten „reinen Toren", der dem Leiden des Amfortas und der miserablen Situation der Gralsritterschaft „Erlösung" bringen könnte, jagt gerade Gurnemanz, der ihn „entdeckt" zu haben glaubt, am Ende des I. Aktes aus dem Tempel. Auf die Frage „Weißt du, was du sahst?" läßt er dem Jungen keine Zeit, sich zu artikulieren. Wagners Regieanweisung „Parsifal faßt sich krampfhaft am Herzen" übersieht Gurnemanz. Wie viel der Fremdling von dem, was er sah, begriffen hat, hören wir von ihm im II. Akt. Aber gerade Gurnemanz verkennt Parsifals Haltung. Freilich hat dies tragisch-ironische Mißverständnis die Konsequenz, die das

Rolf Liebermann

Wenn der Vorhang sich hebt, treten wir in einen Raum, in dem alles durch eine totale Vernichtung weggefegt worden ist: keine Wälder, kein Wasser; nichts mehr. Es bestehen nur noch durch die Hitze verbrannte Felsen, verkohlt und geschwärzt, zerbröckelt und zermalmt; und, sich aus diesen Felsen erhebend, einige verstörte Gestalten, die die Katastrophe überlebt haben.
Man setzt voraus, daß Montsalvat durch eine Atombombe zerstört wurde, und vereinigt zugleich den mythologischen Inhalt der Erzählung und seine politische Interpretation. Wenn Montsalvat ein abstraktes Bild ist, ist es gleichzeitig das Merkmal einer permanen-

Lehrstück der Humanität braucht: Parsifal muß noch durch die Höllen dieser Welt, ehe sein Mitleid *wissend* wird.

„Verkehrt", von absurder Ironie ist manches in der Exposition der Figuren und Situationen des I. Aktes:

Kundry sucht im ganzen Erdenkreis nach Heilkräutern, mit denen die Wunde zu stillen wäre, die Amfortas gerade durch sie, in ihrer Umarmung erhielt.

Gurnemanz nimmt die neugierige, fast tückische Frage eines Knappen: „So kanntest du Klingsor?" zum Anlaß, Bericht zu geben über den Tempelbau und über die Verwundung des Amfortas. Dabei verrät er auch viel von seiner Mitschuld. Die hat ihn in eine Art „innere Emigration" getrieben, den treuesten Gefährten Titurels nun zum Outsider, zum „Pensionär" gemacht.

Und gerade in dem Frevler, der auf heiligem Gebiet jagt, will Gurnemanz den erkennen, der Erlösung bringt!?

Absurde Kontraste, ironische Verkehrungen irritieren vor allem die vermeintliche Weihe-Atmosphäre der ersten Gralsszene. Um des Grales endlich wieder teilhaftig zu werden, zwingen der greise Titurel und die Ritterschaft rücksichtslos und grausam den kranken Amfortas, gegen dessen Willen und Schuldgefühle den Ritus zu vollziehen. Seine Klage rührt die Umstehenden nicht. Wenn Wein und Brot gereicht werden, kümmert es niemanden, daß sich Amfortas, von Qual überwältigt, am Boden krümmt. Welch Widerspruch: Humanitäts-Genuß wird inhuman erstritten! Fragwürdiger kann sich Weihe kaum darstellen.

ten Realität, das Symbol der Macht, das Gehirn oder der Kommandoposten aller sozialen und menschlichen Organisation.

Dies führt dazu, ein anderes Symbol zu untersuchen, und zwar das Symbol der Lanze. Wagner hat daraus ein Sexualsymbol gemacht (nicht ohne auch noch Longinus hineinzumischen), das von einem Akt zum andern wandert, aber auch eine Art von Spiegelbild der Macht oder ein Mittel, um sie zu verewigen. Dieses Mittel, das in unserer heutigen Welt die Macht sichert, ist das Atom; die Lanze ist die Bombe. Die Ritter des Grals haben die Lanze verloren, und Montsalvat wurde durch einen Nuklearangriff vernichtet. Es sind einige Jahre nach diesem Angriff vergangen, wenn sich der Vorhang erhebt.

Die Welt ist in schreckliche Nacht zurückgekehrt, Gurnemanz und seine Ritter irren verloren umher und geben nur noch in Erinnerung dieser Wüste einen Sinn. Amfortas wird, schwer verletzt, strahlenverseucht, vorbeigetragen. Dann kommt ein Jüngling, der nicht weiß, wer er ist und woher er kommt. Er hat einen Schwan getötet – das Symbol des Überlebens. Einige Ritter, dem Holocaust entgangen, sind entrüstet und verzweifelt. Dieser junge Unbekannte hat nicht nur das zerstört, was ihren Lebensunterhalt gesichert hätte, sondern auch ein heiliges Symbol, eins der letzten, an das sie sich in dieser verlorenen Welt noch hätten halten können: wiederum ein Übergang zwischen Mythologie und Realität, zwischen dem XI. und dem XX. Jahrhundert. In einer ihrer Seele und ihrer Zuflucht entblößten Welt ist es nötig, Symbole zu finden, um dem Untergang zu entgehen und das Leben zu erhalten. Der moralische Zusammenbruch, so, wie er in einer mittelalterlichen Gesellschaft vorstellbar war, hat für uns heute einen Namen, um den man nicht herumkommt: Hiroshima.

In diesem Moment ist klar zu zeigen, was zu dieser Wüste geführt hat, wie es zu diesem Elend kam. Während Gurnemanz und Parsifal sich dem zerstörten Schloß von Montsalvat nähern, während die überlebenden Ritter aus dem Schatten hervortreten und sich aneinanderklammern, kehren Bilder, die sie heimsuchen, die uns heimsuchen, wie eine traumatische Erinnerung wieder: während des Szenenwechsels folgen Bilder von verbrannter Erde, stumme und schreckliche Bilder der totalen Zerstörung von Hiroshima.

Zweiter Aufzug (29. August 1865)

„Herodias warst du, und was noch?" (Klingsor zu Kundry)

Kundry ist wieder verschwunden, in Todesschlaf verfallen. – Klingsor hat wieder Macht über ihre Seele gewonnen. Er bedarf der Hülfe dieses wunderbarsten weiblichen Wesens, um seinen Hauptstreich auszuführen. In einem unnahbaren Verließe seiner Burg sitzt er in seiner Zauberwerkstatt: er ist der Dämon der verborgnen Sünde, das Wüthen der Ohnmacht gegen die Sünde. Durch Zaubers Gewalt bannt er die Seele Kundrys zu sich; in einem finstren Höhlengrunde erscheint ihr Geist. Kundry lebt ein unermeßliches Leben unter stets wechselnden Wiedergeburten, in Folge einer uralten Verwünschung, die sie dazu verdammt, in neuen Gestalten das Leiden der Liebesverführung über die Männer zu bringen; Erlösung ist ihr nur verheißen, wenn einst ein reinster Mann ihrer machtvollen Verführung widerstehen würde. Noch keiner hat ihr widerstanden. Nach jedem ihr tief innerlichst so verhaßtem Siege, verfällt sie in Rasen; sie flüchtet dann in die Wildnisse und weiß sich der Macht ihrer Verwünschung durch die strengen Büßungen längere Zeit zu entziehen: doch ist ihr verwehrt, auf diesem Wege das Heil zu finden. So läßt sie die innerste Nothwendigkeit stets von Neuem der Macht verfallen, die sie zur Wiedergeburt als verführerisches Weib treibt. Die Büßerin verfällt dann in einen Todesschlaf: die Verführerin erwacht, bis diese wieder nach Wahnsinnsrasen zur Büßerin wird. Da nur ein Mann sie erlösen kann, flüchtet sie als Büßerin zu den Gralsrittern; hier unter ihnen müsse der Erlöser zu finden sein. Sie dient ihnen mit leidenschaftlichster Aufopferung als verachtete Sclavin. Klingsor kennt den Fluch und die Macht, durch die sie ihm zu Dienste gezwungen werden kann. Die furchtbare Schmach zu rächen, die ihm von Titurel einst wiederfahren, stellt er den edelsten Gralsrittern durch Verführung zum Bruch ihres Keuschheitsgelübdes nach. Ihr letztes Werk unter Klingsor's Anleitung war die Verführung des Anfortas. Der Zauberer hatte Anfortas die selbe Schmach zugedacht, die er sich einst selbst in rasender Verblendung zugefügt: es war gelungen, den Hüter des Grales selbst in die Arme des verführerischen Weibes, zu dem Kundry umgeschaffen war, zu verlocken: während er dort schwelgte, überfielen ihn die Klingsor dienstbar gewordenen Streiter, um ihn zu binden; sie durften ihn nicht tödten; es gelang Gurnemans, Anfortas zu befreien. Zu ihrem Unglück war es Kundry gelungen, von Neuem ihre Macht zu bewähren! Nach heftigem Wahnsinnstoben erwachte sie wieder als Büßerin. Aus einem Zustand in den andren bringt sie kein wirkliches Bewußtsein des Vorgefallenen.

Jetzt gilt es nun Klingsor, Parzival in seine Macht zu bekommen. Er fürchtet, daß er berufen sein könnte, Anfortas zu erlösen und seine Stelle mit unbesieglicher Macht zu übernehmen. Gegen ihn soll nun Kundry ihre stärkste Macht üben. Zwiespalt in Kundry's Seele: Hoffnung auf Erlösung – durch ihre Besiegung: – dann aber wahnsinniges Verlangen nach einem letzten Liebesgenuß.

Waffengeräusch. Klingsor springt auf die Mauer; er gewahrt Parzival's Kampf gegen die verzauberten Ritter, die dem Fremden den Zugang zu ihren geliebten Teufelinnen wehren. Er begleitet mit den Blicken Parzival, der nun kindisch stolz durch das geöffnete Thor einschreitet, wie betäubt sich nach dem Lustgarten wendet. „Ha! Kindischer Sproß! Hier wirst Du lieblich enden, ewiger Herr des Grales!" Er verschwindet.

„Des Gartens Zier und duftende Geister, im Lenz pflückt uns der Meister! Wir wachsen hier in Sommer und Sonne, für dich erblühend in Wonne..." (Blumenmädchen)

Parzival ist in den wunderbaren Zaubergarten Klingsor's eingetreten: Schöne Frauen stürzen einzeln, von verschiedenen Seiten, herbei; in flüchtig umgeworfener Kleidung usw. Sie haben Waffenlärm gehört: beim Erwachen haben sie sich von ihren Geliebten verlassen gefunden. Sie stürzen über Parzival her. Einige fordern ihn auf, sie für die verlorenen Geliebten zu entschädigen: bald wird ihm geschmeichelt und geliebkost. Parzival gibt sich unbefangen dem, was ihm ein Kinderspiel dünkt, hin. Da vernimmt er den lauten, liebevoll klagenden Ton einer weiblichen Stimme, die ihn beim Namen ruft. Er glaubt den Ruf seiner Mutter zu hören. Die Stimme macht Parzival zu weilen. Den Frauen befiehlt sie, den Jüngling zu verlassen. Da gewahrt Parzival in einer Grotte auf einem Blumenlager ein jugendliches Weib von höchster Schönheit, Kundry in neuer gänzlich unkenntlicher Gestalt. Parzival, wunderbar von ihr angezogen, nähert sich der Grotte. Das wunderbare Weib weiß die zartesten Saiten seiner Empfindung durch traulich-feierliches Berühren seiner Kindererinnerungen erzittern zu machen. Parzival überwältigt von zermalmender Wehmuth, sinkt zu den Füßen des schönen Weibes nieder: Sie beugt sich da über ihn. Nicht Alles, was ihn beglücken könne, sei in der Mutterliebe enthalten gewesen: der letzte Hauch des Muttersehnens sei der Segen des ersten Kusses der Liebe. Sie heftet ihre Lippen zu einem langen Kuß auf den Mund des Jünglings. Dieser fährt plötzlich mit einer Gebärde des höchsten Schreckens auf. Mit diesem Kuß ist eine furchtbare

Veränderung in ihm vorgegangen: er fühlt nach seinem Herzen. Dort brennt ihm plötzlich die Wunde des Anfortas: „Die Wunde! Die Wunde, hier blutet sie! Jammervoller, und ich konnte dir nicht helfen!" Ihn fesselt der räthselhafte Vorgang, dessen Zeuge er in der Gralsburg war; gänzlich in Anfortas' Seele versetzt, fühlt er dessen ungeheure Leiden, seinen furchtbaren Selbstvorwurf. Er vernimmt den Ruf des Heilands nach Befreiung des Heiligthumes aus der Pflege befleckter Hände: und dies ungeheure Leiden erlebte er und blieb stumm, floh, irrte kindisch umher, verpraßte seine Seele in thörichten Abenteuern! Vergebens sucht ihn das zur leidenschaftlichsten Bewunderung hingerissene Weib zu beschwichtigen. Jeden ihrer Blicke sieht er wie aus Anfortas' Seele: so schlang sie den Arm um seinen Nacken; so furchtbare Schmerzen mußte er als Lohn davon empfinden! „Verderberin, weich' von mir." Wahnsinniges Liebesverlangen brennt nun in des Weibes Seele auf: „Grausamer! empfindest du nur die Schmerzen andrer, so empfinde auch die meinigen! Um eine Stunde dein zu sein, kann einzig mich entschädigen für Qualen, wie sie noch kein Wesen litt!" – Parzival: „In Ewigkeit bist du verdammt mit mir, wollt' ich in deinen Armen nur einen Augenblick meine Sendung vergessen." „Auch dir bin ich zum Heil gesandt! Erkennst du nicht, daß dein Sehnen nur durch Ungestilltsein erlischt?" Das Weib: „so war es mein Kuß, der dich hellsichtig machte? Ich will keine Erlösung: ich will dich lieben!" Parzival: „ich will dich lieben und erlösen, zeigest du mir zu Anfortas den Weg!" Sie rast. „Nie sollst du ihn finden!" Sie fordert als Lohn eine Stunde Liebe von ihm. Er stößt sie zurück. Sie ruft wahnsinnig nach Hülfe. Noch sei sie mächtig genug ihn irre zu leiten, daß er die Gralsburg nie finde. Klingsor erscheint auf dem Turme des Schlosses: Gewaffnete stürzen herbei: Parzival erkennt die Lanze, mit der Anfortas verwundet ward. (Anmerkung Wagners: Es ist die Lanze, mit welcher einst Longinus des Heilands Schenkel durchstach, und deren sich Klingsor als werthvollstes Zaubermittel bemächtigt hatte). Parzival entreißt die Lanze dem Ritter: „mit diesem Zeichen bann' ich euch! Wie sich die Wunde schließe, die diese Speerspitze stach, vergehet alle hier, und in Trümmer stürze diese Pracht!" Er schwingt die Lanze, das Schloß stürzt zusammen, der Garten verdorrt zur Einöde. Parzival, aus der Ferne nach der zusammengebrochenen Kundry sich umblickend: „du weißt, wo du mich wiedersehen kannst!" Er enteilt über die Trümmer...

Götz Friedrich

II. Akt: *„Ekstatische Zuckungen"*.

Amfortas hatte in der Art eines aristokratischen Partisanen versucht, Klingsor als akute Gefährdung der Ritter auszuschalten. Statt eine „Strafexpedition" zu unternehmen (mißtraut er der Ritterschaft?), sucht er den Kampf Mann gegen Mann. Aber Klingsor manipulierte den Angriff zum Kampf Mann gegen Frau. Daß Amfortas darin unterlag, macht seine Figur zur vielleicht menschlichsten im Drama. Aber daß er den Speer, Reliquie und nicht Waffe, vom Gral, den er erretten wollte, entfernte, das ist wohl die tiefere Ursache seiner Wunde, seine Schuld.

Klingsor, der Renegat, ist tragikomisch wie Alberich. Oder wie Judas, der zum astrologischen Scharlatan verkommt. Er umgibt sich mit Elementen und Instrumenten „arabischer" Wissenschaftlichkeit. Er will zurück in den Tempel, will den Gral. Keuschheit hat er sich durch Kastration erzwungen. Viele Ritter macht er dem Gral abspenstig durch die Blumenmädchen, deren Sex befremdlich manipuliert erscheint zu gläserner Sterilität und alberner Spießbürger-Provokation. „Amerikanisch sein wollend" skizzierte Wagner 1876. Wenn die abspenstig gemach-

Rolf Liebermann

Der Vorhang hebt sich nun *zum zweiten Bild*, einer ehemaligen großen Kirche oder Kathedrale, mit zertrümmerten Mauern, der Altar zerfallen, die Säulen eingestürzt. Man sieht einige Überlebende, die mühsam geschwärzte Brocken tragen, um zu versuchen, einen Altar wieder aufzubauen. In einem großen Panzerschrank, von vier Rittern getragen, befindet sich der Gral, der so der Vernichtung entkommen ist. Die Ritter bewegen sich in diesem Raum der totalen Zerstörung, erschöpft, als ob sie noch in einem Schockzustand wären; nach und nach versammeln sie sich um den Gral wie um eine allerletzte Hoffnung, die sie selbst, so scheint es, kaum aufrechtzuhalten vermögen.

Inmitten dieses zerrütteten, geschwärzten Raumes ein monumentaler, zertrümmerter Spitzbogen, Bruchstück einer Kathedrale. Auf diesem wird das Licht gleiten, das vom Gral aus leuchtet.

Der Jüngling schaut erstaunt auf die eigenartige Gruppe, die an diesem verödeten Ort versammelt ist: er versteht nichts von dem, was sie tun. Er wird seinen Weg fortsetzen. Später betritt Parsifal einen phantastischen

Suggeriert Wagners Musik der Blumenmädchen-Szene wirklich eine „makabre Groteske"? Ein Atomkraftwerk im Hintergrund? Seine Blumenmädchen singen eine walzerartige, an Chopin (oder Johann Strauß?) erinnernde Melodie...

ten Ritter – wie Roboter-Gestalten nach einer Operation à la „One flew over the cuckoo's nest" – gegen Parsifal in den Streit ziehen und geschlagen werden, triumphiert die makabre Groteske: „Möge denn so das ganze Rittergezücht unter sich selber sich würgen!" Kundry ist auf den Plan gerufen. Für die konkrete Darstellung dieser „originellsten Frauenfigur" Wagners, wie er selbst befand, helfen Hinweise auf die buddhistische Seelenwanderung wenig. Sie ist Venus und Elisabeth in einem, auch Elsa in dem Widerspruch, ob es erlaubt sei, die Frage zu tun oder nicht. Und in all ihren Metamorphosen ist sie weitaus mehr: Alptraum patriarchalischer Gesinnung gegenüber den matriarchalischen Wurzeln weiblicher Bestimmung und deren Befreiung zur umfassenden Selbstverwirklichung. Den wichtigsten Aufschluß zur Kundry-Figur gab Wagner nachträglich in der letzten Schrift, die er sich vornahm: „Das Weibliche im Menschlichen". Da schreibt er: „Gleichwohl geht der Prozeß der Emanzipation des Weibes nur unter ekstatischen Zuckungen vor sich."

Die ekstatischen Zuckungen prägen die große Szene zwischen Kundry und Parsifal, greifen über auch auf alle anderen Momente dieses II. Aktes und setzen die Zäsuren, Drehpunkte der Verwandlungen der Kundry-Figur: Die Kurtisane mit der Mutter-Attitüde – die Büßerin, die mit ihrer Demut kokettiert und sich doch davor ängstigt – die Dienerin und Helferin, die zugleich Rächerin ist: apokalyptische Furie als Transposition der Unterwerfung im bürgerlichen Salon. Mag sein, daß die Kundry-Figur deshalb so groß ist, weil ihr gegenüber Wagners „Ideologie" versagte. Daß er sie im III. Akt nach „Dienen, dienen" verstummen läßt, ist die Konsequenz seiner Ehrlichkeit, nichts mehr zu sagen, wo er nichts mehr zu sagen weiß. Das Thema Kundry hatte das 20. Jahrhundert zu lösen. Wenn sie am Ende zusammensinkt, betreten andere die Szene.

Ort, vollständig mit Spiegeln ausgekleidet, Wände, Böden und Decke.

Im Hintergrund befindet sich ein Atomkraftwerk und darin Klingsor, der die Lanze gewonnen hat. Parsifal tritt also in diesen Spiegelraum ein und wird von einem Wirbel von sagenhaften Wundern und Bildern gefangen. Es ist die Welt der Blumenmädchen, eine imaginäre Welt der Begierde, der gemischten Erinnerungen, der gesponnenen, gekreuzten Gesten, Farben und vielsagenden Formen.

In dieser Spiegelwelt sieht man ein nacktes Tänzerpaar, das sich inmitten eines Universums vervielfacht, das selber phantastisch, voller Orchideen, fleischfressender Pflanzen, welche sich vermischen und in allen Spiegeln verwirren, wie ein Zauber aus Farben und Bewegungen ist. Der Jüngling – mit der Zweideutigkeit seiner Sexualität konfrontiert durch die erstaunliche Morphologie dieser zwei, in diesem Blumenwirbel sich windenden und strahlenden Körper, sowie diesen irreellen Wegen, die ihm wie von nirgends und überall entgegenkommen – versteht wieder einmal nichts.

Plötzlich ertönt der Ruf: „Parsifal!" Die Pflanzen verschwinden, und der große Raum spiegelt hellblauen Mosaik, etwa wie die Moschee von Isphahan. Die Helligkeit dieses Blaus erinnert an die Sonne von Arabien. Kundry erscheint wie eine Madonna von Piero della Francesca, mit einem großen dunkelblauen, bestickten Schleier, wodurch sie sich vom Hellblau der Wände abhebt.

„Parsifal, dies war der Name, den mir meine Mutter gab." Durch die Erinnerung erwacht Parsifal, wie neu geboren, zu sich selber. Auf der Suche nach seiner Identität gibt ihm Kundry den Schlüssel zu seinem Ursprung.

Um ihn zu verführen, nimmt die Magd Klingsors nicht nur die Gestalt der Mutter an, die tröstet und verzeiht, aber gesandt, um den letzten mütterlichen Segen zu geben, bietet sie sich an, ihn die Liebe zu lehren. Parsifal, in die Zärtlichkeit der wiedergefundenen Kindheit eingehüllt und verwirrt von der Schönheit der Madonna, ist überwältigt und nimmt den Kuß an... als die plötzliche Erkenntnis den Schrei: „Amfortas" auslöst.

Mir genügt es nicht, zu glauben, daß durch den Einfluß des Kusses von Kundry ein göttlicher Infarkt, eine plötzliche Offenbarung, Parsifal erhellt hat und daß dieser unerwartete Schrei der Leidenschaft der Frau antwortet. Ich glaube vielmehr, daß Parsifal, plötzlich entzaubert, Kundry unter den mütterlichen Schleiern wiedererkennt, dieses wilde Tier, das er im ersten Akt erwürgen wollte.

Rolf Liebermann (Forts.)

Parsifal ist von einer doppelten Erleuchtung erfüllt: der Enthüllung seiner Identität, aber zugleich der Entdeckung des Schmerzes der Mutter, Amfortas' und der Menschheit. Mit der Erkenntnis seines Schicksals, Kundry von sich weisend, wählt er seine Pflicht: Er ergreift die Lanze, Symbol der Macht, die die Welt regiert. Die Weigerung, die ihn von Kundry wegreißt, ist also im wahrsten Sinne des Wortes eine politische Wahl.
Die Antwort von Klingsor kann deshalb nur politisch sein: Die Nuklearmaschine tritt in Aktion. Doch Parsifal zerstört das Reich Klingsors mit der Lanze, auf dieselbe Art, wie jener das Gebiet des Grals zerstört hat. Alles zersplittert, alles ist zerstrahlt, alles zerfällt.

In des Meisters eigenen Worten

Dritter Aufzug

In Monsalvat herrscht Trauer und Zerrüttung. Anfortas ist nicht mehr dazu zu bewegen, dem Amt des Grales vorzustehen. Seit länger nun schon bleibt das heilige Gefäß in seinem Schrein verschlossen. Alles darbt und verkommt. Die Ritter werden nicht mehr ausgesendet. Titurel ist gestorben. Die Ritter bestürmen Anfortas, er weigert sich standhaft: er will sterben. – Gurnemans, zum fast kindischen Greis gealtert, hat sich an den heiligen Quell am Ende des Waldes zurückgezogen, um dort als Einsiedler zu sterben. Kundry ist ganz neulich von ihm wieder aufgefunden und erweckt worden. Er hat gegen früher eine große Veränderung an ihr wahrgenommen: als sie erwacht, hat sie nicht geflucht, ihn sanft bedient. Nur ist kein Wort aus ihr herauszubringen gewesen: sie scheint gänzlich die Sprache verloren zu haben. –
Da wird Parzival aus der Ferne langsam sich nähernd gewahrt: in schwarzer Waffenrüstung; gebeugten Hauptes, mit gesenktem Speer, das Visir geschlossen. Gurnemans verweist ihm, hier bewaffnet sich aufzuhalten: „Ob er unter Christen gelebt habe, nicht zu wissen, daß heut' der allerheiligste Charfreitag sei?" Parzival setzt den Helm vom Haupte, stößt den Speer in den Boden, legt Schild und Schwert davor nieder, heftet sein Auge inbrünstig auf die Lanzenspitze, und betet. Gurnemans glaubt ihn wiederzuerkennen und ruft Kundry zum Zeugen: sie bekräftigt, daß dies derselbe sei, der einst am See den Schwan erlegt habe. Auch Parzival erkennt den Greis. Er berichtet, wie er lange vergebens umhergeirrt habe, um die Gralsburg wieder zu finden. Gurnemans meldet die trostlosen Vorgänge in Monsalvat. Parzival, von Reue gefoltert, sinkt ohnmächtig zurück. Am Quelle soll der Pilger gebadet werden. Gurnemans ahnt, er habe noch heute ein hohes Amt zu verrichten. Parzival frägt, ob ihn der Alte zu Anfortas geleiten wolle? Gurnemans: gewiß, die Todtenfeier Titurels wird heut' begangen. Da hat Anfortas gelobt, noch einmal den Gral zu enthüllen.
Kundry badet Parzival's Füße. Er bittet Gurnemans, ihm auch das Haupt mit dem heiligen Wasser zu netzen: dieser segnet ihn zu dem ihm bestimmten Werke, und sprengt ihm das Haupt mit Wasser. Da bemerkt Parzival, daß Kundry ein goldenes Fläschchen aus dem Busen zieht, einen edlen Balsam daraus auf seine Füße schüttet, sie salbt, und dann mit ihren Haaren trocknet: „Salbst du die Füße, so salbe Gurnemans auch das Haupt: denn ich werde König!" Gurnemans salbt ihm das Haupt und spricht den Segen. Da schöpft Parzival mit der Schale Wasser aus dem Quell und netzt damit Kundry's Haupt: „mein erstes Amt verricht' ich so: sei getauft und glaube an den Erlöser." Parzival blickt mit sanfter Verzückung auf Wald und Wiese. Wie doch Alles so wunderbar blühe, er habe noch nie die Aue so schön gesehen. Gurnemans: „Das ist Charfreitagszauber, Herr." Parzival: „O des höchsten Schmerzentages: Sollte da nicht eher die ganze Schöpfung trauern?" Gurnemans: „Du siehst, es ist nicht so: heut' freut sich alle unvernünftige Creatur zu dem Erlöser aufzublicken. Ihn selbst am Kreuze kann sie nicht gewahren: da blickt es denn zu dem erlösten Menschen auf. Das merken die Blumen auf der Aue, daß der Mensch sie heut' nicht zertritt. Nun dankt denn Alles, was blüht und bald stirbt; es ist der Unschuldstag der Natur." Parzival küßt Kundry auf die Stirne: „Heut' ist der große Unschuldstag: steh auf und sei selig!"

Glockengeläute. Parzival nimmt den Speer feierlich und folgt mit Kundry dem Gurnemans. Während der Gesang anschwillt, und die Glocken lauter tönen, wechselt die Szene wie im ersten Act. Ein Leichenzug. Wiederankunft in dem großen Saale. Der Katafalk ist vor dem Baldachin statt der Tafel aufgerichtet. Einzug der Prozession der Ritter; von der anderen Seite Anfortas im Siechbett, dem Sarge Titurel's nachgetragen: voran der Schrein mit dem Gral. Als der Sargdeckel zurückgelassen wird, bricht heftiges Wehklagen aus: Anfortas erhebt sich unter dem Baldachin vom Siechbett zur Anklage an die Ritter, daß sie ihn zwingen wollen, heut' noch einmal den Gralszauber zu üben; beim Anblick des durch ihn getöteten Vaters vielleicht noch ein Tag und auch ihm wäre der Tod gewiß? Er weigert sich von Neuem. Drohen der Ritterschaft. Anfortas: „Wahnsinnige! Womit wollt ihr mir drohen, da der Tod mir Erlösung ist?" Da tritt Parzival hervor: „Lebe, Anfortas, lebe in Reue und Buße. Deine Wunde schließe ich so!" Er berührt mit dem Speer Anfortas' Schenkel. Von Allem soll er nun erlöst sein: Dank deinem Leiden: es machte mich zum Mitleidenden; danke du meiner Thorheit, durch die konnt' ich zum Wissen gelangen. Ich darf des Amtes walten, ich soll es, damit Du erlösest seiest!" – Anfortas, plötzlich genesen, hat den Gral aus dem Schrein gehoben: dieser leuchtet nun sofort in hellstem Glanz auf. Titurel erhebt sich segnend aus dem Sarge. Anfortas geleitet Parzival unter den Baldachin: Kundry umschlingt Parzivals Füße und sinkt leise entseelt vor ihm nieder. Eine weiße Taube schwebt aus der Kuppel herab und kreist über Parzival. Anfortas huldigend vor ihm auf den Knien. –
(30. August 1865)

Die wesentlichsten der erstaunlich kleinen Unterschiede zwischen diesem Entwurf vom August 1865 und dem im Dezember 1877 im Druck erschienenen Textbuch sollen erwähnt werden. Zunächst die Schreibung der Namen: Aus Parzival wird Parsifal, Gurnemans wird zu Gurnemanz, A*n*fortas zu A*m*fortas, Schmerzeleide zu Herzeleide. Im Textbuch war der Speer ursprünglich bei Anfortas; er wurde ihm durch Klingsor während der Verführung durch Kundry abgenommen. Im Entwurf wird der Grund der Verwünschung Kundrys, ihr Verlachen des Heilands in einem früheren Leben, noch nicht erwähnt. Nur im Entwurf sagt Klingsor, der sich selbst entmannt hatte, daß er dieselbe Schmach Anfortas antun wollte; nur im Entwurf wird Anfortas dabei von Gurnemans befreit.

Richard Wagner: Programmatische Erläuterungen

Parsifal
Vorspiel
„Liebe – Glaube: – Hoffen?"

Erstes Thema: „Liebe".
„Nehmet hin meinen Leib, nehmet hin mein Blut, um unsrer Liebe Willen!" (Verschwebend von Engelstimmen wiederholt.)

„Nehmet hin mein Blut, nehmet hin meinen Leib, auf daß ihr meiner gedenkt!"
(Wiederum verschwebend wiederholt.)

Zweites Thema: „Glaube".

Verheißung der Erlösung durch den Glauben. Fest und markig erklärt sich der Glaube, gesteigert, willig selbst im Leiden. – Der erneuerten Verheißung antwortet der Glaube, aus zartesten Höhen, wie auf dem Gefieder der weißen Taube, sich herabschwingend, – immer breiter und voller die menschlichen Herzen einnehmend, die Welt, die ganze Natur mit mächtigster Kraft erfüllend, dann wieder nach dem Himmelsäther wie sanft beruhigt aufblickend. Da noch einmal aus Schauern der Einsamkeit erbebt die Klage des liebenden Mitleides: das Bangen, der heilige Angstschweiß des Ölberges, das göttliche Schmerzensleiden des Golgotha – der Leib erbleicht, das Blut entfließt und glüht nun mit himmlischer Segensgluth im Kelche auf, über Alles, was lebt und leidet, die Gnadenwonne der Erlösung durch die Liebe ausgießend. Auf ihn, der, furchtbare Sündenreue im Herzen, in den göttlich strafenden Anblick des Grales sich versenken mußte, auf Amfortas, den sündigen Hüter des Heiligthumes sind wir vorbereitet: wird seinem nagenden Seelenleiden Erlösung werden? Noch einmal vernehmen wir die Verheißung, und – hoffen!

Götz Friedrich
III. Akt: *Scheu gegenüber dem Utopischen.*

Nach hundert Jahren spielt der III. Akt vielleicht am ehesten „heute". Zerstörung kam über die Welt, Krisen und Kriege. „Bleich und elend wankt umher die mut- und führerlose Ritterschaft", wie der unendlich gealterte Gurnemanz berichtet.
„Verändert dünkt mich alles", sieht Parsifal, wenn er als schwarzer Ritter nach seiner Irrfahrt, nach dunklen Erkenntniswegen wieder auf Gralsgebiet gelangt. Auch er ist gealtert. Auch er hat gesehen, was seit hundert Jahren geschah... Seine Konsequenz? Er legt Waffen und Rüstung ab. Mit der Taufe und der Salbung erspielen sich die Drei, in verlorener Einsamkeit wie Beckett-Figuren, ihre Identität, die vom Gestern ins Morgen reicht. Das alles kann, muß „einfach" und „direkt" dargestellt werden, wie Wagner meinte. Als ob wir Kindheitsträume durch alle Katastrophen in die Zukunft retten.
Hoffnung macht die Blume in der Aue, die aus Zerstörung, in Trümmern erblüht. Sie mit allen anderen, die auftauchen, gibt Trauer und Tränen Zuversicht auf Leben, Weiterleben, besseres Leben.
„Alles ist unausgesprochene Ekstase", bemerkt Wagner am 3. 2. 1879.

Das sagte Wagner – aber er komponierte ausgesprochene Ekstase...

Rolf Liebermann

Im dritten Akt sieht man wieder die verwüstete Welt des Anfangs: eine unheilvolle Verlassenheit, geschwärzte Wände, eine große Leere.
Parsifal kommt, die Lanze in der Hand, das heißt, mit dem Instrument, das den Tod geben, ihn aber auch manipulieren kann. Er stellt sie ab und beginnt zu beten, sich sehr tief zu konzentrieren, damit seine regenerierende Präsenz sich auf den Boden, die Luft und die Steine überträgt. In diesem Moment beginnt das Wasser wieder zu fließen: es fällt von einem verkohlten Felsen und gleitet auf den Boden. Alsdann erscheint die heilige Quelle und, aus dem Boden hervorsprießend, erhebt sich behutsam der Baum des Lebens; wachsend füllt er bald die ganze Bühne. Das Leben ist zurückgekehrt.
An diesem Tag der Erlösung vollendet Kundry, die Sünderin, den heiligen Ritus, wäscht und trocknet Parsifals Füße und erhält die Taufe. Die Beziehung zwischen Parsifal und Kundry wird sich umkehren. Er küßt sie auf die Stirn, und dieser Kuß wird ihrem Schmerz auf Erden, der Verwünschung, der Reinkarnation und der Heimatlosigkeit ein Ende setzen.
Indem Parsifal Kundrys Augen schließt, gibt er ihr das ewige Leben. Sie stirbt endlich in der Verzauberung, die den Raum plötzlich lachen läßt, während in der Ferne Glockengeläute ertönt.

Liebermann zum letzten Bild

Nun geht der Vorhang zum letzten Male auf. Man befindet sich wieder in der großen zusammengestürzten Kirche des ersten Aktes. Es gibt noch immer einige Ritter, immer noch diese verstörte wie aufgelöste Atmosphäre, Amfortas ist da, in sich zusammengesunken. Man bringt auf einem einfachen Bett den Körper von Titurel. Bevor man ihn wegträgt, schaut Amfortas noch einmal seinen Vater an. Es ist das Ende einer Welt, die Amfortas verkörpert. Man braucht sich nur noch in die sich ausbreitende Nacht gleiten zu lassen.
Es erscheint nun Parsifal mit der Lanze des Longinus. Er heilt Amfortas, aber an diesem Tag versteht er die Lehre seiner Mutter, die ihn „von den Waffen, dem Zorn und den Kämpfen der Männer" fernhalten wollte. Er zerbricht die Lanze und wirft sie weg. Er vernichtet auf diese Weise das Instrument, das schon zwei Welten zerstört hat. Als neuer König verzichtet Parsifal auf die Gewalt als Institution der Macht.

Im selben Moment erscheinen wieder alle Spiegelwände, die Säulen und zerfallenen Wände und erstrahlen in tausenden von Rosetten, jenen von Notre Dame, denen von Chartres und Reims, von Amiens oder der Sainte-Chapelle, und während Parsifal den Gral erhebt, gewinnen die Menschen die Hoffnung auf den Sinn des Lebens, den Frieden der Welt.

Zum Raum wird hier die Zeit

(„Parsifal")

Wieviel Geheimnistuerei wird neuerdings von so vielen Seiten um diese einfachen Worte getrieben, die Wagner in seiner eigenen Inhaltsangabe nicht einmal angedeutet!

Den Code für eine Inszenierung des *Parsifal* enthalten Gurnemanz' Worte: „Du siehst, mein Sohn, zum Raum wird hier die Zeit." Dies ist nicht nur die simpel-geniale Vorwegnahme Einstein'scher Theorien. Der Satz fundiert eine neue Ästhetik des Musiktheaters. Beim *Parsifal*: die historischen Zeiten heben sich auf. Durch Meditation, Konzentration, durch „Hineintauchen" in bisher Unbewußtes betreten wir einen Raum (space), in dem Gewesenes Augenblick wird, Prozesse sich zur Statik kristallisieren, der Moment alle Entwicklungen umschließt, Ende Anfang ist und Anfang Ende. Bernd Alois Zimmermanns Begriff von der „Kugelgestalt der Zeit" setzt genau hier an. Historische Prozesse überlagern und durchkreuzen sich in der künstlichen Zeit, wie sie der von Musik gebildete szenische Raum faßt. Solch „künstliche Zeit" enthebt Inszenatoren der Verpflichtung oder der Versuchung, Historisches und Aktuelles, Altes und Neues gegeneinander auszuspielen. „Vergegenwärtigung" des Historischen erweist die permanente Aktualität.

Götz Friedrich

(Der Dialog beschreibt in Wirklichkeit nur die von Wagner erfundene Wandeldekoration, die in für damalige Begriffe unglaublich kurzer Zeit den Umbau von der Waldlichtung zum Gralstempel besorgt hat: Wenig Zeit wird zu weitem Raum. Ich habe in meinen Jugendtagen in Wien noch erlebt, wie Gurnemanz und Parsifal bei diesem Gespräch auf die Wandeldekorationen gedeutet haben, dadurch verstand jeder den einfachen Sinn dieser Worte in ihrer wundervollen Poesie:
Parsifal: „Ich schreite kaum, doch wähn' ich mich schon weit."
Gurnemanz: „Du siehst, mein Sohn, zum Raum wird hier die Zeit."

M. P.

(Siehe Bild Seite 224)

Goethe zu Eckermann:

„Die Deutschen sind übrigens wunderliche Leute! – Sie machen sich durch ihre tiefen Gedanken und Ideen, die sie überall suchen und überall hineinlegen, das Leben schwerer als billig. – Ei! So habt doch endlich einmal die Courage, euch den Eindrücken hinzugeben, euch ergötzen zu lassen, euch rühren zu lassen, euch erheben zu lassen, ja euch belehren und zu etwas Großem entflammen und ermutigen zu lassen; aber denkt nicht immer, es wäre alles eitel, wenn es nicht irgend abstrakter Gedanke und Idee wäre!"

Adolphe Appia, 1862–1928. Entwurf zu „Parsifal" (zweiter Akt, Klingsors Zaubergarten). Die Ideen des Schweizer Regisseurs, Zeichners, Bühnenbildners und Autors des Buches „Die Musik und die Inszenierung" (1899) zur Bühnenraumgestaltung der Wagner-Werke stellen einen Übergang vom Naturalismus der Wagner-Zeit zur Abstraktion des frühen Neu-Bayreuth Wieland Wagners dar. Bayreuth hat Appia niemals herangezogen. Appia hat „Tristan" an der Mailänder Scala (1923) sowie in Basel „Rheingold" (1924) und „Walküre" (1925) ausgestattet.

Ein Tag während der Bayreuther Schreckenszeit

1876

von Daniel Spitzer

Wiener Satiriker

Man kann nicht immer in den Tag hineinleben, den Damen hofiren und Hundertgulden-Noten wechseln lassen. Da die weise Vorsehung namentlich in der letzteren Beziehung der Menschheit unerbittliche Schranken gezogen hat, erinnert man sich endlich daran, daß es nicht die Bestimmung des Menschen auf Erden ist, zu genießen, sondern sich immer mehr zu vervollkommnen und gottähnlicher zu werden, was man, Dank den bestehenden Eisenbahnanschlüssen, am schnellsten durch eine Bildungsreise nach Wagnerisch-Bayreuth erreicht. Ich verließ also Marienbad nach einem vierwöchentlichen Aufenthalt und fuhr nach Eger, wo man der Erhabenheit des Fichtelgebirges näher tritt, und vom Erhabenen nach Bayreuth ist nur ein Katzensprung. Ich machte diesen jedoch nicht, sondern unternahm die Wanderung durch das Fichtelgebirge, um in das gelobte Land, in dem Richard Wagners „Wähnen Frieden fand", wie er selbst auf der Vorderseite seiner Villa „Wahnfried" zur Beruhigung der Mitwelt mittelst Anstreicherfarbe bekanntmachte, nur allmälig zu gelangen. Ich ertrug die Mühsal dieser Reise geduldig, denn so oft mir das Bayreuther „Tagblatt" in die Hände kam, fand ich in den Inseratenspalten immer wieder frische Leberwürste, Siedwürstchen und Billette zum „Ring des Nibelungen" zum Verkaufe angeboten. Ach du mein Gott, Billette zum „Ring des Nibelungen" waren allerdings in Fülle zu haben, als ich am Tage der Aufführung des „Siegfried" in Bayreuth ankam, aber die Leberwürste und Siedwürstchen waren leider alle vergriffen.

Doppelt empfindlich war der vollständige Mangel an Nahrungsmitteln für jene Gäste, die auch in dem gastronomischen Theile der Edda zu Hause waren und wußten, daß die nordischen Götter, die ja im Wagner-Theater auftraten, selten weniger als einen ganzen Ochsen zu soupiren pflegten. Ich ging daher, an solchen Erinnerungen festhaltend, ahnungslos in einen Gasthof, der mir entgegensah.

Derselbe war ganz modern, dagegen näherte sich der Kellner, was die Ruhe betraf, der Antike. Ich rief ihn schüchtern, allein er blieb unbeweglich wie eine griechische Statue, und nur eine leise Bewegung des malerisch abgerundeten rechten Armes verrieth dem theilnahmsvollen Beobachter, daß er sich die Zähne stocherte. Ich wiederholte meinen Ruf, aber erfolglos, so daß ich endlich meine Zuflucht zu einem kleinen Leitmotiv aus „Rheingold" nahm und seine Aufmerksamkeit durch den Lockruf der schelmischen Wasserjungfrau zu erregen suchte: „Ich bin allein, kämst du zu mir, so wären wir zu Zweien!" Das kleine Recitativ verfehlte nicht seine Wirkung, denn er begann die Augen fürchterlich zu rollen und fuhr mich an: „Was wollen Sie?" Ich erschrak heftig, denn ich erinnerte mich an Möros, und der Kellner mochte vielleicht glauben, auch ich sei gekommen, „die Stadt vom Tyrannen zu befreien". Ich zog daher meinen Paß heraus und bat mir auf Grundlage desselben ein Beefsteak aus. Aber eine edle Zornesröthe überflog die bleichen Züge des deutschen Nationalfest-Kellners, und er wies mein verwegenes Begehren mit den Worten zurück: „Zu essen und zu trinken gibt's hier nichts!" ohne jedoch dabei, wie ich anfangs besorgte, durch eine unterirdische Versenkung unter Posaunenstößen zu verschwinden. Ich irrte von Gasthaus zu Gasthaus und wurde überall schnöde abgewiesen. Endlich faßte ich mir ein Herz und fragte einen Herrn, dem ich begegnete: „Können Sie mir nicht sagen, wo man hier zu essen bekommt?" Er aber schüttelte wehmütig das Haupt und antwortete: „Ich habe selbst seit drei Tagen nichts Warmes im Leib, außer drei Acten der „Walküre". – „O Wuotan", flehte ich, „ich war, weiß Gott, immer ein guter Heide, errette mich vor dem Hungertode, und ich gelobe dir, vor der ‚Götterdämmerung' wieder abzureisen." So verging die Zeit unter Fasten und Be-

ten, und ich fühlte mich nach dieser Askese vorbereitet, um auch die härtesten Melodie-Entbehrungen in „Siegfried" ertragen zu können.
Da die Vorstellung um vier Uhr begann und Wagen selbstverständlich in unserer Zeit der Eisenbahnen nicht zu haben waren, mußte ich mich entschließen, nach dem entfernten Festplatze zu Fuß zu wandern. Die Straße wimmelte von Damen und Herren, die im Schatten riesiger Staubwolken dahinzogen. Ein festlich gekleideter, vornehmer Herr erregte die Aufmerksamkeit und den Neid der Vorübergehenden, da er in der Hand ein belegtes Butterbrötchen hielt, von dem er hin und wieder ein Stückchen abbiß. Man vermuthete, daß dieser Fußwanderer der Großherzog von Weimar sei, der eben in Bayreuth eingetroffen und wahrscheinlich durch seine hohen Verbindungen in den Besitz einer Buttersemmel gelangt war. Endlich begann die Straße zu steigen und war jetzt mit mächtigem Steingerölle bedeckt – das übrigens für Jene, die schon einmal den Montblanc oder Großglockner bestiegen hatten, durchaus keine neue Erscheinung war. Düfte von ranzigem Fett und alten Bierfässern erfüllten die höhere Luftschichte, denn wir waren vor den Propyläen des Theaters angelangt, den beiden Baracken, in denen nach einer fränkischen Sage Wichtelmännchen des Fichtelgebirges den verirrten hungrigen Gast mit einer Table d'hôte äffen, indem sie ihm Schüsseln mit Zwergportiönchen auftischen, in denen er aber, wenn er zulangen will, nichts vorfindet. Ich bestellte Kaffee; nachdem ich jedoch eine halbe Stunde vergeblich auf denselben gewartet hatte, ertönten Trompetenstöße, die den Beginn der Vorstellung anzeigten, so daß ich traurig von dem Grabe meiner Ernährungshoffnungen schied. Ich ging auf das fabrikartig aussehende Theater zu, einen Rohziegelbau, in dem die Melodie ohne Ende erzeugt wird, und trat ein. Der amphitheatralisch gebaute Zuhörerraum machte auf mich den unangenehmen Eindruck eines Concilssaales, in welchem die Vertreter der verschiedenen Wagner-Diöcesen saßen, um die Unfehlbarkeit des Meisters zu beschließen. Das Haus war gefüllt, und da die Wagner-Vereine die wildesten Zukunftsmusiker ausgespieen hatten, herrschte eine sehr große Unfrisirtheit. Auch der namentlich in Berlin gedeihende Wagner-Semite fehlte nicht, der trotz der Angriffe des großen Musik-Monopolisten gegen die jüdische Concurrenz sowohl in dem munter vordringlichen Wesen des Meisters, wie in der langen Talmud-Schnüfflernase desselben deutliche Spuren einer früheren Stammesverwandtschaft errathen hat. Man erzählt, daß Wagner selbst nichts mehr scheut, als die Entdeckung seiner jüdischen Abstammung, und er sieht es deshalb ungern, wenn man seinen Namen abgekürzt „R. Wagner" schreibt, weil er besorgt, derselbe könnte Rabbi Wagner gelesen werden.
Ich ergänzte gerade in meiner Phantasie das Bild Wagners durch Schläfenlocken und langen Kaftan, als plötzlich die Lampen im ganzen Hause abgedreht wurden und eine vollständige Finsterniß eintrat. Ich fand diesen Spaß selbst für ein Amphitheater ziemlich unpassend, aber da auch die Thüren verschlossen waren, damit nicht Jemand ein plötzliches Unwohlsein benützen konnte, um sich zu entfernen, mußte ich ruhig auf meinem Sitze ausharren und sah mit bangem Muthe den neuen Ueberraschungen entgegen, die vielleicht der Reformator des Theaters gegen die wehrlosen Gäste im Schilde führte. Die Instrumente im überwölbten Orchester wurden gestimmt – nein, es war die Ouvertüre, die eben begonnen hatte. Es theilte sich der Vorhang, man sah eine Höhle mit einem Schmiede-Ofen, und ein struppiger Mann trat auf mit seltsam eingebogenen Knieen, eine Gangart, die andeuten sollte, daß er ein Zwerg sei. Er begann in Jammertönen zu declamiren, aber ich verstand keine Silbe. Es war die Musik der Zukunft, erläu-

tert durch die Sprache der Vergangenheit! Nachdem sich der Zwerg in seiner Höhle längere Zeit hindurch unverständlich zu machen gesucht hatte, empfing er den Besuch des Helden des Tages, Siegfrieds, der mit einem Bären eintrat. Der letztere, dem noch der Statist in allen Gliedern steckte, hörte eine Weile mit Kennermiene dem Wechselgespräche zwischen seinem Herrn und dem Zwerge zu, entfernte sich aber rasch, nachdem er eingesehen hatte, daß er bei einem solchen Ensemble mit seinem Geheule keine besondere Wirkung mehr hervorzubringen im Stande wäre. Aber kaum hatte sich dieser lästige Besuch entfernt, so folgte ein noch unangenehmerer, ein Wanderer nämlich in einem blauen Mantel, der den Hut tief in die Stirne gedrückt hatte, jedoch statt einer Fuhrmannspeitsche eine Lanze in der Hand hielt. Der Fremde war der Gott Wuotan, der den eigentlichen Zweck seines Erscheinens durch eine längere Declamation zu verheimlichen trachtete. Nachdem ihm dies gelungen war, entfernte er sich und machte dem Helden Platz, der neuerdings erschien. Dieser ergriff nach einem längeren Zwiegeschrei eine Eisenstange und begann dieselbe so lange zu schmieden, bis er endlich heiser wurde. Er raffte mit dem letzten Reste seiner Stimm-Mittel das geschmiedete Schwert auf und hieb damit in einen ungeheuren Klotz hinein, der an einer geheimen mechanischen Vorrichtung litt und in zwei spiegelglatte Hälften auseinander fiel. Der Vorhang schloß sich, der erste Act war zu Ende, und ich stürzte ins Freie.
Mein angestrengtes Bemühen, die Vorgänge auf der Bühne zu enträthseln, hatte Auge und Ohr so in Anspruch genommen, daß ich, wie mir jetzt einfiel, die Musik des Orchesters ganz überhört hatte. Aber was war zu thun? Sollte ich etwa noch einen zweiten Act anhören? Nimmermehr! Ich trat erschöpft in das Wirthshaus vor dem Theater und stützte meinen müden Kopf in beide Hände. Ich hatte kaum eine Weile gesessen, als ich eine weibliche Stimme vernahm: „So, hier ist schon der Kaffee, den Sie bestellt haben!" Es war der Kaffee, den ich vor Beginn der Vorstellung vergeblich verlangt hatte und der mir jetzt endlich, nachdem ich inzwischen einen ganzen Act aus „Siegfried" erlebt hatte, gebracht wurde. Es war dies der langsamste Kaffee meines Lebens, was mich aber dann freilich bei seiner überaus großen Schwäche nicht mehr wunderte. Ich eilte auf den Bahnhof. „Wohin geht der nächste Zug?" fragte ich. – „Nach Bamberg." So kommt der Mensch nach Bamberg und weiß nicht wieso.

Die Wiener Ringstraße um das Hotel Imperial. Maler unbekannt, um 1876. Auf diesem Teil der Wiener Ringstraße war Richard Wagner im Jahre 1875 häufig als Spaziergänger zu sehen. Das zweite Haus von links ist das 1873 eröffnete Hotel Imperial, in welchem Wagner während seiner Tätigkeit an der Wiener Hofoper (rechts außerhalb des Bildes zu denken) wohnte.

Die Elisabethbrücke war noch zu Wagners Zeiten einer der beliebtesten Treffpunkte der Wiener. Sie verschwand erst mit der Regulierung und Überdachung des hinter der Brücke noch sichtbaren Wienflusses. Am Ufer dieses Flusses, im Hintergrund des Bildes sichtbar, der neue Musikverein, Schauplatz der von Richard Wagner zur Werbung und Finanzierung des Bayreuther Planes geleiteten Orchesterkonzerte (1872, 1875).

„Bei Tisch singt er den Kindern allerhand Wiener Lieder“

(Cosimas Tagebücher, 12. November 1878)

„Unvergleichliche Aufnahme, nicht endenwollendes Begrüßen Richards. Lorbeerhaufen mit schönen Inschriften: ‚dem Retter der deutschen Kunst‘, ‚dem Meister des Humors‘, ‚dem Schöpfer der Meistersinger‘, ‚dem Kenner und Erneuerer der alten Sage‘, ‚dem Reformator‘, ‚dem erhabenen Meister‘, ‚dem Bühnendichter‘, ‚dem größten Meister‘ usw. Richard muß einige Worte an das Publikum richten, er dankt dem herrlichen Publikum Wiens, welches auch heute ihm gefolgt sei und mit der Phantasie so schwierig zu fassende Bruchstücke aufgenommen habe.“

(Cosimas Tagebücher, zum Konzert vom 1. März 1875)

Welche Inspiration fände ich in Ihren Armen!

Aus den Briefen Richard Wagners an Judith Gautier (1876–1878)

Eine leidenschaftliche Romanze verband Richard Wagner während der ersten Bayreuther Festspiele und der Komposition von „Parsifal" mit der französischen Schriftstellerin Judith Gautier.

Teure Freundin!

Cosima trägt mir für Sie ein paar Besorgungen auf, mit denen ich Sie belasten werde, sobald die Zeit der Neujahrsgeschenke heranrückt. Bis dahin gebrauche ich diese Adresse (wunderbar!) für die eine, ganz winzige Sache, die sich so nebenbei ergibt. Der Geburtstag von Daniella, unserer ältesten Tochter, fällt auf den achten dieses Monats. Cosima sagt mir, ihre Tochter wäre hoch entzückt, wenn sie unter meinen Geschenken ein hübsches Parfüm-Sachet vorfände, aber Geld soll ich dafür nicht ausgeben. Allein in schreiendem Ungehorsam schicke ich Ihnen mittels Postanweisung 62 Franken und bitte Sie, ein sehr hübsches Sachet zu besorgen, sorgfältig garniert, aus Seide usw. Dazu wählen Sie einen Duft nach Ihrem Geschmack, aber so recht nach Ihrem Geschmack, und vielleicht legen Sie etwa ein halbes Dutzend Papiersachets bei, damit ich sie zwischen meine eigene Leibwäsche stecken kann, so verschaffe ich mir eine innige Beziehung zu Ihnen, sobald ich mich ans Klavier setze, um die Musik zu Parsifal zu komponieren.

Ja, es ist eine Frage des »Parsifal«. Ich könnte nicht mehr existieren, ohne mich in ein solches Unternehmen zu stürzen. Helfen Sie mir!...

...Da habe ich etwas vergessen, was mich zwingt, Ihnen nochmals zu schreiben, o meine liebe Judith! »Die Pantoffeln ohne Absätze!«

Aber nein! Noch etwas. Für meine Chaiselongue möchte ich eine wunderschöne, ganz unerhörte Decke, die ich »Judith« nennen werde.

...Sie sehen mich in leichtsinnig beschwingter Laune. Ach, ich mache Musik, ich pfeife aufs ganze Leben, auf alle Welt. Ich fühle mich geliebt und ich liebe. Endlich mache ich die Musik zum Parsifal, Cosima fertigt für Sie eine französische Übersetzung an.

...Unternehmen Sie nichts wegen des Satins. Ich verzichte darauf. Ich bin vernarrt in eine gewisse Farbe, die man nicht mehr findet: was man einem anbietet, ist Chamois oder Fleischfarbe. (Ach, wär es die Farbe Ihres Fleisches, dann hätt' ich gleich das Rosa, das ich will!)

...Teure, geliebte Seele! Was für ein Unglück, wenn man so schlecht Französisch kann! Ich glaube, ich habe die Dummheit begangen, unserem Stubenmädchen auf französisch den Auftrag gegeben, ein Leibchen (Corsage) zu bringen; sie hat daraufhin ein Korsett angezogen! Ach, welch ein Unheil!

...Seien Sie verschwenderisch, vor allem in der Quantität der Badeessenzen, etwa bei den Ambrasorten usw. Ich habe die Badewanne unterhalb meines Ateliers und habe es gern, wenn Düfte aufsteigen.

Denken Sie im übrigen nicht schlecht von mir! Ich bin alt genug, um mich wieder mit Kindereien befassen zu dürfen! Ich habe die drei Jahre des Parsifal vor mir und nichts darf mich dem süßen Frieden schöpferischer Einsiedelei entreißen. Kommen Sie! Kommen Sie.

...Ich habe noch kein Urteil über all diese parfümierten Wässer. Das Pülverchen (zwischen den Handschuhen), das mich so entzückte, war Iris. Ich bleibe der »Rose« treu.

...Also! Ich warte auf die Schlafschuhe und diese verschiedenen Parfümerien. Ich bekenne mich als Anhänger jener Rosenessenz im Holzflacon, und überdies möchte ich noch parfümierte Cold-Creams. Richtig! Noch was! Trachten Sie ein, zwei Toilettenschwämme aufzutreiben – ungeheuer – gut gelöchert?

O Sie warme, süße Seele! Welche Inspiration fände ich in Ihren Armen!

...Cosima verharrt Ihnen gegenüber immer noch in Bewunderung und Dankbarkeit, wegen des japanischen Kostüms und wegen all dessen, was Sie für sie ausgewählt haben... Warum in des Himmels Namen habe ich Sie nicht in meinen Pariser Tagen nach dem Durchfall des Tannhäuser gefunden? Waren Sie zu jung um jene Zeit? Schweigen, schweigen wir! Aber lieben, lieben wir!

...Seien Sie lieb zu Cosima: schreiben Sie Ihr gut und ausführlich. Lieben Sie mich immerdar.

Wagner-Inszenierungen

Walküre.
Kostümskizze von
Carl Emil Doepler.
Bayreuth, 1876.

Wagners Oper „Die Feen" wurde posthum 1888 in München unter Hermann Levi uraufgeführt. Ein Kritiker bedauerte, daß Wagner, der in seinen späteren Opern Pferde, Widder, Schwäne, Waldvögel und den berühmten Wurm mit der „zierlichen Fresse" auf die Bühne gebracht hat, hier seine Fee Ada bloß in der Vorgeschichte als Hirschkuh erscheinen läßt. Ansichtskarte, Jahrhundertwende.

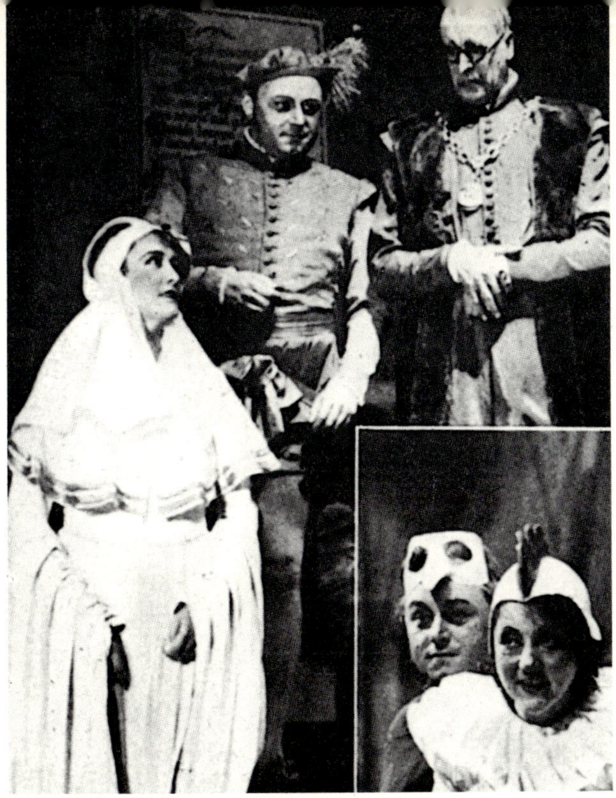

Das Liebesverbot

Einen der seltenen Wiedererweckungsversuche von Wagners zweiter Oper (Erstaufführung unter Wagner 1836 in Magdeburg – nur eine Vorstellung!) versuchte die Berliner Staatsoper Unter den Linden zur 50. Wiederkehr von Wagners Todestag 1933. Von links nach rechts: Käte Heidersbach, Marcel Wittrisch, Theodor Scheidl.

„So stimmt denn an den Schlachtgesang,
Er soll der Feinde Schrecken sein!
SANTO SPIRITO CAVALIÈRE!“
Ansichtskarte, Jahrhundertwende.

Wolfgang Windgassen als Rienzi (Gebet-Szene), Stuttgart, 1957.

Wagner auf dem Weg zu Wagner

Wieland Wagner, dem Walter Erich Schäfer als Intendant der Württembergischen Staatsoper in Stuttgart ein bedeutendes Wirkungsfeld geboten hatte, inszenierte dort „Rienzi“ (1957). Wolfgang Windgassen sang die Titelrolle, Lovro von Matacic dirigierte. Die Mezzorolle des Adriano war ein Tenor (Josef Traxel). Die Inszenierung war realistische echte Große Oper, man sah 604 Kostüme und von Wieland entworfene unkonventionelle Speere, die den Eindruck absurder Gefährlichkeit erweckten. Wieland, der mit dem Gedanken spielte, „Rienzi“ auch in Bayreuth aufzuführen, inszenierte das Werk nicht in „seinem“ Bayreuther Stil. Ich erinnere mich aus meinen Jugendtagen an schöne Wiener „Rienzi“-Vorstellungen mit Richard Schubert und, später, Franz Völker als Tribun – und, nach dem Krieg, an eine konzertante Vorstellung mit Set Svanholm.

Richard Wagner: „Das Meer nimmt den größten Teil der Bühne △ ein." Erster Akt, Th. Jachimowicz, Wien 1871

Herbert Wernicke: „Irgendein archetypischer Wohnraum, ▽ zunächst irritierend..."

Erster Akt, Bayerische Staatsoper, München 1981. Musikalische Leitung: Wolfgang Sawallisch, Regie und Ausstattung: Herbert Wernicke. Von links: Franz-Ferdinand Nentwig (Holländer), Robert Lloyd (Daland).

Erster Akt, Salzburger Osterfestspiele 1982. Künstlerische Leitung: Herb

Der fliegende Holländer

„Einige hochromantische, kitschige Ansichtskarten mit Szenen aus Wagner-Opern in dem Schaufenster unseres Papierhändlers in Neu-Titschein haben mich zum Wagnerianer gemacht..."
(Brief eines Arztes aus Hannover, 1982).

Wagners Meer muß heute um se Leben auf der Bühne kämpfen

Bild oben: gewaltiger Seesturm im Orchester, gespensti sches Erscheinen des Holländerschiffes, dazu ein Element des Biedermeier, in dem auch ein Reiz des Stückes liegt!

Bild unten: die ganze Handlung wird als ein Traum Sentas dargestellt. Während ir Wagners erstem Akt Senta abwesend ist, ist sie bei Kupfe anwesend. Entgegen Wagners Prinzipien ist Senta daher als einzige Figur musikalisch nich ausgedeutet.

Das Szenenbild links oben ist völlig im Geiste der Musik.

Darunter Wernickes Szenenbild: kein Meer, kein Schiff, de Holländer kommt durch das Fenster. Dazu Daland: „Mich dünkt, ich seh' den Kapitän!"

on Karajan, Bühnenbild: Günther Schneider-Siemssen. Von links: Thomas Moser (Steuermann), Kurt Moll (Daland), José van Dam (Holländer).

Erster Akt, Bayreuther Festspiele 1978. Musikalische Leitung: Dennis Russel Davies, Inszenierung: Harry Kupfer, Bühnenbild: Peter Sykora. Von links: Lisbeth Balslev (Senta), Simon Estes (Holländer), Matti Salminen (Daland).

Bayreuther Festspiele. ▷
Premierdirigent (1972) Erich Leinsdorf. Inszenierung: Götz Friedrich, Bühnenbild und Kostüme: Jürgen Rose.
Erster Akt, 1978: Spas Wenkoff in der Titelrolle.

Zwischen Tradition und Provokation

Das aufsehenerregende ▷ Bayreuther Debüt Götz Friedrichs (es folgten „Lohengrin“ 1979, „Parsifal“ 1982). Der Venusberg: Umarmungen, Peinigungen, Totengerippe. Im Vorspiel: Tannhäuser mit seiner Harfe irrend, die Saiten wie Gefängnisgitter. Der Schlußchor: in Arbeiterdreß. Künstler kontra Gesellschaft? Politik? Jubel – und Theaterskandal.

Bayreuther Festspiele 1891, dritter Akt, erstes Bild, Wartburgtal (Brückner).

Otto Schenks Inszenierung bewirkte eine Neubewertung des in den USA niemals populär gewordenen Werkes. Der Venusberg: ein Bacchanal sinnlicher Lockungen in einem dämmrigen Berginneren mit Seen, Wasserfällen, Phantasiewäldern. Vitales Theater ohne starres Konzept: geschaffen für ein Repertoiretheater mit wechselnden Besetzungen. ▷

Ansichtskarte, Jahrhundertwende.

Metropolitan Opera, New York, 1978 (unten). Dirigent: James Levine, Inszenierung: Otto Schenk, Bühnenbild: Günther Schneider-Siemssen, Kostüme: Patricia Zipprodt; erster Akt: James McCracken (Tannhäuser), Grace Bumbry (Venus). ▽

Bayerische Staatsoper 1978. Musikalische Leitung: Wolfgang Sawallisch, Inszenierung: August Everding, Ausstattung: Ernst Fuchs; erster Akt, von links: René Kollo (Lohengrin), Catarina Ligendza (Elsa). Statt des Schwans kommt ein Tänzer mit schwanartigen Engelsflügeln. Er beschirmt Lohengrin, der vor ihm schreitet. Die Grundidee ist interessant: Der Tänzer wird im dritten Akt zu Herzog Gottfried von Brabant.

Ansichtskarte, Jahrhundertwende.

Mein armer Schwan...

Die Szene der Ankunft Lohengrins in einem vom Schwan gezogenen Nachen war der bedeutendste Schritt zur Popularität von Richard Wagner. Wird sie verfälscht oder gar nicht gezeigt, ist der Text sinnlos („...dahin, woher mich trug dein Kahn..."), der den Auftritt genau beschreibende Chor wird lächerlich, kurz: Das Stück findet nicht statt. Die meisten Regisseure finden diese Lieblingsszene des Publikums unerträglichen Kitsch und vergeuden ihr Talent mit der Suche nach anderen Lösungen. „Lohengrin" handelt vom Glauben an das Wunder. Wie kann Elsa an ein Wunder glauben, an das ihr Regisseur nicht glaubt?

Mailänder Scala 1981. Musikalische Leitung: Claudio Abbado, Inszenierung: Giorgio Strehler, Bühnenbild: Ezio Frigerio, Kostüme: Ezio Frigerio und Franca Squarciapino; erster Akt, von links: Elisabeth Connell (Ortrud), Anna Tomowa-Sintow (Elsa), René Kollo (Lohengrin).

Bild oben
Lohengrin eilt aus plötzlich in Bewegung geratenen Säulen hervor und kniet dann im Hintergrund vor einer Spiegelwand, auf der ein Gewässer im Gebirge (?!) mit dem Schwan zu sehen ist.

Das Bild links zeigt den ersten Akt der Oper in der Wiener Staatsoper 1975. Musikalische Leitung: Zubin Mehta, Inszenierung: Joachim Herz, Ausstattung: Rudolf Heinrich. Mitte von oben: Peter Meven (König Heinrich), William Cochran (Lohengrin), Hannelore Bode (Elsa). Lohengrin kommt ganz vorne aus einer Versenkung, im Hintergrund der Schwan.

Bayreuther Festspiele 1962. Musikalische Leitung: Karl Böhm, Inszenierung: Wieland Wagner. Zweiter Akt: Birgit Nilsson (Isolde), Wolfgang Windgassen (Tristan).

Ansichtskarte, Jahrhundertwende.

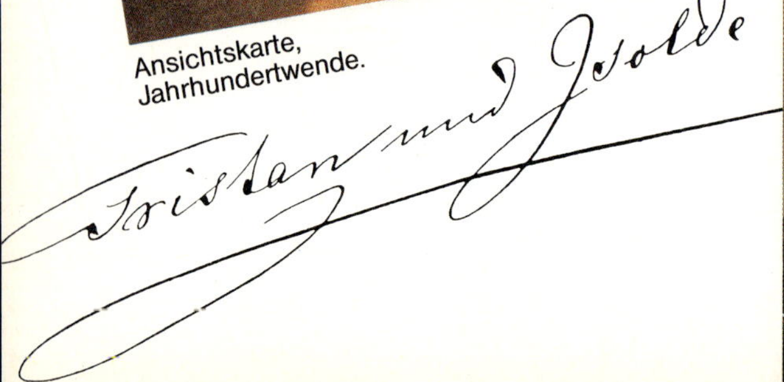

München, Herkulessaal der Residenz, 1981. Konzertant in Kostümen. Musikalische Leitung: Leonard Bernstein. Von links: Yvonne Minton (Brangäne), Hildegard Behrens (Isolde), Peter Hofmann (Tristan), Bernd Weikl (Kurwenal). ▽

Bayreuther Festspiele 1981. Musikalische Leitung: Daniel Barenboim, Inszenierung und Ausstattung: Jean-Pierre Ponnelle. Zweiter Akt: Johanna Meier (Isolde), René Kollo (Tristan).

Eine Live-Übertragung des Bayerischen Fernsehens, konzertant, aber in Kostümen mit angedeuteten Dekorationen. Jeder Abend brachte in Abständen von mehreren Monaten einen Akt. Ein neuer Weg, bei dem unsere Phantasie, nur von der Musik inspiriert, zum Regisseur wurde.

Bild links oben
In Wieland Wagners zweiter Bayreuther „Tristan"-Inszenierung erglüht die Leidenschaft zur Nacht (zweiter Akt) in blau-violetten Farben in einem abstrakten Raum vor einer bühnenhohen Plastik von Henry Moore. Kultstein? Phallisches Symbol?

Bild oben
In einer Symphonie der betörendsten Farben werden die Liebenden im zweiten Akt unter dem knorrigen Baum – der im ersten Akt auf dem Schiff aufragt und im dritten zur Ruine wird – eins mit dem tönenden Schweigen der Nacht.

...Wem der Traum der Liebe lacht...

Bayreuther Festspiele 1981. Musikalische Leitung: Mark Elder. Inszenierung und Bühnenbild: Wolfgang Wagner, Kostüme: Reinhard Heinrich. Erster Akt: Jeff Vermeersch (Kothner, hinter dem Buch), daneben Siegfried Jerusalem (Stolzing), hinten Bernd Weikl (Sachs), Hermann Prey (Beckmesser, auf der Kanzel).

Ansichtskarte, Jahrhundertwende.

Das schönste Fest, Johannis-Tag...

Bild links oben
Jugendliche Komödiantik beherrscht das Spiel. Gescheite szenische Grundrisse verdeutlichen das Geschehen. Beckmesser ist als charmanter für Eva durchaus „in Frage kommender" Kandidat neu gedeutet. Der Schluß (Versöhnung von Sachs und Beckmesser) ist ergreifend.

Bild rechts oben
Über die Ideologie und die Konzeption seiner „Meistersinger"-Inszeni rung befragt, meinte Schenk: „Ich habe die größte Schwierigkeit mit diesen Fremdwörter Aber ich befinde mich dabei in guter Gesellschaft, denn genauso unideologisch waren auch Nestroy oder Molière oder Wagner, dessen ‚ideologische' Arbeiten seine schwächsten sind."

Wiener Staatsoper 1975. Musikalische Leitung: Christoph von Dohnanyi, Inszenierung: Otto Schenk, Bühnenbild und Kostüme: Jürgen Rose. Dritter Akt, von links: Karl Ridderbusch (Sachs), Kurt Moll (Pogner), Gundula Janowitz (Eva), James King (Stolzing).

Kostümskizzen von Reinhard Heinrich zu Wolfgang Wagners Bayreuther Inszenierung 1981.

Hans Sachs
Erster Akt

Eva
Dritter Akt

Nachtwächter
Zweiter Akt

Stolzing
Dritter Akt

Beckmesser
Dritter Akt

Mailänder Scala 1974. Musikalische Leitung: Wolfgang Sawallisch, Regie: Luca Ronconi, Bühnenbild und Kostüme: Pier Luigi Pizzi. Zweiter Akt: Ruza Baldani (Fricka), Donald McIntyre (Wotan).

Bayreuther Festspiele 1977. Musikalische Leitung: Pierre Boulez, Inszenierung: Patrice Chéreau, Bühnenbild: Richard Peduzzi, Kostüme: Jacques Schmidt. Dritter Akt: Gwyneth Jones (Brünnhilde), Donald McIntyre (Wotan).

Walküre

Ansichtskarte, Jahrhundertwende.

Bayreuther Festspiele 1970. Musikalische Leitung: Horst Stein, Inszenierung: Wolfgang Wagner. Berit Lindholm (Brünnhilde), Thomas Stewart (Wotan).

Feuerzauber am Felsen und im Zimmer...

Bild rechts
Wolfgang Wagner hatte viele Skeptiker zu überzeugen, als fünf Jahre nach dem letzten „Ring" seines 1966 verstorbenen Bruders Wieland sein eigener „Ring" herauskam. Wolfgangs Stil der „konkreten" Aussage ohne „weltanschauliche

Doktrin", wie er ihn nannte, bot aber gutes Theater. Es wurde unerwarteterweise der Auftakt zur revolutionären Wolfgang-Wagner-Ära der „Werkstatt Bayreuth" mit Götz Friedrich, Patrice Chéreau, Harry Kupfer u. a.

Bild links oben

Mit Pfeifen, Buhrufen und Applaus wurde die Vorstellung aufgenommen. Der Regisseur wollte keine „germanische", sondern eine „europäische Lösung" finden und ließ alle Akte in einem neoklassizistischen steingrauen Gebäude mit Spiegelwänden spielen – im zweiten Akt steigt Fricka aus einem bronzenen Jagdwagenmöbel. Der dritte Akt spielt in einem Museum mit barockem Reiterstandbild (!), Brünnhilde schläft an einem Tisch ein.

Bild links Mitte

Ein Jahr nach der Premiere gab es die fünf temperamentlosen Haflinger Gäule nicht mehr, die die Leichname der toten Helden auf eine Art Friedhof trugen. Zahllose Gasflammen umloderten beim Feuerzauber den zackigen Brünnhilden-Felsen, der den Spitznamen „Matterhorn" bekommen hatte. In der Auseinandersetzung mit der ungehorsamen Walküre hatte es sogar eine Ohrfeige gegeben. Bei Wotans Abschied gelang Chéreau eine ergreifende Personenregie.

Salzburger Osterfestspiele 1968. Inszenierung und Dirigent: Herbert von Karajan, Bühnenbild: Günther Schneider-Siemssen, Kostüme: Georges Wakhevitch. Von links: Peter Schreier (Loge), Thomas Stewart (Wotan), Louis Hendrikx (Fafner), Karl Ridderbusch (Fasolt), Jeannine Altmeyer (Freia).

Rheingold

Die Rheintöchter. Skizze von Carl Emil Doepler, Bayreuth 1876.

Die „Schwimmwagen“ der ersten Rheintöchter, Bayreuth 1876. (Siehe auch S. 215).

Rheingold! Rheingold!

mit und ohne Rhein...

Bild links oben
Illusionstheater mit Elementen von Abstraktion. Ein elliptischer Ring als Einheits-Grundsymbol der Tetralogie. Walhall ist ein von den Riesen geformter Planet aus Stein.

Bild rechts oben
In seinem mit großer Opposition aufgenommenen Versuch, das Werk als Märchen zu erzählen, ließ der Regisseur die Rheintöchter nicht schwimmen, sondern die Mitte zwischen Gehen und Tanzen auf Laufstegen halten.

Bild rechts unten
Der mit einem Buhkonzert ohnegleichen aufgenommene „Jahrhundertring“, der auch begeisterte Anhänger gefunden hat, bringt als Eröffnungsschock – statt der von Wagner musikalisch eindeutig geschilderten Tiefe des fließenden Rheins in einer unzerstörten goldfreien Natur – ein Stauwerk mit drei frivolen Rheintöchtern. Frage: Wann und mit welchem Geld wurde es gebaut?

Wiener Staatsoper 1981. Musikalische Leitung: Zubin Mehta, Inszenierung und Ausstattung: Filippo Sanjust. Im Bild Ballett-Doubles der singenden Rheintöchter und Gottfried Hornik (Alberich).

Bayreuther Festspiele 1977 (Premiere: 1976). Musikalische Leitung: Pierre Boulez, Inszenierung: Patrice Chéreau, Bühnenbild: Richard Peduzzi, Kostüme: Jacques Schmidt. Im Bild die Rheintöchter Norma Sharp, Ilse Gramatzki, Cornelia Wulkopf und Zoltán Kelemen (Alberich).

Salzburger Osterfestspiele 1969. Musikalische Leitung und Inszenierung: Herbert von Karajan, Bühnenbild: Günther Schneider-Siemssen, Kostüme: Georges Wakhevitch. Zweiter Akt: Jess Thomas (Siegfried).

Das bizarre absurde Märchen, wo Grausamkeit Spaß wird

(Götz Friedrich zu seiner Inszenierung London 1975)

Die „Ring“-Ellipse (Bild links) wiederholt sich im Geflecht der Bäume. In der Bühnenmitte ein ausgehöhlter Baumstumpf. Ähnlich dem Goldberg, auf dem Alberich im „Rheingold“ thronte, ist der Drache ein apokalyptisches Monster, das aus diesem Baumstumpf herausquillt – mit vier verschiedenen Köpfen und Zyklopenaugen. Er setzt die Erde in Aufruhr (mit 30 Arbeitern unter der Bühne und mit Projektionen).

Aus Wagners „Felsenhöhle im Wald“ (rechtes Bild) wurde Mimes technisches Laboratorium mit Amboßmaschine und Förderrad. Getreu dem Regiekonzept der Aufwertung des Negativen dominiert Mime über Siegfried. Bebrillt, pedantisch, feig, braut er Siegfrieds Mordtrank als Eierspeise. Der Kochtopf wird zum Helm, der Rührlöffel zum Schwert. Regie virtuos, aber wenig poetisch. ▷

Ansichtskarte, Jahrhundertwende.

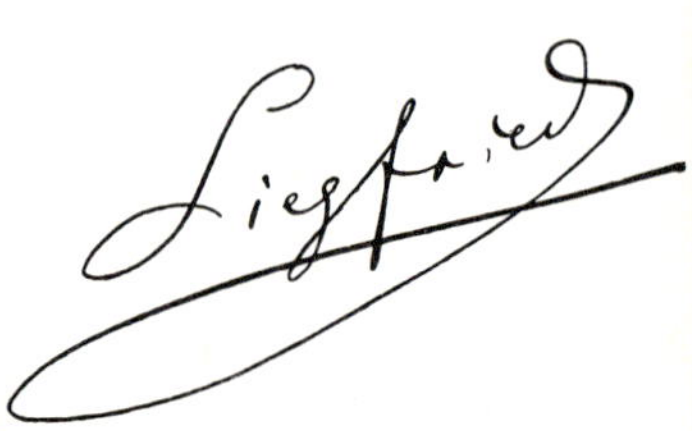

Bayreuther Festspiele 1977 (Premiere: 1976). Musikalische Leitung: Pierre Boulez, Inszenierung: Patrice Chéreau, Bühnenbild: Richard Peduzzi, Kostüme: Jacques Schmidt. Erster Akt: Heinz Zednik (Mime).

Ansichtskarte,
Jahrhundertwende

Der Regisseur vermied bei seinem Pendant zum Bayreuther „Jahrhundertring" jede Verfremdung, jeden Aktualitätsbezug. Ihm schwebte „psychologischer Realismus" vor. Impressionismus der Farben und im Finale ein wirkungsvolles Feuer bei der Weltvernichtung mit dem Übergang zur Tiefe des Rheins beeindruckten.

Bayerische Staatsoper, München 1976. Musikalische Leitung: Wolfgang Sawallisch, Inszenierung: Günther Rennert, Bühnenbild und Kostüme: Jan Brazda. Erster Aufzug, von links: Leonore Kirschstein (Gutrune), Karl Ridderbusch (Hagen), Jean Cox (Siegfried), Roland Hermann (Gunther).

Im Jahr 1979 hatte man sich längst an vieles gewöhnt: an Gunther und an Siegfried im Smoking, an das angerostete Kraftwerk mit den abgehärmten Rheintöchtern im dritten Akt. Besonders sinnlos empfand ich das Überleben der Gibichungenburg beim Weltenbrand.

Bayreuther Festspiele 1979 (Premiere: 1976). Musikalische Leitung: Pierre Boulez, Inszenierung: Patrice Chéreau, Bühnenbild: Richard Peduzzi, Kostüme: Jacques Schmidt. Zweiter Aufzug, von links: Gwyneth Jones (Brünnhilde), Manfred Jung (Siegfried), Franz Mazura (Gunther).

Die Gibichungenhalle ist den Bauten von Stonehenge in England nachempfunden, die auch Heiligtümer für einen Totenkult waren. Das Symbol der gebrochenen Ellipse bestimmt den Bau mit vier Steinpfeilern. Im Schlußakt ging die Halle mit Walhall unter. Danach: zurück zur Tiefe des Rheins.

Salzburger Osterfestspiele 1970. Inszenierung und Dirigent: Herbert von Karajan, Bühnenbild: Günther Schneider-Siemssen, Kostüme: Georges Wakhevitch. Zweiter Aufzug: Helga Dernesch (Brünnhilde), Helge Brilioth (Siegfried), Thomas Stewart (Gunther).

Der Ring ist eine Parabel, die Bezug hat auf Wagners eigene Zeit

(Joachim Herz zu seiner Inszenierung der „Götterdämmerung", Leipzig 1976)

Bayreuther Festspiele 1971 (Premiere: 1951). Musikalische Leitung: Eugen Jochum, Inszenierung: Wieland Wagner. Dritter Akt, von links: Janis Martin (Kundry), James King (Parsifal), Franz Crass (Gurnemanz).

Bayreuther Festspiele 1979 (Premiere: 1975). Musikalische Leitung: Horst Stein, Regie und Inszenierung: Wolfgang Wagner, Kostüme: Reinhard Heinrich. Dritter Akt: Dunja Vejzovic (Kundry), Siegfried Jerusalem (Parsifal), Theo Adam (Gurnemanz).

„Habe den zweiten Akt von Parsifal gefunden", schrieb Wagner (26. Mai 1880) bei einem Ausflug nach Ravello bei Sorrent über den Garten des Palazzo Rufolo. Der russische Maler Paul von Joukowsky, der mit von der Partie war, schuf danach diesen Dekorationsentwurf.

„Im Paradies manifestiert sich am genauesten die neue Wagner-Religion, deren Basis der Bayreuther Antisemitismus ist"

irrt der deutsche Philologe Hartmut Zelinsky in „Der Spiegel", 19. Juli 1982.

In den ersten Nachkriegsfestspielen (1951) wurde mit dem schauplatzlosen leeren lichterfüllten Rund der „Parsifal"-Bühne die Revolution der entrümpelten Szene durch Wieland Wagner geboren (links oben).

Nach der 23jährigen Laufzeit von Wielands „Parsifal" gab die Inszenierung Wolfgangs der Natur ihre Rechte zurück: Ein elegischer Herbst leuchtete aus dem Karfreitagslaub (links Mitte).

Die mit größtem Können durchgeführte ▷ werkfremd-satirische Auffassung zeigt wild gestikulierende Gralsritter vor einem riesigen Kreuz und zwei Riesenstatuen beflügelter Athleten (Militarismus?). Entgegen Wagners Vorschriften stirbt Amfortas und überlebt Kundry (rechts).

Deutsche Staatsoper Berlin (DDR) 1975. Musikalische Leitung: Otmar Suitner, Inszenierung: Harry Kupfer, Bühnenbild: Peter Sykora, Kostüme: Christine Stromberg. Erster Akt: Theo Adam (Amfortas).

△ Parsifal, Film von Hans Jürgen Syberberg. Uraufführung Paris/Cannes 1982. Wagners Totenmaske, hier umarmt von Kundry, wird von Kundry in vielfältiger Gestalt zu allen Schauplätzen. Parsifal I, ein Junge, verwandelt sich durch Kundrys Kuß zu Parsifal II, einem Mädchen; beide vereint der Schluß des Werkes in der geöffneten Totenmaske. „Erinnern wir uns an den selbstgestellten Anspruch, Musik sichtbar zu machen, wie nie gehört, und Bilder, wie noch nie gesehen." (Syberberg)

Bayreuther Festspiele 1982 ▷ Musikalische Leitung: James Levine, Inszenierung: Götz Friedrich, Bühnenbild und Kostüme: Andreas Reinhardt. Erster Akt: Peter Hofmann (Parsifal), Hans Sotin (Gurnemanz), Simon Estes (Amfortas). Richard Wagners Wort, hier gäbe es „lauter geheimnisvolle Beziehungen" – ist das Motto der Inszenierung. Parsifal im Atomzeitalter? Die Begriffe „oben" und „unten" sind zerstört. Ein vierstöckiger Bau (Dom?) liegt horizontal. Die Kirchenfenster werden zur Spielfläche. Zerstörung und Kriege zwischen zweitem und drittem Akt. Schlammige Massen füllen die Fenster, die Bäume sind verdorrt. Weiterleben?

Am liebsten waren mir die Wagner-Opern in Olmütz! Da hat man noch alles verstanden! (Stoßseufzer eines alten Wagnerianers.)

Wilhelmine Schröder-Devrient, 1804–1860, Adriano in „Rienzi" 1842, Senta 1843, Venus 1845)

Josef Tichatschek, 1807–1866, Tannhäuser (unser Bild) 1845, Rienzi 1842, Dresden

Albert Niemann, 1831–1917, Tannhäuser (unser Bild) 1861, Paris, Siegmund, Bayreuth 1876

Ludwig, 1836–1865, und Malvina, 1832–1904, Schnorr von Carolsfeld, Tristan und Isolde, München 1865

Mathilde Mallinger, 1847–1920, Eva in „Meistersinger", München 1868

Hans von Bülow, 1830–1894, Dirigent, Uraufführungen „Tristan", München 1865, „Die Meistersinger", 1868

Marie, 1851–1931, und Lilli Lehmann, 1848–1929, Ortlinde und Helmwige, Bayreuth 1876

Franz Betz, 1835–1900, Wotan (Bild), Wanderer, Bayreuth 1876, Hans Sachs, München 1868

Heinrich Vogl, 1845–1900, Loge (Bild), München 1869, Siegmund, München 1870

Hans Richter, 1843–1916, Dirigent des „Ring des Nibelungen", Bayreuth 1876

„Parsifal", Bayreuth 1882: Emil Scaria, 1840–1886, Gurnemanz; Amalie Materna, 1844–1918, Kundry (sang alle Brünnhilden, Bayreuth 1876); Hermann Winkelmann, 1849–1912, Parsifal (rechts)

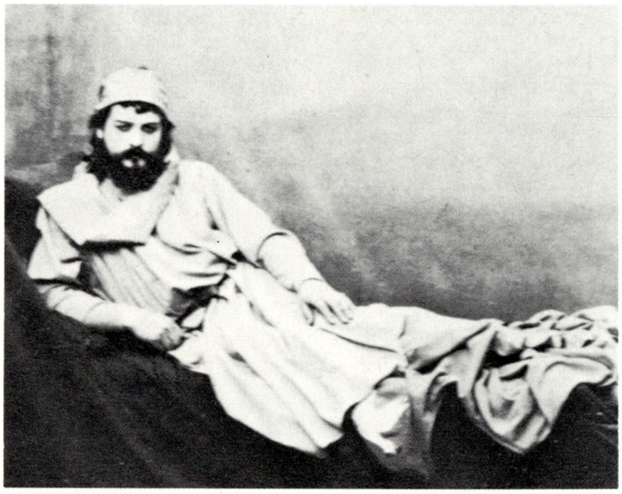

Theodor Reichmann, 1849–1903, Amfortas, Bayreuth 1882

Johanna Jachmann-Wagner, 1828–1894, Schwertleite, Bayreuth 1876

Hermann Levi, 1839–1900, Dirigent der Uraufführung des „Parsifal", Bayreuth 1882

Gustav Mahler, 1860 – 1911, Komponist, Dirigent, Direktor der Wiener Hofoper, 1897 – 1907

Madame Charles Cahier, 1870 – 1951, Erda in „Rheingold"

Friedrich Weidemann, 1871 – 1919, Hans Sachs in „Die Meistersinger von Nürnberg"

Felix von Weingartner, 1863 – 1942, Dirigent, Komponist, Direktor der Wiener Hofoper, 1908 – 1911, 1934 – 1936

Anna Bahr-Mildenburg, 1872 – 1947, Kundry in „Parsifal"

„Parsifal..."

„Ich sah das Kind an seiner Mutter Brust..."

„...als Muttersegens letzten Gruß der Liebe – ersten Kuß..."

Leopold Demuth, 1861 – 1910, Wolfram in „Tannhäuser"

Ernest van Dyck, 1861 – 1923, Parsifal, Bayreuth 1889

Heinrich Knote, 1870 – 1953, Tannhäuser

Erik Schmedes, 1868 – 1931, Siegfried

Maria Jeritza, 1883–1982, Elisabeth in „Tannhäuser". Ihr Blick lockte sinnlicher als der jeder Venus, wenn sie mit dem Jubelton ihres hohen H die „theure Halle" begrüßte – aber auch, wenn sie „rein und engelgleich" den Weg zum Himmel ging. Die Jeritza war die unsterbliche Geliebte dreier Generationen von Opernbesuchern.

Leo Slezak, 1873–1946, Tannhäuser, Wien 1915. Der ehemals so schlanke Jüngling, der unter Gustav Mahler zum großen Tannhäuser wuchs, war bereits eher rundlich, als er in meinen Jugendjahren mit größter Wortdeutlichkeit und unüberhörbarem böhmischen Akzent sein „Dir, Göttin der Liebe…" schmetterte.

Lotte Lehmann, 1888 – 1976, Elsa in „Lohengrin“. Glück und Trauer, Wehmut und Süße, ein Atemholen der Seligkeiten, der Zauber des Mädchenhaften, die Wärme der Frau – alles lag in dem Wunder dieser Stimme, wenn sie in klagender Verzückung sang: „O Herr, nun meinem Ritter sage, daß er mir helf' in meiner Not!“

Richard Schubert, 1885 – 1958, Siegfried. Als alle von Paul Richter als Siegfried im „Nibelungen"-Stummfilm schwärmten, fanden wir im Stehparterre: nichts gegen unseren Richard Schubert! Mit unendlicher Poesie kämpfte der schöne Heldentenor gegen den Drachen und führte Zwiesprache mit dem Waldvogel.

Wilhelm Rode, 1887–1959, Hans Sachs in „Die Meistersinger von Nürnberg". Seine Stimme war nicht wirklich schön. Kein Belcanto-Sachs wie später der große Paul Schöffler. Aber er war „Schuhmacher und Poet dazu", und in ihm glänzte die Inspiration des Genies. Nie werde ich sein „... mit all meiner armen Poeterei ..." vergessen.

Richard Strauss, Komponist, Dirigent, Direktor der Wiener Staatsoper, 1919–1924

Karl Aagaard Oestvig, Lohengrin, 1925

Karin Branzell, Fricka in „Walküre", 1932

Alfred Jerger, (mein erster) Hans Sachs, 1925

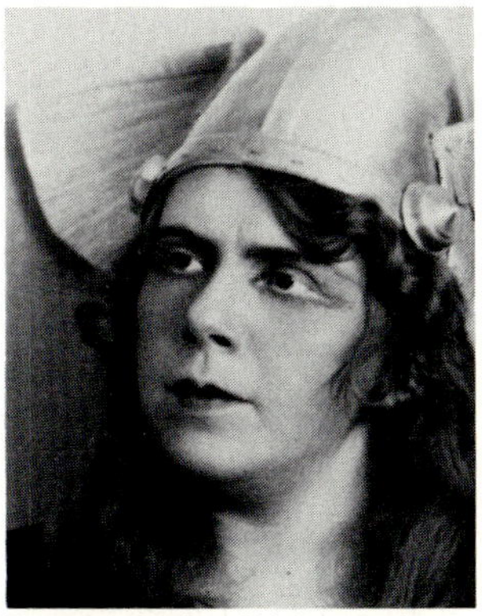
Rosette Anday, Waltraute in „Götterdämmerung", 1926

Margit Angerer, Elsa, 1928

Richard Mayr, (mein erster) Pogner, Wien, 1925

Michael Bohnen, Hans Sachs, 1925

Helene Wildbrunn, Isolde, Wien, 1926

Emil Schipper, Hans Sachs, 1925

Franz Schalk, Dirigent, Direktor der Wiener Staatsoper 1919–1929

Sie machten mich zum Wagnerianer

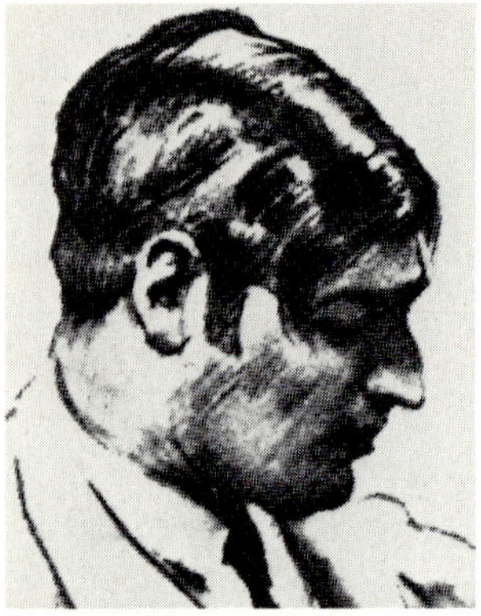
Clemens Krauss, Dirigent, Direktor der Wiener Staatsoper, 1929 – 1934

Viorica Ursuleac
Sieglinde, 1930

Josef von Manowarda
Hans Sachs, 1928

Germaine Lubin
Isolde, 1939

Kerstin Thorborg (links), Magdalena, Maria Reining, Eva, 1937

Erich Zimmermann
David, 1929

Helen Traubel
Elisabeth, 1940

Franz Völker
Rienzi, 1933

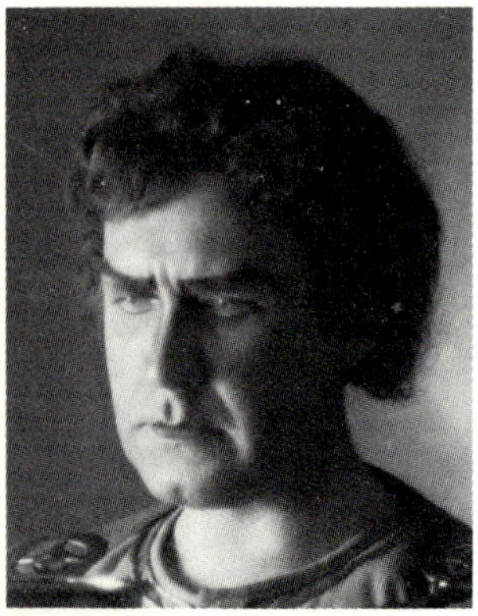
Gunnar Graarud
Tristan, 1927

Aureliano Pertile
Lohengrin, 1933

Maria Caniglia
Elsa, 1933

Arturo Toscanini
Dirigent

Sie machten mich zum Wagnerianer

Bruno Walter, Dirigent,
künstlerischer Leiter der
Wiener Staatsoper, 1936–1938

Kirsten Flagstad
Kundry, 1940

Max Lorenz
Parsifal, 1933

Hilde Konetzni
Elsa, 1937

Emanuel List
Hunding, 1933

Friedrich Schorr
Wotan, 1932

Alexander Kipnis
Pogner, 1936

Lauritz Melchior
Siegfried, 1940

Maria Müller
Elisabeth, 1930

Margarete Klose
Brangäne, 1933

Herbert Alsen
Pogner, 1937

Wilhelm Furtwängler
Dirigent

Sie machten uns alle zu Wagnerianern

Herbert von Karajan
Dirigent und Regisseur

Hans Sotin
Landgraf, 1974

Harry Kupfer
Regisseur

George London
Amfortas, 1957

Eva Randova
Gutrune, 1973

Leonard Bernstein
Dirigent

Otto Schenk
Regisseur

James Levine
Dirigent

Heinz Zednik
Mime, 1976

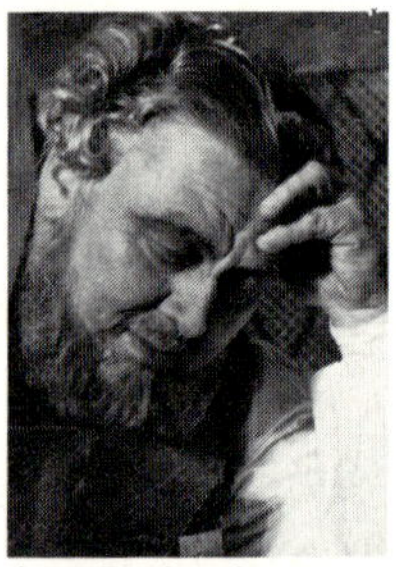
Jaro Prohaska
Hans Sachs, 1959

Carlos Kleiber
Dirigent

Ludwig Weber
Kothner, 1961

Christa Ludwig
Kundry 1975

Hans Hotter
1964

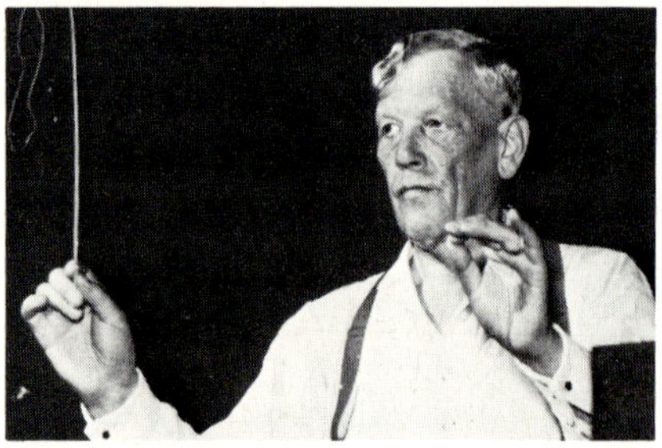
Hans Knappertsbusch
Dirigent

Karl Dönch
Beckmesser, 1961

Ramon Vinay
Parsifal, 1957

Eberhard Wächter
Wolfram, 1962

Erich Kunz
Beckmesser, 1955

Hanna Schwarz
Fricka in „Rheingold“, 1978

Otto Wiener
Hans Sachs, 1958

Karl Böhm
Dirigent

Daniel Barenboim
Dirigent

Sie machten uns alle zu Wagnerianern

Gottlob Frick
Hagen, 1960

Joseph Keilberth
Dirigent

Donald McIntyre
Holländer, 1969

Jean-Pierre Ponnelle
Regisseur, Ausstatter

Erich Leinsdorf
Dirigent

Hermann Prey
Wolfram, 1966

Reiner Goldberg
Tannhäuser, 1982

Horst Stein
Dirigent

Karl Schmitt-Walter
Beckmesser, 1956

Gustav Neidlinger
Alberich, 1967

Sir Georg Solti
Dirigent

Leonie Rysanek
Senta, 1959

Jess Thomas
Siegfried, 1973

Martti Talvela
Marke, 1970

Theo Adam
Wotan, 1967

Peter Hofmann
Siegmund, 1978

Jean Cox
Lohengrin, 1967

Siegfried Jerusalem
Walther von
Stolzing, 1981

Wolfgang Sawallisch
Dirigent

Sie machten uns alle zu Wagnerianern

Zubin Mehta
Dirigent

Berislav Klobucar
Dirigent

Spas Wenkoff
Tannhäuser, 1980

Thomas Stewart
Amfortas,
Wotan, 1970

Lorin Maazel
Dirigent

Götz Friedrich
Regisseur

Otto Edelmann
Hans Sachs, 1956

Wolfgang Windgassen, Birgit Nilsson
Siegfried, Brünnhilde in „Götterdämmerung", 1965

Kurt Moll
Fafner, 1972

Norbert Balatsch
Leiter der Chöre,
Bayreuth 1973

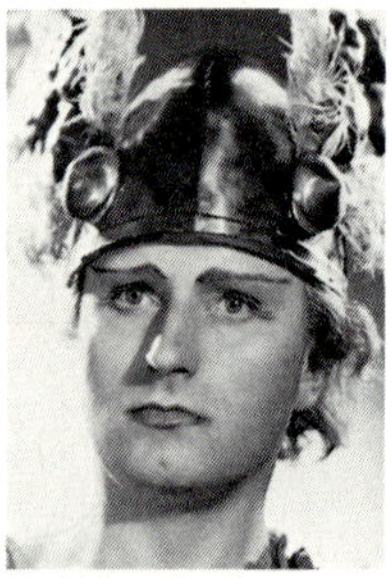
Set Svanholm
Siegfried, 1952

Heinrich Hollreiser
Dirigent

Paul Schöffler
Hans Sachs, 1955

Wilhelm Pitz
Leiter der Chöre
Bayreuth, 1962

Karl Ridderbusch
Marke, 1976

Marga Hoeffgen
Erda, 1967

August Everding
Regisseur

Hans Beirer
Siegfried, 1952

Erwin Wohlfahrt
David, 1963

Hans Hopf
1965

Pierre Boulez
Dirigent

Patrice Chéreau
Regisseur

Amalie Materna, 1876

„Ich bin's, der bald du folgen mußt . . ."

Nanny Larsén-Todsen, 1929

„Hojotoho! Heiaha!"

Maria Jeritza, 1930

Anni Konetzni, 1933

Frida Leider, 1932

„Selig grüßt dich dein Weib . . ."

Marjorie Lawrence, 1940

Helena Braun, 1947

Martha Mödl, 1956

Berit Lindholm, 1968

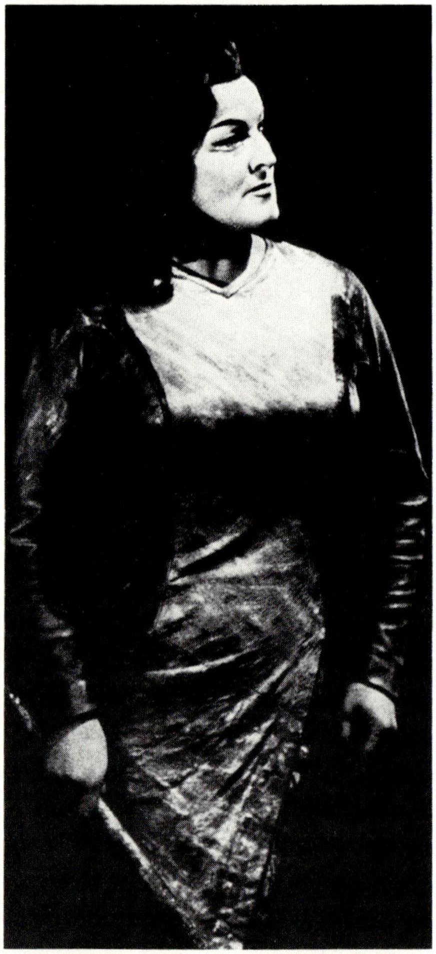

Birgit Nilsson, 1965

„Ewig war ich, ewig bin ich…"

Gwyneth Jones, 1976

Catarina Ligendza, 1981

Vor und nach der Vorstellung – Schnappschüsse aus Bayreuth

Anja Silja, „Selig wie die Sonne meines Glückes lacht…", 1963

Vor und nach der Vorstellung – Schnappschüsse aus Bayreuth

James King: „Jimmy“ probiert „Parsifal“, 1967

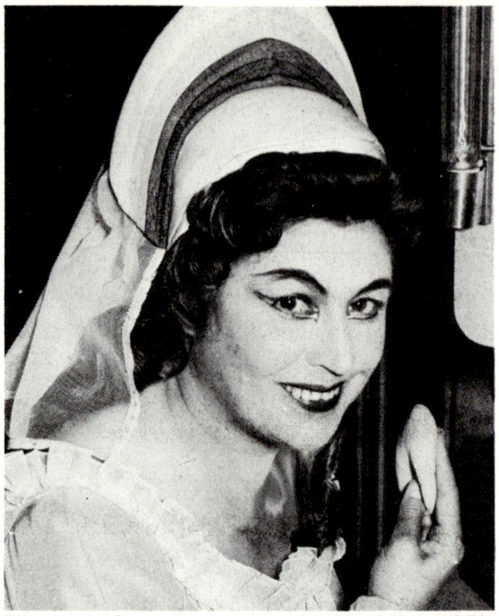
Elisabeth Grümmer: Lampenfieber? Eva, 1957

René Kollo: auf dem Mofa zum Bayreuth-Debüt, Steuermann, 1969

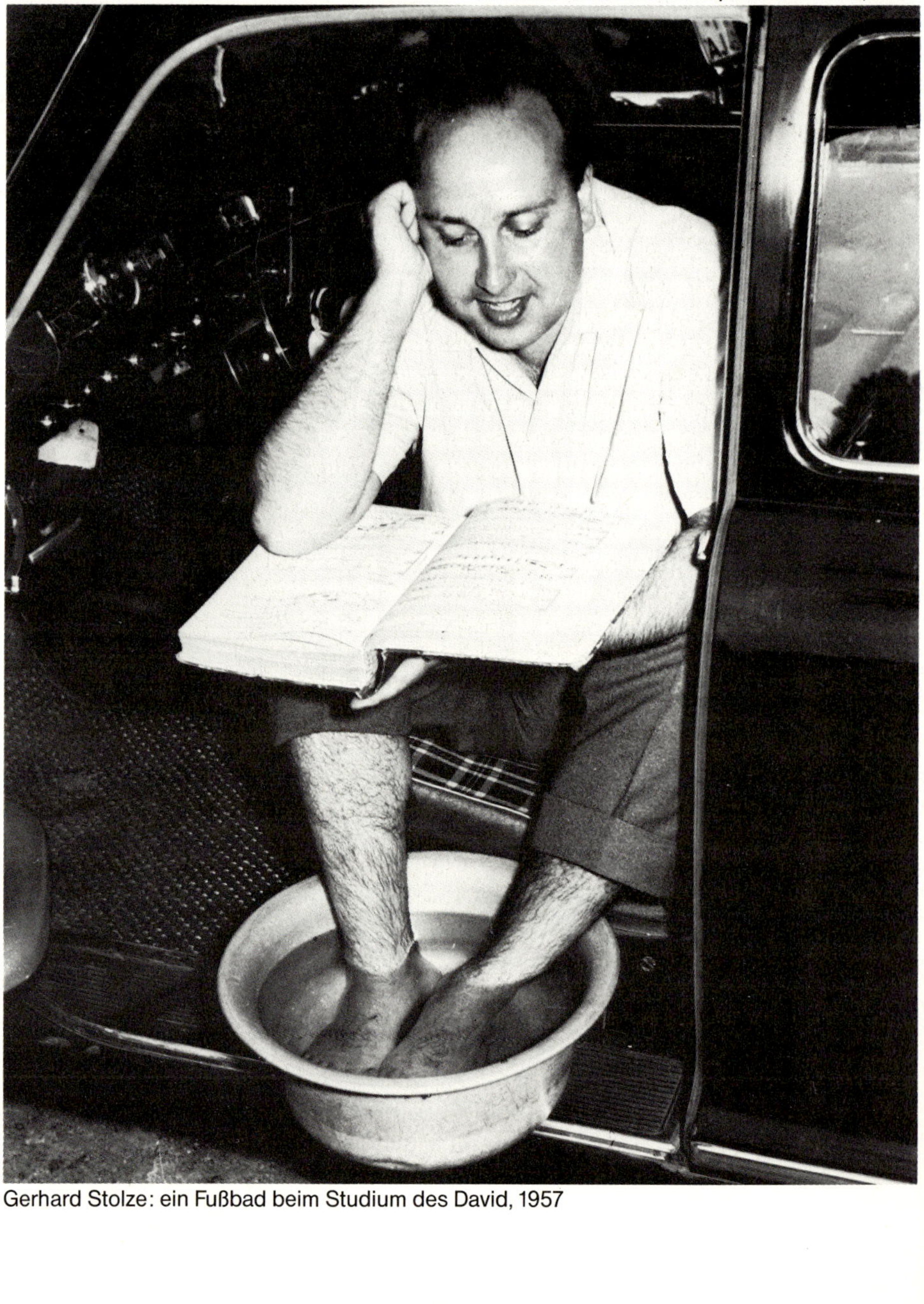
Gerhard Stolze: ein Fußbad beim Studium des David, 1957

Vor und nach der Vorstellung – Schnappschüsse aus Bayreuth

Josef Greindl: ein privater Gruß von Daland, 1960

Bernd Weikl: sein erstes Festspiel-Autogramm, 1972

Ortrun Wenkel: „Heu – otoho“ nannten die Kollegen das Freizeit-Hobby der Erda des „Jahrhundertrings“, 1980

Astrid Varnay: Hier entsteht ihr Ortrud-„Look“! 1960

Wagner und seine Künstler

Die Liebe war beiderseitig

Mathilde Mallinger (1847 bis 1920), die Eva in der Uraufführung der „Meistersinger" (München 1868), erzählt, wie Wagner ihren aus Spaß improvisierten Triller zu den Worten „Keiner wie du so hold zu werbeeeen weiß" in die Partitur übernommen hat.

Mathilde Mallinger

Wagner ward ja nie müde, immer und immer wieder zu lehren, zu zeigen, zu raten, zu helfen. Da gab's keine Nuance, die durch ihn nicht ihr charakteristisches Gepräge erhalten hätte. Da sprang er bald hier ein und bald dort. Selbst wenn er nur eine Kleinigkeit demonstrierte, war's für jeden ein großer Gewinn. Immer spielte er Komödie; immer drängte es ihn, mitzutun, einzugreifen. Jede Rolle schien er als fertiges Bild in sich zu tragen. Jeden Zug suchte er klarzumachen. Ich sehe ihn noch, mit mir das Duett Unterm Fliederbaum singen! Dabei war Wagner trotz aller Lehrmeisterei nie kleinlich in der Auffassung. Der rechte Ton mußte getroffen, die rechte Empfindung herausgeführt werden – das schien ihm und ward ihm das Wesentliche. In weniger wichtigen Dingen gab er gern und willig nach. So hat im letzten Akt der „Meistersinger" Eva zu singen: „Keiner so hold wie du zu werben weiß..." Eine ruhige, lange Note befahl die Partitur. Gehorsam sang ich sie in den Proben. Aber einmal geschah's, da verlor ich die Geduld und trillerte aus Ulk. Sofort dreht sich Wagner um und sagt: „Sie möchten einen Triller haben, nun, da schreiben wir halt einen Triller hin!" Sprach's schelmisch und korrigierte eigenhändig den Triller hinein. Besonders die Intervalle waren uns ungewohnt. Da gab's ein Verheddern und Verhaspeln, ein Stolpern und Straucheln. Und stammelte man ein „Pardon", so kam nicht selten die Antwort „Nein, nicht Pardon. Es ist schon richtig, wie Sie's machen." Ein andermal: „Sie singen doch sonst immer so schöne Kantilenen! Warum denn jetzt nicht?" – „Aber es sind ja keine Zeichen." – „Singen Sie's nur, wie Sie's denken. Machen Sie nur ruhig Kantilenen! Wer wird sich immer an die Zeichen halten!" So war's unter Wagner... Evchen und Elsa waren mir immer die liebsten Rollen. Ach, was hat man heute aus der Eva gemacht! Warum mußte man sie modernisieren, ihr das süße, zarte Empfinden nehmen? Die modernisierte Eva ist sicher nicht im Sinne Wagners.

Lilli Lehmann (1848–1929) war 1876 die Woglinde und der Waldvogel der ersten Bayreuther Festspiele. Ihr Repertoire umfaßte die Königin der Nacht, die Isolde, die Brünnhilde und viele Partien aus Offenbach-Operetten... Die Zitate sind aus ihrem Buch „Mein Weg", 1920.

Lilli Lehmann

Es war ein einziger großer Zauber, der noch heute im Erinnern seine bestrickende Kraft ausübt, ja, der aller kleinlichen, menschlichen Schlacken entblößt, in geradezu klassischer Verklärtheit auf mich wirkt.

Wagner war für alle *seine* Künstler die Güte und Nachsicht selber. Für mich war er es ganz besonders. Sein durchgeistigtes Auge ruhte oft liebreich auf mir und forschend, als wolle es mein Inneres durchdringen. Man quälte ihn aber unaufhörlich mit kleinlichen Dingen, und brauste er dann einmal tüchtig auf, so durfte man sich nicht verwundern. Nur wenige erkannten die immense Arbeit dieses Mannes! Er bemühte sich redlich und oft mit unendlicher Geduld, einem jeden sein Recht zu verschaffen und alles, selbst das Unangenehmste, mit großem Geschick zum guten Ende zu führen. Nichts habe ich von seinem „Undank" je erfahren und niemals andern gegenüber etwas davon wahrgenommen. Er mußte doch an sich selber glauben, um Bayreuth zu schaffen, mußte Opfer verlangen von denen, die Opfer bringen konnten.

Nach meiner Idee – wie sie mir vorschwebte, als Wagner mir 1881 die Stimmen dazu sandte – sollten die singenden Blumen – deren ganzer unterer Körper von Laub kachiert – gleich gewachsenen Blumen sich in verschiedenen Höhen vom Boden aufrichten, von allen Seiten hoch und niedrig Parsifal ihr Gesicht zuwenden, sich ihm zuneigen und – ideal gedacht – durch ihren *Duft* bedrängen. Blühende Schlinggewächse, von oben herabhängend, sich leise wiegend, hätten die Täuschung zu vervollkommnen geholfen. Es störte mich das fortwährende Sich-an-Parsifals-Hals-werfen der Mädchen, die achtundvierzig braunen Beine, die nicht im entferntesten Blumen glichen, und Kundry – als Menschengestalt – dadurch zu Schaden brachten. Nein, das war *meine* Szene nicht, nicht meine ideale Vorstellung davon, und mehr denn je bedauerte ich, Wagner meine Gedanken nicht mitgeteilt zu haben, weil ich seines Einverständnisses sicher gewesen wäre.

Der Kommentar bezieht sich auf die „Parsifal"-Vorstellungen des Jahres 1883 nach dem Tode Wagners.

Amalie Friedrich-Materna (1844-1918), ehemals Operettensängerin aus der Steiermark, war die erste Amneris und Königin von Saba in Wien; später Wagners erste Brünnhilde (1876) und Kundry (1882).

Damen werden dann nur acceptirt, wenn sie sich über eine kräftige Walkürengestalt ausweisen können.
(Richard Wagner hat sich einen großen Teil seiner Bayreuther Besetzung an der Wiener Hofoper ausgesucht. Brünnhilde war Amalie Materna.)

Amalie Materna

Zu seinen Künstlern stand er im innigsten Verhältnis. Ihnen widmete er sich, wo und wie er nur konnte, in ihrem Kreise schüttelte er am ehesten alle die kleinen und großen Ärgernisse seines friedlosen Lebens ab. Mit dem behaglichen Gefühle des Geborgenseins gab er sich leicht den Geistern des Humors gefangen und war dann der Lustigsten einer, dem der Schalk im Nacken saß. Und lachen konnte er, so herzlich und mit solch befreiender Restlosigkeit, daß man mitlachen mußte, ob man wollte oder nicht. Er konnte aber auch sarkastisch sein.
Bei den Proben war Richard Wagner uns ein temperamentvoller und zielbewußter Führer, dem wir willige Gefolgschaft leisteten. Mit richtig messendem Auge lenkte er unsere Kräfte und Fähigkeiten, jedoch nur so weit, als es notwendig war, um seine neuen Wege einzuhalten und miteinander in Fühlung zu bleiben. Sonst ließ er uns Bewegungsfreiheit.
Selbstverständlich griff die lenkende Hand Richard Wagners bei den Proben überall dort ein, wo er das für nötig erachtete. Und er machte Einwendungen, er machte jedoch auch Zugeständnisse. Aber nie kam er uns mit strengen Geboten und nie ließ er sich etwas wie eine tyrannische Vergewaltigung gefallen. Er wollte keine blinden Werkzeuge, er wollte aus Eigenem schaffende Künstler, denen er nur die Richtlinien und gewissermaßen den Auftakt gab. Er selbst erklärte ja: „Ich war stets darauf bedacht, daß auf allen, selbst auf den geringsten Posten eine Individualität stehen mußte, die – bei Wahrung einer einheitlichen künstlerischen Leistung – sich im Rahmen des Ganzen ausleben konnte." Und in anderer Form bestätigte er das später wieder, indem er darauf hinwies, daß in Bayreuth das Beste „die Anarchie leiste, indem ein jeder täte, was er wolle, nämlich das Richtige".

Aus „Neue Freie Presse", 22. Mai 1913 (Wagners 100. Geburtstag).

Hermann Winkelmann (1849 bis 1912), Wagners erster Parsifal (1882), wurde Wiens erster Tristan (1883) und Otello (1888).

Hermann Winkelmann

Es erging an mich der Ruf, in den Festspielen des Jahres 1882 mitzuwirken und den „Parsifal" zu kreieren. Nie werde ich die Stunde vergessen, in der ich Wagner 1881 zum erstenmal im Probesaal zu Bayreuth gegenüberstand. Der alte Mann mit dem mächtigen Kopf blickte mich mit seinen durchdringenden Augen lange prüfend an. Ich war so ergriffen, daß mir Tränen über die Wangen rollten. Als Wagner dies sah, begann er mit einem Scherzwort das Gespräch. Später habe ich oft beobachtet, wie geschickt er es verstand, durch eine heitere Bemerkung aus ernsten und wehmütigen Stimmungen hinüberzuleiten in ruhige Geleise.
Wenige sind, glaube ich, in ihren Absichten so mißverstanden worden wie Richard Wagner. Das rührt daher, weil er, um seine ganz neuen Ideen durchzusetzen, sich mit Vehemenz gegen das Bestehende wenden mußte. Dadurch weckte

er oft den Anschein, und manche Äußerung der Kampfzeit bestärkt in der Auffassung, als ob er das Alte vertilgen wollte, während es ihm in Wahrheit nur um ein harmonisches Gleichgewicht zwischen alt und neu zu tun war. Wenn Wagner beispielsweise sich mit aller Wucht gegen die Übermacht der Darstellung gegenüber der Musik wendete, so war es gewiß nicht seine Absicht, die Sänger zu Nebenpersonen zu machen. Zu jener Zeit, wo das Orchester als quantité négligeable galt, konnte Wagner ihm nicht anders den gleichwertigen Platz sichern, als daß er sich mit seiner ganzen Kraft für dasselbe einsetzte, sein Endziel aber war – wie er oft in Gesprächen ausführte – das Ineinanderfließen der verschiedenen Kunstarten zu einem in sich geschlossenen Ganzen. Wagner war der Feind jeder Pose auf der Bühne, jedes Ausstattungseffektes, und immer wieder wies er Darsteller, die sich unbekümmert um den Gesamteindruck einen kleinen Separaterfolg sichern wollten, in ihre Grenzen zurück mit den Worten: „Nur kein Theater."
Mißverstanden wurde Richard Wagner vielfach auch mit Bezug auf den Sprechgesang. Der war ihm als das einzig taugliche Mittel erschienen, um der herrschenden, alle Konturen des Wortes verwischenden Singweise das Paroli zu bieten. Der Meister wäre wohl sehr erstaunt, würde er das Deklamieren hören, welches heute vielfach in seinen Werken geübt und als seine ureigenste Willensmeinung proklamiert wird. Wagner schätzte und liebte den bel canto und war – wie ich aus handschriftlichen Äußerungen beweisen kann – weit entfernt, ihn einschränken zu wollen. Er hatte auch hier nur im Auge, dem Worte zur gebührenden Klarheit zu helfen, aber keineswegs wollte er ihm zuliebe die Rechte des Gesanges verkürzen. Auch in manchen Äußerlichkeiten, die übrigens alle wohldurchdacht waren, wird jetzt gegen den Willen Richard Wagners verstoßen. So setzte er mir einmal auseinander, daß er sich die Helden in seinen Stücken insolange bartlos denke, als sie noch nicht mit einem Weibe in Berührung gekommen seien und erst dann – als Zeichen voller Männlichkeit – mit einem Barte geziert. So sind also Lohengrin, Tristan, Siegfried und Parsifal – letzterer in den ersten zwei Akten – als bartlose Jünglinge darzustellen, während Tannhäuser, dem die Frau nicht fremd, wohl bärtig erscheinen sollte.

(„Neue Freie Presse", 13. Februar 1908). Zur 25. Wiederkehr von Wagners Todestag.

Verdi über Wagner

Wagner über Verdi

Italien wird Wagner-Land

In Italien gilt Richard Wagner als der populärste ausländische Komponist. Bis jetzt haben ungefähr 12000 Vorstellungen seiner Werke in Italien stattgefunden. Wagner und Verdi sind einander nie begegnet.

Diese Zeilen schreibe ich in Reggio Emilia, wo ich der Jury eines Gesangswettbewerbs angehöre. Die Ankündigung, daß man in der nächsten Opernsaison hier „La Valkiria" geben werde, hat Begeisterung geweckt. Die lateinischen Länder, in denen Mozart niemals wirklich Fuß fassen konnte, lieben Wagner. Ihr Wagner-Erlebnis ist einfach und unkompliziert, weniger philosophisch durchsetzt als unseres. Es ist natürlich, dem Wagner-Erlebnis unserer Eltern nicht unähnlich.
Wagners Triumph in Italien begann mit der ersten Wagner-Vorstellung in diesem Lande, „Lohengrin" in Bologna, am 1. November 1871. Schon in den sechziger Jahren war Wagner ein erregtes Gesprächsthema der intellektuellen Kreise Italiens. In der Galleria von Milano gab es hitzige Diskussionen zwischen Anti-Wagnerianern, deren Hauptwaffe Kenntnisse vom Hörensagen her waren, und Wagnerianern, die Klavierauszüge und Schriften von Wagner zur Verfügung hatten.

Ein Verleger-Krieg war das kommerzielle Vorspiel zur Eroberung Italiens durch Wagner. Das Verlagshaus Ricordi betreute die Großen Vier und beherrschte durch sie die Mailänder Scala. Das Mailänder Verleger-Ehepaar Francesco und Giovannina Lucca suchte nach einem Weg, das Monopol Ricordis zu brechen. Die beiden hatten die Entfaltung der Wagner-Welt in Deutschland genau verfolgt und waren entschlossen, Wagner in Italien bekannt zu machen.

Giovannina hatte seit einiger Zeit persönlichen Kontakt mit Wagner und ersuchte ihn 1868 um die italienischen Verlagsrechte aller seiner Opern, unter denen sie „Lohengrin" für den richtigen Einstieg hielt. Sie bot Wagner die Summe von hundert „Napoleons" für „Lohengrin", wobei Wagner seine Zweifel darüber äußerte, ob sie diese Summe auch wieder einnehmen werde...

Das Ehepaar Lucca stand in Beziehung zu den Mailänder „Scapigliati" („Die Zerrauften"), einer Gruppe von jungen intellektuellen Avantgardisten, die ihre patriotischen Landsleute dadurch schockierten, daß sie eine kulturelle Befruchtung durch die Welt „nördlich der Alpen" propagierten. Zu ihren Führern gehörte Arrigo Boito (später Komponist der Oper „Mefistofele", Verdi-Textdichter und Wagner-Übersetzer), Franco Faccio (ein junger Komponist, der Verdis „Otello" bei der Uraufführung an der Scala dirigieren sollte) und der Musikschriftsteller Filippo Filippi.

Alle waren sich darüber einig, daß der Zeitpunkt für Wagners Debüt in Italien gekommen war. Aber wo war der geeignete Ort? Jedenfalls nicht Ricordis Hochburg, Mailand. So verfiel man auf Bologna. Das war eine allem Neuen aufgeschlossene Stadt, deren alte Musikkultur durch die berühmte „Accademia Filarmonica" weit über die Oper hinausging. Außerdem wirkte dort der hervorragende Dirigent Angelo Mariani, seit 1860 die führende Musikerpersönlichkeit der Stadt. Im Sommer 1869 schlug das Ehepaar Lucca dem Bürgermeister Camillo Casarini und dem Impresario Scalaberni vor, in der nächsten Herbstsaison am Teatro Comunale „Lohengrin" unter der musikalischen Leitung von Mariani herauszubringen. Der Deutsch-Französische Krieg brachte eine Verzögerung. „Lohengrin" wurde für den Herbst 1871 in Bologna angesetzt.

Der italienische Theatertratsch bemächtigte sich sofort dieser sensationellen Nachricht. War Angelo Mariani, als Verdi-Apostel bekannt, seinem Idol untreu geworden und zur „anderen Partei" übergegangen? Sein Prestige als außerordentlicher Musiker war über jeden Zweifel erhaben. Man erzählte sich, daß Mariani jede Partitur prima vista am Klavier spielen konnte und sich monatelang mit dem Studium jedes neuen Werkes beschäftigte. Er war Italiens erster „Stardirigent". Aber dabei ließ es der Tratsch nicht bewenden. Es hieß, die tschechische

Sopranistin Teresa Stolz (eigentlich Teresina Stolzová), die in Bologna tätig war, habe kurz vor der Heirat mit Mariani gestanden, sei aber während der Produktion von „La Forza Del Destino“ 1869/70 Verdis Freundin geworden. Die Stolz wurde Verdis erste Aida an der Mailänder Scala. Die Affäre Stolz und die Affäre „Lohengrin“ bedeuteten einen endgültigen Bruch zwischen Verdi und Mariani. Wagner-Kenner sprachen von einer Parallele zum Bülow-Cosima-Wagner-Dreieck. Dem Ehepaar Lucca schwebte ein durchaus moderner Gedanke für die „Lohengrin“-Produktion vor: ein Gastensemble von deutschen Sängern, die ihre Rollen bereits unter Wagners Leitung in Deutschland gesungen hatten, mit Richard Wagner selbst oder zumindest Hans von Bülow als Berater der Produktion in Bologna. Das erregte eine Welle nationalen Protestes. Der Bürgermeister und der Gemeinderat von Bologna lehnten diese Version des Projekts ab. Filippo Filippi schrieb an den Bürgermeister, daß seiner Meinung nach Mariani durchaus fähig sei, „Lohengrin“ ohne „Ratgeber“ zu dirigieren. Der Bürgermeister erklärte, er werde eher das Teatro Comunale schließen, als die Schande einer solchen deutschen Produktion zuzulassen, und schrieb an die Luccas, man brauche Bülow nicht, Wagner möge seine Partitur schicken – und wenn nicht, dann „buona notte“.
So wurde also die Produktion in italienischer Sprache unter Angelo Mariani beschlossen. Salvatore de C. Marchesi übersetzte den Text, die Luccas besuchten zu Studienzwecken am 10. September 1871 eine „Lohengrin“-Vorstellung in München in Begleitung des Dekorationsmalers, des Kostümbildners und des Technischen Direktors von Bologna. Die Premiere fand am 1. November statt – so kurzfristig wurde damals disponiert, so rasch konnte man arbeiten! Mariani erwähnte oft, er sei nicht mitgefahren und habe seiner Fähigkeit, ein Werk durch Studium der Partitur kennenzulernen, voll vertraut. Die Proben in Bologna dauerten einen Monat. Wagner diktierte Cosima am 23. Oktober einen Brief an Mariani in französischer Sprache, in dem er seine Regiewünsche bekanntgab und insbesondere betonte, daß er keine statischen Chöre wolle, sondern „eine Menschenmenge, die an der Aktion teilnimmt“.

Wagner in Pisa

Richard Wagner (den Turm apostrophierend): „Nach den glorreichen Erfolgen in Bayreuth, Leipzig und anderen unzähligen deutschen Städten hätte ich eine etwas tiefere Verbeugung erwartet!“

Die Nicht-Einladung Wagners hatte ein Nachspiel. Mariani hatte einen Brief an Wagner konzipiert, in welchem er seine Einladung aussprechen wollte, deren Spesen – wenn keine Einladung durch den Impresario erfolgen sollte – Mariani selber tragen würde. Nach Rücksprache mit den Luccas und mit dem Bürgermeister strich er diese Sätze. Darauf trat der Gemeinderat zu einer improvisierten Sitzung zusammen und lud Wagner in einem Telegramm zum Besuch der Premiere ein. Wagner war gekränkt. Auch fürchtete er, er werde – wie so oft in Deutschland – von der Vorstellung enttäuscht sein. Er sagte ab. Am 7. November, eine Woche nach der Uraufführung, schrieb Wagner aus Luzern seinen „Brief an einen italienischen Freund“, mit dem Arrigo Boito gemeint war. Er betont darin, daß er in dem Erfolg von Bologna eine Explosion des italienischen künstlerischen Bewußtseins sehe. Er habe so oft schlechte „Lohengrin“-Vorstellungen in Deutschland gesehen, und dem Publikum habe es trotzdem gefallen. Nur ein einziges Mal habe er in München seine Wünsche durchsetzen können – und da sei das Publikum ebenso begeistert gewesen und habe den Unterschied gar nicht bemerkt...
Die Premiere in Bologna am 1. November 1871 war ein einstimmiges „Viva Riccardo“ für Wagner und seine italienischen Apostel.
Wagner wurde Ehrenbürger von Bologna, wofür er dem Bürgermeister in einem schönen Brief dankte.

Nun war das Eis für Wagner in Italien gebrochen. Bologna blieb für lange Zeit die Wagner-Hauptstadt Italiens. Hier gab es die italienischen Erstaufführungen von „Tannhäuser“ (1872), „Il Vascello Fantasma“ („Der Fliegende Holländer“), (1877), „Tristano e Isotta“ (1888). Wie zu erwarten, ging es nicht ohne Probleme an der Scala. Schon bei der Premiere des „Lohengrin“, die Franco Faccio am 20. März 1873 dirigierte, gab es neben Beifall auch starke Protestkundgebungen. Die Proteste steigerten sich von Vorstellung zu Vorstellung. Bei der siebenten Vorstellung kam es zu einem richtigen Theaterskandal. In der Mitte des zweiten Akts mußte der Vorhang fallen, die Produktion wurde abgesetzt. Erst viel später, mit Toscanini, begannen große Wagner-Zeiten an der Mailänder Scala.

Der Dirigent Angelo Mariani transportiert auf dem Schwan sein „Lohengrin“-Orchester zum Gastspiel nach Florenz. Die Musiker haben Chianti diesem „deutschen Bier“ vorgezogen. (Zeitgenössische Karikatur.)

In Bologna hat es seit 1871 insgesamt zwölf Produktionen von „Lohengrin“ gegeben. Noch heute hört man von der mit Renata Tebaldi und Max Lorenz (1946) schwärmen. Alte Bologneser imitieren den berühmten „singhiozzo“ (Schluchzer), mit dem der große Beniamino Gigli 1926 hier dem Schwan dankte: „Mercè, mercè, cigno gentil...!“

Italienische Opernfans erzählten mir lokale „Lohengrin“-Kuriositäten. Bei der Erstaufführung in Bologna gab es anschließend ein Ballett „La Semiramide del Nord“! Manche Städte kündigten „Lohengrin“ als „Opera in 5 atti“ an, denn es gab eine Pause im zweiten Akt vor dem Zug zum Münster und im dritten nach der Brautgemach-Szene. Bei der Erstaufführung in Reggio Emilia im Januar 1900 haben die Dekorationen nicht gefallen. Darauf meldete das Theater, daß die Oper ab der fünften Vorstellung in völlig neuen Dekorationen aus Parma gespielt werde. Durch einen kleinen Trick bewahrte sich Bologna auch die Priorität bei „Parsifal“, der nach Ablauf der urheberrechtlichen Bindung an Bayreuth am 1. Januar 1914 gleichzeitig in Mailand, Rom und Bologna herauskam. Aber die Vorstellung in Bologna begann um eine halbe Stunde früher...

Der dritten Vorstellung des „Lohengrin“ in Bologna am 19. November 1871 wohnte Giuseppe Verdi bei. Cosima erwähnt in ihren Tagebüchern am 2. Dezember 1871 einen Bericht, wonach Verdi in einer Loge gesessen habe, vom Publikum erkannt und bejubelt wurde, aber – um nicht vom Ernst der Aufführung abzulenken – nicht aus dem Hintergrund der Loge hervorgetreten sei. Verdi hatte einen Klavierauszug in italienischer Sprache bei sich, in den er während der Vorstellung fortlaufend Eintragungen mit Bleistift machte. Das kostbare Dokument befindet sich heute in der Verdi-Villa zu Sant'Agata. Die meisten Eintragungen beziehen sich nicht auf das Werk, sondern auf die Vorstellung. Wagner wäre sicher mit ihr nicht zufrieden gewesen, obwohl Verdis weitgehend negative Kritik der Interpretation durch Mariani sicher ihre privaten Gründe hatte – die Tempi seien einmal zu rasch, einmal zu langsam gewesen, die Chöre hätten falsch gesungen. Es gab viele Striche, sogar – für uns unvorstellbar – einen im Vorspiel. Was die szenische Realisierung betrifft, so fand Verdi den Schwan häßlich, das Bühnenbild nur im zweiten Akt gut, die Chöre allesamt statisch und aktionslos (also das Gegenteil von dem, was Wagner verlangt hatte). Durchwegs unerwartet sind die Kommentare des größten Meisters der italienischen Oper über das Werk. Im Vorspiel irritieren ihn die Geigen in der höchsten Lage. Die Szene vor Elsas Traum findet er interessant, den Komplex vor Lohengrins Auftritt mit Ausnahme der letzten Phrasen Elsas langweilig. Er ist begeistert vom ersten Duett Lohengrin/Elsa „Wenn ich im Kampfe für dich siege“ mit den A-Dur-Chören, findet aber die folgenden Teile vor dem Duell häßlich. Im zweiten Akt lobt er wenig außer dem Fis-Moll-Unisono des Duetts Ortrud/Telramund „Der Rache Werk sei nun beschworen“ und dem Schluß des Aktes ab „Heil dir, Elsa“. Ihm gefällt das Vorspiel zum dritten Akt, aber er findet, daß Marianis schnelles Tempo die Poesie des Brautliedes zerstört habe. Merkwürdigerweise gefallen ihm am Duett im Brautgemach nur der Anfang und das Ende. Die Gralserzählung beeindruckt ihn, aber er findet sie „lungo". Sein Gesamturteil: „Impressione mediocre" (Eindruck: mittelmäßig).

Wie stand Verdi wirklich zu Wagner? Fraglos hat ihn das Problem Wagner intensiv beschäftigt. Oft zitiert man Verdis Brief vom 14. Februar 1883, unmittelbar nach Wagners Ableben, an seinen Verleger Giulio Ricordi: „Traurig, traurig, traurig. Wagner ist tot. Beim Lesen der Depesche war ich wirklich zutiefst getroffen. Da gibt es keine Diskussion – eine große Persönlichkeit ist dahingegangen. Ein Mann, der mächtige Spuren in der Geschichte der Kunst hinterläßt." Während der Arbeit an „Otello" bewundert er in einem anderen Brief an Ricordi am

Verdi schrieb diese Notizen mit Bleistift während einer Vorstellung von „Lohengrin" in Bologna am 19. November 1871 in seinen Klavierauszug. Diese Seite ist Lohengrins Abschied, beginnend mit den deutschen Worten „Ach, diese letzte traur'ge Fahrt". Übersetzung von Verdis Kommentar: Schön, aber um einen Viertelton zu tief gesungen. Gesamteindruck mittelmäßig. Die Musik ist schön, wo sie klar ist und Gedanken vermittelt. Die Handlung zieht sich sowie das Wort. Daher: Langeweile. Schöne Instrumentaleffekte. Zu viele lange Noten, daher wirkt vieles schwerfällig. Mittelmäßige Vorstellung. Viel Schwung, aber ohne Poesie und Feinheit.

10. Juli 1881 Wagners Idee vom unsichtbaren Orchester. Die Wiener „Neue Freie Presse" vom 9. Juni 1875 zitiert den Ausspruch Verdis: „Auch ich habe die Verbindung von Musik und Drama gesucht, besonders in MACBETH, aber ich konnte nicht wie Wagner meine eigenen Texte schreiben!" Und zu dem Schriftsteller Felix Philippi sagt er mit 86 Jahren (1899), zwei Jahre vor seinem Tod: „Unter allen Wagner-Opern hat TRISTAN meine besondere Bewunderung erweckt. Man kann es nicht fassen, daß ein menschliches Wesen das zu Papier gebracht hat. Ich halte den zweiten Akt für eine der sublimsten Schöpfungen menschlichen Geistes – wunderbar, wunderbar, wunderbar."

Andere Aussprüche Verdis zeigen eine viel kritischere Einstellung Wagner gegenüber. Am 9. April 1873 schreibt er an Clarina Maffei: „Der Erfolg meiner AIDA in Neapel war unwidersprochen und ohne Vergiftung durch WENN und ABER und andere grausame Phrasen des Wagnerismus und der Zukunftsmusik." An den Uraufführungsdirigenten des „Otello", Franco Faccio, schreibt er am 14. Juli 1889: „Wenn wir, die wir von Palestrina herkommen, Wagner imitieren, begehen wir ein musikalisches Verbrechen." Zu A. von Winterfeld sagt er im Frühjahr 1893 in Sant'Agata, er bewundere Einzelheiten in „Tannhäuser" und „Lohengrin", aber es scheine ihm, als ob Wagner in seinen letzten Werken die Grenzen seiner Ausdruckskraft überschritten habe – für solche „philosophische Musik" habe er (Verdi) kein Verständnis. Zu dem Orientalisten Italo Pizzi betont er 1892 in Sant'Agata, er sei gegen die „ekstatische Stille", die Wagner seinem Publikum auferlege, er liebe Applaus bei offener Szene – Verdi erinnerte sich mit Stolz daran, wie er 1872 bei „Aida" in Parma während des Duetts Aida/Amonasro im Nil-Akt auf die Bühne hinaufgejubelt wurde!

Franz Werfel begründet in „Verdi – Roman der Oper" (1923) dessen 15jährige Schaffenspause zwischen „Aida" und „Otello" mit seinem Trauma: Wagner.

Und Wagner? Am 17. Juni 1847 empfahl er als Hofkapellmeister in Dresden seinem Intendanten die Einstudierung der Oper Hernani (sic!) von Verdy (sic!), wahrscheinlich ohne sie zu kennen. Cosima erwähnt Verdi einige Male in ihren Tagebüchern. Am 8. Dezember 1870 erhält sie einen Brief vom Verleger Schott, der berichtet, daß „im Beginn des (deutsch-französischen) Krieges es das Ansehen gehabt hätte, als ob man sich von Verdi und Offenbach (!) befreien wolle, daß aber in der deutschen Nation nicht so viel Kraft läge." Am 12. Februar 1871 (in Tribschen): „Abends bringt [Hans Richter] das Gespräch auf Gounod, welches [uns] eine fürchterliche Musikliteratur duchwandern läßt, Faust, Prophet, Hugenotten, Bellini, Donizetti, Rossini, Verdi, alles hintereinander, mir wird physisch übel... und suche Rettung. Doch nichts hilft, ich leide und leide. R. wird es auch zu arg und bittet Richter aufzuhören, nachdem dieser ihm zu beweisen gesucht, daß Verdi nicht schlechter als Donizetti war." Am 2. November 1875 gibt Cosima ein wahres Meisterurteil nach einem Besuch in der Wiener Hofoper von sich: „Abends das REQUIEM von Verdi, worüber nicht zu sprechen entschieden das beste ist..." Am 23. April 1882 schreibt sie in Venedig, Richard habe sich ein Verdisches Motiv gemerkt, welches gestern duettartig auf dem Canal Grande gesungen wurde – „er singt es mir lachend über diesen Wut-Ausbruch, der da gestern zum besten gegeben wurde". In „Mein Leben" sagt Wagner nur kommentarlos, er habe 1860 in Paris „Il Trovatore" gehört.

Noch einmal griffen die Lebenswege der beiden auf seltsame Weise ineinander. Als der Khedive von Ägypten nach einem Komponisten für eine Auftragsoper anläßlich der Feierlichkeiten um den neuen Suezkanal suchte, waren Verdi, Gounod – und Wagner in engster Wahl! So entstand Verdis „Aida".

Im Jahre 1861 gab es einen Eklat um den schlechten französischen Dirigenten und Komponisten Pierre Louis Philippe Dietsch. Als Wagner in seiner Notlage 1841 seinen „Holländer"-Stoff an die Pariser Oper verkaufte, da erhielt Dietsch den Kompositionsauftrag und fiel dann 1843 mit seiner Oper „Le Vaisseau Fantôme" („Das Gespensterschiff") dort jämmerlich durch. 1861 leitete er die verunglückte Pariser „Tannhäuser"-Premiere und trug zum Mißerfolg das Seinige bei. Erst Verdi gelang es, bei den Pariser Proben zu „I Vespri Siciliani" im Jahre 1863 den unfähigen Dietsch hinauszuwerfen.

Ist das auch von Wagner?

Als Kolumbus in Wagners Welt

Eine Entdeckungsreise durch Wagners Schaffen ist voll von Überraschungen. Neben seinen Bühnenwerken lieben wir die „Faust-Ouvertüre" (1839), das „Siegfried-Idyll" (1870), wir kennen einige der als Gelegenheitsarbeiten entstandenen Märsche, wissen vielleicht von Jugendwerken für Orchester oder Klavier – aber wer kennt die von Wagner für Bellinis „Norma" (1840) nachkomponierte Baß-Arie? Die Lieder nach Goethe und Heine? Den „Wahlspruch für die deutsche Feuerwehr" (1869), die Trauermusik anläßlich der von Wagner veranlaßten Überführung der sterblichen Überreste Carl Maria von Webers aus London nach Dresden (1844)? Vielleicht befinden sich in den folgenden Zeilen einige Überraschungen...

Wagner als Walzerkomponist

„Das hat er von mir", soll Johann Strauß beim Anhören der walzerartigen Blumenmädchen-Melodie in „Parsifal" bemerkt haben!

Wagner hat die Walzer seines Wiener Pioniers Johann Strauß sehr geliebt und manchmal auch am Klavier gespielt. Als ihm der Bayreuther Musikverein am 22. Mai 1875, seinem 62. Geburtstag, vor der Villa Wahnfried ein Ständchen mit dem Strauß-Walzer „Wein, Weib und Gesang" brachte, bedankte sich Richard Wagner – und dirigierte den Walzer selbst mit sichtlichem Vergnügen als Zugabe. „Ja, der Strauß, der ist wirklich unser Walzerkönig!" sagte er beim Verlassen des Podiums.

Als walzerähnliche Komposition von Wagner kennen wir den Tanz der Lehrbuben im dritten Akt der „Meistersinger". Richard Wagner hat aber am 29. Mai 1853 Mathilde Wesendonck einen kleinen Walzer gewidmet, der allerdings Chopin näher steht als Strauß.

Hier ist der Text des Briefes und ein Notenzitat:

Hier Geschmolzenes für das Gefrorene von gestern:
„Züricher Vielliebchen", – Walzer, Polka oder was sonst. Der vortrefflich erzogenen und in Dünnkirchen vorzüglichen geratenen Marie aus Düsseldorf gewidmet vom besten Tänzer aus Sachsen, genannt Richard, der Walzermacher. Schließlich gibt der Komponist die heilige Versicherung, daß er schöneres Papier genommen haben würde, wenn ihm solches zur Hand gewesen wäre; er bittet daher seine Patronin, Gott nachzuahmen, welcher bekanntest auf den Walzer und nicht auf das Papier sieht. Ganz schließlichst ersucht der Komponist außerdem, beim Vortrag seines Werkes alles, was zu schwer sein sollte, auszulassen, überhaupt möchte er allerschließlichst noch um Nachsicht wegen etwaiger Fehler gegen den Kontrapunkt gebeten haben.

Der singende Schwan

Nach Wagners ursprünglichem Plan sollte der Schwan im „Lohengrin" bei seiner Rückverwandlung in den Herzog Gottfried von Brabant ein Lied singen. Aus einer Mitteilung Richard Wagners an eine begeisterte Verehrerin, die Sängerin Lydia Steche, kennen wir Text und Musik:

Wir wissen nicht, an welche Stimmtype Wagner gedacht hat.

Wagners weise Idee, dies auszulassen, hat den Regisseuren ein großes Inszenierungsproblem erspart.

Mit einer Gänseleberpastete

Ohne die freundschaftliche Unterstützung des Bankiers Friedrich Feustel (Vorsitzender des Bayreuther Gemeinderates) hätte Wagner sein Bayreuther Projekt niemals realisieren können.
Am 21. Januar 1874 schreibt Cosima in ihrem Tagebuch: „Herrn Feustels Geburtstag, zu welchem ich die Kinder hinschicke mit einer Gänseleberpastete, bei welcher Gelegenheit wir uns schwören, Richard und ich, niemals dieses raffinierte Produkt menschlicher Grausamkeit zu genießen"!
Wagner begleitete die beschimpfte Delikatesse mit folgendem Gedicht:

Mit einer Gänseleberpastete.
(An Friedrich Feustel).

So schuf es Gott, der Freudengeber:
Der Kummer nagt uns an der Leber,
Die Angst doch schwellt sie an der Gans;
Der geht es wie Herrn Falstaff Hans,
Der Noth und Sorgen weidlich schmähte,
Weil beides ihm den Bauch aufblähte.

Die Angst der Gans läßt sich verwinden,
Doch Falstaff's Bauch muß Labung finden;
Drum hör' ich Schweine spürend schnüffeln,
Zur Leber suchen sie die Trüffeln:
Und die Pastete wird gegossen,
Darum wir Straßburg kühn beschossen,
Daß Angst und Noth, wie ich besungen,
Von Friedrich Feustel werd' verschlungen.
Ihn quäle heut' nicht Müh' und Plag', –
Geburtstag ist nicht alle Tag'!
Zum 21. Januar 1874

Wagner als Couplet-Autor

„Die lustige Bärenfamilie" oder „Männerlist größer als Frauenlist" ist der Titel eines Operntextes, den der junge Wagner im Winter 1837 nach einer Erzählung aus „Tausendundeiner Nacht" geschrieben und teilweise vertont hat. Die Musik ist verschollen – die textliche Jugendsünde konnte man im Sommer 1982 in der Interpretation einer jungen Spielgemeinschaft in Pflaums „Posthotel" in Pegnitz kennenlernen. Da gibt es eine schöne Leontine, die einen heiratssüchtigen jungen Mann zu angeln scheint, um ihm dann später eine bucklige Anverwandte unterzujubeln. Wagner hat den Stoff in das abendländische Biedermeier verlegt und bringt einen Schuß Chauvinismus sowie kräftige Seitenhiebe auf den adelstollen Standesdünkel der Gesellschaft. In der Vorstellung in Pegnitz schälte sich ein beinahe nackter Wagner aus einem lautstark berstenden Plastikei, bekleidete sich mit Barett und Samtjoppe und agierte als Spielleiter seiner Figuren.

Dieses Couplet (Wagner à la Nestroy!) singt der Diener Anastasius:

Mein Vater war ein kluger Mann,
der gab mir eine Lehre an;
ob Weiber häßlich oder schön,
könnt' oft man nur durch Zauber sehn.
's giebt mal ein schönes, schmuckes Ding,
doch steckt am Finger ihr ein Ring,
wenn der ihr abgezogen ward: –
das schöne Weib, wie wird es da? –
alt, häßlich, krumm, schwarz von Gesicht;
wählst du dir die, so wechs'le ja
die Ring' mit ihr bei Leibe nicht: – –
die wähl ich nicht, die mag ich nicht,
mit der fang ich kein Späßchen an;
denn ohne Heirath, weiß man schon,
ist's heut' zu Tag nicht abgethan!

Mein Vater war ein kluger Mann,
der gab mir eine Lehre an:
ob Weiber häßlich oder schön,
könnt' oft man nur durch Zauber sehn.
's giebt wohl ein häßlich garstig Weib,
ein bucklich, krumm, verwachsen Ding;
doch steckt man wie zum Zeitvertreib
ihr an den Finger einen Ring:
das garst'ge Weib, wie wird es da? –
jung, schön, von häßlich keine Spur;
wählst du dir die, so wechs'le ja
sogleich mit ihr die Ringe nur: –
die wähl' ich mir, die mag ich wohl,
der trag' ich meine Hand gleich an;
denn ohne Heirath, weiß man schon,
ist's doch einmal nicht abgethan!

Hymne an einen Gastwirt

Im April 1871, nachdem er den Entschluß zur Niederlassung in Bayreuth und zur Erbauung des Festspielhauses gefaßt hatte, fuhr Richard Wagner nach Leipzig. Dort fand am 21. April 1871 eine Probevorführung des „Kaisermarsches" statt, den er anläßlich der Verkündung des Kaiserreiches im Spiegelsaal von Versailles (18. Januar 1871) komponiert hatte; Wagner dirigierte ihn am 5. Mai 1871 im Königlichen Opernhaus von Berlin in Anwesenheit von Kaiser Wilhelm I. und Kaiserin Augusta. In Leipzig wohnte er im Hotel „de Prusse" und widmete dem Wirt dieses von ihm auch komponierte Gedicht:

Seinem freundlichen Wirth Herrn Louis Kraft.

Der Worte viele sind gemacht,
doch selten wird die That vollbracht:
was ein Hôtel zum Eden schafft,
das sind nicht Worte, sondern Kraft!

Von ihm, der mich so schön empfing,
fortan mein rühmend Lied erkling':
des Königthum's, der Künstlerschaft
sinnreicher Wirth, es lebe Kraft!

In meiner lieben Vaterstadt,
was hab' ich dort vom Magistrat?
Der mir hier Wohn' und Wonne schafft,
das ist der edle Wirth, Herr Kraft!

Hôtel de Prusse,
Leibzig, 22. April 1871.

Wagner und Kaiser Wilhelm I.

– Ich bin mit Ihrer Haltung im Ganzen zufrieden, lieber alter Wilhelm. Sie können Augusta schreiben, daß Wörth, Gravelot, Metz und Sedan gegen die vier Siege in Bayreuth das reine Potsdamer Manöver waren. Gehen Sie nur ruhig nach Hause, mein roter Rheingoldorden wird Ihnen nachgeschickt.

(aus „Der Floh", 1876)

Wagner als Operetten-Texter

Verschiedene Schriften Wagners nach dem Sieg der Deutschen im Krieg gegen Frankreich (1870/71) erregten den Zorn der Franzosen und keinerlei Begeisterung bei Kaiser Wilhelm I. und Bismarck. Da war einmal sein Gedicht „An das deutsche Heer vor Paris" vom Januar 1871 mit Zeilen von einer hurrah-patriotischen Banalität, die man dem Dichter des „Tristan" nicht zugetraut hätte:

„Die Deutsche Wacht,
da steht sie nun in Frankreichs eitlem Herzen;
von Schlacht zu Schlacht
vergießt ihr Blut sie unter heißen Schmerzen."

Gleichfalls im Jahre 1870 entstand „Eine Kapitulation", von Wagner ein „Lustspiel in antiker Manier genannt" – ein antifranzösisches Pamphlet. Bei der hier wiedergegebenen operettenartigen Szene zwischen dem auf der Bühne auftretenden Victor Hugo und dem Trompete blasenden Jacques Offenbach würde niemand Richard Wagner als Autor vermuten:

CHOR *(während Offenbach dem Orchester das Zeichen gibt, theils mit der Trompete dirigirt, theils die Hauptstellen in grellen Variationen selbst bläst).*
Dansons! Chantons!
Mirliton! ton! ton!
C'est le génie de la France
qui veut qu'on chante et qu'on danse!

HUGO *(rezitativisch zu einer goldenen Lyra, welche er spielt).*
Als ächtes Génie de la France
verlier' ich nie contenance;
victoire, gloire
ich immer mir wahre!
civilisation,
pommade, savon,
die sind meine Haupt-passion.
Chantez, dansez,
allez aux soupers!
Je veux qu'en France on s'amuse,
und verlange von Niemand Excuse." – – –

OFFENBACH *(kommandirend).* Chaîne des Dames! – *(Tanz.)*

CHOR *(zum Tanz).* Dansons! Chantons!
Aimons! Soupons!
C'est le génie de la France
qui veut qu'on chante et qu'on danse!

HUGO. Die Barbaren zogen über den Rhein –
Miriton! Miriton! Tontaine! –
Wir steckten sie alle nach Metz hinein –
so gethan vom Marschall Bazaine!
Miriton! Plon! plon!
In der Schlacht bei Sedon
da schlug sie der grimmige Mac Mahon!
Doch die ganze Armée
General Troché, –
Troché – Trochu,
Laladrons, Ledru! –
der steckte sie ein in die Forts von Paris. –
Im Jahre mille huit cent soixante-dix
da ist geschehen all dieß! –

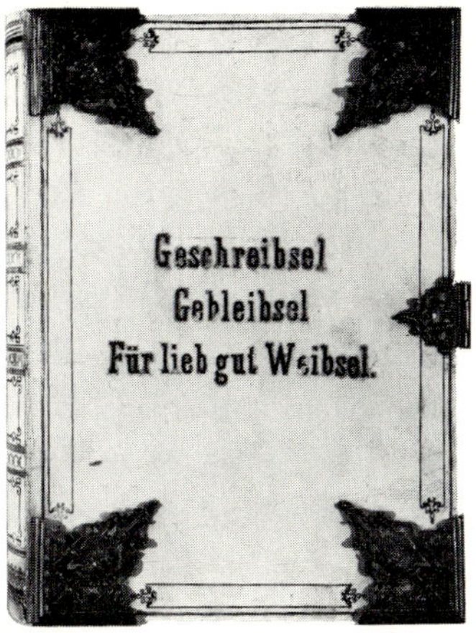

Richard für Cosima...
RWA

Wagner als Librettist für einen anderen Komponisten

Im Herbst 1836 schrieb Wagner in Memel, kurz vor seiner Heirat mit Minna, den Entwurf zu einer Oper, „Die hohe Braut" oder „Bianca und Giuseppe", mit der Absicht, Eugène Scribe, den berühmten französischen Schriftsteller und Librettisten, zum Mitarbeiter zu gewinnen. Der Plan fiel ins Wasser. Wagner arbeitete den Stoff später zu einem Libretto aus und bot es im Sommer 1842 dem Dirigenten Karl Gottlieb Reißiger (1798–1859), seinem Dirigenten-Kollegen am Dresdner Hoftheater, zur Komposition an. Reißiger, Komponist der seinerzeit erfolgreichen Oper „Die Felsenmühle", lehnte ab, aber Wagner brachte sein Libretto doch an den Mann: Unter den Besuchern der „Tannhäuser"-Premiere (1845) in Dresden befand sich auch ein Jugendfreund Wagners, der böhmische Komponist und Direktor des Prager Konservatoriums, Johann Friedrich Kittl (1806–1868). Er komponierte die Oper unter dem Titel „Bianca und Giuseppe oder Die Franzosen vor Nizza" und errang damit in Prag einen kurzlebigen Erfolg.

Ein Beispiel aus Wagners Text:

„Wie könnt' ich es ertragen,
sie mir geraubt zu sehn,
in Bande mich geschlagen,
jed' Hoffen untergehn'?
Soll mit befleckten Händen
ich, theure, dich entweihn'?
wohin, o Gott! mich wenden,
um ihrer werth zu sein?"

Das klingt wie die schlechte Übersetzung einer Verdi-Oper!

Schon der Steckbrief des Jahres 1849 bezeichnete Wagner als Brillenträger. Er pflegte zu Hause seine Brille auf sein so oft karikiertes Barett abzulegen, wie es noch heute im Richard-Wagner-Museum in der Villa Wahnfried zu sehen ist.

Richard Wagner, Ölbild von Franz Lenbach. Dezember 1881.

„...heimgekehrt erklärt er einfach, daß Lenbach ihm antipathisch sei und ihn reize..."
(Cosimas Tagebücher, 12. November 1880)

„Ich habe durch die Wagnerei auch nicht die besten Zeiten gehabt: habe zwar den Wagnerfexen und sonst Leuten, welche den Kasperl von Bayreuth sehen wollten, einen Abend gegeben, bin aber schließlich mit Seiner Heiligkeit in einem Kampf ums Dasein gerathen und bin nun recht froh, die Herrschaften glücklich in Bayreuth zu wissen..."
(Franz Lenbach an Franzi v. Wertheimstein, München, Herbst 1880)

Kein Tod in Venedig

Richard Wagner im Himmel: „Meine lieben Engeln! Der Empfang ist recht hübsch, aber ohne Pauken und Trompeten werden Sie nie eine Wirkung erzielen!“ (Karikatur aus „Kikeriki“, Wien 1883.)

Wahnfried in Neapel

Riccardo zwischen Gelato und Parsifal

Die Wagner-Villa in Neapel steht in keinem Reiseführer. Sie gehört nicht zu den Muß-Mekkas der Wagner-Pilger. Dort lernen wir einen anderen Wagner kennen.

Wäre ich nicht für eine Fernseh-Dokumentation über die historischen Hintergründe der „Tosca" in Neapel gewesen, hätte mich wahrscheinlich nie die Begierde befallen, die Villa D'Angri zu besuchen, in der Wagner im Jahre 1880 gewohnt hat. Sie ist nicht leicht zu finden. Mein Freund, der Taxichauffeur Vincenzo – er singt neapolitanische Lieder ebenso reizend wie jener Peppino, mit dem der Meister damals hier Duette sang –, entdeckt sie nach einigen Suchexpeditionen. Nun führt er mich entlang des Golfes über den Hafen Mergellina, von dem die Schnellboote nach Capri gehen, auf die Panorama-Prachtstraße Via di Posilippo und macht bei Nr. 408 halt. Rechts liegt hinter einer hohen Mauer eine terrassenförmig zum Himmel ansteigende schätzungsweise 60 Meter hohe Villa. Ionische Säulen blitzen durch die Bäume über weiße Felsen. Walhall von Donizetti. Da das hohe Gittertor verschlossen ist, fahren wir durch winkelige Gassen den Berghang hoch bis zum Hintereingang des Gebäudes, das heute die geistliche Mittelschule des „Istituto Santa Dorotea" beherbergt. Der obere Teil, wo Wagner noch durch Weinberge wandern und seine geliebten Stechpalmen in Blüte bewundern konnte, ist heute das moderne Verwaltungsgebäude der Schule.

Eine Schwester erlaubt mir, durch den Park zwischen von subtropischem Grün umwucherten Mauern zu der alten Villa hinabzusteigen. Ich betrete die Terrasse mit der unvergleichlichen Aussicht über den Golf bis zu dem meist von Dunst verhüllten Vesuv – und blicke in die Vergangenheit.

Hier wohnte Wagner mit seiner Familie vom 4. Januar bis zum 8. August 1880. Er war ein kranker Mann. Unter der Sonne Neapels begann sein Wettlauf mit dem Tod. Er wollte dem kalten Bayreuther Winter entgehen. Der hier lebende deutsche Arzt Otto von Schrön hatte ihm aus klimatischen Gründen zu Neapel geraten. Die schmerzhafte „Rose" machte Wagners entzündete Haut gerötet und geschwollen, dazu kamen Gelenkrheumatismus, Brustkrämpfe, typhusartige Fieberanfälle, er spuckte Blut und hatte schlechte Nächte. Aber bei der unbändigen Energie dieses Mannes schritt trotzdem die Instrumentation des „Parsifal", dessen Orchesterskizze vollendet vorlag, fort, und er konnte Frau Cosima nicht nur den letzten Teil seiner Selbstbiographie diktieren, sondern auch das seltsame Traktat „Religion und Kunst", eine kuriose Mischung aus frappierenden Gedankensplittern und erratischer Zusammenhanglosigkeit. Für seine nächste Umgebung wurde er im täglichen Umgang immer unerträglicher. Für die Jünger, die sich hier versammelten und sich stolz seine Gralsritter nannten, wurde der Dienst zu einem pseudo-erotischen, masochistischen Glücksgefühl. Denn manchmal spielte er, manchmal sang er, manchmal las er vor. Seine Faszination war ungebrochen.

Die nunmehr siebenköpfige Wagner-Familie war eingezogen: Frau Cosima, ihre beiden Bülow-Töchter Daniela und Blandine, die Wagner-Töchter Isolde und Eva sowie der Fidi genannte elfjährige Sohn Siegfried. Wagner liebte die Landschaft von Neapel, die traumhafte Aussicht von der Terrasse, die Sonnenaufgänge über dem Vesuv, die er manchmal um 4 Uhr früh bewunderte. Es gab entspannte Stunden, wenn die ganze Familie sich der Vita Napoletana ergab. Richard fuhr gerne mit der Tram oder einer Carrozzella in die Stadt, um Gelato zu schlürfen oder bei Dreher deutsches Bier zu trinken. Cosima ging Stoffe einkaufen, die sie besonders bei einem israelitischen Trödler erschwinglich fand. Sie staunte, wie die Decken in Körben von den Etagen auf den Platz herabgelassen wurden. Die Kinder suchten Muscheln im Meer. Richard besichtigte den Palazzo Reale, wohnte einer Gerichtsverhandlung im Tribunale bei, übte sich im Wechselpfeifen mit dem Gärtner der Villa und sagte, er würde gerne eine Trattoria haben.

Aber er war seelisch zutiefst frustriert. Die ersten Bayreuther Festspiele hatten in ihm Zweifel über die Wege einer szenischen Realisierung des „Ring" zurückgelassen und mit einem finanziellen Debakel geendet. Die Italienreise hatte ihm König Ludwig durch einen Sonderzuschuß ermöglicht, aber die Zukunft für „Parsifal" auf der Bühne war ungeklärt. Er machte seinen Gefühlen fast pausenlos durch wütende Angriffe gegen alle und jeden Luft. Kaiser Wilhelm und Bismarck warf er mangelndes Interesse vor. Für sie blieb Wagner, dessen Bedeutung sie ahnten, der Mann Ludwigs II., des Königs, der im Jahre 1866 gegen Preußen gekämpft hatte und den Wagner in einem seiner politischen Amateurexzesse als Deutschen Kaiser propagieren wollte. Und die laut Wagner dem Verfall entgegeneilende deutsche Nation überhaupt. Und natürlich, wie immer, die Juden. Was Wagner der Welt vorwarf, und aus welchen äußeren Gründen – man spürt immer die wahre Ursache. Er dachte ganz ernstlich an eine Auswanderung nach den Vereinigten Staaten. Deutsch-Amerikaner hatten seinen Appetit auf das Land der unbegrenzten Möglichkeiten geweckt, er hatte in Deutschland einen amerikanischen Zahnarzt – und redete sich ein, zu glauben, daß die unbegrenzten Möglichkeiten für ihn einen musikdramatischen Goldrausch in Minnesota einschlössen. Er sah sich in einem Palastwagen durch den Goldenen Westen reisen. Ausflüge brachten ihn für kurze Zeit auf andere Gedanken. Es gab einen Tagesausflug nach Sorrent. „Der Vesuv und Capri, das ist wie Mann und Weib, Sonne und Mond", fand er. Man bestieg den Vesuv. Richard schaffte es nur bis zum Observatorium, die Kinder kletterten im Krater umher. Künstlerisch wurde für ihn der Drei-Tage-Ausflug nach Amalfi, vom 25. bis zum 27. Mai 1880, eine besondere Inspiration. Der deutsch-russische Maler Paul von Joukowsky war mit von der Partie. Er hatte ein Atelier in Neapel, malte Frau Cosima und war Wagners liebster und geliebtester Jünger geworden. Joukowsky hatte homosexuelle Neigungen und war als Begleiter des amerikanischen Dichters Henry James nach Neapel gekommen, der eben mit dem Roman „Der Amerikaner" seinen ersten Erfolg gehabt hatte. James verlor seinen Freund – physisch an jenen singenden Gassenjungen Peppino, seelisch an den großen Zauberer. Wagner wünschte, daß der keineswegs übermäßig begabte Joukowsky nicht nur die Dekorationen für „Parsifal", sondern auch für alle anderen etwa in der Zukunft in Bayreuth erscheinenden Wagner-Werke entwerfen sollte. Man ritt von Amalfi nach Ravello, Peppino sang dabei, und Wagner schrieb am selben Tage in das Gästebuch des Palazzo Rufolo von Ravello: „Habe den 2. Akt von Parsifal gefunden!" Er bestellte bei Joukowsky einen Entwurf für Klingsors Zaubergarten, in sarazenischem Stil wie dieser Palazzo und voll von der gleichen üppigen Vegetation.

Natur inspirierte Wagner sonst mehr als bildende Kunst.

In der Villa D'Angri gab es häufig die obligaten Tiraden gegen das italienische Theater. Wie könne eine anständige Frau sich überhaupt so etwas ansehen? Er analysierte die Monotonie der italienischen Oper an Hand der Musik von Spontini, beschrieb die „Gemeinheit" der Musik von Rossini (dessen Musik zum schrillen Klang seines Pianinos passe) und fand lediglich positive Worte für Bellini, aus dessen „Norma" er manchmal sang. Wagner, der sich immer für das Projekt einer Opernschule für seine eigenen Werke interessiert hatte, besuchte das Konservatorium von Neapel. Er unterhielt sich dort mit dem alten Lehrer Francesco Florimo, der sich noch an seinen Schüler Bellini erinnerte und die Überführung der Gebeine Bellinis von Paris nach Neapel veranlaßt hatte. In der Kirche San Pietro a Maiella, die mit dem Konservatorium verbunden ist, hörte er die Aufführung eines Miserere von Leonardo Leo, dem barocken neapolitanischen Hoforganisten aus Brindisi. Zu Hause spielte ihm Giovanni Sgambati, ein kompositorisch kaum begabter Liszt-Schüler, zu seiner Verzweiflung eigene Werke vor.

Wagner ging zeitlebens relativ selten in die Oper

Während seines Aufenthaltes in Neapel hat Wagner nur zwei Opernvorstellungen besucht, obwohl Neapel damals ein ganz bedeutendes Zentrum der Opernwelt Italiens darstellte. Einmal ging er ins Teatro Bellini – es liegt auch bei San Pietro a Maiella und ist heute ein Kino – zu einer Vorstellung von Rossinis „Barbier von Sevilla" mit der gefeierten Sopranistin Bianca Donadio als Rosina. Er war mit seiner Familie Gast des Theatereigentümers, des On. La Capra, in dessen Loge – und fand das Ganze entsetzlich. Am 17. Januar besuchten die Wagners das weltberühmte Teatro San Carlo, man gab „L'Ebrea" („Die Jüdin" von Halévy). Wagner fand das Orchester sehr gut, die Sänger schrecklich, die Darstellung und das beständige Schreien vor dem Soufleurkasten unerträglich. Hingegen gefiel ihm das Werk, es enthielte viele Schönheiten, sagte er – es wäre die bedeutendste Grand Opéra, Halévy der erste musikalische Genremaler mit mehr Gefühl als Cherubini, er hätte ja den „faulen Mann mit der sehnsüchtig-sinnlichen Natur" noch gekannt und gern gehabt. Diese Oper ist von Juden geschrieben, der Held ist ein jüdischer Goldschmied, und auf der Bühne sehen wir ein jüdisches Pessach-Fest. Reizend und so typisch für Wagners Widersprüchlichkeit ist seine Bemerkung: „Das Schöne an dieser Oper ist: Sie ist so gar nicht jüdisch..."

Hätte Wagner das San Carlo noch an anderen Abenden besucht, dann hätte er in dieser Spielzeit, die bis zum 15. April dauerte, auch zwei Werke eines Komponisten hören können, von dem er bis zum Jahre 1882, in welchem er sich über ihn lustig machen sollte, wenig Kenntnis genommen hat: von Giuseppe Verdi standen „Il Trovatore" und „La Forza del Destino" auf dem Spielplan. Ist es nicht seltsam, daß Wagner im Jahre 1880 noch immer den fast vergessenen Spontini zerpflückte und von dem Siegeszug des damals 67jährigen Verdi, der schon an „Otello" arbeitete, überhaupt keine Notiz nahm? Er diktierte Frau Cosima in der Villa D'Angri den Schluß seiner Selbstbiographie, die mit einer Szene von haarsträubender Geschmacklosigkeit endet: das Mittagessen bei Kapellmeister Karl Eckert in Stuttgart, an jenem 3. Mai 1864, an welchem Wagner die Freudenbotschaft von König Ludwig II. erhielt und gleichzeitig Meyerbeers Tod gemeldet wurde – worauf der kapellmeisternde Wagner-Jünger Wendelin Weißheimer in Gelächter ausbrach. Vielleicht hätte ein weiterer Besuch im San Carlo Richard Wagner, dessen Siegeszug auch der Siegeszug Verdis nicht hemmen konnte, zu einem Augenblick des Nachdenkens und des Verstehens der realen Gegenwart gebracht.

Die reale Gegenwart bedeutet für mich, daß es 18 Uhr geworden ist. Es ist noch hell am 5. April 1982, denn Italien hat schon Sommerzeit. Die Zeit drängt; heute abend drehen wir noch an „Tosca". Ich bedaure das strikte Verbot der Schwester, die Hauptvilla zu betreten – mein Weg führt mich also weiter durch den Park, am vorderen dem Golf zugewandten Abhang entlang, bis zu dem chinesischen Pavillon, den Wagner oft besuchte.

„Sag, welch wunderbare Träume halten meinen Sinn umfangen..." (Mathilde Wesendonck)

Wie merkwürdig waren seine Träume. Es waren nicht Träume eines Gehetzten, Ruhelosen, Verbitterten, der dem Tod entgegenschritt. Waren das die Träume des (zumindest posthum) Siegesgewissen? Beethoven lädt ihn zur Aufführung einer Symphonie ein, und beide knien voreinander. Ein vertrauliches Gespräch mit Napoleon III. und Eugenie in deutscher Sprache... Eine Unterhaltung mit Lord Byron über Schopenhauer... Versöhnung mit Meyerbeer unter Applaus des Publikums...

Wenn Wagner gut aufgelegt war, konnte er jedermann zum Lachen bringen.

Wie sich bei Wagner das nervenerregendste Fortissimo des Orchesters im Atemholen des verklärten Pianissimo löst, so prallen die Exzesse seines Hasses gegen das Atemholen eines manchmal brutalen, manchmal feinsinnigen, manchmal bizarren, manchmal sogar gütigen Humors. Er verlangt, der Zar möge St. Petersburg verbrennen – und sagt in einer Gesellschaft: „Das würde mein größter Triumph sein, wenn ich Euch Alle in meiner Todesstunde zum Lachen brächte!" Nach schlaflosen Nächten nennt er sein Bett die „Ärgermaschine" und meint, daß Gott augenscheinlich denke: „Wie kann ich den Wagner nur zwicken und plagen?" Die Preußen seien dazu da, die Franzosen zu schlagen – aber er bedauert, daß der liebe Gott die Franzosen gar so gern hat, und „gegen den kann man nicht aufkommen". Politik und Botanik; er möchte, daß Königin Victoria („die dumme Büchse") abdankt – und erklärt, daß der Kaktus eigentlich ein Vieh werden wollte. Politik und Emigration: „Wie kann man die Massenauswanderung aus Europa bremsen? Machen Sie Amerika preußisch, dann geht kein Mensch hin!"Tiefenpsychologie: „Wenn die Optimisten wüßten, wie schlecht es ihnen in dem verbesserten Zustand gehen würde."

Als mir vor dem Pavillon dieser Wagner-Satz einfiel, da beschloß ich trotzdem, meinen Optimismus nicht aufzugeben und einen Versuch zu machen, nun selbst in die Villa zu kommen. Ich läutete, konnte die alte Oberschwester für meinen Plan gewinnen und stand in der weißen Vorhalle unter dem aus Halbkuppeln mit Kassetten-Einlagen gebildeten Dach. Über einem hohen, anscheinend in das nächste Zimmer führenden Eingang erinnert eine Gedenktafel des Rotary Clubs von Neapel aus dem Jahre 1980 daran, daß in diesem Saal vor 100 Jahren „le note sublimi" des „Parsifal" zum ersten Male erklangen. Ich durfte das Tor durchschreiten und befand mich im Hauptsaal, einem mittelgroßen, länglichen, in die Richtung des Golfes weisenden, in pompejanischem Stil gehaltenen Raum mit Rosa, Braun, Himmelblau und Golden als dominierende Farben. Von diesem Saal aus führt die hintere Mitteltür hinaus ins Freie, wo man über einige Stufen auf die große Terrasse – Wagners Lieblingsaufenthalt – gelangt. Die Oberschwester erklärt mir, daß Marcus Antonius Doria aus der Familie Angri diese Villa im Jahre 1833 unter der Herrschaft des neapolitanischen Bourbonenkönigs Ferdinand II. erbaut hatte. „Elegantia quanta maxima" steht auf einer Plakette im Garten – also wie geschaffen für ihren illustren Gast Richard Wagner. Die Familie Angri verlor ihr Geld und verkaufte die Villa nach Wagners Besuch an eine Engländerin, von der sie 1886 die Schwestern der Santa Dorotea erwarben.

Vieles, was sich in diesem von Wagner so geliebten pompejanischen Saal ereignete, liefert Schlüssel zum Verständnis seiner Persönlichkeit – überdimensional in allem, auch in ihren Widersprüchen. Wagner predigte das Vegetariertum – und aß Fleisch. In diesem Saal fanden auch seine berühmten Lesungen statt, bei denen er im engsten Kreise Werke der Literatur vortrug und erörterte. Da war die vieldiskutierte Lesung der „Orestie" von Aischylos in drei Raten, da waren fragmentarische Lesungen von Shakespeare („aus Heinrich IV.", „Der Kaufmann von Venedig", „König Lear", „Was ihr wollt" usw.), von Schiller, von Goethe – dessen „Italienische Reise" er als „Kunstfaselei" ablehnte –, von Cervantes, von Goethes Tod und von den Sonetten des 1600 in Rom durch die Inquisition verbrannten Denker-Dichters Giordano Bruno. Heinrich von Stein, Siegfrieds Erzieher, hatte sie übersetzt. Und Wagner spielte seine „note sublimi" – er spielte aus „Tannhäuser", aus „Parsifal", aus Beethovens Fünfter. Manchmal sang er dazu. Für sein kleines Publikum machten diese Minuten ihr Leben lebenswert. Da verzieh man ihm alles.

Wer war nun der engste Kreis um Wagner in diesem neapolitanischen Wahnfried? Neben seiner Familie und dem immer ekstatischen Joukowsky zunächst die rührende Malwida von Meysenbug – eine alternde Dame aus Kassel, die nie heiratete und Wagner seit ihrer Begegnung in London 1855 auf allen Wegen folgte. Sie hatte einmal den Kreisen der italienischen Einigungsbewegung um Mazzini nahegestanden, dann wurde Wagner ihr Idol. Sie kämpfte für ihn in den Tagen des Pariser „Tannhäuser"-Durchfalls, sie zog nach Bayreuth und war nun in Italien als besondere Vertraute Cosimas wieder dabei. Mit dem strengen Heinrich von Stein, der mit nur 30 Jahren sterben sollte, gab es erregte Diskussionen, weil Wagner gegen die Bestrafung von Kindern war. Josef Rubinstein, ein russischer Musiker, der sich bei den Vorbereitungen zu den ersten Bayreuther Festspielen so bewährt hatte, war nun Wagners unentbehrlicher Hausmusikus geworden. Auch er musizierte hier und spielte Teile aus dem „Ring"und Beethoven-Sonaten. Josef Rubinstein blieb Wagner mit Haut und Haar so sehr verfallen, daß er sich nach dem Tod des Meisters das Leben nahm. Rubinstein war Jude. Ein gewisser Martin Plüddemann, begabter Balladensänger und Komponist, gehörte zum engen Kreis – auch Plüddemann sollte sehr jung sterben. Aristokraten aus der Umgebung kamen zu Wagner auf Besuch, aber ihre Gesellschaft wurde immer anstrengender für ihn. Manchmal kam seine italienische Verlegerin, Frau Giovanna Lucca – man freute sich über den Erfolg der ersten „Lohengrin"-Vorstellung in Rom.

Im März gelang es einem 26jährigen völlig unbekannten Musiker aus Siegburg im Rheinland, bei Wagner vorgelassen zu werden. Es war Engelbert Humperdinck, der später durch seine Oper „Hänsel und Gretel" Weltruhm erlangen sollte. Der glühende Wagnerianer hatte an der erzkonservativen Münchner Musikschule einer Gruppe Gleichgesinnter angehört, die sich „Ritter des Ordens vom Gral" nannten. Es störte den Meister nicht im mindesten, daß sich sein junger Bewunderer ausgerechnet als Mendelssohn-Stipendiat auf der Durchreise nach Sizilien hier befand. Er sagte ihm nur, daß man als Musiker für seine Kunst in Italien nichts profitieren könne, und forderte ihn auf, sich auf der Rückreise im Mai wieder in der Villa D'Angri zu melden. Bei dieser Rückkehr sollte er an einem Ereignis mitwirken, das allen, die dabei waren, unvergeßlich blieb.

Eine seltsame Uraufführung

Wagner hatte vor, seinen 67. Geburtstag am 22. Mai mit der Uraufführung der Liebesmahlszene aus „Parsifal" im Kreise der Familie zu feiern. Am 13. Mai hatte er bereits selbst die Stimmen herausgeschrieben und begonnen, wie er sagte, „heillos zu probieren". Nach Humperdincks Ankunft wurde es dessen Aufgabe, den vier Cosima-Töchtern die sehr schweren Partien der „Stimmen aus der Höhe der Kuppel" des Gralstempels einzustudieren. Die Feier begann am späten Nachmittag des 22. Mai. Humperdinck hat später geschildert, wie die Natur eine „Glorie von trunkener Schönheit" spendete, als die ersten Takte der Verwandlungsmusik begannen. Die Teilnehmer bildeten im pompejanischen Saal einen großen Kreis. Den Flügel spielte Rubinstein, und rechts von ihm waren wie eine Perlenschnur die festlich gekleideten Mädchen aufgereiht, deren Gesichter vor Erwartung leuchteten. Ihnen gegenüber sangen Plüddemann und Humperdinck, aus diesen beiden bestand der Gralsritterchor. Im Hintergrund als einzige Zuhörer: Cosima und Siegfried, Joukowsky und ein „Gralsordenskollege" von Humperdinck, der Bildhauer Fritz Hartmann aus München. In der Mitte des Kreises saß Wagner. Vor sich hatte er auf einem Pult die „Parsifal"-Skizzen, aus denen er sang und dirigierte – Kapellmeister, Solist, Regisseur in einer Person. Wagners Stimme war nicht groß, aber er sang mit Einsatz aller Register und ergreifendstem Ausdruck die Mahnung des Gurnemanz, die Klagen des Amfortas um das verwaiste Heiligtum, Titurels weihevolle Grabestöne. Die Mädchen hielten sich tapfer bei den Engelsstimmen – wenn ein Sopran oder ein Ritter den Einsatz verpaßte oder ein Tenor fehlte, dann half der Meister aus, als ob er das Werk schon zahllose Male dirigiert hätte. Die Dämmerung sank hernieder, als die letzten Klänge leise verschwebten... „Selig im Glauben". In lautloser Entrücktheit schwieg alles wie bei einer Offenbarung aus einer höheren Welt. Dann brach nicht enden wollende Begeisterung aus. „Na, Kinder, ihr dürft mit mir zufrieden sein", lächelte vergnügt der Meister, „ich war nicht auf den Kopf gefallen, als ich dies schrieb." Und Humperdinck nahm die Einladung Wagners an, mit Rubinstein nach Bayreuth zu kommen und bei den Vorbereitungen zu „Parsifal" mitzuhelfen.

„Parsifal"-Fremdenführung

Aus meinem verzauberten Rückblick weckte mich die Stimme der Ordensschwester, die mir die Szene so zu erklären begann: „In diesem Saal versammelte Wagner die größten Sänger der Welt, um seinen ‚Parsifal' uraufzuführen..." Das rief mich in die Wirklichkeit zurück, ich dankte, und mein Vincenzo fuhr mich wieder zu den Dreharbeiten an „Tosca". Eine kleine Episode ging mir nicht aus dem Sinn. Am 10. Juni hatte Richard Wagner nach einem Besuch im Botanischen Garten die so beliebte junge Königin Margherita von Italien gesehen, die in einem Wagen vorbeifuhr. Er grüßte sie und schwärmte noch lange von ihrem „traurig-freundlichen" Aussehen. Er wußte natürlich nicht, daß sie eben ihre finanzielle Hilfe für einen jungen hochbegabten Kirchenmusiker aus Lucca bewilligt hatte, der wenige Wochen später dadurch seine Studien am Konservatorium von Mailand beginnen konnte. Sein Name war Giacomo Puccini.
Meine Gedanken weilten noch lange in der verzauberten Villa Wagners in Neapel, wo für kurze Zeit sein „Wähnen" Frieden fand.

In der Villa D'Angri nahe dem neapolitanischen Vorort Mergellina wohnte Wagner mit seiner Familie vom 4. Januar bis zum 8. August 1880. Hier erklang in privatem Kreise zum ersten Mal eine Szene aus „Parsifal". In dieser Villa befindet sich heute eine katholische Schule.

Am Canal Grande in Venedig. Gemälde von G. Ciardi. Seit dem 18. September 1882 bewohnte Wagner ein Stockwerk des Palazzo Vendramin am Canal Grande, um, wie in vielen späten Wintern seines Lebens, von den immer bedrohlicher werdenden Herzanfällen Erholung zu finden. Bei der Uraufführung des Bühnenweihfestspiels „Parsifal" während der zweiten Bayreuther Festspiele am 26. Juli 1882, deren Zustandekommen trotz des Defizits der ersten Festspiele von 1876 König Ludwig II. ermöglicht hatte, galt Wagner bereits als der erste Komponist seiner Zeit. Während der letzten Wiederholung am 29. August bat er plötzlich den Dirigenten Hermann Levi, ihm den Taktstock zu überlassen, und dirigierte zum ersten und einzigen Mal ein Bühnenwerk in Bayreuth: den dritten Akt ab der Verwandlungsmusik. In Venedig gab es am 24. Dezember 1882 noch ein letztes originelles Geburtstagsgeschenk für Cosima: Im Teatro La Fenice führte Wagner mit einem Schülerorchester seine Jugendsymphonie in C-Dur auf, anschließend spielte Franz Liszt Klavier. Wir kennen nicht die letzten Worte des Meisters nach dem Herzanfall an jenem 13. Februar 1883 – aber in den beiden letzten Nächten soll er von Mathilde Wesendonck und von Friederike Meyer geträumt haben... Viele Tage lang brachten alle führenden Zeitungen der Welt Nachrufe und genaueste Beschreibungen der Überführung Wagners auf der Gondel in Venedig zur Stazione und weiter zum Begräbnis in Bayreuth. Sein Werk war noch umstritten, aber nicht mehr seine Unsterblichkeit.

Und nachher…

„Wagner kann beinah unbeschränkt gegen sich selbst zitiert werden, etwa so, wie Beethovens Adagios gegen seine Scherzi angeführt werden könnten, wenn zwischen zwei Narren ein Disput entstände, ob er ein melancholischer oder ein fröhlicher Mensch gewesen sei." (George Bernard Shaw, „The Perfect Wagnerite", 1898)

„Wagner ist, als künstlerische Potenz genommen, etwas nahezu Beispielloses, wahrscheinlich das größte Talent aller Kunstgeschichte" (Thomas Mann, „Wagner und unsere Zeit", 1931)

Ich empfinde das Ende dieses Buches als meinen traurigen Abschied von einer wundervollen Zeit, die ich in beinahe persönlicher Nähe zu Richard Wagner verbracht habe. Manchmal hatte ich das Gefühl, er tritt zur Tür herein, mit Samtjoppe und Barett, und oft kam mir der Gedanke: Wäre es mir überhaupt möglich gewesen, mit ihm zu sprechen? Ich glaube, ja. So schroff, hart und abweisend er in Verhandlungen sein konnte – Menschen vom Theater haben einen leichten Weg zu ihm gefunden. Man hat ihn so oft als egozentrisch, eingebildet und arrogant beschrieben – da muß ich aus meiner Dramaturgen-Erfahrung sagen: Wenn ich an Gespräche mit manchen heutigen Komponisten, Dirigenten oder Regisseuren denke, dann hatte Wagner die Bescheidenheit eines Hotelportiers. Man muß diesem Leben Verständnis entgegenbringen – einem Leben, das auf den vielschichtigsten Wegen der Gedanken und des Erlebens immer geradlinig einem Ziel gedient hat: dem Theater seiner Vision.

Für dieses Leben dürfen keine normalen Maßstäbe gelten. Bis zu seinem 51. Lebensjahr hatte er entweder überhaupt nichts verdient oder die Stellung freiwillig seinen Idealen geopfert. Die Aufzählung seiner Adressen würde ein Kapitel füllen. Bis zu seinem Einzug in Wahnfried im 61. Lebensjahr hatte er niemals eine eigene Wohnung. Bis zur schicksalhaften Begegnung mit König Ludwig II. war er immer auf der Flucht – vor Gläubigern oder vor der Polizei. Um Geld zu verdienen oder um Aufführungsmöglichkeiten für seine Opern zu suchen, reiste er in atemberaubendem Tempo kreuz und quer durch Europa.

Sein ganzes Leben lang war er leidend; ihn plagten Gesichtsrose, Magenleiden und Herzanfälle, denen er schließlich erliegen sollte. Er schlief schlecht und träumte viel; lustige Träume, beängstigende Träume. Wenig Schlaf ohne Träume, viele Träume ohne Schlaf.

Er war gesellig und doch ein Einzelgänger. Er liebte die Gesellschaft seiner Familie und seiner Künstler. Der junge Johannes Brahms kopierte Noten für ihn, Anton Bruckner machte ihm einen Huldigungsbesuch in Bayreuth – Peter Cornelius, der Komponist des „Barbier von Bagdad", war trotz vieler Eifersüchteleien sein Jünger –, aber unter allen Großen der Musik stand ihm nur Franz Liszt nahe. Er liebte die Tiere, insbesondere seine Hunde. Der Kampf gegen die sogenannte Vivisektion (die Öffnung der Körper lebender Tiere zu wissenschaftlichen Zwekken) war ihm eine Herzensangelegenheit.

Mit großer Liebe habe ich das Geschehen in Bayreuth seit dem hinreißenden „Tannhäuser" des Jahres 1930 verfolgt, den Arturo Toscanini in der Inszenierung von Siegfried Wagner mit Maria Müller als Elisabeth dirigierte. Im gleichen Jahr war Cosima, 93 Jahre alt, gestorben. Ich habe es immer für viel schwieriger erachtet, zu ihr eine Beziehung zu finden als zu Richard Wagner. Ihre Tagebücher, die auf Grund einer testamentarischen Verfügung ihrer Tochter Eva bis vor wenigen Jahren der Öffentlichkeit vorenthalten blieben, zeichnen ein ganz merkwürdiges und nicht immer überzeugendes Bild von Richard Wagner. Wie bezaubernd waren seine Worte an Minna, mit Mathilde Wesendonck wurde er auch in privater Sprache zum Dichter, mit seinen früheren Freunden zeigte er eine liebenswerte Mischung von Herzlichkeit und Natürlichkeit – sowohl mit den Bohemiens seiner Pariser Elendsjahre wie mit dem Geiger Theodor Uhlig, dem Musiker Karl Ritter, dem Schriftsteller Theodor Apel, auch mit den vielen jüdischen Freunden in seinem engsten Kreis. Nur bei Cosima wirkte er oft unnatürlich, gespreizt, posierend und viel weniger liebenswert, als ihn die Berichte seiner Künstler aus jenen Jahren schildern. Ich habe immer empfunden, daß er Cosima nach der anfänglichen so oft besprochenen Liebesaffäre wie einen Regisseur in sein Leben eingesetzt hat. Sie hat ihn wirkungsvoll inszeniert. Ob sie ihn wirklich verstanden hat?

In Bayreuth lebt die Erinnerung an den elfjährigen Aufenthalt von Richard und Cosima Wagner (1872–1883), gefiltert durch die Erinnerungen an so viele Details der nun bereits seit mehr als 100 Jahren bestehenden Festspiele. In Tribschen aber lebt die Erinnerung an den sechsjährigen Aufenthalt des Paares (1866–1872) lediglich auf die Personen bezogen. Hier hat Richard eine, wie es im Volksmund heißt, „gute Nachrede". Man erzählt von seiner Liebenswürdigkeit, seiner Umgänglichkeit, seiner Freundlichkeit zu den Dienstboten und seiner Liebe zu den Tribschener Hunden, Papageien und Pfauen. Cosima hat eine schlechtere Nachrede – vielleicht nicht ganz zu Recht, doch könnte wohl die Aufregung über das außereheliche Zusammenleben der beiden (bis 1870) und die Geburt der zwei unehelichen Kinder die Schweizer verstimmt haben. Cosima galt als hart, ehrgeizig, berechnend, wenig nett zu Tieren, unfreundlich zum Personal. In Tribschen betrachtet man Wagner noch immer als eine Art Privateigentum und meint, der Wagner von Tribschen sei der echte Wagner gewesen – Tribschen Wagners Ort, Bayreuth hingegen Cosimas Ort.

Man wirft Cosima vor, sie habe als Herrin von Bayreuth – viel mehr als Richard Wagner – Haupt einer religiösen Sekte gespielt und in starrem Traditionsgefühl alle neuen Ideen von Bayreuth ferngehalten. Trotzdem sind ihre Verdienste um den Weiterbestand von Bayreuth nicht hoch genug einzuschätzen. Richard Wagner selbst hat niemals angedeutet, daß er in Cosima einen möglichen Nachfolger als Leiter von Bayreuth sähe. Die ersten „Parsifal"-Festspiele (1883) nach dem Tod Wagners gingen unter chaotischen Umständen vor sich. Noch 1884 dachte man, Franz Liszt oder Hans von Bülow als Leiter zu gewinnen – aber gerade in dem Jahr begann Cosima, aus einem eigens für sie gezimmerten Verschlag Anweisungen bei den Proben zu geben, die ihr Regietalent und ihre Führerpersönlichkeit bewiesen. Sie übernahm die Leitung der Festspiele, verpflichtete bedeutende Künstler zur Mitwirkung, und es war ihr Werk, zusätzlich zum „Ring" und zum „Parsifal" alle Hauptwerke Wagners (außer „Rienzi") in Bayreuth herauszubringen.

Der Sohn. Siegfried Wagner blickte als Leiter der Bayreuher Festspiele (1907–1930) weit in die Zukunft. Als Komponist zuerst überschätzt, heute (vielleicht zu Unrecht) vergessen, war er die Zielscheibe zahlloser Witze: „Mutti, Mutti, hör' zu, eben hab' ich das Erlösungsmotiv von Papa komponiert!"

Als ich mich 1930 zum ersten Mal für Bayreuth begeisterte, war nicht nur Cosima eben gestorben, sondern während des Festspielsommers auch ihr Sohn Siegfried Wagner, dem sie nach ihrer schweren Erkrankung 1907 die Leitung der Festspiele übertragen hatte. Siegfried Wagner war eine Persönlichkeit, die mich seit meinen Kindertagen interessiert hat – nicht nur, weil sein Wiener Konzert vom 8. Dezember 1924 das erste Symphonie–Konzert meines Lebens war. Ich habe die Klavierauszüge seiner Opern gesammelt und finde, daß die seinerzeit so erfolgreiche Oper „Der Bärenhäuter" des so oft belächelten „komponierenden Sohnes" als echte Volksoper den besten Werken von Humperdinck um nichts nachsteht. Was Siegfried Wagner seine Komponistenkarriere gekostet hat, waren die manchmal völlig unverständlichen, gewollt tiefsinnigen „Wagner-überwagnernden" Texte seiner späteren Opern, zu denen die manchmal sehr inspirierte volkstümliche Musik überhaupt nicht paßt. Die ersten Witze, die ich als Kind gehört habe, waren Siegfried-Wagner-Witze, die in reicher Zahl die Runde machten. Einer ging so: Kaiser Wilhelm hat Siegfried Wagner geadelt, denn „Siegfried" von Wagner ist ihm lieber als Siegfried Wagner. Siegfried sah seinem Vater ähnlich, war ein guter Dirigent, ein ganz hervorragender Regisseur und bedeutender Leiter der Bayreuther Festspiele. Ich habe manchmal den Eindruck, daß man heute die Rolle Siegfried Wagners als Vorläufer der Reformen von Neu-

Die Enkel. Wieland Wagner (l.) schuf einen Inszenierungsstil, zu dem noch heute jede Wagner-Inszenierung in positivem oder negativem Sinn geistig Stellung bezieht. Wolfgang Wagner (r.) öffnete die Bayreuther Festspiele den Regisseuren der kühnsten Avantgarde. Ihr Privatleben mit den in Theaterkantinen der Welt kolportierten Scheidungen und Skandalen, Konflikten mit ihren Kindern, durchziehen die Nibelungen-Stabreime um das künftige Erbe von Bayreuth: Sehrende Sorge, Macht und Minne, Neid um die Nachfolge.

Bayreuth nicht entsprechend würdigt. „Tannhäuser" war seine Meisterinszenierung. Er setzte moderne Lichteffekte ein und wagte es sogar, die geheiligten Urdekorationen des ersten „Parsifal"von 1882, auf denen das Auge des Meisters geruht hat, teilweise zu ändern.
Als auch „der Sohn" einem Herzanfall erlegen war, wurde die testamentarische Verfügung, seine Gattin Winifred zur Leiterin zu machen, heftig kritisiert. Sie war Engländerin, in Deutschland erzogen, und hatte bis dahin in die Festspielleitung künstlerisch nicht eingegriffen. Durch ihre Freundschaft mit Hitler wurde Winifred die umstrittenste Persönlichkeit von Bayreuth. Ich erinnere mich noch gut, wie sie später als alte Dame, einem lebenden Denkmal gleich, im Garten von Wahnfried hof hielt. In ihre Ära fällt die Machtübernahme durch den Nationalsozialismus und die dadurch bedingte Absage von Toscanini. Richard Strauss sprang ein (er dirigierte 1933 und 1934 den „Parsifal"). Künstlerisch war die Ära Winifred durch die Verpflichtung von Wilhelm Furtwängler als Dirigent, von Heinz Tietjen als Regisseur (und Dirigent) sowie durch die szenische Erneuerung des „Parsifal" in Dekorationen von Alfred Roller sehr bedeutend. Nach den „Kriegsfestspielen" für die Soldaten und die Arbeiter der Rüstungsindustrie kam ein kurzes Intermezzo mit einer sicherlich nicht sehr geschmackvollen Verwendung des Festspielhauses als musikalisches Unterhaltungstheater für die amerikanischen Soldaten, und dann 1951 die Wiedereröffnung unter der Leitung der Wagner-Enkel Wieland und Wolfgang.
Seit diesem Jahr war ich fast alljährlich zu Gast in Bayreuth und habe mit Enthusiasmus und Leidenschaft alles miterlebt. Daran hat sich bis heute nichts geändert. Wie herrlich waren viele der Vorstellungen – und viele der Abende in dem altberühmten Gasthaus „Zur Eule", wo man unter Bildern aller Opern von Siegfried Wagner und unter zahllosen Künstlerbildern aus der Geschichte Bayreuths lebhaft über den revolutionär neuen abstrakten Darstellungsstil von Wieland Wagner diskutierte. Mit größter Liebe denke ich an diese Jahre – wie haben wir uns damals, manchmal in positivem, manchmal in negativem Sinn, über Wielands Neuerungen aufgeregt! Wenn man an Inszenierungen denkt, die nachgekommen sind, dann empfindet man die Wieland-Wagner-Ära als Biedermeier...

Die Kirche. Während einer Fernsehreise in die Schweiz habe ich die protestantische Kirche von Luzern besucht, in der am 25. August 1870 Richard und Cosima getraut wurden. Auch Siegfrieds Taufe hat hier stattgefunden. Wagner wohnte damals im Vorort Tribschen und war Mitglied dieser evangelisch-reformierten Kirche. Sie steht nahe der Seepromenade und der Seebrücke; noch heute wird sie von vielen Wagner-Freunden besucht.

Konnte man keine Karte ergattern, dann gab es hinter der Bühne eine merkwürdige Struktur, welche „der Turm" hieß, die aber nicht mehr existiert; dort durfte ich manchmal durch die Hilfe Wielands oder Wolfgangs „doch hinein", man sah alles seitenverzerrt, hörte die Stimmen erträglich, das Orchester überhaupt nicht – aber man war glücklich. Da gab es ein Jahr, in dem ich alle Zyklen des „Ring" dort hörte, weil ich die langen Vorstellungen zu einer Abmagerungskur verwenden wollte. Das mißlang völlig, denn in Bayreuth ist es bekanntlich fast unmöglich, Hotelzimmer zu bekommen: Ich wohnte in Bad Berneck, und das ist leider die Oblaten-Hauptstadt von Deutschland...

Sosehr ich die Epoche Wieland Wagner als ein notwendiges Übergangsstadium der Wagner-Interpretation verstanden habe, sooft habe ich mich manchmal gefragt, ob seine Reformen wirklich einer Liebe zum Wagner-Werk entsprangen. Er machte oft (besonders in Wien) brutale Striche in den Opern, und von den Vorbereitungen zum Wiener „Lohengrin" in seiner Inszenierung unter der musikalischen Leitung von Karl Böhm (1965) sagte der Kulissentratsch, er habe einmal bei einer Orchesterprobe, als Böhm seinen traditionellen Wagner probierte, seufzend geflüstert: „O Gott, jetzt dirigiert er schon wieder Wagner!"

Der frühe Tod von Wieland Wagner mit 49 Jahren (1966) ist mir sehr nahe gegangen. Die Trennung von seiner Frau und seine Freundschaft mit Anja Silja waren damals Tagesgespräch der Opernwelt. Die Silja sang in Wien die drei Frauenrollen in der Premiere von „Hoffmanns Erzählungen" in der Inszenierung von Otto Schenk und wurde in der Nacht von Frau Renée Schenk im Taxi von Wien nach München ins Krankenhaus begleitet – aber es war zu spät.

Ich glaube, daß mit der Übernahme der Alleinleitung durch Wolfgang Wagner eine der bedeutendsten Perioden in der Geschichte der Bayreuther Festspiele begonnen hat. Er hat durch Hinzuziehung von hervorragenden Regisseuren wie August Everding, Götz Friedrich, Patrice Chéreau, Harry Kupfer, Jean-Pierre Ponnelle aus dem Familienbetrieb die vielbesprochene „Werkstatt" gemacht; vielleicht stand trotz oder wegen der Skandale um den „Jahrhundertring" von 1976 Bayreuth niemals so sehr im Zentrum der Weltaufmerksamkeit. Wolfgang Wagner ist ein glänzender Leiter der zur Stiftung gewordenen Festspiele. Er sieht aus wie sein Großvater. Es ist immer interessant, ihm zuzuhören, wenn er in einem exzessiven Prestissimo (unterbrochen von seinen berühmten rhythmisch wiederkehrenden „häh"-Lauten) spricht. Es ist manchmal nicht leicht, seinem Tempo zu folgen! Als Regisseur und Bühnenbildner schuf er mit den „Meistersingern" 1981 eine der klügsten und interessantesten Inszenierungen des geliebten Werkes.

Kann der liebe Gott ihr zu einer Karte verhelfen? Momentaufnahme von Karin Werner-Jensen während der Bayreuther Festspiele 1982.

Nichts ist amüsanter und eine bessere Lehrstunde in Psychologie, als einen Sommer lang zwischen Salzburg und Bayreuth zu pendeln. Salzburg mit seiner unvergleichlichen Schönheit von Landschaft und Architektur ist ein Zentrum der internationalen Gesellschaft, in dem bei den Festspielen die größten Künstler der Welt die berühmtesten Werke darbieten. Aber unter das Publikum mengen sich neben Liebhabern und Experten viele wohlhabende „Adabeis" aus aller Welt, die manchmal kaum wissen, was sie hören.

Keine Festspielstadt hat einen so hohen Durchschnitt von Fachleuten im Publikum wie Bayreuth. Dazu kommt natürlich, daß man nach Bayreuth nur der Festspiele wegen reist, und es daher dort zur Festspielzeit kein anderes Gesprächsthema gibt. In der Pause mancher internationaler Festspiele erfährt man die Neuigkeiten aus der High (und Low) Society, der Haute Couture und der Weltpolitik. In einer Pause der Bayreuther Festspiele, die man entweder in dem noch von Wagner konzipierten Restaurant oder bei einer Promenade um das Festspielhaus verbringt, kann jeder von jedem etwas über Wagner lernen. Die Bayreuther Festspiele blieben bis zum heutigen Tag die einzigen Festspiele der Welt, die einem einzigen Komponisten dienen. Ich glaube, Richard Wagner hätte selbst nie zu hoffen gewagt, daß sein Bayreuth noch mehr als 100 Jahre nach seinem Tod sein Werk verkünden wird.

Wo immer in der Welt man Wagner erlebt, pilgert man im Herzen einen Grünen Hügel hinauf.

Wagners Leben und Werk sind das phantastischste Märchen der Tausendundzweiten Nacht.

Von allem, was uns bewegt, singt sein Wort, spricht sein Ton : Glaube und Tod, Leben und Eros, Sünde und Erlösung.

Mir hat er die schönsten Stunden meines Lebens geschenkt. Nun sei bedankt.

Richard Wagner
wurde am 22. Mai 1813 geboren
und ist niemals gestorben

Nun seid bedankt...

meine lieben, mir zu Freunden gewordenen Mitstreiter. Mein Dank geht zunächst an meinen Verleger, den großen Wagner-Fan Gert Frederking, der die Idee zu diesem Buch hatte und mit all seiner dynamischen Energie die Meinung vertritt, daß man Wagner auch lieben darf, wenn man über ihn schreibt.

Meinen engsten Mitarbeitern wird wahrscheinlich nach diesen hektischen Monaten mit mir eine ausgiebige Wagner-Entschlackungskur guttun. Frau Dr. Karin Werner-Jensen hat mit unermüdlicher Phantasie Bilder aufgestöbert und photographieren lassen. Weit darüber hinaus war sie ein schöpferischer Mitarbeiter; sogar wenn man zur Umrechnung der Geldwerte wissen wollte, wieviel ein Pfund Weißbrot 1871 in Nürnberg und 1982 an der Nordsee kostete, war das für sie eine Spielerei. Frau Dr. Helga Zoglmann hatte die schier unmögliche Aufgabe des Lektorats auch in kreativer Weise wundervoll durchgeführt, es entging ihr keiner meiner durch mein Denken auf Englisch und mein vieles Fernseh-Sprechen ausbrechenden falschen Konjuktive und dadaistischen Verquickungen von Mitvergangenheit und Vorvergangenheit. Ihr verdanke ich die Gesamtordnung meines aus vielen Essays bestehenden Papierberges. Renate Wunderer hat durch ihre volle Hilfe im Endstadium, besonders bei Zeittafel und Werkverzeichnis, die Vervollständigung des Buches ermöglicht. Durch diese drei charmanten Damen wurde das Holzhaus neben dem „Vollererhof" bei Salzburg, in dem das Buch entstand, zum Wagner-Dreimäderlhaus. Leider hat es Frau Gerda Weiss vom Goldmann-Verlag, die als guter Geist ein Jahr lang das Buch von München aus betreute, nicht zum Viermäderlhaus gemacht. Daß das Ganze schließlich doch zum Buch wurde, bedurfte einer intensiven herstellerischen Betreuung, der sich die beiden Herren Peter Sturm und Martin Strohkendl mit einem ideenreichen Engagement widmeten. Für das Layout der Bildteile danke ich Herrn Peter Wilhelm.

Mit besonderer Herzlichkeit danke ich Herrn Wolfgang Wagner für die schönen Gespräche in Bayreuth, Herrn Dr. Oswald Bauer von seinem Pressebüro für die Hilfe beim Auffinden von Bildern und Daten, Herrn Dr. Manfred Eger von der Richard-Wagner-Gedenkstätte für all seinen Rat und seine Informationen über die Nach-Wagner-Zeit (auch seiner Mitarbeiterin Frau Margot Ludwig), meinem unersetzlichen Mitarbeiter an der Wiener Staatsoper, Herrn Paul Vetricek, für das Auffinden und Bearbeiten seltenen Materials, Frau Dorothee Härtter für Informationen aus dem Schott-Verlag, Herrn Werner Neumeister für die neuen Photos der Königsschlösser, Herrn Bernd Mayer und Herrn Wolfgang Lammel für alte und neue Bayreuther Bilder, Herrn Walter Grill für sein Alt-Bayreuther Bildmaterial, Signor Gualerzi (und den Damen im Archiv des Teatro von Reggio Emilia) für die Informationen über Wagner in Italien, Herrn Herbert Böhm für alte Stiche, meinen allwissenden Freunden Peter und Elly Weiser aus Wien für interessante französische Karikaturen, meinem geliebten Professor Hans Hannau aus Miami für wertvollste verlagstechnische Ratschläge, ferner meinen Schülern Michael Lewin, Michael Burggasser und Manuela Kursidem sowie meinen Kollegen Dr. Harald Goertz von der Staatsoper und Professor Dr. Hans Zimmerl von der Musikhochschule für wertvolle Informationen; Frau Gertrud Kappeles (Kustodin der Richard-Wagner-Villa in Tribschen) für viel Persönliches über den Meister; Herrn Architekt Herbert Menzel für die selbstlose Assistenz beim Ordnen der zahllosen Bücher und Noten in meinem Chaos am „Vollererhof"...; Herrn Günther Rimkus, dem stellvertretenden Intendanten der Staatsoper Berlin, gilt mein Dank für die Beistellung historischer Unterlagen; meinen verehrten Freunden und ehemaligen Chefs Professor Albert Moser in der Volksoper und Professor Dr. Egon Seefehlner in der Staatsoper für manch schönen Gedankenaustausch.

Nur wer fern von Wien arbeitet, weiß die Unersetzlichkeit der wundervollen Österreichischen Nationalbibliothek zu schätzen. Ohne den lieben Dr. Robert Kittler, Leiter des Bildarchivs, wäre keine Arbeit möglich, auch nicht ohne Frau Jarmila Weißenböck von der Theatersammlung und den verehrten Dr. Günter Brosche (Leiter der Musiksammlung). Und ich benütze diese Gelegenheit für einen tiefgefühlten Dank an Generaldirektor Dr. Josef Zeßner-Spitzenberg, Dozent Dr. Oskar Pausch (Leiter der Theatersammlung), Frau Dr. Magda Strebl (Leiterin der Druckschriftensammlung), Dr. Hermann Frodl (Leiter der Benützungsabteilung).

Und ich danke allen meinen Steh- und Sitzplatzkollegen, mit denen ich jahrelang über Wagner gesprochen habe – und allen Künstlern, die mir halfen, ihn zu verstehen.

Daten zu Leben und Schaffen

1813 *22. Mai:* Geburt Wilhelm Richard Wagners in Leipzig. Der Vater ist urkundlich der Polizei-Aktuar Carl Friedrich Wilhelm Wagner, die Mutter Johanna Rosine, geb. Pätz, Tochter eines Bäckermeisters aus Weißenfels.
21. Juli bis 10. August: Kuraufenthalt der Mutter Johanna in Teplitz, wo Ludwig Geyer Theater spielt.
16. August: Richard wird in der Thomaskirche in Leipzig getauft.
23. November: Friedrich Wagner stirbt an Typhus.

1814 *28. August:* Johanna Wagner heiratet den Schauspieler, Porträtmaler und Dichter Ludwig Geyer. Später Gerüchte um Vaterschaft Geyers (Geyer-Legende), Übersiedlung der Familie nach Dresden.

1815 *26. Februar:* Geburt von Wagners Halbschwester Cäcilie Geyer in Dresden.

1817 *Herbst:* Erster Schulbesuch Richards in Dresden.

1820 *Herbst:* Richard wird zu Pastor Wetzel nach Possendorf bei Dresden in Obhut gegeben. Dort lernt Wagner die Lebensgeschichte Mozarts und „Robinson Crusoe" kennen.

1821 *30. September:* Tod Ludwig Geyers in Dresden.
Mitte Oktober: Übersiedlung Richards zu Ludwig Geyers Bruder, dem Goldschmied Julius Geyer, nach Eisleben. Besuch einer Privatschule.

1822 *Sommer:* Aufenthalt bei Onkel Adolf Wagner (1774–1835), einem Gelehrten, der großen Einfluß auf Richard hat.
2. Dezember: Richard wird unter dem Namen Geyer in die Matrikel der Kreuzschule in Dresden eingetragen.

1823 Wagner beschäftigt sich mit griechischer und römischer Mythologie.

1826 *Frühjahr:* Wagner verfaßt eine Rittertragödie und verbrennt sie (Spott der Schwestern). Er übersetzt Gesänge der „Odyssee" ins Deutsche. Lieblingsschüler von Magister Sillig (Kreuzschule). Liebe zur Musik, besonders zu Carl Maria von Weber (Operndirektor in Dresden seit 1817).
Dezember: Wagners Schwester Rosalie (Schauspielerin) erhält Engagement nach Prag. Mutter und Schwestern folgen. Wagner bleibt in Dresden bei Familie Dr. Böhme.

1827 *8. April:* Konfirmation Richards in der Dresdner Kreuzkirche. Er trägt zum letzten Male den Namen Richard Geyer.
Frühjahr: Fußwanderung mit Rudolf Böhme nach Prag.
Weihnachten: Richard übersiedelt zur Familie nach Leipzig.

1828 *21. Januar:* Besuch des Nicolai-Gymnasiums in Leipzig. Pennälerdrama „Leubald und Adelaide".
Herbst: Heimlicher Unterricht in Harmonielehre bei Gottlieb Müller.

1829 *April:* Wagner hört Wilhelmine Schröder-Devrient als „Fidelio" und beschließt, Musiker zu werden.
Sommer: Wagner bleibt allein in Leipzig, um sich nur der Musik widmen zu können. Erste Kompositionen: Klaviersonaten in d-Moll, f-Moll, Quartett in D-Dur.

1830 *8. Januar:* Hans Guido Freiherr von Bülow in Leipzig geboren.
Frühjahr: Wagner verdient Taschengeld durch Korrekturarbeiten für Schwager Friedrich Brockhaus. Erste politische Lektüre.
16. Juni: Übertritt in die Thomasschule.
Sommer: Kurze Zeit Violin-Unterricht.
Wagner verfaßt den Klavierauszug zu Beethovens Neunter Symphonie.
Mitte Oktober: Begegnung mit Robert Schumann.
Ouvertüren in B-Dur (Paukenschlag-Ouvertüre), in D-Dur (6/8) und zur „Braut von Messina". Schäferoper angefangen.
24. Dezember: Aufführung der B-Dur-Ouvertüre im Leipziger Theater.

1831 *23. Februar:* Immatrikulation an der Leipziger Universität als Student der Musik.
Sommer: Ausschweifendes Studentenleben. Er verspielt die Rente seiner Mutter, gewinnt alles zurück und gibt das Spielen auf.
Spätsommer: Schüler von Theodor Weinlig, Kantor der Thomasschule in Leipzig.
26. September: Uraufführung Konzertouvertüre in d-Moll im Theater.
Gute Fortschritte bei Weinlig.
27. November: „Fantasia" für Klavier in fis-Moll.
Sieben Kompositionen zu Goethes „Faust", Sonate für vier Hände in B-Dur, Klaviersonate in B-Dur.

1832 Die Theodor Weinlig gewidmete Klaviersonate in B-Dur erscheint (Breitkopf & Härtel).
16. März: Uraufführung „König Enzio" in Leipzig.
17. März: Konzertouvertüre in C-Dur beendet.
23. Februar: Konzertouvertüre d-Moll. Gewandhaus-Konzert.
30. April: Konzertouvertüre in C-Dur. Gewandhaus-Konzert.
Frühsommer: Symphonie in C-Dur komponiert.
Spätsommer: Wagner vier Wochen zu Studien in Wien. Anschließend fünf Wochen auf Schloß Pravonin bei Prag. Komposition von „Abendglocken".
November: Aufenthalt in Prag. Am Konservatorium Uraufführung der Symphonie in C-Dur. Dichtung seiner ersten Oper „Die Hochzeit".
5. Dezember: In Leipzig Komposition der ersten Nummern der „Hochzeit".
Vernichtung der Komposition wegen des Spottes seiner Schwester Rosalie. Nur die Partitur der ersten Szene bleibt erhalten.

1833 *10. Januar:* Aufführung der C-Dur-Symphonie. Gewandhaus-Konzert.
Mitte Januar: Wagner nach Würzburg. Chordirektor am Theater. Mehrfach Aufführungen eigener Kompositionen.
6. August: Partitur der Oper „Die Feen" erster Akt beendet.
23. September: Tenoreinlage zu Marschners Oper „Der Vampyr".
1. Dezember: Partitur „Die Feen" zweiter Akt beendet.

1834 *6. Januar:* Partitur „Die Feen" abgeschlossen.
21. Januar: Wagner verläßt Würzburg. Rückkehr nach Leipzig.
10. Juni: Aufsatz „Die deutsche Oper" erscheint in der „Zeitung für die elegante Welt".
Mitte Juni: Wagner mit Theodor Apel zwei Wochen nach Teplitz. Dort Prosaentwurf für die Oper „Das Liebesverbot".
Ende Juli: Musikdirektor der Bethmannschen Schauspieltruppe (aus Magdeburg) in Bad Lauchstädt. Er lernt seine spätere Frau, die Schauspielerin Minna Planer, kennen.
29. August: Kompositionsskizze des 1. Satzes der Symphonie in E-Dur beendet.
10. Oktober: Musikdirektor in Magdeburg. Erkrankung an Gesichtsrose.
Ende Dezember: Komposition „Beim Antritt des neuen Jahres" (Festspiel).

1835 *Januar:* Verlobung mit Minna. Partitur „Columbus"-Ouvertüre.
23. Januar: Orchesterskizze „Das Liebesverbot" I begonnen.
Ende Juli: Für Bethmann unternimmt Wagner eine Reise

zur Anwerbung von Sängern und sieht zum ersten Male Bayreuth. Wird in Nürnberg Zeuge einer Straßenprügelei. Vorbild zur Prügelszene in „Meistersinger".
1. August: Onkel Adolf Wagner stirbt.
Mitte August: In Frankfurt. Beginn der autobiographischen Skizzen („Rote Brieftasche").
30. Dezember: Orchesterskizze „Das Liebesverbot" II beendet.

1836 *Januar:* „Das Liebesverbot" vollendet.
29. März: Wagner dirigiert die Uraufführung „Das Liebesverbot" in Magdeburg.
Auflösung der Magdeburger Truppe.
18. Mai: Verhandlungen wegen „Liebesverbot" in Berlin.
Juli: Partitur der Ouvertüre „Polonia" vollendet (Begeisterung für polnische Freiheitskämpfe).
Herbst: Prosaentwurf zur Oper „Die hohe Braut" vollendet.
24. November: Minna Planer und Richard Wagner heiraten in Tragheim bei Königsberg, wo Minna engagiert ist.

1837 *15. März:* Vollendung der Ouvertüre „Rule Britannia".
Frühling: Beginn der Dichtung und Komposition „Die lustige Bärenfamilie".
1. April: Musikdirektor am Königsberger Theater.
3. Juni: Minna verläßt Wagner.
15. Juni: In Berlin. Kontrakt mit Karl Holtei für das Theater in Riga.
20. Juni: In Blasewitz liest Wagner den „Rienzi"-Roman von Edward Bulwer-Lytton.
21. Juli: Wagner in Riga.
Ende Juli: Prosa-Entwurf zur Oper „Rienzi".
September: Partitur der Einlage-Arie zum Singspiel von K. Blum „Marie, Max und Michael" vollendet.
12. Oktober: Tod der Schwester Rosalie.
19. Oktober: Rückkehr Minnas zu Wagner in Riga.
November: Partitur der „Nicolai"-Volkshymne beendet.
24. Dezember: Cosima, die Tochter Liszts und der Gräfin d'Agoult, in Como geboren.

1838 *Frühsommer:* Wagner wird durch die Geschichte „Gespensterschiff" auf den „Holländer"-Stoff aufmerksam.
Anfang August: Dichtung „Rienzi" beendet.
7. August: Orchesterskizze „Rienzi" I begonnen.
Herbst: Vertonung des Gedichtes von Georg Scheurlin „Der Tannenbaum".
6. Dezember: Orchesterskizze „Rienzi" I beendet.

1839 *6. Februar:* Partitur „Rienzi" I beendet. Orchesterskizze „Rienzi" II begonnen.
März: Wagner verliert seine Stellung in Riga. Heinrich Dorn Nachfolger.
April: Minnas Abschied von der Bühne.
9. April: Orchesterskizze „Rienzi" II beendet.
9. Juli: Beginn der abenteuerlichen Flucht vor seinen Gläubigern.
19. Juli: Wagner, Minna (und der Neufundländer Robber) in Pillau. An Bord der „Thetis" Reise nach London.
27. bis 29. Juli: Schwerer Sturm im Skagerrak. Der „Holländer"-Stoff beschäftigt Wagner.
29. Juli: Notlandung in einer Bucht in Südnorwegen.
1. August: Die havarierte „Thetis" sticht wieder in See. Neuerliche Stürme.
12. August: Ankunft in London.
20. August: In Boulogne-sur-mer. Begegnung mit Meyerbeer.
12. September: Partitur „Rienzi" II beendet.
17. September: Wagner und Minna in Paris (Rue de la Tonnellerie Nr. 3).
Oktober: Der Neufundländer Robber entläuft.
13. Dezember: Kompositionsentwurf „Faust"-Ouvertüre.

1840 *12. Januar:* Partitur „Faust"-Ouvertüre 1. Fassung beendet.
15. Februar: Orchesterskizze „Rienzi" III begonnen.
Wagner erfolglos in Paris, seine Schulden steigen.
Begegnung mit Heinrich Heine und Hector Berlioz. Komposition der Baß-Einlage zu Bellinis „Norma" für Luigi Lablache.
26. März: Komposition des Liedes „Les Adieux de Marie Stuart".
15. April: Übersiedlung in die Rue du Helder Nr. 25.
7. Juli: Orchesterskizze „Rienzi" III beendet.
10. Juli: Orchesterskizze „Rienzi" IV begonnen.
12. Juli: Aufsatz „Über die deutsche Musik" erscheint in der „Gazette musicale de Paris".
Sommer: Wagner übergibt dem Direktor der Pariser Oper Léon Pillet den Prosa-Entwurf zum „Fliegenden Holländer".
18. Oktober: „Der Virtuos und der Künstler" in der „Gazette musicale".
19. November: Partitur „Rienzi" vollendet.
„Eine Pilgerfahrt zu Beethoven" in der „Gazette musicale".
Spätherbst: Maurice Schlesinger (Herausgeber der „Gazette musicale") stellt Wagner Franz Liszt vor.
Wagner lebt von Korrekturlesen und Arrangements zeitgenössischer Komponisten.
4. Dezember: Wagner bittet Freiherrn von Lüttichau (Intendant des Hoftheaters Dresden) brieflich, seinen „Rienzi" aufzuführen.
31. Dezember: Silvesterfeier mit Gottfried Engelbert Anders, Samuel Lehrs, Ernst Benedikt Kietz und Friedrich Pecht, den Freunden seiner Pariser Bohème. Albumblatt in E-Dur für Ernst Benedikt Kietz.

1841 *Januar:* Die „Gazette musicale" druckt Wagners Aufsätze „Über die Ouvertüre" und „Ein Ende in Paris".
4. Februar: Die „Columbus"-Ouvertüre fällt bei einem Konzert durch.
29. April: Übersiedlung nach Meudon bei Paris.
12. Mai: Novelle „Ein glücklicher Abend" vollendet.
18. Mai: Dichtung „Der Fliegende Holländer" vollendet.
29. Juni: Das Dresdner Theater meldet die Annahme des „Rienzi".
2. Juli: Für 500 Franc tritt Wagner den „Holländer"-Entwurf an die Pariser Oper ab.
11. bis 23. Juli: Orchesterskizze „Holländer" I beendet.
13. bis 22. August: Orchesterskizze „Holländer" II beendet.
21. Oktober: Partitur „Holländer" III beendet.
30. Oktober: Übersiedlung von Meudon nach Paris (Rue Jacob Nr. 14).
19. November: Ouvertüre „Holländer" vollendet.
20. November: Wagner bietet den „Holländer" dem Berliner Hoftheater zur Uraufführung an.
Winter: Entwurf der Operndichtung „Die Sarazenin".

1842 *27. Februar:* Aufsatz „Halévy et la Reine de Chypre" veröffentlicht.
5. März: Prosa-Entwurf zur Oper „Die Bergwerke von Falun" (nach E. T. A. Hoffmann).
7. April: Wagner und Minna verlassen Paris.
12. April: Ankunft in Dresden.
19. April: Vergebliche Besprechung mit Graf Redern in Berlin wegen „Holländer"-Aufführung.
9. Juni: Wagner und Minna in Teplitz im Haus „Zur Eiche".
22. Juni: Auf dem Schreckenstein von Aussig Prosaentwurf „Tannhäuser" begonnen.
20. Oktober: Uraufführung des „Rienzi" am Dresdner Hoftheater. Dirigent: Carl-Gottlieb Reissinger; Rienzi: Josef Tichatschek; Irene: Henriette Wüst; Steffano Colonna: Herr Dettmer; Adriano: Wilhelmine Schröder-Devrient; Paolo Orsini: Herr Wächter; Reimondo: Herr Vestri; Baroncelli: Herr Reinhold; Creco del Vecchio: Herr Risse; Friedensbote: Frl. Thiele.

1843 *2. Januar:* Uraufführung des „Fliegenden Holländer" am Dresdner Hoftheater. Dirigent: Richard Wagner; Daland: Herr Risse; Senta: Wilhelmine Schröder-Devrient; Erik: Herr Reinhold; Mary: Frau Wächter; Steuermann: Herr

Bielczisky; Holländer: Herr Wächter. Absetzung nach der vierten Vorstellung.
2. Februar: Wagner wird Königlich-sächsischer Hofkapellmeister (bis 1849) in Dresden.
Vor dem 7. April: Urschrift der „Tannhäuser"-Dichtung.
7. Juni: Uraufführung des Festgesanges „Gruß seiner Treuen an König Friedrich August II. von Sachsen" im Dresdner Zwinger.
6. Juli: Uraufführung „Das Liebesmahl der Apostel" in der Dresdner Frauenkirche unter Mitwirkung von 1200 Sängern und Musikern.
19. Juli: Wagner in Teplitz-Schönau. Beginn der Kompositionsskizze zu „Tannhäuser".
10. August: Minna und Wagner für einige Tage in Prag.
1. Oktober: Wagner und Minna beziehen ihre erste selbständige Wohnung in der Ostra-Allee Nr. 6 in Dresden.
November: Orchesterskizze „Tannhäuser" I begonnen. Freundschaft mit dem Musikdirektor am Dresdner Hoftheater August Röckel und dem Arzt Dr. Anton Pusinelli.

1844 *7. Januar:* Erstaufführung „Fliegender Holländer" in Berlin. Dirigent: Richard Wagner. Negative Kritik.
11. bis 17. Januar: Dresden. Vollendung Orchesterskizze „Tannhäuser" I.
21. März: Wagner dirigiert die Erstaufführung des „Rienzi" in Hamburg.
25. Juni: Nachteiliger Vertrag mit dem Dresdner Hofmusikalienhändler C. F. Meser. Druck von „Rienzi", „Holländer", „Tannhäuser" auf Wagners Kosten (Darlehen, Schulden!) und Vertrieb durch Meser.
15. Oktober: Vollendung Orchesterskizze „Tannhäuser" II.
14. Dezember: Überführung der sterblichen Überreste Carl Maria von Webers aus London. Beisetzung in Dresden. Aufführung der von Wagner dafür geschaffenen Trauermusik für 80 Blasinstrumente.
15. Dezember: Trauerrede am Grab Webers. Ein Männerchor singt Wagners „Hebt an den Sang".
29. Dezember: Orchesterskizze „Tannhäuser" III vollendet.

1845 *13. April:* Partitur „Tannhäuser" vollendet.
3. Juli: Fünfwöchiger Urlaub in Marienbad im Haus „Zum Kleeblatt".
5. Juli: Anschließend Lektüre der Epen „Parzival" (Wolfram von Eschenbach) und „Lohengrin" sowie historischer Quellen zu „Meistersinger".
16. Juli: Vollendung des ersten Prosa-Entwurfes „Meistersinger von Nürnberg".
3. August: Prosa-Entwurf „Lohengrin" vollendet.
15. August: Rückkehr nach Dresden.
25. August: Der spätere König Ludwig II. von Bayern in München geboren.
19. Oktober: Uraufführung des „Tannhäuser" in Dresden. Dirigent: Richard Wagner; Landgraf: Herr Dettmer; Tannhäuser: Josef Tichatschek; Wolfram von Eschenbach: Anton Mitterwurzer; Walter von der Vogelweide: Herr Schloß; Biterolf: Herr Wächter; Heinrich der Schreiber: Herr Gurky; Reinmar von Zweter: Herr Risse; Elisabeth: Johanna Wagner; Venus: Wilhelmine Schröder-Devrient; Hirt: Frl. Thiele.
17. November: Wagner liest im Dresdner „Engelsklub" seine Dichtung „Lohengrin". Anwesend: Robert Schumann, die Maler Julius Schnorr von Carolsfeld, Friedrich Pecht, Robert Reinick, Eduard Bendemann und Julius Hübner, der Architekt Gottfried Semper, die Bildhauer Ernst J. Hähnel und Ernst Rietschel.
Bis 27. November: Letzte Arbeiten an der „Lohengrin"-Dichtung.
9. bis 14. Dezember: Reisen nach Leipzig und Berlin.

1846 *1. März:* Vollendung der Denkschrift „Die Königliche Kapelle betreffend".
5. April: Wagner dirigiert zum ersten Male Beethovens IX. Symphonie im alten Opernhaus am Zwinger in Dresden.
15. Mai: Wagner und Minna für drei Monate nach Großgraupa bei Pillnitz.
29. Juli: Der 16jährige Hans von Bülow wird Wagner vorgestellt.
30. Juli: Kompositionsskizze „Lohrengrin" abgeschlossen.
Anfang August: Rückkehr nach Dresden.
16. August: Wagner erhält vom Dresdner Theaterpensionsfonds 5000 Taler zur Bereinigung seiner Schulden.
9. September: Orchesterskizze „Lohengrin" III begonnen. (Akt III zuerst komponiert.)
Herbst: Der Wiener Musikkritiker Eduard Hanslick sieht „Tannhäuser" in Dresden, positive Kritik in der Allgemeinen Wiener Musikzeitung.
31. Oktober: Prosaskizze zum Drama „Friedrich I." (Barbarossa).
11. Dezember: Wagner unterbricht die Kompositionsskizze „Lohengrin", um Glucks „Iphigenie in Aulis" zu bearbeiten.

1847 *11. Februar:* Wiederaufnahme der Orchesterskizze „Lohengrin" III.
22. Februar: Wagner dirigiert und inszeniert die von ihm bearbeitete Oper „Iphigenie in Aulis" am Dresdner Hoftheater.
5. März: Vollendung der Orchesterskizze „Lohengrin" III.
April: Übersiedlung in das Marcolinische Palais in der Dresdner Friedrichstadt.
8. April: Orchesterskizze „Lohengrin„ I beendet.
2. August: Orchesterskizze „Lohengrin" II beendet.
28. August: Orchesterskizze „Lohengrin"-Vorspiel beendet.
24. Oktober: Wagner dirigiert die Berliner Erstaufführung des „Rienzi".
6. November: Rückkehr nach Dresden.

1848 1. Januar: Beginn der Partitur-Niederschrift „Lohengrin".
9. Januar: Wagners Mutter Johanna Rosine Geyer stirbt in Leipzig.
Januar bis März: Leitung dreier Konzerte (u. a. zum Gedenken an den 1847 verstorbenen Felix Mendelssohn-Bartholdy).
28. April: Partitur „Lohengrin" vollendet.
April: Begegnung mit Jessie Laussot.
11. Mai: Wagner vollendet seinen „Entwurf zur Organisation eines deutschen Nationaltheaters für das Königreich Sachsen".
Immer regere Teilnahme Wagners an den revolutionären Bestrebungen in Dresden.
Bekanntschaft mit dem russischen Anarchisten Michail Bakunin.
14. Juni: Rede bei dem revolutionär gesonnenen Dresdner Vaterlandsverein.
15. Juni: Rede: „Wie verhalten sich republikanische Bestrebungen dem Königstume gegenüber", gedruckt im „Dresdner Anzeiger".
9. bis 22. Juli: Wagner während der Revolution in Wien. Besprechungen über die Reformierung der Theater in Wien.
Spätsommer: Aufzeichnung „Die Wibelungen/Weltgeschichte aus der Sage".
Ende August: Bei Liszt in Weimar.
24. September: Festkonzert anläßlich der 300-Jahr-Feier der Dresdner Königlichen Kapelle: Auszüge aus „Lohengrin".
12. bis 28. November: Urschrift der Dichtung „Siegfrieds Tod" (Urform der „Götterdämmerung").
Dezember: Wagner liest seinen Freunden Gottfried Semper, Chordirektor Wilhelm Fischer, Regisseur Ferdinand Heind und dessen Sohn Wilhelm, Hans von Bülow, Karl Ritter und Gustav Adolf Kietz seine Dichtung „Siegfrieds Tod" vor.
Winter: Studium der Evangelien.

1849 *Januar:* Entwurf des Dramas „Jesus von Nazareth".

16. Februar: Liszt dirigiert die Weimarer „Tannhäuser"-Aufführung.
30. April: König Ferdinand August II. von Sachsen löst die Kammern auf und bricht die Verfassung. Es kommt zum Dresdner Mai-Aufstand (1. bis 8. Mai) Aktive Teilnahme Wagners mit Röckel und Bakunin.
7. Mai: Brand des Dresdner Opernhauses. August Röckel wird zum Tode verurteilt, später begnadigt und 1862 freigelassen.
9./10. Mai: Wagner flieht aus Dresden.
19. Mai: Steckbriefliche Verfolgung.
28. Mai: Wagner in Zürich.
31. Mai: Von Basel nach Paris. Erfolglose Verhandlungen.
6. Juli: Rückkehr nach Zürich.
Ende Juli: Aufsatz „Die Kunst und die Revolution".
September: Minna in Zürich.
4. November: Abhandlung „Das Kunstwerk der Zukunft" vollendet.

1850 *15. Januar:* Wagner dirigiert erstmals in Zürich.
12. bis 28. Januar: Prosaentwurf „Wieland der Schmied".
1. Februar: Reise nach Paris.
23. Februar: Aufsatz „Kunst und Klima".
11. März: „Wieland der Schmied" vollendet.
Mitte April: Von Paris nach Bordeaux. Wagner verbringt eine Woche mit Jessie Laussot, Gattin eines französischen Weinhändlers, deren Mutter ihm finanzielle Hilfe zusagt. Die beiden beschließen eine Reise nach Kleinasien zu unternehmen (zu der es aber nicht kommt). Baldiges Ende der Romanze.
3. Juli: Wagner kehrt zu Minna nach Zürich zurück.
12. August: Beginn der Orchesterskizze von „Siegfrieds Tod".
Vor dem 22. August: Urschrift „Das Judentum in der Musik".
28. August: Uraufführung des „Lohengrin" am Hoftheater in Weimar. Dirigent: Franz Liszt; König Heinrich: Herr Höfer; Lohengrin: Carl Beck; Elsa: Rosa von Milde; Telramund: Feodor von Milde; Ortrud: Frl. Fastlinger; Heerrufer: Herr Pätsch.
14. September: Erste Festspielgedanken Wagners.
7. Oktober: Hans von Bülow beginnt seine Dirigentenlaufbahn in Zürich.

1851 *10. Januar:* Urschrift „Oper und Drama" abgeschlossen.
12. Februar: Wagners Papagei Palo stirbt.
17. April: Vollendung der Schrift „Ein Theater in Zürich".
3. bis 24. Juni: Urschrift der Dichtung des „Jungen Siegfried" vollendet.
5. Juli: Geiger Theodor Uhlig aus Dresden bei Wagner.
Mitte August: Vollendung der Urschrift „Mitteilung an meine Freunde".
15. September bis 23. November: Kuraufenthalt in der Wasserheilanstalt Albisbrunn (Kanton Zürich) wegen Gesichtsrose und Darmleiden.
Spätherbst: Julie Ritter aus Dresden setzt Wagner eine jährliche Rente von 800 Talern aus (die er bis 1859 bezieht).
November: Erste Prosaskizze zu „Rheingold" und „Walküre".
Winter: Wagner dirigiert drei Beethoven-Konzerte sowie Vorstellungen am Züricher Theater.

1852 *Februar:* Begegnung mit Otto und Mathilde Wesendonck.
23. bis 31. März: Niederschrift des Prosaentwurfes zu „Rheingold".
25. April bis 2. Mai: Wagner dirigiert in Zürich vier Aufführungen des „Fliegenden Holländer".
17. bis 26. Mai: Prosaentwurf „Walküre".
1. Juli: Urschrift „Walküre" vollendet.
10. Juli bis 5. August: Fußwanderungen in der Schweiz. Erholungsreise an die Oberitalienischen Seen.
23. August: In Zürich Vollendung der Schrift „Über die Aufführung des Tannhäuser. Eine Mitteilung an die Dirigenten und Darsteller dieser Oper".
15. September bis 3. November: Vollendung der Dichtung „Rheingold".
15. Dezember: Vollendung der Überarbeitung von „Siegfrieds Tod". Abschluß der gesamten „Ring"-Dichtung.

1853 *16. bis 19. Februar:* Lesung der Dichtung „Der Ring der Nibelungen" im Hotel Baur au Lac an vier aufeinanderfolgenden Abenden.
18., 20., und 22. Mai: Wagner dirigiert mit größtem Erfolg drei Konzerte eigener Kompositionen in Zürich.
Vor dem 19. Juni: Aufzeichnung der „Sonate für Mathilde Wesendonck".
6./7. Juli: Ausflug mit Liszt und dem Literaten Herwegh an den Vierwaldstättersee.
14. Juli bis 10. August: Kuraufenthalt in St. Moritz. Wanderungen mit Herwegh.
24. August bis 5. September: Italienreise, finanziert von Otto Wesendonck. In La Spezia beim Anblick des Mittelmeeres Inspiration zum „Rheingold".
10. Oktober: Erste Begegnung mit Cosima in Paris.
1. November: Kompositionsskizze des „Rheingold" in Zürich begonnen.

1854 *14. Januar:* Kompositionsskizze „Rheingold" vollendet.
1. Februar bis 28. Mai: Partitur-Erstschrift „Rheingold" vollendet.
31. Mai: „Züricher Vielliebchen / Walzer, Polka oder sonst was", Gelegenheitskomposition für Mathilde Wesendonck.
17. Juni: Aufsatz „Glucks Ouvertüre zu Iphigenie in Aulis".
28. Juni: Kompositionsskizze „Walküre" I begonnen.
September bis Anfang November: Minna bei Verwandten und zu Verhandlungen für Wagner in Deutschland.
1. September: Kompositionsskizze „Walküre" I vollendet.
4. September: Kompositionsskizze „Walküre" II begonnen.
26. September: Vollendung der Partitur-Zweitschrift „Rheingold".
September/Oktober: Auf Herweghs Anregung liest Wagner Schopenhauers „Die Welt als Wille und Vorstellung".
18. November: Kompositionsskizze „Walküre" II beendet.
20. November: Kompositionsskizze „Walküre" III begonnen.
27. Dezember: Kompositionsskizze „Walküre" III beendet.

1855 *17. Januar:* Partitur der zweiten Fassung der „Faust-Ouvertüre" vollendet.
20. Februar: Wagner dirigiert letztmals in Zürich („Tannhäuser").
12. März bis 25. Juni: Wagner dirigiert acht Konzerte in London.
3. April: In London Partitur-Erstschrift „Walküre" I beendet.
7. April: Partitur-Erstschrift „Walküre" II begonnen.
11. Juni: Wagner wird in der Pause des von ihm dirigierten Konzertes von Königin Viktoria und Prinz Albert empfangen.
30. Juni: Rückkehr nach Zürich.
10. Juli: Wagners Hündchen Peps stirbt.
Mitte Juli bis Mitte August: Erholung auf dem Seelisberg am Vierwaldstättersee.
14. Juli: Partitur-Zweitschrift „Walküre" begonnen.
18. bis 20. September: Wiederaufnahme der in London unterbrochenen Partitur-Erstschrift „Walküre" II und Beendigung.
Herbst: Anfälle von Gesichtsrose.
Dezember: Erste Arbeit an „Tristan" unter dem Eindruck der Beziehung zu Mathilde Wesendonck.

1856 *23. März:* Vollendung der Partitur-Reinschrift „Walküre".
16. Mai: Prosa-Skizze zu einer buddhistischen Legende „Die Sieger".
10. Juni bis 16. August: Kuraufenthalt in Mornex (Gesichtsrose).

20. August: Rückkehr nach Zürich.
22. September bis 11. Oktober: Kompositions- und Orchesterskizze von „Siegfried" I, Beginn der Partitur-Reinschrift.
22. Oktober: „Aufführung" von „Walküre" I im Züricher Hotel Baur au Lac. Liszt am Flügel, Wagner als Siegmund und Hunding.
23. November: Gemeinsames Auftreten von Liszt und Wagner als Dirigenten in St. Gallen.
1. Dezember: Wagner nimmt Komposition „Siegfried" I wieder auf.
19. Dezember: Erste musikalische Skizzen zu „Tristan".

1857 *5. Februar:* Orchesterskizze „Siegfried" I beendet.
15. Februar: Wagner vollendet seinen offenen Brief an Prinzessin Marie Wittgenstein „Über Franz Liszts Symphonische Dichtungen".
31. März: Partitur-Erstschrift „Siegfried" I vollendet.
10. April: erste Prosaskizze „Parsifal".
28. April: Wagner und Minna beziehen das neben der Villa Wesendonck gelegene Haus auf dem Grünen Hügel bei Zürich. Höhepunkt der Beziehung zu Mathilde Wesendonck.
22. Mai: Kompositionsskizze „Siegfried" II begonnen.
18. bis 27. Juni: Weiterarbeit an Orchesterskizze „Siegfried" II. Dann Unterbrechung der Arbeit an „Siegfried". Konzentration auf „Tristan und Isolde".
30. Juni: Eduard Devrient, Direktor des Karlsruher Hoftheaters, erster Hausgast im „Asyl" zu Verhandlungen über eine Uraufführung des „Tristan", die dort nie zustande kam.
1. Juli: Wagner teilt seinen Gästen Devrient, Semper und Herwegh den Plan von „Tristan und Isolde" mit.
13. Juli: Weiterarbeit an „Siegfried" II.
9. August: Orchesterskizze „Siegfried" II vollendet. Dann Unterbrechung der Arbeit an „Siegfried". Konzentration auf „Tristan und Isolde".
18. August: Cosima heiratet Hans von Bülow in Berlin.
20. August: Beginn des Prosaentwurfes zu „Tristan".
31. August bis 28. September: Hans und Cosima von Bülow auf Hochzeitsreise in Zürich.
18. September: Dichtung „Tristan und Isolde" vollendet und Mathilde Wesendonck überreicht.
1. Oktober: Beginn der Kompositionsskizze „Tristan" I.
30. November bis 18. Dezember: Vertonung von fünf Gedichten von Mathilde Wesendonck (Wesendonck-Lieder).
23. Dezember: Wagner bringt Mathilde Wesendonck die orchestrierten „Träume" als Geburtstagsständchen dar.
31. Dezember: Kompositionsskizze „Tristan" I vollendet.

1858 *Januar:* Auseinandersetzungen mit dem Ehepaar Wesendonck. Konflikt zwischen Minna und Mathilde.
14. Januar: Wagner in Paris. Begegnungen mit Emile Ollivier (Gatte von Cosimas Schwester Blandine), Madame Erard und Hector Berlioz.
31. März: Wagner dirigiert zu Otto Wesendoncks Geburtstag (16. März) im Treppenhaus der Villa Wesendonck ein Beethoven-Konzert.
3. April: Vollendung der Partitur „Tristan und Isolde".
7. April: Minna öffnet einen an Mathilde gerichteten intimen Brief Wagners und informiert Otto Wesendonck. Äußerste Spannung auf dem Grünen Hügel.
4. Mai: Beginn der Kompositionsskizze „Tristan" II (noch im Asyl).
23. Juni: Zusammenkunft mit Großherzog Karl Alexander von Sachsen-Weimar in Luzern. Eine Uraufführung des „Ring" in Weimar wird erwogen.
1. bis 5. Juli: Kompositions- und Orchesterskizze „Tristan" II begonnen.
19. Juli: Hans und Cosima von Bülow in Zürich.
Ende Juli: Karl Klindworth bei Wagner. Der Pianist wurde später Autor der Klavierauszüge zum „Ring" und Pflegevater von Winifred Williams, die Siegfried Wagner heiratete.
17. August: Wagner verläßt das Asyl in Zürich für immer und reist nach Genf.
30. August: Wagner bezieht den Palazzo Giustiniani in Venedig (bis 24. März 1859).
2. September: Minna verläßt „geräuschvoll und mit üblen Folgen" („Mein Leben") Zürich und reist nach Deutschland.

1859 *9. bis 18. März:* Vollendung der Partitur „Tristan und Isolde" II in Venedig.
24. März: Wagner verläßt Venedig, reist über Mailand, Lugano, St. Gotthard nach Luzern.
28. März: Bekanntwerden mit Vreneli Weidmann (spätere Haushälterin in Tribschen) im Luzerner Hotel „Schweizerhof".
9. April bis 1. Mai: Beginn der Kompositions- und Orchesterskizze „Tristan" II.
7. Juni: Wagner auf dem Rigi. Ein Alphorn wird zur Inspiration für die „Lustige Weise" im letzten Akt „Tristan".
16. bis 19. Juli: Vollendung der Kompositions- und Orchesterskizze „Tristan" III.
6. August: Partitur „Tristan und Isolde" vollendet.
11. September: Wagner reist nach Paris (bleibt bis 30. Juli 1861).
8. November: Niederschrift „Nachruf an Ludwig Spohr und Chordirektor W. Fischer".
17. November: Minna nimmt die Wohngemeinschaft mit Wagner in Paris wieder auf.
15. Dezember: Vollendung des für Mathilde Wesendonck bestimmten Klavierauszuges zum „Tristan"-Vorspiel.
Dezember: Verleger Schott in Mainz kauft „Rheingold" für 10000 Franken mit Einverständnis von Otto Wesendonck, dem es Wagner vorher verkauft hatte.

1860 *19. Januar:* Neuer Schluß der Ouvertüre „Fliegender Holländer".
25. Januar, 1. und 8. Februar: Konzerte eigener Werke im Italienischen Theater von Paris.
24. und 28. März: Wagner dirigiert Konzerte in Brüssel.
Zwischen 8. und 14. Mai: „Aufführung" des II. Aktes von „Tristan" im Hause von Pauline Viardot-Garcia (als Isolde), Karl Klindworth am Flügel. Tristan: Richard Wagner. Berlioz ist anwesend.
30. Mai: Prosaentwurf der Pariser Bearbeitung des „Tannhäuser" vollendet (Bacchanale).
Anfang Juli: Minna zur Kur nach Bad Soden.
22. Juli: Albin Leo Freiherr von Seebach, sächsischer Gesandter in Paris, berichtet Wagner von der teilweisen Amnestierung in Deutschland (mit Ausnahme von Sachsen).
11. August: Wagner verläßt Paris und reist zu Minna nach Bad Soden. Er betritt nach elf Jahren wieder deutschen Boden.
17. August: Wagner wird von Prinzessin Augusta von Preußen in Baden-Baden empfangen.
August: Aufenthalte in Frankfurt, Darmstadt, Heidelberg, Mannheim, Köln.
19. August: Wagner und Minna wieder in Paris.
13. September: Offener Brief „Zukunftsmusik / An einen französischen Freund (Fr. Villot)" vollendet.
12. Oktober: Daniela Senta, erstes Kind von Cosima und Hans von Bülow in Berlin geboren.
18. Oktober bis Ende Dezember: Vollendung der neu komponierten Venus-Szene von „Tannhäuser" I.

1861 *28. Januar:* Partitur des Bacchanales der Pariser Fassung des „Tannhäuser" vollendet.
13. März: Erstaufführung des umgearbeiteten „Tannhäuser" in der Pariser Oper. Durch den „Jockeyklub" kommt es zum Skandal. Wagner zieht sein Werk nach der dritten Aufführung zurück.
21. April: In Karlsruhe wird Wagner von Großherzog Friedrich I. empfangen. (Verhandlungen wegen Uraufführung „Tristan").
15. Mai: Wagner hört „Lohengrin" an der Wiener Hofoper. Ovationen.

20. Mai: Abreise von Wien, über München, Zürich, Karlsruhe nach Paris.
18. Juni: Albumblatt in C-Dur für Fürstin Metternich.
11. Juli: Minna zur Kur nach Bad Soden. Wagner löst seinen Pariser Haushalt auf und übersiedelt zum preußischen Gesandten in Paris, Graf Albert von Pourtalès.
29. Juli: Albumblatt in As-Dur für Gräfin von Pourtalès.
30. Juli: Wagner verläßt Paris und reist zu Minna nach Bad Soden.
2. bis 9. August: Bei Liszt in Weimar.
12. August: Wagner reist mit Olliviers nach Bad Reichenhall, wo sich Cosima von Bülow zur Kur befindet.
14. August: Wagner in Wien. Er beginnt mit der Einstudierung von „Tristan".
6. bis 11. November: Gast bei Wesendoncks in Venedig.
11. November: Rückreise nach Wien. Während der Eisenbahnfahrt Konzeption des „Meistersinger"-Vorspiels in C-Dur.
30. November: Reise nach Paris mit Zwischenstation beim Verleger Schott in Mainz.
27. Dezember: Im Pariser Hotel Voltaire Arbeit an der „Meistersinger"-Dichtung.

1862 *Zwischen 15. und 31. Januar:* Reinschrift der „Meistersinger"-Dichtung.
1. Februar: Wagner verläßt Paris, reist über Mainz nach Biebrich.
3. März: Trennung von Minna.
9. März: Wagner liest in Karlsruhe dem badischen Großherzogspaar die „Meistersinger" vor und besucht eine „Tannhäuser"-Aufführung.
Ende März bis 22. Mai: In Biebrich Konzeption und erste Niederschrift des Vorspiels zu „Meistersinger" III.
22. Mai: Den 49. Geburtstag verbringt Wagner u. a. mit Mathilde Maier, die ihm seit kurzem nahesteht.
3. Juni: Beginn der Instrumentation des „Meistersinger"-Vorspiels.
Juli: Hans und Cosima von Bülow, Ludwig (für die Titelrolle „Tristan und Isolde" in Aussicht genommen) und Malvina Schnorr von Carolsfeld, August Röckel mit Tochter und Luise Dustmann-Meyer (ihre Schwester Friederike steht Wagner nahe) in Biebrich.
12. September: Wagner dirigiert erstmals „Lohengrin" in Frankfurt.
1. November: Vor fast leerem Saale dirigiert Wagner die Uraufführung des „Meistersinger"-Vorspiels in einem Konzert im Leipziger Gewandhaus unter Leitung von Wendelin Weißheimer.
7. November: In Dresden nimmt Wagner letzten Abschied von Minna.
14. November: Wagner trifft mit der Schauspielerin Friederike Meyer in Wien ein.
23. November: Bei Dr. Standhartner Wagners Lesung der „Meistersinger". Verfeindung mit dem Musikkritiker Eduard Hanslick, der sich in der Figur des Merkers getroffen fühlt (sein Name in der Urschrift: Veit Hanslich).

1863 *1. und 11. Januar:* Weitere Wagner-Konzerte im Theater an der Wien.
Januar: Aufzeichnung der Reinschrift des Vorwortes zur „Ring"-Dichtung.
8. Februar: Konzert in Prag.
3., 10. und 18. März: Konzerte in Petersburg. Umgang mit der Großfürstin Helene, Editha von Rhaden, Anton Rubinstein, Alexander Sserow u. a.
20. März: Blandine, zweites Kind von Hans und Cosima von Bülow, in Berlin geboren.
25., 27. und 29. März: Konzerte in Moskau.
13. und 17. April: Konzerte in St. Petersburg.
12. Mai: Wagner bezieht in Wien-Penzing eine von ihm kostspielig eingerichtete Wohnung.
16. Juni: Partitur der ersten Szene „Meistersinger" vollendet.
Oktober: Wagner verfaßt den theaterreformatorischen Aufsatz „Das Wiener Hof-Operntheater".
23. und 28. Juli: Konzerte in Budapest.
4. November: Wagner besucht eine ihm zu Ehren gegebene Aufführung des „Holländer" in Prag.
5. und 8. November: Konzerte in Prag.
11. und 19. November: Konzerte in Karlsruhe. Umgang mit Frau von Muchanoff (geb. Kalergis), Pauline Viardot, Iwan Turgeniew. Audienz beim Großherzog.
21. November: Wagner zum letzten Male Gast in Zürich bei Wesendoncks.
26. November: Für „einen Tag und eine Nacht" Gast der Familie von Mathilde Maier in Mainz. („Mein Leben".)
28. November: In Berlin Spazierfahrt mit Cosima von Bülow. Besiegelung „sich einzig gegenseitig anzugehören". („Mein Leben".)
9. Dezember: Über Löwenberg, Breslau nach Wien.
27. Dezember: Gemeinsames Konzert mit dem Pianisten Karl Tausig im Redouten-Saal der Wiener Hofburg.
31. Dezember: Silvesterfeier bei Dr. Standhartner mit Trinkspruch auf Peter Cornelius.

1864 *Januar/Februar:* Häufung der Geldschwierigkeiten.
10. März: Ludwig II. wird König von Bayern.
23. März: Um der Schuldhaft zu entgehen, flieht Wagner von Wien nach München.
25. März: Aufzeichnung einer „bitter-ironischen Grabschrift für sich selbst".
26. März: Wagner verläßt München und bringt sich bei Dr. Wille in Zürich in Sicherheit.
8. April: Brief an Peter Cornelius nach Wien: „Ein gutes, wahrhaft hilfreiches Wunder muß mir jetzt begegnen; sonst ist's aus!" („Mein Leben".)
28. April: Über Basel nach Stuttgart.
3. Mai: Franz Seraph von Pfistermeister, Kabinettssekretär Ludwigs II., überbringt Wagner in Stuttgart die Berufung nach München.
4. Mai: Erste Begegnung mit Ludwig II. in der Münchner Residenz.
9. Mai: Wagner erhält von Ludwig II. als erstes Geschenk 4000 Gulden.
10. bis 12. Mai: Wagner in Wien zur vorläufigen Abdekkung seiner Schulden.
14. Mai: Wagner bezieht das am Starnbergersee gelegene Haus Pellet in der Nähe von Schloß Berg. Häufiger Umgang mit dem König.
11. bis 14. Juni: Wagner abermals in Wien zur endgültigen Bereinigung der dortigen Schulden.
29. Juni: Cosima von Bülow trifft mit ihren Töchtern Daniela und Blandine in Haus Pellet ein. Intensive Beziehung Wagners zu Cosima.
7. Juli: Hans von Bülow gleichfalls in Haus Pellet.
16. Juli: Vollendung des für Ludwig II. bestimmten Aufsatzes „Über Staat und Religion".
21. August: Partitur-Erstschrift des Ludwig II. gewidmeten „Huldigungsmarsches".
30./31. August: Liszt im Haus Pellet.
3. September: Hans und Cosima von Bülow mit Töchtern nach Berlin.
27. September: Wagner mietet das Haus Nr. 21 in der Münchner Briennerstraße.
Beginn der Partitur-Reinschrift der zweiten Szene von „Siegfried".
18. Oktober: Vertrag zwischen König Ludwig II. und Wagner, der für die Komposition des „Ring" ein Honorar von 30000 Gulden erhält.
20. November: Hans und Cosima von Bülow übersiedeln nach München. Hans vom König zunächst als Vorspieler und später als Dirigent engagiert.
26. November: Ludwig II. teilt Wagner mit, daß er zur Aufführung des „Ring" in München ein Festtheater erbauen lassen will.

4. Dezember: Wagner dirigiert die Erstaufführung des „Fliegenden Holländers" in München.
22. Dezember: Beginn der Partitur-Erstschrift von „Siegfried" II.
29. Dezember: Gottfried Semper erhält von Ludwig II. den Auftrag, das Festtheater in München zu entwerfen.

1865 *Januar/Februar:* Scharfer anonymer Angriff der Presse gegen Wagner und dessen Verschwendungssucht (Verfasser: Oskar von Redwitz).
23. März: Niederschrift des „Berichtes an Seine Majestät den König Ludwig II. von Bayern über eine in München zu errichtende deutsche Musikschule".
10. April: Isolde, Wagners und Cosimas erstes Kind, in München geboren.
10. Juni: Uraufführung von „Tristan und Isolde" am Münchner Hoftheater. Dirigent: Hans von Bülow; Tristan: Ludwig Schnorr von Carolsfeld; Isolde: Malvina Schnorr von Carolsfeld; König Marke: Herr Zottmayer; Kurwenal: Anton Mitterwurzer; Melot: Herr Heinrich; Brangräne: Frl. Deinet; Hirt: Herr Simons; Steuermann: Herr Hartmann.
13. und 19. Juni und 1. Juli: Weitere „Tristan"-Vorstellungen.
16. Juli: Tod Ludwig Schnorrs von Carolsfeld (29 Jahre!).
17. Juli: Wagner beginnt Cosima von Bülow seine große Autobiographie „Mein Leben" zu diktieren.
25. August: Wagner schenkt Ludwig II. die Partitur-Zweitschrift des „Rheingold" zum Geburtstag.
27. bis 30. August: Prosaentwurf „Parsifal".
14. September: Beginn der Aufzeichnungen „Was ist deutsch?" (1878 veröffentlicht).
18. Oktober: Wagner erhält weitere 40000 Gulden vom König.
23. bis 28. Oktober: Wagner in Wien.
11. bis 18. November: Gast bei Ludwig II. in Schloß Hohenschwangau.
26. November: Ausfälliger Artikel gegen Wagner im Münchner „Volksbote".
Ab 1. Oktober: Jahresgehalt von 8000 Gulden bewilligt.
2. Dezember: Vollendung der Partitur-Erstschrift „Siegfried" II.
6. Dezember: Ludwig II. ersucht Wagner, Bayern für einige Monate zu verlassen. Das Kabinett droht wegen Wagner mit Rücktritt.
10. Dezember: Reise nach Bern.
17. Dezember: In Vevey am Genfer See Zusammenkunft mit Großherzog Friedrich I. von Baden.
23. Dezember: König Viktor Emanuel von Italien verleiht Wagner den Orden „dei Santi Maurizio e Lazaro".
Weihnachten: Cosima von Bülow übersendet Ludwig II. im Auftrag Wagners die Originalpartitur „Die Feen".

1866 *2. Januar:* Ludwig II. äußert in einem Brief an Cosima von Bülow Abdankungs- und Selbstmordgedanken.
4. Januar: Hans und Cosima von Bülow schenken dem König die Drittschrift der Dichtung des „Jungen Siegfried".
12. Januar: In „Les Artichauts" bei Genf nimmt Wagner die Komposition der „Meistersinger" I wieder auf.
22. bis 29. Januar: Reise nach Südfrankreich.
25. Januar: Minna Wagner stirbt in Dresden.
21. Februar: Orchesterskizze „Meistersinger" I vollendet.
8. bis 31. März: Cosima von Bülow mit Tochter Daniela bei Wagner.
15. April: Einzug Wagners in Haus Tribschen bei Luzern. Ludwig II. kommt für die Miete auf.
12. Mai: Cosima und ihre Töchter Daniela, Blandine und Isolde ziehen nach Tribschen.
15. Mai: Kompositionsskizze „Meistersinger" II begonnen.
22. Mai: Ludwig II. überraschend zu Wagners Geburtstag in Tribschen.
8. Juni: Orchesterskizze „Meistersinger" II begonnen.
10. Juni: Hans von Bülow bittet den König wegen der Schmähartikel um Entlassung und trifft in Tribschen ein.
11. Juni: Öffentliche Ehrenerklärung des Königs gegen die Gerüchte um Wagner und Cosima.
21. Juli: Ludwig II. drückt in einem Brief zu Cosima erneut seinen Wunsch aus, abzudanken und für immer zu Wagner zu kommen.
24. Juli: Wagner antwortet dem König, noch ein Jahr Geduld zu haben.
25. August: Wagner schenkt dem König die Partitur-Zweitschrift „Walküre" II zum Geburtstag.
6. bis 23. September: Kompositions- und Orchesterskizze „Meistersinger" II vollendet.
15. September: Hans von Bülow übersiedelt nach Basel.
2 bis 8. Oktober: Kompositions- und Orchesterskizze „Meistersinger" III begonnen.
30. Oktober: Hans Richter wird Wagners Assistent in Tribschen.
24. Dezember: Zu Weihnachten erhält der König die Originalpartitur „Das Liebesverbot".

1867 *7. Februar bis 8. März:* Kompositions- und Orchesterskizze „Meistersinger" III vollendet.
17. Februar: Eva, Wagners und Cosimas zweites Kind, in Tribschen geboren.
17. März: Wagner bei Ludwig II. in München. Wagner erhält weitere 12000 Gulden.
22. März: In Tribschen Beginn der Niederschrift der Partitur „Meistersinger" II.
4. April: Wagner erneut beim König. Hans von Bülow wird Hofkapellmeister und künftiger Leiter der Musikschule in München.
22. Mai: Seinen Geburtstag verbringt Wagner auf Schloß Berg.
30. Mai: Wagner bezieht das vom König für ihn gemietete Haus Prestele am Starnberger See und verläßt es wegen einer Verstimmung mit Ludwig II. am *13. Juni* wieder.
22. Juni: In Tribschen. Vollendung der Partitur von „Meistersinger" II.
26. Juni: Beginn der Partitur von „Meistersinger" III.
16. September: Cosima von Bülow kehrt mit ihren Töchtern zu ihrem Gatten nach München zurück.
September: Niederschrift der Abhandlung „Deutsche Kunst und deutsche Politik".
9./10. Oktober: Liszt zur Unterredung über Wagners Beziehung zu seiner Tochter Cosima in Tribschen.
24. Oktober: Partitur „Meistersinger von Nürnberg" vollendet.
28. Oktober bis 4. November: Kurzer Aufenthalt in Paris.
1. Dezember: Hans Richter verläßt Tribschen und beginnt seinen Dienst als Dirigent am Münchner Hoftheater.
24. Dezember: Ludwig II. erhält Originalpartitur der „Meistersinger" als Weihnachtsgeschenk.
28. Dezember: Audienz bei Ludwig II. Versuchte Abwehr von Julius Froebels Angriffen gegen Cosima.

1868 *16. März:* In Tribschen. Vorwort von „Deutsche Kunst und deutsche Politik" vollendet.
26. April: Vorwort von „Oper und Drama" 2. Auflage vollendet.
3. Mai: „Erinnerungen an Ludwig Schnorr von Carolsfeld" vollendet.
22. Mai: Wagner feiert seinen 55. Geburtstag auf der Roseninsel im Starnberger See mit Ludwig II.
21. Juni: Uraufführung der „Meistersinger von Nürnberg" in München. Wagner an der Seite des Königs in dessen Loge.
Dirigent: Hans von Bülow; Hans Sachs: Franz Betz; Pogner: Herr Bausewein; Vogelsang: Herr Heinrich; Nachtigall: Herr Sigl; Beckmesser: Gustav Hölzel; Kothner: Herr Fischer; Zorn: Herr Weixlstorfer; Eißlinger: Herr Hoppe; Moser: Herr Pöppl; Ortel: Herr Thomas; Schwarz: Herr Grasser; Foltz: Herr Hayn; Stolzing: Franz Nachbaur; David: Carl Schlosser; Eva: Mathilde Mallin-

ger; Magdalena: Frau Dietz; Nachtwächter: Ferdinand Lang.
24. Juni: Rückfahrt nach Luzern.
22. Juli: Cosima bei Ludwig II. wegen ihrer Beziehung zu Wagner erneut denunziert. Sie reist nach Tribschen.
19. bis 22. August: Entwürfe zum Schauspiel „Luthers Hochzeit".
14. September bis 6. Oktober: Wagner und Cosima reisen nach Genua, Mailand, Como, Lugano und anderen Orten Oberitaliens, dann über den St. Gotthard nach Luzern zurück.
14. Oktober: Cosima reist zur entscheidenden Aussprache zu Hans von Bülow nach München.
2. bis 11. November: Wagner lernt bei seinem Schwager Hermann Brockhaus in Leipzig Friedrich Nietzsche kennen.
16. November: Cosima übersiedelt mit ihren Töchtern endgültig zu Wagner nach Tribschen.
7. Dezember: Wagner vollendet für den am 13. November in Paris verstorbenen Komponisten den Aufsatz „Eine Erinnerung an Rossini".
24. Dezember: Ludwig II. erhält die Originalpartitur des „Rienzi" zu Weihnachten.
1869 *23. Februar:* Partitur-Zweitschrift „Siegfried" II vollendet.
1. März: Kompositionsskizze „Siegfried" III begonnen.
7. März: Wagner wird zum auswärtigen Mitglied der Kgl. Akademie der Künste in Berlin gewählt.
17. Mai: Nietzsche erstmals in Tribschen.
6. Juni: Siegfried, Richard und Cosimas drittes Kind, in Tribschen geboren.
14. Juni bis 5. August: Kompositions- und Orchesterskizze „Siegfried" III vollendet.
25. August: Ludwig II. erhält zum Geburtstag eine Abschrift der Orchesterskizze zu „Siegfried" III. Beginn der Partitur-Niederschrift.
1./2. September: Wagner zur Überwachung der Proben für die von Ludwig II. befohlene Uraufführung des „Rheingold" in München. Wegen Unzulänglichkeit der Produktion und Unstimmigkeiten mit der Hoftheaterintendanz verläßt er München verärgert und kehrt nach Tribschen zurück.
22. September: Uraufführung des „Rheingold" in München gegen Wagners Protest und in seiner Abwesenheit. Dirigent: Franz Wüllner; Wotan: August Kindermann; Donner: Herr Heinrich; Froh: Franz Nachbaur; Loge: Heinrich Vogl; Alberich: Herr Fischer; Mime: Carl Schlosser; Fasolt: Herr Petzer; Fafner: Herr Bausewein; Fricka: Sophie Stehle; Freia: Frl. Müller; Erda: Frl. E. Seehofer; Woglinde: Frl. Kaufmann; Wellgunde: Therese Vogl; Floßhilde: Frl. Ritter.
2. Oktober: Kompositionsskizze der Nornenszene der „Götterdämmerung".
Ende Oktober: Erstschrift „Über das Dirigieren".
8. November: Komposition „Wahlspruch für die deutsche Feuerwehr".
1870 *9. bis 11. Januar:* Kompositions- und Orchesterskizze zur „Götterdämmerung" begonnen.
5. Juni: Vollendung der Kompositionsskizze „Götterdämmerung" I.
26. Juni: Uraufführung der „Walküre" in München gegen den Protest Wagners. Vom König angesetzt.
Dirigent: Franz Wüllner; Siegmund: Heinrich Vogl; Hunding: Herr Bausewein; Wotan: August Kindermann; Sieglinde: Therese Vogl; Brünnhilde: Sophie Stehle; Fricka: Frl. Kaufmann; Helmwige: Frau Possart; Gerlinde: Frl. Lenoff; Ortlinde: Frl. Müller; Waltraute: Frl. Hemauer; Siegrune: Frl. Eichheim; Grimgerde: Frl. Ritter; Schwertlinde: Frl. E. Seehofer; Roßweiße: Frl. Tyroler.
2. Juli: Orchesterskizze „Götterdämmerung" I vollendet.
18. Juli: Hans und Cosima von Bülow in Berlin geschieden.
20. Juli: Beginn der Urschrift seiner Abhandlung „Beethoven".
25. August: Wagner und Cosima heiraten in der protestantischen Kirche Luzerns. Wagner schenkt Ludwig II. eine von Hans Richter angefertigte Abschrift der Orchesterskizze des Vorspiels und I. Aktes der „Götterdämmerung" zum Geburtstag.
7. bis 11. September: Abhandlung „Beethoven" vollendet.
Mitte November: Wagner entwirft „Die Kapitulation. Lustspiel von Aristop Hanes" und bietet es Hans Richter erfolglos zur Vertonung an.
4. Dezember: „Siegfried-Idyll" vollendet.
25. Dezember, 7.30 Uhr morgens: Uraufführung des „Siegfried-Idylls" im Treppenhaus von Tribschen. Zum Geburtstag erhält Cosima die Partitur-Zweitschrift des „Idylls". Nietzsche anwesend.
1871 *5. Februar:* Partitur „Siegfried" III beendet.
15. März: Partitur „Kaisermarsch" beendet (Sieg im Deutsch-Französischen Krieg. Wilhelm I. Deutscher Kaiser).
April: Zweite Niederschrift „Über die Aufführung des Bühnenfestspieles ‚Der Ring des Nibelungen'" beendet.
20. April: Wagner und Cosima zur Besichtigung des markgräflichen Opernhauses in Bayreuth. Wagner beschließt, sich in Bayreuth niederzulassen und ein Festspielhaus zu errichten.
25. April bis 5. Mai: In Berlin Besprechungen über die Finanzierung des geplanten Festspielunternehmens durch Patronatsscheine mit Karl Tausig und Marie Gräfin von Schleinitz.
3. Mai: Wagner wird von Bismarck in kleinem Kreis empfangen.
5. Mai: Wagner-Konzert im Kgl. Opernhaus in Berlin in Anwesenheit von Wilhelm I.
12. Mai: Wagner kündigt in seiner Geburtsstadt Leipzig an, daß er im Sommer 1883 die ersten Bayreuther Festspiele mit der Gesamtaufführung des „Ring" eröffnen will.
13. Mai: Cosima und Wagner nach Darmstadt zu Besprechungen mit Karl Brandt über die technische Einrichtung des Festspielhauses.
16. Mai: Rückkehr nach Tribschen.
22. Mai: Zweitschrift des Vorwortes zur Gesamtausgabe seiner Dichtungen vollendet.
24. Juni bis 25. Oktober: Kompositionsskizze „Götterdämmerung" vollendet.
5. Juli: Orchesterskizze „Götterdämmerung" II begonnen.
31. Oktober: Anläßlich des Todes des Komponisten „Erinnerungen an Auber".
1. November: Erste Aufführung des „Lohengrin" in Bologna.
7. November: Die Bayreuther Stadtgemeinde beschließt, Wagner ein Grundstück für die Errichtung des Festspielhauses zur Verfügung zu stellen.
19. November: Orchesterskizze „Götterdämmerung" II vollendet.
4. Dezember: Wagner schenkt Ludwig II. eine von Spiegel gefertigte Abschrift der Orchesterskizze „Götterdämmerung" II (Seiten 1–3 von Wagners eigener Hand).
7. Dezember: Wagner vollendet seinen „Epilogischen Bericht über die Umstände und Schicksale, welche die Aufführung des Bühnenfestspiels ‚Der Ring des Nibelungen' bis zur Veröffentlichung der Dichtung desselben begleiten".
15. Dezember: Wagner und der Bankier Feustel besichtigen den ursprünglich vorgesehenen Bauplatz des Festspielhauses auf dem Stuckberg in Bayreuth.
20. Dezember: Konzert Wagners in Mannheim zugunsten des neu gegründeten Wagner-Vereins (Patronatsscheine, Stipendien).
22. Dezember: Rückkehr nach Luzern.
1872 *4. Januar:* Kompositionsskizze „Götterdämmerung" III begonnen.
8. Januar: Bürgermeister Theodor Muncker aus Bayreuth und Bankier Feustel bei Wagner in Tribschen, um die Zu-

stimmung zum endgültigen Bauplatz des Festspielhauses unterhalb der „Bürgerreuth" einzuholen.
31. Januar bis 5. Februar: Wagner in Bayreuth. Er gründet den Verwaltungsrat der Bayreuther Bühnenfestspiele (Ausgabe von Patronatsscheinen) und erwirbt den Baugrund für Haus Wahnfried.
9. Februar: Orchesterskizze „Götterdämmerung" III begonnen.
10. April: Kompositionsskizze „Götterdämmerung" III vollendet.
22. April: Wagner verläßt Tribschen endgültig und zieht nach Bayreuth.
30. April: Cosima trifft mit ihren fünf Kindern und Hund Ruß im Hotel Fantaisie in Donndorf bei Bayreuth ein.
12. Mai: Wagner leitet in Wien ein großes Konzert des Wiener Wagner-Vereines.
22. Mai: Wagner legt den Grundstein zum Bayreuther Festspielhaus. Er leitet die IX. Symphonie Beethovens im markgräflichen Opernhaus.
15. Juni bis 22. Juli: Im Hotel Fantaisie Vollendung der Orchesterskizze „Götterdämmerung" III.
2. bis 6. September: Wagner und Cosima bei Liszt in Weimar.
14. September: Aufsatz „Über Schauspieler und Sänger".
Ende September: Übersiedlung in das Haus Nr. 7 an der Dammallee in Bayreuth.
15. bis 21. Oktober: Liszt zum ersten Besuch in Bayreuth.
31. Oktober: Cosima tritt zum Protestantismus über.
10. November bis 15. Dezember: Wagners und Cosimas Reise durch Deutschland zur Anwerbung von Künstlern für die ersten Festspiele über Würzburg, Frankfurt a. M., Darmstadt, Mannheim, Stuttgart, Straßburg, Karlsruhe, Wiesbaden, Mainz, Köln, Düsseldorf, Hannover, Bremen, Magdeburg, Leipzig zurück nach Bayreuth.
11. Dezember: In Dessau Bekanntwerden mit Ballettmeister Richard Fricke, dem nachmaligen engsten Mitarbeiter Wagners bei seinen Inszenierungen in Bayreuth.

1873 *13. Januar:* Wagner und Cosima in Dresden. Besuch einer „Rienzi"-Aufführung.
14. Januar: Bankett in Gegenwart von Tichatschek, Pusinelli und Wesendoncks.
15. Januar bis 6. Februar: Konzerte in Berlin, Hamburg und Schwerin.
Ende März: In Bayreuth Niederschrift des Aufsatzes „Zum Vortrag der Neunten Symphonie Beethovens".
24. April: Wagner-Konzert in Köln.
3. Mai: Beginn der Partitur-Niederschrift „Götterdämmerung" I in Bayreuth.
22. Mai: Festvorstellung zu Wagners 60. Geburtstag im markgräflichen Opernhaus in Bayreuth.
2. August: Hebefeier des Festspielhauses in Bayreuth.
September: Anton Bruckner besucht Wagner in Bayreuth. Er widmet ihm seine III. Symphonie.
20. bis 22. November: Wagner und Feustel in München. Verhandlungen wegen Übernahme finanzieller Garantien für die Erbauung des Festspielhauses durch Ludwig II.
28. November: Karl Brandt aus Darmstadt und Josef Hoffmann aus Wien (Schöpfer der Dekorations-Skizzen zum „Ring") bei Wagner in Bayreuth.
Dezember: Niederschrift des „Kinderkatechismus" einer Komposition für vier Mädchenstimmen mit Klavier (Frage und Antwortspiel um den Namen Cosima).
24. Dezember: Partitur „Götterdämmerung" I vollendet.
25. Dezember: Aufführung des „Kinderkatechismus" unter Mitwirkung der vier Töchter Cosimas.

1874 *20. Februar:* Ludwig II. gibt einen Kredit von 100000 Talern für die Herstellung der Dekorationen, Maschinerien und Gasbeleuchtung für das Bayreuther Festspielhaus.
28. April: Wagner und Familie beziehen Haus Wahnfried. Ludwig II. hat 25000 Taler beigesteuert.
23. Mai bis 6. Juni: Hans Richter im Auftrag Wagners auf Sänger-Inspektionsfahrt.
26. Juni: Partitur „Götterdämmerung" II beendet.
10. Juli: Partitur „Götterdämmerung" III begonnen.
27. Juni bis 23. Juli und Ende Juli bis Anfang September: Vorstudien Wagners im Haus Wahnfried mit den für die Erstaufführung vorgesehenen Sängern.
21. November: Wagner vollendet die Partitur der „Götterdämmerung" III und damit den gesamten „Ring des Nibelungen".
1./2. Dezember: Wagner mit Familie in Coburg zur Besichtigung der von Max und Gotthold Brückner fertiggestellten Dekorationen zum „Ring".
17. Dezember: Einladung an Carl Emil Doepler (Berlin) zu Entwurf und Ausführung der Kostüme für den „Ring".
20./21. Dezember: Wagner in Leipzig zur Besprechung mit dem Tenor Albert Niemann. Abends Besuch der Oper „Jessonda" von Ludwig Spohr.
25. Dezember: In Haus Wahnfried Aufführung des „Kinderkatechismus" in neuer Fassung.

1875 *20. Februar bis 6. März:* In Wien.
3. März: Atelierfest bei Hans Makart.
1. und 14. März: Konzerte in Wien (Musikverein).
10. März: Gemeinsames Auftreten von Wagner und Liszt in Budapest.
16. März: Rückkehr nach Bayreuth.
9. bis 26. April: Cosima und Wagner in Leipzig, Hannover, Braunschweig, Berlin.
Nacht von 1. auf 2. Mai: Plötzlicher Tod von Wagners geliebtem Hund Ruß.
4. bis 7. Mai: In Wien. Cosima und Wagner wohnen wieder bei Dr. Standhartner.
6. Mai: Wagner-Konzert in Wien.
17. Juli: Dirigent Hans Richter in Bayreuth. Die Kosten der Vorproben trägt Wagner aus den Erträgnissen seiner Konzerte.
22. Juli: Die von Caspar Zumbusch geschaffene Bronzebüste Ludwigs II. wird vor Haus Wahnfried aufgestellt.
1. bis 12. August: Orchesterproben unter Leitung Richters.
13. August: Gartenfest im Haus Wahnfried für alle 140 Künstler.
1. November bis 16. Dezember: In Wien.
22. November: Erste Aufführung des neueinstudierten „Tannhäuser" (Pariser Fassung) in Wien. Inszenierung: Richard Wagner; Dirigent: Hans Richter.
15. Dezember: Erste Aufführung des neu einstudierten „Lohengrin" in Wien. Dirigent: Hans Richter; Inszenierung: Richard Wagner.
16. Dezember: Rückreise nach Bayreuth.

1876 *9. bis 20. Februar:* Orchesterskizze des Auftragswerkes zur 100jährigen Feier der amerikanischen Selbständigkeit (Honorar: 5000 Dollar) vollendet.
2. März: Wagner dirigiert in der Wiener Hofoper den „Lohengrin" zum Besten des Chorpersonals.
4. März: Wagner und Cosima in Berlin zur Einstudierung des „Tristan".
17. März: Vollendung der Partitur des „Großen Festmarsches" für die Vereinigten Staaten.
20. März: Erstaufführung von „Tristan und Isolde" in Berlin. Dirigent: Karl Eckert; Tristan: Albert Niemann. Der Reinerlös der Aufführung in Höhe von 5000 Talern stellt Kaiser Wilhelm I. den Bayreuther Festspielen zur Verfügung.
23. März: Wagner und Cosima in Bayreuth.
22. Mai: Felix Mottl wird Assistent in Bayreuth.
3. Juni bis 4. August: Proben zu den ersten Bayreuther Festspielen.
6. August: König Ludwig II. trifft in Bayreuth zu den Generalproben ein und reist am frühen Morgen des 10. August nach Hohenschwangau.
13. August: Eröffnung der Festspiele. Erstaufführung des „Rheingold" im Bayreuther Festspielhaus. Kaiser Wilhelm I. und Kaiser Dom Pedro II. von Brasilien anwesend. Dirigent: Hans Richter; Wotan: Franz Betz; Donner:

Eugen Gura; Froh: Georg Unger; Loge: Heinrich Vogl.; Alberich: Karl Hill; Mime: Carl Schlosser; Fasolt: Albert Eilers; Fafner: Franz von Reichenberg; Fricka: Friederike Sadler-Grün; Freia: Marie Haupt; Erda: Luise Jaide; Woglinde: Lilli Lehmann; Wellgunde: Marie Lehmann; Floßhilde: Minna Lammert.

14. August: Erstauffühung der „Walküre" im Bayreuther Festspielhaus. Dirigent: Hans Richter; Siegmund: Albert Niemann; Hunding: Josef Niering; Wotan: Franz Betz; Sieglinde: Josefine Schefsky; Brünnhilde: Amalie Materna; Fricka: Friederike Sadler-Grün; acht Walküren: Antonie Amann, Luise Jaide, Johanna Jachmann-Wagner, Marie Haupt, Minna Lammert, Lilli Lehmann, Marie Lehmann, Herwig Reicher-Kindermann.

16. August: Erstaufführung und Uraufführung des „Siegfried" im Bayreuther Festspielhaus. Dirigent: Hans Richter; Siegfried: Georg Unger; Mime: Carl Schlosser; Wanderer: Franz Betz; Alberich: Karl Hill; Fafner: Franz von Reichenberg; Erda: Luise Jaide; Brünnhilde: Amalie Materna; Waldvogel: Lilli Lehmann.

17. August: Erstaufführung und Uraufführung der „Götterdämmerung" im Bayreuther Festspielhaus. Dirigent: Hans Richter; Siegfried: Georg Unger; Gunther: Eugen Gura; Hagen: Gustav Siehr; Alberich: Karl Hill; Brünnhilde: Amalie Materna; Gutrune: Mathilde Weckerlin; Waltraute: Luise Jaide; 1. Norn: Johanna Jachmann-Wagner; 2. Norn: Josefine Schefsky; 3. Norn: Friederike Sadler-Grün; Woglinde: Lilli Lehmann; Wellgunde: Marie Lehmann; Floßhilde: Minna Lammert.

18. August: Bei einem Festbankett in der Festspielhausrestauration feiert Wagner Liszt als denjenigen, „ohne den Sie heute vielleicht keine Note von mir gehört hätten".

20. bis 23. August: Zweite Aufführung des „Ring"-Zyklus.

27. bis 30. August: Dritte Aufführung des „Ring". König Ludwig II. ist anwesend.

14. September bis Ende Oktober: Wagner mit Familie von Bayreuth über München, Verona, Venedig, Bologna, Neapel nach Sorrent.

8. November bis 3. Dezember: Rom.

4. Dezember: Besuch einer „Rienzi"-Aufführung in Bologna.

20. Dezember: Ankunft in Bayreuth.

1877 *23. Februar:* Wagner vollendet den zweiten Prosaentwurf zu „Parsifal". Er ändert die Schreibweise „Parzival" in „Parsifal" um.

14. März bis 19. April: Urschrift der „Parsifal"-Dichtung vollendet.

30. April: Wagner und Cosima reisen über Würzburg, Mainz, Köln nach London.

7., 9., 12., 14., 16., 19., 28. und 29. Mai: Acht Konzerte in der Londoner Albert-Hall.

17. Mai: Wagner wird auf Schloß Windsor von Königin Victoria empfangen.

4. Juni bis 4. Juli: Kuraufenthalt in Bad Ems. Dabei Zusammenkunft mit Mathilde Wesendonck und Tochter Myrra Freifrau von Bissing.

8. Juli: In Anwesenheit von Emil Heckel, Dr. Zeroni, Pfarrer Friedrich Bauer und Richard Pohl liest Wagner seine „Parsifal"-Dichtung in Heidelberg vor.

13. bis 28. Juli: Reist von Mannheim, Zürich, Luzern, München, Nürnberg, der Wartburg nach Bayreuth.

15. September: Wagner gibt in Bayreuth den Delegierten der Wagner-Vereine die Verwirklichung seines sog. „Schuldplanes" bekannt. Gründung eines neuen „Bayreuther Patronatsvereins".

25. September: Orchesterskizze „Parsifal" I begonnen.

7. Oktober: Hans von Wohzogen übernimmt die Redaktion der „Bayreuther Blätter".

1878 *29. bis 31. Januar:* Kompositions- und Orchesterskizze „Parsifal" I beendet.

12. März: Niederschrift des Aufsatzes „Modern".

13. März: Orchesterskizze „Parsifal" II begonnen.

27. August bis 14. Oktober: Malvida von Meysenbug (seit 1855 mit Wagner bekannt) in Bayreuth.

30. September bis 11. Oktober: Kompositions- und Orchesterskizze „Parsifal" II vollendet. Aufsatz „Das Publikum in Zeit und Raum".

14. November: Orchesterskizze „Parsifal" III begonnen.

17., 19., 21. und 23. November: Erste Gesamtaufführung des „Ring" in München. Aufsatz „Ein Rückblick auf die Bühnenfestspiele des Jahres 1876".

25. Dezember, 7 Uhr morgens: Uraufführung des eben fertiggestellten „Parsifal"-Vorspiels unter Wagners Leitung im Haus Wahnfried durch das Meininger Hoforchester.

1879 *16. bis 26. April:* Kompositions- und Orchesterskizze „Parsifal" III vollendet.

13. Mai: Aufsatz „Wollen wir hoffen?"

28. Juni: Zweitschrift „Über das Dichten und Komponieren" vollendet.

29. Juli: „Über das Operndichten und Komponieren im Besonderen" in Urschrift vollendet.

7. August: Beginn der Vorarbeiten für die Niederschrift der „Parsifal"-Partitur.

23. August: Beginn der Aufzeichnung der Partitur „Parsifal" I.

28. August: Zur Feier von Goethes 130. Geburtstag spielt Liszt in Haus Wahnfried seine „Faustsymphonie".

29. September: Urschrift des „Offenen Schreibens an Herrn Ernst von Weber, Verfasser der Schrift ‚Die Folterkammern der Wissenschaft'" (gegen die Vivisektion).

20. Oktober: Heinrich von Stein beginnt in Wahnfried seine Tätigkeit als Hauslehrer Siegfried Wagners.

Weihnachten: Aufsatz „Zur Einführung in das Jahr 1880".

31. Dezember: Wagner und Familie in München, Silvesterfeier mit Lenbach, Hermann Levi und Hofsekretär Ludwig von Bürkel im Hotel Marienbad.

1880 *4. Januar:* Wagner und Familie beziehen die Villa Angri in Neapel (bis 7. August).

18. Januar: Der russische Maler Paul von Joukowsky (späterer Schöpfer der Dekorationen der „Parsifal"-Uraufführung in Bayreuth) besucht Wagner.

9. März: Engelbert Humperdinck zu Besuch.

22. Mai: Zu Wagners Geburtstag Aufführung der Gralsszene aus „Parsifal" I in der Villa Angri. Unter Leitung Wagners wirken Josef Rubinstein (Klavier), die vier Töchter des Hauses, Engelbert Humperdinck und Martin Plüddemann mit.

26. Mai: Ausflug der Familie Wagner nach Ravello. Besichtigung des Parkes des Palazzo Rufolo. Eintragung ins Gästebuch: „Klingsor's Zaubergarten ist gefunden!"

19. Juli: Urschrift von „Religion und Kunst".

7. August: Schwerer Anfall von Gesichtsrose. Reise nach Rom.

24. August: Wagner trifft in der Villa Torre Fiorentina in Siena ein und bleibt bis 4. Oktober.

4. bis 30. Oktober: In Venedig. Wagner und Familie wohnen im Palazzo Contarini dalle figure am Canal Grande.

25. Oktober: Urschrift „Was nützt diese Erkenntnis?".

31. Oktober: Ankunft in München. Gäste bei Hermann Levi (Dirigent der „Parsifal"-Uraufführung). Begegnungen mit Lenbach, Lorenz Gedon und Wilhelm Busch.

4. November: Wagner hört seinen „Fliegenden Holländer" in München.

6. November: Atelierfest bei Lenbach zu Wagners Ehren.

7. November: „Tristan"-Aufführung im Hoftheater München. Der anwesende Wagner erhält herzliche Ovationen des Publikums.

10. November: Separatvorstellung „Lohengrin" für Ludwig II. Wagner in der Loge des Königs.

12. November: Wagner dirigiert für den König allein das Vorspiel zu „Parsifal" im Hoftheater. Letzte Begegnung mit Ludwig II.

17. November: Rückkehr nach Bayreuth.

(23. November?): Wagner nimmt die Arbeit an der unterbrochenen „Parsifal"-Partitur wieder auf.
1. Dezember: „Zur Mitteilung an die geehrten Patrone der Bühnenfestspiele in Bayreuth" vollendet (Ankündigung der Festspiele 1882).

1881 *8. Januar:* Engelbert Humperdinck in Bayreuth, um eine Kopie der „Parsifal"-Partitur herzustellen.
Januar: Aufsätze „Religion und Kunst" (1. Teil) und „Erkenne dich selbst".
25. April: Partitur „Parsifal" I vollendet.
Aufsatz „Zur Einführung der Arbeit des Grafen Gobineau ‚Ein Urteil über die jetzige Weltlage'".
5., 6., 8. und 9. Mai: Erstaufführung des „Ring" in Berlin im Viktoria-Theater durch Angelo Neumann. Wagner und Cosima anwesend.
11. bis 25. Mai: Graf Joseph Arthur Gobineau, französischer Schriftsteller und Rassentheoretiker, Gast in Bayreuth.
25., 26., 28. und 29. Mai: Wagner, Cosima und Kinder, Graf Gobineau, Joukowsky erneut zu den „Ring"-Aufführungen in Berlin. Kaiser Wilhelm I. anwesend.
6. Juni: Partitur „Parsifal" II in Bayreuth begonnen.
23. August bis 4. September: Urschrift „Heldentum und Christentum".
22. September bis 9. Oktober: Liszt in Bayreuth. Liszt mit Enkelin Daniela von Bülow nach Rom.
20. Oktober: Partitur „Parsifal" II vollendet.
1. bis 4. November: Wagner und Familie nach Neapel.
5. November: Ankunft im Hotel des Palmes in Palermo.
8. November: Partitur „Parsifal" III in Palermo begonnen.

1882 *13. Januar:* Partitur „Parsifal" vollendet. Schott zahlt 100000 Mark Honorar.
15. Januar: Auguste Renoir fertigt in Palermo eine Porträtskizze Wagners an.
Anfang Februar bis 20. März: Umzug in die Villa des Fürsten Gangi an der Piazza dei Porazzi in Palermo.
2. März: Umkomposition einer „Tristan"-Skizze zum „Porazzi-Thema".
20. März: Wagner und Familie übersiedeln nach Acireale.
Zwischen 20. März und 10. April: Niederschrift „Über das Männliche und Weibliche in Kunst und Kultur".
15. bis 29. April: Aufenthalt in Venedig.
30. April: Von Venedig über München, Nürnberg nach Bayreuth.
11. Mai bis 17. Juni: Graf Gobineau bei Wagner in Bayreuth.
22. Mai: Wagners 69. (letzter) Geburtstag. Humperdinck läßt einen Knabenchor von der Galerie des Hauses Wahnfried aus „Parsifal" I singen.
28. Mai: Gründung der Bayreuther Stipendienstiftung für Unbemittelte.
2. Juli: Beginn der „Parsifal"-Proben unter Hermann Levi. Heinrich Porges und Julius Kniese protokollieren alle Bemerkungen Wagners.
26. Juli: Uraufführung des „Parsifal" im Bayreuther Festspielhaus. Dirigent: Hermann Levi; Amfortas: Theodor Reichmann; Titurel: August Kindermann; Gurnemanz: Emil Scaria; Parsifal: Hermann Winkelmann; Klingsor: Karl Hill; Kundry: Amalie Materna; 1. Gralsritter: Anton Fuchs; 2. Gralsritter: Herr Stumpf; 1. Knappe: Frl. Galfy; 2. Knappe: Frl. Keil; 3. Knappe: Herr Mikorey; 4. Knappe: Herr von Hübbenet; Klingsors Zaubermädchen: 1. Gruppe Frl. Horson, Frl. Meta, Frl. Pringle; 2. Gruppe Frl. André, Frl. Galfy, Frl. Belce.
25. August: Ziviltrauung des Grafen Biagio Gravina mit Blandine von Bülow im Haus Wahnfried.
28. Juli bis 29. August: 15 weitere Vorstellungen des „Parsifal". Besucher der Festspiele sind u. a.: Franz Liszt, Anton Bruckner, Leo Delibes, Camille Saint-Saëns, Elisabeth Nietzsche, Lou von Salomé, Malvida von Meysenbug, Eduard Hanslick und der junge Gustav Mahler. Ludwig II. bleibt den Festspielen fern.
29. August: Wagner übernimmt von Hermann Levi ab der Verwandlungsmusik des III. Aktes „Parsifal" den Taktstock.
14. September: Wagner reist mit Familie nach Venedig.
18. September: Einzug in den am Canal Grande gelegenen Palazzo Vendramin.
1. November: Aufsatz „Das Bühnenweihfestspiel in Bayreuth".
19. November bis 13. Januar 1883: Liszt bei Wagner.
24. Dezember: Wagner dirigiert zum letzten Male. Im Teatro La Fenice leitet er zu Cosimas 45. Geburtstag seine Jugendsymphonie in C-Dur. Im selben Konzert spielt Liszt. Schwere Herzanfälle Wagners.

1883 *11. Februar:* Beginn der Niederschrift „Über das Weibliche im Menschlichen".
12. Februar: Abends liest Wagner aus Fouqués Märchen „Undine" vor. Dabei wird er von Joukowsky porträtiert. Wagner spielt das „Porazzi-Thema" und den Schlußgesang der Rheintöchter aus „Rheingold".
13. Februar: Weiterarbeit an dem Aufsatz „Über das Weibliche im Menschlichen" und schließt mit den Worten: „Liebe – Tragik".
Nach einem Herzanfall stirbt Wagner am Nachmittag in Cosimas Armen.
14. Februar: Augusto Benvenuti nimmt Wagners Totenmaske ab.
16/17. Februar: Überführung der Leiche Wagners von Venedig über München nach Bayreuth.
18. Februar: Trauerkondukt durch die Stadt. Die Sargbegleiter: Muncker, Feustel, Groß, Wolzogen, Joukowsky, Seidl, Wilhelmj, Porges, Levi, Richter, Standhartner und Niemann. Beisetzung Wagners im Garten von Haus Wahnfried.
Nach dem 18. Februar:
„Den Künstler, um welchen jetzt die ganze Welt trauert, habe ich zuerst erkannt, habe ich der Welt gerettet", sagt König Ludwig II. zu seinem Hofsekretär von Bürkel, nachdem ihm dieser über den Verlauf der Trauerfeierlichkeiten in Bayreuth berichtet hat.

Werkverzeichnis

a) Musikdramatische Werke

„Die Hochzeit", 1832–1833 (von Wagner vernichtet!), Partitur der ersten Szene erhalten;
„Die Feen", 1832–1834, Uraufführung: München 1888;
„Das Liebesverbot", 1834–1836, Uraufführung: Magdeburg 29. März 1836;
„Rienzi", 1837–1840, Uraufführung: Dresden 20. Oktober 1842;
„Der Fliegende Holländer", 1840–1841 (Umarbeitung des Schlusses: 1860), Uraufführung: Dresden 2. Januar 1843;
„Tannhäuser", 1842–1845 (Umarbeitung des Schlusses: 1847), Uraufführung: Dresden 19. Oktober 1845, Pariser Fassung: 13. März 1861;
„Lohengrin", 1845–1848, Uraufführung: Weimar 28. August 1850;
„Tristan und Isolde", 1854–1859, Uraufführung: München 10. Juni 1865;
„Die Meistersinger von Nürnberg", 1845–1867, Uraufführung: München 21. Juni 1868;
„DER RING DES NIBELUNGEN":
„Das Rheingold", 1851–1854, Uraufführung: München 22. September 1869;
„Die Walküre", 1851–1856, Uraufführung: München 26. Juni 1870;
„Siegfried" (Der junge Siegfried, Siegfrieds Tod), 1851–1871, Uraufführung: Bayreuth 16. August 1876;
„Die Götterdämmerung", 1848–1874, Uraufführung: Bayreuth 17. August 1876;
„Parsifal", 1857–1882, Uraufführung: Bayreuth 26. Juli 1882.

b) Sonstige Dramen, dramatische Entwürfe und Operndichtungen:

„Bärenfamilie, Die glückliche", 1837
„Bergwerke zu Falun, Die", 5. März 1842
„Braut, Die hohe", 1836
„Friedrich I.", 31. Oktober 1846
„Jesus von Nazareth", Januar (?) 1849
„Kapitulation, Die", November (?) 1870
„Leubald", 1825
„Lustspiel in 1 Akt", 1. September 1868
„Luther"-Schauspiel, 22. August 1868
„Nibelungen-Mythus, Der", 4. Oktober 1848
„Sarazenin, Die", Winter 1841/42 (Entwurf)
Schäferoper, 1830
„Sieger, Die", 16. Mai 1856
„Wieland der Schmied", 11. März 1850 (2. Prosaentwurf vollendet)

c) Weitere musikalische Werke:

„Abendglocken", Herbst 1832
Albumblatt für die Fürstin Metternich in C-Dur, 18. Juni 1861
Albumblatt für Ernst Benedikt Kietz in E-Dur, 31. Dezember 1840
Albumblatt für Großherzogin Luise von Baden („Wotans Abschied"), 20. Juni 1857 (Übersendung des Albumblattes)
Albumblatt in As-Dur „Ankunft bei den schwarzen Schwänen" für Gräfin von Pourtalès, 29. Juli 1869
„An Webers Grabe" (Männerchor), 10. November 1844
„Beim Antritt des neuen Jahres", Dezember 1834
„Columbus"-Ouvertüre, Januar 1835
„Der Engel", 30. November (?) 1857
„Der Tannenbaum", Herbst 1838
„Dors mon enfant", 1840
Einlagearie (für Baß) zu Bellinis „Norma", Anfang 1840
Einlagearie (für Baß) zu Blums „Marie, Max und Michel", 31. August 1837
Einlagearie (für Tenor) zu Marschners „Vampyr", 23. September 1833
„Fantasia" in fis-Moll, 27. November 1831
„Faustouvertüre, Eine", 12. Januar 1840 (1. Fassung), 17. Januar 1855 (2. Fassung)
Gesang zur Enthüllung des Denkmals Sr. Majestät des hochseligen Königs Friedrich August des Gerechten, 7. Juni 1843
„Großer Festmarsch", 17. März 1876
„Gruß seiner Treuen an Friedrich August den Geliebten bei seiner Zurückkunft aus England, den 9. August 1844", August 1844
„Huldigungsmarsch", 21. (?) August 1864
„Im Treibhaus", 1. Mai 1858
„Iphigenie in Aulis" von C. W. Gluck (Bearbeitung), 22. Februar 1847 (1. Aufführung), Vollendung der Komposition Ende 1846
„Kaisermarsch", 15. März 1871
„Kinderkatechismus" (1. Fassung mit Kavierbegleitung), Dezember 1873, (2. Fassung für Begleitung mit kleinem Orchester), 14. Dezember 1874
Konzertouvertüre in C-Dur, 17. März 1832
Konzertouvertüre in d-Moll, 26. September 1831 (Umarbeitung 4. November 1831)
„La Descente de la Courtille", Paris, Winter 1840
„L'Attente", Februar (?) 1840
„Les Adieux de Marie Stuart", 26. März 1840
„Les deux Grenadiers", Februar (?) 1840
„Liebesmahl der Apostel, Das", 29. (?) Juni 1843 (Vollendung der Partitur)
„Mignonne", Februar (?) 1840
„Nicolay"-Volkshymne, November (?) 1837
Opfer- und Beschwörungsszene, Skizze der Musik zu einer, Februar (?) 1837
Ouvertüre in B-Dur (Paukenschlag), 1830
Ouvertüre zur „Braut von Messina", 1830
Ouvertüre in C-Dur (6/8), 1830
Ouvertüre zu Raupachs „König Enzio", 3. Februar 1832
,,Züricher Vielliebchen'', Walzer für Mathilde Wesendonck, 29. Mai 1853
„Polonia"-Ouvertüre, Juli 1836
„Porazzi-Thema", 18. April 1882
Quartett in D-Dur, 1829
„Rule Britannia"-Ouvertüre, 15. März 1837
„Sausendes, brausendes Rad der Zeit", 22. Februar 1858
„Schmerzen", 17. Dezember 1857
Sieben Kompositionen zu Goethes „Faust", 1831
„Siegfried-Idyll", 4. Dezember 1870
Sonate zu 4 Händen in B-Dur, 1831
Sonate in B-Dur, 1831
Sonate in f-Moll, 1829
Sonate in d-Moll, 1829
Sonate für Mathilde Wesendonck, Juni 1853
„Stabat mater" von Palestrina (Bearbeitung), 1848
Symphonie in C-Dur, 1832
Symphonie in E-Dur (nur 1. Satz), 29. August 1834
Szene und Arie (für Sopran), 1832
Trauermusik anläßlich der Beisetzung der sterblichen Überreste Carl Maria von Webers, 10. November 1844
„Träume", 18. Dezember 1857
„Wahlspruch für die deutsche Feuerwehr", 8. November 1869
„Weihegruß zur feierlichen Enthüllung des Denkmals König Friedrich Augusts I. (‚des Gerechten') von Sachsen", 1843

d) Literarische Werke:

Anweisungen zur Aufführung des „Lohengrin", 2. Juli 1850
Autobiographische Skizze, Januar 1843; Abdruck des 1. Teils am 1. Februar 1843
„Beethoven", 11. September 1870

Beethovens IX. Symphonie, Artikel über (für den „Dresdener Anzeiger“), März 1876
„Bemerkungen zur Aufführung der Oper ‚Der Fliegende Holländer‘“, 22. Dezember 1852 (Vollendung)
„Bericht an Seine Majestät den König Ludwig II. von Bayern über eine in München zu errichtende Musikschule“, 23. März 1865 (Beendigung)
„Bericht über die Wiederaufführung eines Jugendwerkes“, 31. Dezember 1882 (Vollendung)
„Das Bühnenweihfestspiel in Bayreuth“, 1. November 1882 (Vollendung)
„Das Judentum in der Musik“, August 1850 (Vollendung)
„Das Kunstwerk der Zukunft“, 4. November 1849 (Vollendung)
„Das Publikum in Zeit und Raum“, 11. Oktober 1878 (Abschluß)
„Das Wiener Hof-Operntheater“, Oktober (?) 1863
„Der ‚Freischütz‘ in Paris“, 23. Mai 1841 (Beginn des Abdrucks)
„Der Künstler und die Öffentlichkeit“, März 1841 (Abdruck am 1. April)
„Der Virtuos und der Künstler“, 18. Oktober 1840 (Abdruck)
„Deutsche Kunst und deutsche Politik“, 16. März 1868 (Vorwort), Beginn der Niederschrift der Abhandlung September 1867
„Die Königliche Kapelle betreffend“, 1. März 1846 (Vollendung)
„Die Kunst und die Revolution“, Juli 1849
„Die Wibelungen / Weltgeschichte aus der Sage“, September 1849 (Abschluß der Überarbeitung)
„Ein Ende in Paris“, 31. Januar 1841 (Beginn des Abdrucks)
„Ein glücklicher Abend“, 12. Mai 1841 (Vollendung)
„Ein Rückblick auf die Bühnenfestspiele des Jahres 1867“, November (?) 1878
„Ein Theater in Zürich“, 17. April 1851 (Vollendung)
„Eine Erinnerung an Rossini“, 7. Dezember 1868 (Vollendung)
„Eine Mitteilung an meine Freunde“, August 1851 (Vollendung)
„Eine Pilgerfahrt zu Beethoven“, 19. November 1840 (Beginn des Abdrucks)
„Entwurf zur Organisation eines deutschen Nationaltheaters für das Königreich Sachsen“, 11. Mai 1848 (Vollendung)
„Epilogischer Bericht über die Umstände und Schicksale, welche die Ausführung des Bühnenfestspiels ‚Der Ring des Nibelungen‘ bis zur Veröffentlichung der Dichtung desselben begleiteten“, 7. Dezember 1871 (Vollendung)
„Erinnerungen an Auber“, 31. Oktober 1871 (Vollendung)
„Erinnerungen an Ludwig Schnorr von Carolsfeld, Meine“, 3. Mai 1868 (Vollendung der Erstschrift)
„Erkenne dich selbst“, Januar 1881
„Glucks Ouvertüre zu Iphigenie in Aulis“, 17. Juni 1854 (Vollendung)
Grabschrift für sich selbst, 25. März 1864
„Halévy et ‚La Reine de Chypre‘“, 27. Februar 1842 (Beginn des Abdrucks)
„Heldentum und Christentum“, 23. August 1881 (Beginn der Urschrift) vollendet 4. September 1881
„Kunst und Klima“, 23. Februar 1850 (Beginn)
„Le Freischütz“, 21. Juni 1841 (Vollendung)
„Mein Leben“, 17. Juli 1865 (Beginn)
„Modern“, März 1878 (Vollendung)
„Nachruf an L. Spohr und Chordirektor W. Fischer“, 8. November 1859 (Vollendung)
„Offenes Schreiben an Herrn Ernst von Weber, Verfasser der Schrift ‚Die Folterkammern der Wissenschaft‘“, 29. September 1879 (Vollendung der Urschrift)
„Oper und Drama“, 10. Januar 1851 / 2. Aufl. 26. April 1868 (Vollendung der Urschrift)
Rede zur Feier der Grundsteinlegung des Festspielhauses, 21. April 1872
„Religion und Kunst“, 19. Juli 1880 (Vollendung der Urschrift)
„Über das Dichten und Komponieren“, 28. Juni 1879 (Vollendung der Zweitschrift)
„Über das Dirigieren“, Oktober 1869 (Beginn der Erstschrift)
„Über das Männliche und Weibliche in Kultur und Kunst“, April 1882
„Über das Weibliche im Menschlichen“, 13. Februar 1883 (Beginn 11. Februar 1883)
„Über deutsche Musik“, 12. Juli 1840 (Beginn des Abdrucks)
„Über die Aufführung des Bühnenfestspieles ‚Der Ring des Nibelungen‘“, April 1871 (Vollendung der 2. Niederschrift)
„Über die Aufführung des ‚Tannhäuser“, August 1852 (Vollendung)
„Über die Bestimmung der Oper“, 24. März 1871 (Vollendung der Urschrift)
„Über die Ouvertüre“, 10. Januar 1841 (Beginn des Abdrucks)
„Über Franz Liszts Symphonische Dichtungen“, 15. Februar 1857 (Vollendung)
„Über Schauspieler und Sänger“, 14. September 1872 (Vollendung)
„Über Staat und Religion“, 16. Juli 1864 (Vollendung der Reinschrift)
Vorwort zur ersten öffentlichen Ausgabe der „Ring“-Dichtung, Januar 1863
Vorwort zur Gesamtausgabe von Wagners Schriften und Dichtungen, 22. Mai 1871 (Vollendung der Zweitschrift)
„Was ist deutsch?“. 14. September 1865 (Beginn); letzte Aufzeichnung, 27. September
„Was nützt diese Erkenntnis?“, 25. Oktober 1880 (Vollendung der Urschrift)
„Wie verhalten sich republikanische Bestrebungen dem Königtume gegenüber?“, Juni 1848
„Wollen wir hoffen?“, 13. Mai 1879 (Vollendung)
„‚Zukunftsmusik‘ / An einen französischen Freund (Fr. Villot) als Vorwort zu einer Prosaübersetzung meiner Operndichtungen“, September 1860 (Vollendung)
„Zum Vortrag der neunten Symphonie Beethovens“, März 1873
„Zur Einführung der Arbeit des Grafen Gobineau , Ein Urteil über die jetzige Weltlage‘“, 25. April 1881
„Zur Einführung in das Jahr 1880“, Dezember 1879 (Vollendung)
„Zur Mitteilung an die geehrten Patrone der Bühnenfestspiele in Bayreuth“, 1. Dezember 1880 (Vollendung)

Bibliographie

Unter den zahllosen im Laufe meines Lebens gelesenen Wagner-Schriften erinnere ich mich besonders an die folgenden:

ADAM, Theo, Seht, hier ist Tinte, Feder, Papier, Berlin 1980 (DDR)
ALMQVIST, Paula, Eine Klasse für sich, Adel in Deutschland, München 1979
ALTMANN, Wilhelm, Was man von Wagner wissen muß, Mainz–Leipzig 1913
AVGERINOS, Gerassimos, Musiker-Jargon, München 1979
BACHRICH, S., Aus verklungenen Zeiten, Wien, 1914
BARTH, Herbert, MACK, Dietrich, Voss Egon, Wagner, Wien 1975
BATKA, Richard, Aus der Opernwelt, München 1907
BAUER, Anton, Das Theater in der Josefstadt zu Wien, Wien 1975
BECSI, Kurt (Hrsg.), Die Bühne als kosmischer Raum. Zum Bühnenbildschaffen von Günther Schneider-Siemssen, Wien 1976
BÉDIER, Joseph, Der Roman von Tristan und Isolde, Insel 1955
BEIN, Alex, Theodor Herzl, Jerusalem 1974
BENNWITZ, Hanspeter, Interpretenlexikon der Instrumentalmusik, Bern 1964
BERGFELD, Joachim, Ich wollte Wagner vom Podest holen, 1976
BEST, Otto F. (Hrsg.), Expressionismus und Dadaismus, Die Deutsche Literatur Bd. 14, Stuttgart 1974
BÖHM, Karl, Ich erinnere mich ganz genau, Wien 1968
BRAMPTON-ARRHENIUS, Oliver (Hrsg.), Lexikon des geheimen Wissens, Wien o. J.
BRANDES, Georg (Hrsg.), Richard Wagner als Dichter, Die Literatur Bd. 14, Berlin o. J.
BROESEL, Wilhelm, Kundry. Ein Beitrag zur Auffassung der weiblichen Gestalt in Richard Wagners Parsifal, Leipzig 1899
BURGHOLD, Julius (Hrsg.), Richard Wagner, Der Ring des Nibelungen, München 1980
CESARI, G., LUZIO, A., I Copialettere di Guiseppe Verdi, Milano 1913
CHAMBERLAIN, Houston Stewart, Richard Wagner, 1911
CHOP, Max (Hrsg.), sämtliche Wagner-Analysen
CONATI, Marcello, Interviste e incontri con Verdi, Milano o. J.
CSAMPAI, Attila, HOLLAND, Dietmar (Hrsg.), „Die Meistersinger", 1981
DAUBE, Otto (Hrsg.), Richard Wagner, „Die Meistersinger"
DETTELBACH, Hans von, Breviarium Musicae, Graz 1967
DETTELBACH, Hans von, Das Imperium der Töne, Form und Bedeutung der Musik, Graz–Wien 1970
DIE WELT DER MUSIK, Verlag Deutsche Volksbücher o. J.
EICHBERG, O., Parsifal. Einführung in die Dichtungen Wolframs von Eschenbach und Richard Wagners, Leipzig 1882
ENDLER'S Opernführer, Wien 1980
EUROPÄISCHE THEATERAUSSTELLUNG, Katalog, Wien 1955
FEILER, Paul (Hrsg.), Bosheiten in Dur und Moll, Sammlung historischer Musikkritiken, München 1977
FORIDIA, Pietro, Tristano e Isotta, Milano 1979
FRICKE, Richard, Bayreuth vor dreißig Jahren, Erinnerungen an Wahnfried und aus dem Festspielhause, Dresden 1906
FRITSCH, Theodor, Handbuch der Judenfrage, Hamburg 1907
GANZER, Karl Richard, Richard Wagner und das Judentum, Hamburg 1938
GEISSMAR, Berta, Musik im Schatten der Politik, Erinnerungen, Zürich–Freiburg i. Br. 1945
GERMANISCHES NATIONALMUSEUM, Nürnberg (Hrsg.), Die Meistersinger und Richard Wagner, Nürnberg o. J.
GIOVANNINI, Alberto, Il vascello fantasma, Milano 1977
GLASENAPP, C. F., Richard Wagner, Leben und Wirken, 1876
GOLÉA, Antoine, Gespräche mit Wieland Wagner, Salzburg 1968
GOLTHER, Wolfgang, Richard Wagner, Leben und Lebenswerk, Musiker-Biographien Bd. 5, Leipzig 1926
GRAND-CARTERET, John, Richard Wagner en Caricatures, Paris o. J.
GREGOR-DELLIN, Martin, MACK, Dietrich (Hrsg.), Cosima Wagner. Die Tagebücher, Bd. I 1869–1877, Bd. II 1878–1883, München–Zürich 1976/77
GREGOR-DELLIN, Martin, sämtliche Wagner-Schriften
GRILLPARZER, Franz, Sämtliche Werke, Bd. 11, Stuttgart 1887
GUALERZI, G., ROSCIONI, C. Marinelli, Wagner in Italia (1871–1971), Venedig o. J.
GUTMANN, Albert, Aus dem Wiener Musikleben, Künstler-Erinnerungen, Wien 1898
GUTMAN, Robert, Richard Wagner. Der Mensch, sein Werk, seine Zeit, München 1968
HAKEL, Hermann (Hrsg.), Richard der Einzige, Satire Parodie Karikatur, Wien–Hannover–Bern 1963
HANSEN, Matthias (Hrsg.), Gustav Mahler, Briefe, Leipzig 1981
HANSLICK, Eduard, Aus dem Tagebuch eines Musikers, Berlin 1892
HEINZ, Dieter, Optische Leitmotive bei Richard Wagner. Ein Beitrag zur Gestaltung der Ring-Tetralogie, Saarbrücker Hefte 34/1971, Sonderdruck
HEMBUS, Joe, BANDMANN, Christa, Klassiker des deutschen Tonfilms 1930–1960, München 1980
HEMMES, E. S. J., Richard Wagners „Parsifal", Mainz 1914
HERING-ARIBACH, Alfred, Musik, Theater und der Mensch, München 1966
HERZFELD, Friedrich, Adagio und Scherzo. Kleine Geschichten um große Meister, Wien 1941
HERZFELD, Friedrich, Das Neue Bayreuth, Berlin 1960
HERZFELD, Friedrich, Königsfreundschaft, Ludwig II. und Richard Wagner, Leipzig 1939
HEUBERGER, Richard, Musikalische Skizzen, Leipzig 1901
HOLLEROP, Hans (Hrsg.), Musiker-Anekdoten, Stuttgart 1922
HÜBSCHER, Arthur (Hrsg.), Arthur Schopenhauer, Aphorismen zur Lebensweisheit, Stuttgart 1972
KANN, Robert A., Briefe an, von und um Josephine Wertheimstein, Wien 1981
KAPP, Julius (Hrsg.), Die Staatsoper Berlin 1919–1925. Ein Almanach, Stuttgart–Berlin 1925
KAPP, Julius (Hrsg.), 200 Jahre Staatsoper im Bild, Berlin 1942
KARPATH, Ludwig, Richard Wagner, „der Schuldenmacher", Wien–Leipzig 1914
KARPATH, Ludwig, Siegfried Wagner als Mensch und Künstler, Leipzig 1902
KAUFMANN, Robert, Tribschen und Richard Wagner, Luzern o. J.
KINNE, Irene-Marianne, Richard Wagner. Der Ring des Nibelungen. Die Bayreuther Inszenierungen von 1876–1963, Wien 1963
KÖNIG, Wilhelm, Erläuterungen zu Gottfried von Straßburgs Tristan, Erläuterungen zu den Klassikern Bd. 294, Hollfeld o. J.
KOTSCHENREUTHER, Hellmut, Kurt Weill, Berlin 1962
KRAFT, Zdenko von, Der Kreuzweg nach Bayreuth, Konstanz o. J.
KRAFT, Zdenko von, Der Sohn, Siegfried Wagners Leben und Umwelt, Graz 1969
KRALIK, Heinrich (Hrsg.), Aus Eduard Hanslicks Wagner-Kritiken, Wien 1947
KUSENBERG, Kurt (Hrsg.), Arthur Schopenhauer in Selbstzeugnissen und Bilddokumenten, Hamburg 1967
KUSENBERG, Kurt (Hrsg.), Friedrich Nietzsche in Selbstzeugnissen und Bilddokumenten, Hamburg 1966
KUSENBERG, Kurt (Hrsg.), Ludwig Feuerbach in Selbsterzeugnissen und Bilddokumenten, Hamburg 1978
LEHMANN, Lilli, Mein Weg, Leipzig 1920
LINDAU, Paul, Nüchterne Briefe aus Bayreuth, Breslau o. J.
LISSAUER, Ernst (Hrsg.), Geschichten 1924
LISZT, Franz, sämtliche Wagner-Schriften
MACK, Dietrich (Hrsg.), Theaterarbeit an Wagners Ring, 1978
MACK, Dietrich, Voss, Egon (Hrsg.), Richard Wagner, Leben und Werk in Daten und Bildern, Frankfurt a. M. 1978
MAGEE, Bryan, Aspects of Wagner, Manchester 1968
MANN, Thomas, alle Wagner-Schriften

Marchesi, Salvatore de, Lohengrin, Milano 1973
Marsop, Paul, Neue Kämpfe. München 1913
Mayer, Bernd, Bayreuth wie es war, Bayreuth 1981
Mayer, Hans, alle Wagner-Schriften
Merkling, Frank, Freeman, John W., Fitzgerald, Gerald, Solin, Arthur, The Golden Horseshoe, New York 1965
Metzger, Heinz-Klaus, Riehn, Rainer (Hrsg.), Richard Wagner. Wie antisemitisch darf ein Künstler sein? München 1981
Meysenbug, Malwida v., Der Lebensabend einer Idealistin, 1903
Meysenbug, Malwida von, Memoiren einer Idealistin, 1900
Monaldi, Gino, Le prime reppresenta zioni celebri, Milano 1910
Naumann, Emil, Deutsche Tondichter, Berlin 1882
Nestler, Gerhard, Geschichte der Musik, München 1979
Neumann, Angelo, Erinnerungen an Richard Wagner, 1907
Niemann, Walter, Die Musik der Gegenwart, Stuttgart 1922
Nietzsche, Friedrich, alle Wagner-Schriften
Nohl, Ludwig, Wagner, Musiker-Biographien Bd. 5, Leipzig o. J.
Rodmann, Reinhard von, Der treffende Vers, Thum 1981
Oberkogler, Friedrich, Richard Wagner, Stuttgart 1978
Orel, Anton, Sibylle des Menschheitsmorgens, Wien 1936
Österreichische Gesellschaft für Musik (Hrsg.), Gustav-Mahler-Kolloquium 1979, Beiträge '79–81 (Bd.7), Kassel 1981
Pahlen, Kurt, sämtliche Wagner-Analysen
Panizzardi, Mario, Wagner in Italia Vol. I, Genova 1922
Peltzer, Karl, Normann, Reinhard von, Das treffende Zitat, 1955
Peltzer, Karl, Der treffende Reim, Thun 1966
Pfohl, Ferdinand, „Die Meistersinger von Nürnberg", Leipzig o. J.
Pfordten, Hermann Freiherr von der, Deutsche Musik, Leipzig 1917
Pfordten, Hermann Freiherr von der, Parsifal, Berlin o. J.
Philipp, Eckhard, Dadaismus, Einführung in den literarischen Dadaismus und die Wortkunst des „Sturm"-Kreises, München 1980
Pidde, Ernst von, Wagners Musikdrama „Der Ring des Nibelungen" im Lichte des deutschen Strafrechtes, Frankfurt 1968
Pongs, Hermann, Lexikon der Weltliteratur, Salzburg o. J.
Porges, Tristan und Isolde, Leipzig 1906
Possart, Ernst von, Hermann Levi, Erinnerungen, München 1901
Pourtalès, Guy de, Richard Wagner, München 1962
Prawy, Marcel, Die Wiener Oper, Wien–München–Zürich 1969
Prawy, Marcel, Johann Strauß, Wien–München–Zürich 1975
Prieberg, Fred K., Musik im NS-Staat, Frankfurt 1982
Raabe, Peter, Deutsche Meister, Regensburg 1937
Redlich, Hans, Richard Wagner, Parsifal, London 1948
Reichelt, Johannes, Erlebte Kostbarkeiten, Dresden 1941
Reisiger, Hans, Unruhiges Gestirn, Leipzig–München 1948
Richard-Wagner-Museum Tribschen, Luzern, Katalog der Städtischen Sammlung alter Musikinstrumente, Luzern 1956
Riemann, Musiklexikon in 5 Bänden, Mainz 1939
Rollett, Hermann, Begegnungen, Erinnerungsblätter 1819 bis 1899, Wien 1903
Ronner, Markus M., Die treffende Pointe, Thun 1974
Rosenberg, Alfred, Der Mythus des 20. Jahrhunderts, o. O. 1930
Ross Parsons, Albert, Parsifal, Berlin-Zehlendorf 1897
Rützow, Sophie, Richard Wagner und Bayreuth, Ausschnitte und Erinnerungen, München 1943
Salzbrunn, Alice, Musik. Gesammelte Blätter mit Originalbeiträgen deutscher Dichter, Berlin 1873
Schäfer, Walter Erich, Wieland Wagner, Tübingen 1970
Schebera, Jürgen, Kurt Weill, Leipzig 1980
Scheuer, O. F., Richard Wagner als Student, Wien–Leipzig 1920
Schmidt, Leopold, Aus dem Musikleben der Gegenwart, Beiträge zur zeitgenössischen Kunstkritik, Berlin 1909
Schnoor, Hans, Harmonie und Chaos, Musik der Gegenwart, München 1962
Shaw, Bernhard, Ein Wagner-Brevier, Kommentar zum Ring des Nibelungen, Frankfurt a. M. 1973
Shaw, Bernhard, The Perfect Wagnerite, A Commentary on the Nibelung's Ring, New York 1972
Sievers, Leo, Juden in Deutschland, München 1979
Soden, Michael von (Hrsg.), Richard Wagner, Lohengrin, Frankfurt 1980
Spemanns goldenes Buch der Musik, Stuttgart 1900
Spemanns goldenes Buch des Theaters, Stuttgart 1912
Spitzer, Daniel (Hrsg.), Briefe Richard Wagners an eine Putzmacherin, Wien 1906
Spitzer, Daniel, Wiener Spaziergänge Bd. 2, Wien o. J.
Stauder, Wilhelm, Das kleine Buch der Musikinstrumente, Berlin–München o. J.
Stein, Werner, Kulturfahrplan, o. O. 1946
Stern, Bolko, Helden und Narren, Basel o. J.
Stock, Richard Wilhelm, Richard Wagner und die Stadt der Meistersinger, Nürnberg–Berlin o. J.
Strecker, Ludwig, Richard Wagner als Verlagsgefährte, Mainz 1951
Strobel, Gertrud, Wolf, Werner (Hrsg.), Richard Wagner. Sämtliche Briefe Bd. 1–4, Leipzig 1967
Strobel, Otto (Bearb.), Richard Wagner, Leben und Schaffen. Eine Zeittafel, Bayreuth 1952
Syberberg, Hans Jürgen, Cahiers du cinema (Hors-Serie), Paris 1980
Syberberg, Hans Jürgen, Parsifal, München 1982
Syberberg, Hans Jürgen, Winifred, Wahnfried und wir, Zeitmagazin, Hamburg o. J., Sonderdruck
Tappert, Wilhelm (Hrsg.), Wörterbuch der Unhöflichkeit, Richard Wagner im Spiegel der zeitgenössischen Kritik, München 1977
Thomas, Eugène, Die Instrumentation der Meistersinger von Nürnberg von Richard Wagner, Mannheim 1899
Tomasi, Gioacchino Lanza, Guida all' Opera, Milano 1971
Vianna da Motta, José, Zur Einführung in Richard Wagners Bühnenweihfestspiel Parsifal, Bayreuth 1897
Vorauslexikon, zu Meyers Enzyklopädischem Lexikon, Bd. I–VIII, Mannheim–Wien–Zürich 1969
Voss, Egon, Richard Wagner und die Instrumentalmusik, Taschenbücher zur Musikwissenschaft, Wilhelmshaven 1977
Wagner, Friedelind, Nacht über Bayreuth, Die Geschichte der Enkelin Richard Wagners, Bern o. J.
Wagner-Kalender, Nr. 200, Wien o. J.
Wagner, Richard, sämtliche Bühnenwerke, Schriften, Briefe
Weigel, Hans, Flucht vor der Größe, Beiträge zur Erkenntnis und Selbsterkenntnis Österreichs, Wien 1960
Weingartner, Felix, Lebenserinnerungen, Wien–Leipzig 1923
Weischedel, Wilhelm, Die philosophische Hintertreppe, 34 große Philosophen in Alltag und Denken, München 1966
Werner-Jensen, Arnold, Oper Intern, München 1981
Wessling, Berndt W., Hans Hotter, Bremen 1966
Wolzogen, Hans von, sämtliche Wagner-Schriften
Wossidlo, Walther (Hrsg.), sämtliche Wagner-Analysen
Wulf, Josef, Musik im Dritten Reich, Gütersloh 1963
Zanardini, Angelo, Il Creouscolo degli dei, Milano 1972
Zanardini, Angelo, I maestri cantori di Norimberga, Milano 1968
Zanardini, Angelo, L'oro del Reno, Milano 1970
Zanardini, Angelo, Siegfried, Milano 1972
Zentner, Wilhelm, Würz, Anton (Hrsg.), Reclams Opern- und Operettenführer, Stuttgart 1957
Zeraschi, Helmut, Musikalische Schnurren und Schnipsel, Berlin 1977 (DDR)
Ziegenrücker, Wieland, ABC Musik, 444 Sätze zur Musiklehre, Leipzig 1977
Zöchling, Dieter, Die Oper, Braunschweig 1981

Bayreuth, hrsg. von der Festspielleitung
Bayreuther Blätter, hrsg. vom Allg. Richard-Wagner-Verein unter Redaktion von Hans von Wolzogen, versch. Jgg.
Zahllose Zeitschriften, Tageszeitungen, Witzblätter, Programmhefte des 19. und 20. Jahrhunderts.

Personenregister

Abbado, Claudio *257*
Adam, Theo *270f., 285*
d'Agoult, Marie Gräfin *188, 192*
Aigner, Josef *158*
Alsen, Herbert *283*
Altmeyer, Jeannine *264*
Ambros, August Wilhelm 34
Anday, Rosette *281*
Ander, Alois 140
Anders, Gottfried Engelbert 79, 81
Angerer, Ludwig *190*
Angerer, Margit *281*
Apel, Theodor 313
Appia, Adolphe 12, 29, 221
Augusta, dt. Kaiserin 302

Bach, Johann Sebastian 65
Bahr, Hermann 57
Bahr-Mildenburg, Anna 57, *275*
Bakunin, Michail Aleksandrowitsch 98f., 115, 171
Balatsch, Norbert *286*
Baldani, Ruza *262*
Ball, Hugo 93
Balslev, Siegfried *253*
Barenboim, Daniel *259, 284*
Baudelaire, Pierre Charles 115, 124
Bauernfeld, Eduard von 101
Beauvais, Peter 20
Bechstein, Ludwig *54f.*, 210
Beethoven, Ludwig van 35, 40, 47, *53*, 57, 59, 65, 72, 83, 85, 113f., 118f., 127, 131, 141, 151, 308f.
Beirer, Hans *286*
Bellini, Vincenzo 31, 68, 72, 299f., 307
Berg, Alban 21
Berlioz, Hector 83, 115, 125
Bernoulli, Karl Albrecht 178
Bernstein, Leonard 223, *284*
Betz, Franz *54*, 210, *274*
Bismarck, Otto Fürst von 42, 48, 149, 302, 307
Bizet, Georges 178
Böcklin, Arnold 215
Bode, Hannelore *257*
Böhm, Karl *258, 284*, 316
Bohnen, Michael *281*
Boito, Arrigo 295f.
Boulez, Pierre 222, *262, 265, 269, 286*
Brahms, Johannes 117, 313
Brandt, Karl 210, 214
Branzell, Karin *281*
Braun, Helena *288*
Brazda, Jan *269*
Brecht, Bertolt 14
Brentano, Clemens von 90, 171
Brilioth, Helge *269*
Brockhaus, Heinrich 176
Bruckner, Anton 313
Brückner, Gotthold 215, *254*
Brückner, Max 215, *254*
Bruno, Giordano 309
Bülow, Blandine 29, 179, 306, 310
Bülow, Daniela 29, 179, 306, 310
Bülow, Hans von 29, 115, 179ff., *188*, 195, *273*, 296, 314
Bulwer-Lytton, Edward 74, 84, 95
Bumbry, Grace *255*
Byron, George Gordon Lord 308

Cahier, Madame Charles *275*
Caniglia, Maria *283*
Capra, On. La 308
Caruso, Enrico 170
Casarini, Camillo 295
Cervantes Saavedra, Miguel de 309
Chamberlain, Houston Stewart 45, 48, 199
Chéreau, Patrice 14ff., 21, 218ff., *262f., 265, 269, 286*, 316
Cherubini, Luigi 308
Chopin, Frédéric 239, 300
Ciardi, G. 312
Clausewitz, Karl von 14
Cochran, William *257*
Connell, Elisabeth *257*
Conried, Heinrich 170
Cornelius, Peter 43, 142, 313
Courths-Mahler, Hedwig 25
Cox, Jean *269, 285*
Crass, Franz *270*

van Dam, José *253*
Davies, Dennis Russel *253*
Demuth, Leopold *275*
Dernesch, Helga *269*
Dietsch, Pierre 79, 133, 229
Doepler, Carl Emil *249, 264*
Dohnanyi, Christoph von *261*
Donadio, Bianca 308
Dönch, Karl *284*
Donizetti, Gaetano 299
Doré, Gustave 124
Doria, Marcus Antonius 309
Dorn, Dieter 15
Dorn, Heinrich 65
Dorner, K. *190*
Dühring, Eugen 48
Dustmann-Meyer, Luise 140, *192*
van Dyck, Ernest *275*

Eckermann, Johann Peter 243
Eckert, Carl 139, 149, 308
Edelmann, Otto *286*
Eichendorff, Josef Freiherr von 32
Einsle, Anton 79
Einstein, Albert 233
Ekwall, Knut *229ff.*
Elder, Mark *260*
Elisabeth, Kaiserin von Österreich 141
Engels, Friedrich 172
Erard, Sébastien 116
Esser, Heinrich 140
Estes, Simon *253, 272*
Eugénie, Kaiserin der Franzosen 124, 134, 308
Everding, August 20, 91, 224, *256, 286*, 316

Faccio, Franco 295, 297, 299
Ferdinand II., König beider Sizilien 309
Feuerbach, Ludwig 172ff.
Feustel, Friedrich 169, 301
Filippi, Filippo 295f.
Fischer, Franz 215
Flagstad, Kirsten *283*
Förster, Bernhard 48
Freigedank, K., Pseudonym von Richard Wagner
Freytag, Gustav 60
Frick, Gottlob *285*
Fricke, Richard 214f.
Friedrich August II., König von Sachsen 98f.
Friedrich, Götz 11, 14f., 19f., 233, 235f., 238f., 242f., *254, 263, 266, 272, 286*, 316
Friedrich-Materna, Amalie siehe Materna, Amalie
Frigerio, Ezio *257*
Fritsch, Theodor 41
Froebel, Theodor 113
Fuchs, Ernst *256*
Furtwängler, Wilhelm *283*, 315

Galli-Bibiena, Giuseppe *53*
Gast, Peter 178
Gautier, Judith 124, *192*, 248
Geyer, Cäcilie 64
Geyer, Ludwig 64f.
Gigli, Benjamino 297
Giordano, Umberto 218
Glasenapp, Carl Friedrich 48, 76
Glogau, Otto 48
Gluck, Christoph Willibald 34, 36, 85, 118, 127, 129, 131
Gobineau, Graf Joseph Arthur de 57f.
Goethe, Johann Wolfgang von 17, 32, 35, 39, 41, 46, 57, 72, 91, 243, 300, 309
Goldberg, Gustav *228*
Goldberg, Reiner *285*
Gorki, Maxim 60
Gottfried von Straßburg 96
Gounod, Charles 124, 299
Gozzi, Carlo 69
Graarud, Gunnar *75, 282*
Gramatzki, Ilse *265*
Greindl, Josef *290*
Grillparzer, Franz 101
Grümmer, Elisabeth *289*
Gutzkow, Karl Ferdinand 171

Habeneck, Fr. A. 83
Hackl, Karlheinz 91
Halévy, Ludovic 308
Händel, Georg Friedrich 16
Hanslick, Eduard 12, 134, 184, 213
Hartmann, Fritz 310
Hauschild, W. *166*
Haydn, Joseph 119, 127
Hebbel, Friedrich 173
Heckel, August von *160*
Hegel, Georg Wilhelm Friedrich 171f.
Heideloff, Carl 68
Heidersbach, Käte *251*
Heine, Heinrich 32, 79, 86f., 91, 95, 114, 171, 300
Heinrich, Reinhard *260f., 270*
Heinrich, Rudolf *257, 260*
Heltau, Michael 91
Hendrikx, Louis *264*
Hermann, Roland *269*
Herwegh, Georg 171, 173
Herz, Joachim 15, 21, *257, 268*
Herzl, Theodor 57, 59
Hitler, Adolf 11f., 26, 41, 45ff., *51*, 57f., 115, 315
Hoeffgen, Marga *286*
Hoffmann, Josef 215
Hoffmann, Paul 91f.
Hoffmann, Rudolf 79
Hofmann, Peter *272, 285*
Hofmannsthal, Hugo von 69
Hollreiser, Heinrich *286*
Hopf, Hans *286*
Hornik, Gottfried *265*
Hotter, Hans 221, 284
Hugo, Victor 302
Humperdinck, Engelbert 33, 222, 310f., 314

Jachimowitz, Theodor *252*
Jachmann-Wagner, Johanna *274*
James, Henry 307
Jankowsky, Hans 194
Janowitz, Gundula *261*
Jauner, Franz 212, 221
Jerger, Alfred *281*
Jeritza, Maria 11, 31, *276, 287*
Jerusalem, Siegfried *260, 270, 285*
Jochum, Eugen *270*
Jones, Gwyneth 219, *262, 269, 288*
Joseph II., röm.-dt. Kaiser 117
Joukowsky, Paul von *270*, 307, 310
Jung, Manfred *269*

Kaiser, Ludwig 27
Karajan, Herbert von 11, 18, 20, 25, 68, 213, 220, *253, 264, 266, 269, 284*
Kaslik, Vaclav 224
Keilberth, Joseph 145, *285*
Kelemen, Zoltán *265*
Keynes, John Maynard 57

Kiepura, Jan 26
Kietz, Ernst Benedikt 79, 81f., *186*
King, James 16, *261, 270, 289*
Kipnis, Alexander *283*
Kittl, Johann Friedrich 303
Kleiber, Carlos *284*
Klimt, Gustav 12
Klobucar, Berislav *286*
Klopstock, Friedrich Gottlieb 92
Klose, Margarete *282*
Knappertsbusch, Hans *284*
Kniese, Julius 43
Knote, Heinrich *275*
Kollo, René 15f., *256f., 259, 289*
Konetzni, Anni *287*
Konetzni, Hilde *283*
Kossak, Ernst 98
Kraft, Louis 302
Krauss, Clemens *282*
Kriehuber, Josef 125
Kubizek, August 45
Kunz, Erich *284*
Kupfer, Harry 15ff., 20, *252f., 263, 271, 284*, 316

Lammert, Minna 215
Large, Brian 221
Larsén-Todsen, Nanny *287*
Laska, G. *49, 51*
Laussot, Jessie 29, *192*
Laube, Heinrich 114, 171, 184
Lawrence, Marjorie *287*
Leeke, Ferdinand *168*
Lehár, Franz 15, 47
Lehmann, Hans-Peter 224
Lehmann, Lilli 210, 215, 217, *274*, 292
Lehmann, Lotte *278*
Lehmann, Marie 215, *274*
Lehrs, Samuel 42, 79, 81, 171
Leider, Frida *287*
Leinsdorf, Erich *254, 285*
Lenbach, Franz von 215, 304
Leo, Leonardo 307
Leonardo da Vinci 15, 31
Leoncavallo, Ruggiero 90
Levi, Hermann 44, *50*, 195, *250, 274*, 312
Levine, James *255, 272, 284*
Liebermann, Rolf 14, 224, 233, 235f., 238ff., 242f.
Ligendza, Catarina *256, 288*
Lindholm, Berit *262, 288*
List, Emanuel *283*
Liszt, Franz 27f., 36, 43, *51*, 88f., 96, 98, 104, 106f., 115, 118, 180, *188*, 197, 308, 312ff.
Löbl, Karl 44, 218
London, George *284*
Lorenz, Max *283*, 297
Lortzing, Albert 46
Louis Philippe, König der Franzosen *78*
Loyd, Robert *252*
Lubin, Germaine *282*
Lucca, Francesco 152, 295f.
Lucca, Giovanna 152, 295f., 310
Luckhardt, Fritz *188*
Ludwig I., König von Bayern *165, 188*
Ludwig II., König von Bayern 15, 29, 43f., *51f.*, 109, 116, 149f., 152, *153ff.*, 179, 183, 194f., 197ff., 210, 216, 302, 307f., 312f.
Ludwig, Christa *284*
Luther, Martin 44f.
Lüttichau, August Freiherr von 42, 98

Maazel, Lorin *286*
MacDonald, Jeanette 95
Madin, Viktor 27
Maffei, Clarina 299
Mahler, Gustav 12, 18, 22, 25, 27, 42, 57f., 220f., *275*
Maier, Mathilde *192*
Makart, Hans 215
Mallinger, Mathilde *273*, 292
Mann, Thomas 46, 58, 219, 313
Manowarda, Josef von *282*
Marbach, Oswald 64
Marboe, Ernst Wolfram 218
Marchesi, Salvatore de 296
Margherita, Königin von Italien 311
Maria Theresia, Kaiserin 41
Mariani, Angelo 295ff.
Marijnen, Franz 15
Marr, Wilhelm 48
Martin, Janis *270*
Marx, Karl 171f.
Matacic, Lovro von *251*
Materna, Amalie 27, 210, 212, *274, 287*, 293
Max II. Joseph, König von Bayern *161*
Mayr, Richard *281*
Mazura, Franz *269*
Mazzini, Giuseppe 310
McCracken, James *255*
McIntyre, Donald *262, 285*
Mehta, Zubin 60, *257, 265, 286*
Meier, Johanna *259*
Melchior, Leuritz 59, *283*
Mendelssohn-Bartholdy, Felix 29, 39f., 47, 127
Mendès, Catulle 124, *192*
Mendès, Judith siehe Gautier, Judith
Menotti, Gian Carlo 90
Merrill, Nathaniel 20
Metternich, Klemens Wenzel Fürst 124
Metternich, Pauline Fürstin 124, 134, 137
Meven, Peter *257*
Meyer, Friederike 140, *192*, 312
Meyerbeer, Giacomo 11, 29, 39f., 42, 47, 72, 79, 84f., 115f., 125, 127, 151, 217, 308
Meysenbug, Malwida von 310
Michotte, Edmond 126f.
Mödl, Martha *288*
Molière, eig. Jean Baptiste Poquelin *260*
Moll, Kurt *253, 261, 286*
Montez, Lola 149
Moore, Henry 12, *259*
Moser, Thomas *253*
Mottl, Felix 43, 145, 215
Mozart, Wolfgang Amadeus 27, 29, 34f., 40, 46, 72, 85, 119, 127, 129, 131, 173
Muchanoff-Kalergis, Marie 39
Muck, Karl 44
Müller, Maria *283*, 313
Mussolini, Benito 11
Mussorgski, Modest 19

Napoleon I., Kaiser der Franzosen 67, 78, 101
Napoleon III., Kaiser der Franzosen 112, 124f., 133f., 137, 308
Neidlinger, Gustav *285*
Nentwig, Franz-Ferdinand *252*
Nestroy, Johann Nepomuk 101, *260*, 301
Neumann, Angelo 12, 42, 44, 212ff.
Niemann, Albert 135, 210, *273*
Nietzsche, Friedrich 48, 91, 114, 116, 173, 175ff., 199
Nikolaus I., Zar *186*
Nilsson, Birgit *258, 286, 288*
Nixon, Richard 48
Noltsch, Wenzel Ottokar 112
Novalis, eig. Friedrich Freiherr von Hardenberg 91

Oestvig, Karl Aagaard *281*
Offenbach, Jacques 30, 34, 181, 292, 299, 302
Otterstadt, Maler 68

Pecht, Friedrich 79, 197
Peduzzi, Richard 221, *262, 265, 269*
Perrin, Emile 124
Pertile, Aureliano *282*
Petöfi, Sandor 117
Pfistermeister, Franz Seraph von 149
Pfitzner, Hans 90
Philippi, Felix 299
Pitz, Wilhelm *286*
Pixis, Theodor *226ff.*
Pizzi, Pier Luigi *262*
Planer, Minna siehe Wagner, Minna
Plüddemann, Martin 310
Pluhar, Erika 92
Ponnelle, Jean-Pierre 11, 16, 20f., 31, *259, 285*, 316
Porges, Heinrich 43f.
Porter, Andrew 95
Pourtalès, Gräfin de 90
Prey, Hermann *260, 285*
Pringle, Carrie *192*
Prohaska, Jaro *284*
Puccini, Giacomo 20f., 46f., 311

Randova, Eva *284*
Reichmann, Theodor 27, *274*
Reinhardt, Andreas *272*
Reinhart, Heinrich 112
Reining, Maria *282*
Reissiger, Karl Gottlieb 303
Reiter, Josef 47
Rellstab, Ludwig 184
Rennert, Günther *269*
Richter, Hans *50, 54*, 124, 195, 197, 210, 217, *274*, 299
Ricordi, Giulio 152, 295, 298
Ridderbusch, Karl *261, 264, 269, 286*
Ritter, Julie 29
Ritter, Karl 173, 313
Roche, Edmond 126
Röckel, August 98f., 102
Rode, Wilhelm *280*
Roller, Alfred 10, 12, 220f., 315
Ronconi, Luca 21, *262*
Rose, Jürgen *254, 261*
Rosenberg, Alfred 59
Rossini, Gioacchino 20, 27, 124ff., 173, 185, 299, 307f.
Royer, Alphonse 134f., 137
Rubinstein, Josef 43f., 57, 176, 210, 310
Rysanek, Leonie *285*

Saint-Saëns, Camille 124
Salminen, Matti *253*
Salomé, Lou 177
Salvi, Matteo 140
Sandor, Arpad 124
Sanjust, Filippo *265*
Sauter, Louis *53*
Sawallisch, Wolfgang *252, 256, 262, 269, 285*
Scalaberni, Impresario 295
Scaria, Emil *274*
Schäfer, Walter Erich *251*
Schachinger, G. *155*
Schalk, Franz 10f., *281*
Scheib, Wilfried 218
Scheidl, Theodor *251*
Schenk, Otto 11, 20, 218, *254f., 260f., 284*, 316
Schenk, René 316
Schiller, Friedrich von 17, 41, 58, 72, 309
Schipper, Emil *281*
Schlesinger, Maurice (Moritz) 114, 180
Schmedes, Erik *275*
Schmidt, Jacques *262, 265, 269*
Schmitt-Walter, Karl *285*
Schneider-Siemssen, Günther 220, *253, 255, 264, 266, 269*
Schnorr von Carolsfeld, Ludwig 145f., *273*
Schnorr von Carolsfeld, Malvina *273*
Schöffler, Paul *286*
Schönberg, Arnold 27

Schönerer, Georg Ritter von 58
Schopenhauer, Arthur 20, 41, 57, 91, 96, 112, 119, 171ff., 308
Schorr, Friedrich *283*
Schott, Franz 90, 109, 142, 151f., 169f., *192*, 195, 197, 299
Schreier, Peter *264*
Schröder-Devrient, Wilhelmine 40, 65, 68, 82, 116, *273*
Schröder, Leopold von 57
Schröder, Sophie 40
Schrön, Otto von 306
Schubert, Richard *251, 279*
Schumann, Robert 38, 114
Schwarz, Hanna *284*
Schweiger, Heinrich 91
Scribe, Eugène 303
Seidl, Anton 44
Semper, Gottfried *51*, 102
Sgambati, Giovanni 307
Shakespeare, William 30, 70, 174, 309
Sharp, Norma *265*
Shaw, George Bernard 313
Silja, Anja *288*, 316
Sinatra, Frank 37
Slezak, Leo 15, 27, *277*
Solti, Sir Georg *285*
Sotin, Hans *272, 284*
Spieß, A. *162*
Spitzer, Daniel 143f., 213, 219, 221, 244
Spohr, Ludwig 118
Spontini, Gasparo 84, 116, 127, 307
Squarciapino, Franca *257*
Standhartner, Josef 142, 184
Steche, Lydia 300
Stein, Heinrich von 48, 309
Stein, Horst 91, *262, 270, 285*
Stewart, Thomas *262, 264, 269, 286*
Stöcker, Adolf 48
Stocker, Verena 199
Stolz, Teresa 296
Stolze, Gerhard *289*
Strauß, Adele 18
Strauß, Johann (Vater) 101
Strauß, Johann (Sohn) 29f., 41, 57, 124, 138, 142, 239, 300
Strauß, Josef 30
Strauss, Richard 21, 27, 69, 102, 150, 180, *281*, 315
Strecker, Ludwig 150, 169f.
Strehler, Giorgio 15, *257*
Streicher, Julius 39
Strobl, Dr. 75
Stromberg, Christine *271*
Suitner, Otmar *271*
Svanholm, Set *251, 286*
Syberberg, Hans Jürgen 14, 46, 221, *272*, 293
Sykora, Peter *253, 271*

Talvela, Martti *285*
Tausig, Karl 43
Tebaldi, Renata 297
Thomas, Jess *266, 285*
Thorborg, Kerstin *282*
Tichatschek, Josef *273*
Tietjen, Heinz 315
Tomowa-Sintow, Anna *257*
Toscanini, Arturo 11, 18, 59, *282*, 313, 315
Trakl, Georg 93
Traubel, Helen *282*
Traxel, Josef *251*

Uhlig, Theodor 107, *193*, 313
Ursuleac, Viorica *282*

Varnay, Astrid *290*
Vejzovic, Dunja *270*
Verdi, Giuseppe 13, 20, 30, 46f., 67, 174, 185, 217, 295ff., 303, 308
Vermeersch, Jeff *260*
Victoria, Königin von England 309
Viller, Claus 219
Vinay, Ramon *284*
Vogl, Heinrich *274*
Völker, Franz 46, *251, 282*
Voltaire, François Marie Aronet 41
Wächter, Eberhard *284*
Wagner, Cosima 18, 29, 32, 39, 42, 44, 48, *50, 56*, 57, 59, 64, 116, 170, 173, 176ff., *188, 192*, 194, 196f., 199, 248, 296, 299, 301, 306ff., 310, 312ff.
Wagner, Eva 29, *50, 188*, 199, 306, 310, 313f.
Wagner, Friedrich 64, 67
Wagner, Isolde 29, *188*, 306, 310
Wagner, Johanna Rosine 62
Wagner, Minna 29, 32, 63, 68, 74, 77, 79, 81ff., 102, 109, 113, 116, 126, 180, *186, 190, 192*, 303, 313
Wagner, Rosalie 64
Wagner, Siegfried 11, 27, 29, 43, 45, 48, *188*, 197, 199, 306, 309f., 313ff.
Wagner, Wieland 10, 12ff., 25, 218, 220f., *251, 258f., 270*, 315f.
Wagner Winifred 12, 45f., 60, 315
Wagner, Wolfgang 11, 17, 20, 218, 220, 223, *260ff., 270*, 315f.
Wakhevitch, Georges *264, 266, 269*
Wallerstein, Lothar 220
Walter, Bruno *283*
Weber, Carl Maria von 34f., 85, 114, 127, 129, 131, 300
Weber, Ludwig *284*
Weidemann, Friedrich *275*
Weikl, Bernd *260, 290*
Weingartner, Felix von 27, 42, *275*
Weininger, Otto 57
Weinlig, Theodor 61, 65
Weißheimer, Wendelin 116, 149, 308
Wenkel, Ortrun 222, *290*
Wenkoff, Spas *254, 286*
Werfel, Franz 299
Wernicke, Herbert 16, *252*
Wertheimstein, Franziska von 304
Wertheimstein, Josephine von 138
Wesendonck, Mathilde 29, 32, 108ff., 116, 126, 180, *186, 190, 192*, 213, 215, 300, 308, 312f.
Wesendonck, Otto 29, 108f., *190*, 195
Wienbarg, Rudolf 171
Wiener, Otto *284*
Wildbrunn, Helene *281*
Wilhelm I., dt. Kaiser 42, 149, 302, 307
Wilhelm II., dt. Kaiser 57
Wilhelmij, August 210
Windgassen, Wolfgang *251, 258, 286*
Windischgrätz, Karl Fürst 112
Winkelmann, Hermann 27, 35, *274*, 293
Winterfeld, Adolf von 299
Wirth, Moritz 220
Wittrisch, Marcel *251*
Wohlfahrt, Erwin *286*
Wolfram von Eschenbach 97, 104
Wolzogen, Hans von 34, 93, 217
Wulf, R. 75
Wulkopf, Cornelia *265*
Wüllner, Franz 195
Wyld, William 78

Zednik, Heinz 219, *284*
Zelinsky, Hartmut *270*
Zeugheer, Leonard 113
Zimmermann, Erich *282*
Zipprodt, Patricia *255*

Bildquellennachweis
Umschlag, Vorderseite: Werner Neumeister (2; davon 1 aus der Gemäldesammlung von Walter Grill, München); NA/RWG, Bayreuth (2); Archiv Marcel Prawy, Wien (2); Siegfried Lauterwasser, Überlingen (1); Bildarchiv der Österreichischen Nationalbibliothek, Wien (1). – Rückseite: Archiv des ORF, Wien.
Archiv für Kunst und Geschichte, Berlin (2); Archiv der Bayerischen Staatsoper, München (1); Bildarchiv der Bayreuther Festspiele, Bayreuth (32); Burrell Collection, Philadelphia (2); Foto-Fayer, Wien (6); Elisabeth Hausmann, Wien (2); James Heffernan, New York (1); Reinhard Heinrich, München (5); Nina von Jaanson, Berlin (1); Helmut Koller, Wien (2); Wolfgang Lammel, Bayreuth (27); Siegfried Lauterwasser, Überlingen (17); Peter Lehner, Wien (1); Archiv der Mailänder Scala, Mailand (2); Bernd Mayer, Bayreuth (30); Louis Mélancon, New York (1); Marion Murza-Schöne (1); Museum für Geschichte der Stadt Leipzig (1); NA/RWG, Bayreuth (28); Nationaltheater Mannheim/Foto: Detering (1); Werner Neumeister (23); Werner Neumeister/Walter Grill, beide München (3); D. Obermeyer, Bad Oeynhausen (1); Bildarchiv der Österreichischen Nationalbibliothek, Wien (36); Fotos Marcel Prawy (6); Archiv Marcel Prawy, Wien (77); Rietberg-Museum, Tribschen (1); Foto-Studio Rintelen, Wien (5); B. Schott's Söhne, Mainz (10); Schweizerische Theatersammlung, Bern (1); Staatliche Graphische Sammlungen, München (1); Staatsoper Wien (2); Stadtmuseum, München (1); TMS, München (1); Sabine Toepffer, München (5); Karin Werner-Jensen, Nußloch (1); Christine Woidich, München (1).
Wir danken dem Wittelsbacher Ausgleichsfonds (WAP) und der Bayerischen Verwaltung der staatlichen Schlösser, Gärten und Seen, beide in München, für ihre freundliche Genehmigung, in den Schlössern Hohenschwangau und Neuschwanstein fotografische Aufnahmen machen zu lassen. (Fotos: Werner Neumeister, München)
Unser Dank gilt weiterhin allen öffentlichen und privaten Leihgebern für die freundliche Unterstützung, insbesondere dem Nationalarchiv der Richard-Wagner-Stiftung/Richard-Wagner-Gedenkstätte, Bayreuth, und dem Bildarchiv der Bayreuther Festspiele.

Stammtafel de

Franz Liszt (1811–1886) = Gräfin Marie d'Agoult, geb. de Flavigny (1805–1876)

Carl Friedrich Wilhelm Wagn
(1770–1813)
Polizei-Aktuar

Albert (1799–1874) Sänger
Johanna (1828–1894) Sängerin verh. Jachmann

Gustav (1801–1802)

Rosalie (1803–1837) Schauspielerin verh. 1836 mit Prof. Oswald Marbach

Julius (1804–1862) Goldschmied

Luise (1805–1872) verh. 1828 mit Buchhändler Friedrich Brockhaus

Klara (1807–1875) Schauspielerin, verh. 1828 mit Sänger Heinrich Wolfram

Theresia (1809–1814)

Ottilie (1811–188 verh. 183 mit Philologen Dr. Hermann Brockhau

(1) Hans von Bülow (1830–1894) = Cosima (1837–1930) =

Daniela (1860–1940) = Heinrich Thode (1857–1920)

Blandine (1863–1941) = Conte Cravina (1850–1897)

Dr. Manfred (1883–?)

Maria (1888–1929)

Gilbert (1890–1972)

Guido

Isolde (1865–1919) = Franz Beidle

Dr. Franz (1901–1981)

Gertrud Reissinge (1916–

Iris (1942–) Schriftstellerin, Übersetzerin

Wolf Siegfried (1943–) Regisseur

Dr. Nike (1945–) Schriftstellerin, Publizistin

Daphn (1946– Schauspielerin